Klaus Michael Meyer-Abich:
Wege zum Frieden mit der Natur
Praktische Naturphilosophie
für die Umweltpolitik

Deutscher
Taschenbuch
Verlag

Ungekürzte Ausgabe
Oktober 1986
Deutscher Taschenbuch Verlag GmbH & Co. KG, München
© 1984 Carl Hanser Verlag, München
ISBN 3-446-14131-6
Umschlaggestaltung: Celestino Piatti
Umschlagabbildung: Brigitte Schneider, Lüftelberg
Gesamtherstellung: C. H. Beck'sche Buchdruckerei, Nördlingen
Printed in Germany · ISBN 3-423-10661-1

Das Buch

Angesichts des allgemeinen Bewußtseins über die fortschreitende Umweltzerstörung muß es nicht eigens begründet werden, daß ein wirksamer Umweltschutz zu den vordringlichen Aufgaben unserer Zeit gehört. Wie durch die politische Praxis der Friede mit der Natur geschlossen werden kann, zeigt Klaus Michael Meyer-Abich in diesem Buch. Ausgangspunkt ist seine Kritik am anthropozentrischen Weltbild der Industriegesellschaft, das den Menschen zum Maß aller Dinge macht und eine falsche Umweltpolitik zur Folge hat. Er fordert eine Korrektur dieser heute geltenden Weltsicht zu einem physiozentrischen Weltbild, in dem die Umwelt als Mit-Welt begriffen wird. Neben die philosophische Analyse aus der Sicht einer »praktischen Naturphilosophie« stellt der Autor den politischen Entwurf. Er umreißt eine Politik, die, auf der Basis der gegenwärtigen sozialen, politischen und moralischen Verhältnisse in der Bundesrepublik, der natürlichen Umwelt Eigenrechte zuerkennt. Er entwickelt Friedensbedingungen, unter denen eine solche veränderte Weltsicht in allen Bereichen des Lebens – von der Grundlagenforschung bis zur Umweltpolitik – relevant wird.

Der Autor

Klaus Michael Meyer-Abich wurde 1936 in Hamburg geboren. Der Physiker und Naturphilosoph ist Senator für Wissenschaft und Forschung in Hamburg. Seit 1972 ist er Professor für Naturphilosophie an der Universität Essen und Leiter der interdisziplinären Arbeitsgruppe Umwelt, Gesellschaft, Energie. Von 1979 bis 1982 war er Mitglied der Enquête-Kommissionen »Zukünftige Kernenergiepolitik« des Deutschen Bundestages. Er ist Herausgeber mehrerer Bücher, u. a.: ›Frieden mit der Natur‹ (1980); ›Physik, Philosophie und Politik. Für Carl Friedrich v. Weizsäcker zum 70. Geburtstag‹ (1982). Zusammen mit Bertram Schefold veröffentlichte er 1985: ›Die Grenzen der Atomwirtschaft‹.

Meiner Mutter
Siever Johanna Meyer-Abich,
geb. Berghaus
(1895–1981),
in Dankbarkeit

Bücher sollen Pflüge des Friedens sein und die Pflugschar des Geistigen soll nicht darauf achten, wo die Macht des Politischen den Grenzstein gesetzt hat, sondern ihre Furche mag den Samen erwarten, der über die Grenze hinaus in sie fällt.

Theodor Heuss

Inhaltsverzeichnis

II. Bedingungen des Friedens mit der Natur

Anhang

1. Einführung und Vorblick

Der Frieden mit der Natur ist zu einem Thema der Politik geworden. Mir hat dies Mut gemacht und ich sehe, daß es anderen ebenso geht. So weit entfernt wir auch von diesem Frieden noch sind, ist es doch ein Grund zur Hoffnung, wenn er als ein politisches Ziel überhaupt wahrgenommen wird. Viel zu lange hat die Politik der Industrieländer sich an den längerfristigen Lebensfragen vorbeibewegt.

Der politische Aufbruch zum Frieden mit der Natur greift um sich, muß aber noch viel mehr zur gemeinsamen Sache werden, damit dieser Frieden gefunden werden kann. Dazu gehört, daß diejenigen, denen die herkömmliche Politik zu beschränkt ist und die deswegen vielleicht schon die Hoffnung aufgegeben haben, aus der Resignation herausfinden und sich für eine neue, umfassendere Politik einsetzen. Die Bereitschaft dazu ist groß. Ich habe dies besonders im Bundestagswahlkampf 1982/83 erfahren können.

Es muß aber auch noch genauer gesagt werden, was unter dem Frieden mit der Natur zu verstehen sein soll. Sonst besteht die Gefahr, daß dieser Frieden programmatisch bleibt und schließlich doch nur die alte Politik mit einem schönen Schein der Erneuerung versieht. Um den Frieden mit der Natur zu konkretisieren, bedarf es einer Wandlung des Denkens in allen Bereichen. Ein Beitrag zu dieser gemeinschaftlichen Anstrengung ist das vorliegende Buch. Ich möchte diejenigen bestärken, die auch im Verhältnis zur natürlichen Mitwelt den Frieden suchen, und denen wieder mehr Zuversicht geben, welche die Hoffnung schon verloren hatten.

Wege zum Frieden mit der Natur müssen überall gefunden werden:

- In der Wirtschafts- und Finanzpolitik, damit die Hersteller, der Handel, die Verbraucher und der Staat nicht mehr auf Kosten der Lebensbedingungen wirtschaften.
- In der Beschäftigungspolitik, damit Arbeitsplätze dort entstehen, wo Arbeit gebraucht wird, und ersetzt werden, wo Menschen ihren Unterhalt nur auf Kosten der Lebensgrundlagen finden können.
- In der Landwirtschaftspolitik, damit Land- und Forstwirtschaft die Kulturlandschaft und die tierische wie die pflanzliche Mitwelt pflegen und bewahren.
- In der Raumplanung, damit die Landschaft ihre Identität behält und sowohl den Menschen in Stadt und Land als auch der natürlichen Mitwelt Raum gibt.

- In der Verkehrspolitik, damit weniger herumgefahren wird und der erforderliche Verkehr die Natur nur möglichst wenig belastet.
- In der Wissenschafts- und Technologiepolitik, damit wir erfahren, was für den Frieden mit der Natur wissenswert ist, und in einer gewaltloseren Technik ein menschliches Verhältnis zur natürlichen Mitwelt (sowie ein natürliches Verhältnis zum Menschen) finden.
- In der Bildungspolitik, damit die lebendige Wahrnehmung sowohl der Menschen, als auch der Landschaften, Pflanzen und Tiere geübt wird.
- In der Gesundheitspolitik, damit die menschliche Gesundheit und die der natürlichen Mitwelt in eins wahrgenommen werden.
- In der Entwicklungspolitik, damit wir nicht mehr dazu beitragen, daß die Fehler, welche die Industriegesellschaft gemacht hat, in Zukunft auch die der Dritten Welt sein werden.
- In der Außenpolitik, damit der internationale Frieden und der Frieden mit der Natur zu einer gemeinsamen Sache werden.
- In der Rechtspolitik, damit die gesellschaftlichen Ordnungen mit denen der Natur in Einklang kommen.

Diese Wende ist es, der unsere Politik wirklich bedarf. Wege zum Frieden mit der Natur können in all diesen Bereichen aber nur dann gefunden werden, wenn es ein allgemeines Konzept gibt, das sie in ihrer Vielfalt umfaßt. Ich schildere in diesem Buch das Konzept des Friedens mit der Natur, wie ich ihn mir vorstelle.

Über unser Verhältnis zur natürlichen Mitwelt grundsätzlich und zusammenhängend nachzudenken, ist heute um so wichtiger, als es Anfang der 70er Jahre ja schon einmal einen Aufbruch in der Umweltpolitik gegeben hat. Dieser Aufbruch ist, wie ich im folgenden Kapitel genauer begründen werde, meines Erachtens daran gescheitert, daß kein hinreichend tragfähiges Konzept gefunden worden ist, so daß gute Ansätze kaum über ein Kurieren an Symptomen hinausgekommen sind. Umweltpolitik darf nicht nur eine von fünfzig bis hundert Ressortaktivitäten sein, sondern muß der ganzen Politik eine neue Fasson geben.

Auch in der öffentlichen Diskussion sind Umweltzerstörungen wie das Wald- und Artensterben oder die Bodenvergiftung oft nicht ganzheitlich genug politisch beurteilt worden. Es geht nicht nur um das Waldsterben, den Brüter, Arbeitsplätze, Giftmüll etc., sondern zugleich um den Zusammenhang der verschiedenen Probleme. Der Unfriede mit der Natur hat viele Gesichter, aber es ist überall derselbe Unfriede.

Die Verteidiger der herrschenden industriewirtschaftlichen Rationalität versuchen manchmal den Eindruck zu erwecken, sie hätten die praktische

Vernunft auf ihrer Seite. Dies trifft aber nicht zu, im Gegenteil: Politik und Wirtschaft, weithin auch Wissenschaft und Technik, sind unvernünftig geworden. Viele Menschen haben dafür ein richtiges Gefühl, ohne die Argumente im einzelnen durchdacht zu haben. Ich teile dieses Gefühl. Den Argumenten ist das vorliegende Buch gewidmet.

Ziel des Buchs ist es also, eine Politik des Friedens mit der Natur ganzheitlich zu entwerfen und vernünftig zu begründen.

Den Frieden mit der Natur kann nur eine Politik herbeiführen und halten, die aus der Wahrheit des menschlichen Verhältnisses zur Natur, von der wir selbst ein Teil sind, lebt. Die Politik aber tut sich im allgemeinen schwer mit der Wahrheit. Hier geht es nicht um Wahrheiten, sondern um Mehrheiten, so hört man. Es ist so, als sei die Politik – jedenfalls in einer Grundlagenkrise wie der jetzigen – eigentlich viel zu schwer für die Politiker.

Gegenüber denen, die nach Wahrheit fragen, ist man andererseits immer schnell mit dem Vorwurf bei der Hand, sie wollten anderen vorschreiben, wie sie zu leben hätten. Tatsächlich gibt es Philosophen, die so tun, als hätten sie die Wahrheit gepachtet. Es gibt aber auch Politiker, die sich durch solche Anwürfe nur die Wahrheitsorientierung vom Halse halten wollen. Wer den Frieden mit der Natur will, darf der Frage nach der Wahrheit nicht ausweichen.

Umgekehrt tun sich diejenigen, die nach der Wahrheit fragen, oft schwer mit der Politik. In der Philosophie gibt es zwar von altersher eine Tradition, sich auch um öffentliche Angelegenheiten zu kümmern, und verschiedene Fachwissenschaften haben in der Nachkriegszeit sogar einen Überschwang der politischen Wissenschaftsgläubigkeit erlebt. Den Philosophen aber fehlt heute oft ein unbefangenes Verhältnis zu den Fachwissenschaften, und diese sind – worauf ich im Kapitel 10 näher eingehe – inzwischen politisch kompromittiert.

Ich hatte die Möglichkeit, einzelwissenschaftliche Ergebnisse als Philosoph so zu verbinden, daß ich dadurch am politischen Prozeß teilnehmen konnte. Was ich dabei gelernt habe, ist die Erfahrungsgrundlage dieses Buchs. Auch die Bewertungen, zu denen ich komme, sind an die Erfahrungen gebunden, die ich gemacht habe. Um diesen persönlichen Hintergrund deutlich werden zu lassen, schildere ich vorab, welchen Weg ich gegangen bin und wie es mir bisher zwischen der Philosophie und der Politik ergangen ist (Abschnitt 1.1).

Die weiteren Abschnitte dieses Kapitels sind einführende Vorblicke auf die drei Hauptteile des Buchs. Ich beginne mit der grundsätzlichen Kritik am anthropozentrischen Weltbild, in dem die ganze Welt nichts als die

Umwelt des Menschen ist (Abschnitt 1.2). Die Alternative dazu ist, auf die natürliche *Mitwelt*, die nicht nur unsere Umwelt ist, auch um ihrer selbst willen Rücksicht zu nehmen (Abschnitt 1.3). Dazu bedarf es einer wahrheitsorientierten Politik und einer in neuer Weise politikorientierten Wissenschaft (Abschnitt 1.4).

1.1 Physik, Philosophie und drei Lichtblicke in der Politik – Persönliche Erfahrungen

Am Anfang stand der Rat meines Vaters, Adolf Meyer-Abich, der Naturphilosoph war, wie ich es bin, nicht Philosoph zu werden, ohne zuvor etwas Handfesteres gelernt zu haben. Die Philosophie verliert sich sonst zu leicht in einem Himmel, unter dem keine Erde mehr ist. Mein Vater war gelernter Biologe, ich wurde Physiker und studierte nebenbei etwas Jura. Ich bin in der Physik später nur nebenberuflich tätig gewesen, aber ohne sie hätte ich weder mein philosophisches Thema gefunden noch die Zuversicht, zur wissenschaftlichen Politikberatung etwas Nützliches beitragen zu können. Der Vorteil ist: Wer einmal Physik gelernt hat, besonders die theoretische, kennt die avancierteste Wissenschaft und hat damit ein Maß, was und was nicht eine gute Fachwissenschaft leisten kann. Das physikalische Denken hat außerdem so viele andere Wissenschaften geprägt, daß ein gelernter Physiker zumindest im Bereich der Natur- und Ingenieurwissenschaften keine Verständnisprobleme hat.

Durch die Entdeckung der Kernspaltung und die darauf folgende Entwicklung der Atombombe war die Physik aber auch die erste Wissenschaft, die ihre politische Unschuld verloren hat. Als ich in den 50er Jahren in Hamburg, wo ich zuhause bin, Physik studierte, lag der Abwurf der ersten Atombomben gerade erst ein Jahrzehnt zurück. Aus dem großen Hörsaal im IV. Stock des alten Physikalischen Staatsinstituts blickte man hinab in den Hof des daneben gelegenen Untersuchungsgefängnisses. Ich habe mich damals gefragt, wie lange die Menschheit sich die Fortschritte der Wissenschaft noch gefallen lassen und wann man uns Physiker unsere Kreise dort unten im Hof ziehen lassen würde.

Etwa zur Halbzeit meines Physikstudiums wurde Carl Friedrich von Weizsäcker auf einen philosophischen Lehrstuhl nach Hamburg berufen. Seine ersten Bücher waren mir seit meiner Schülerzeit ein Vorbild für das, was ich gern einmal können würde. Ich begegnete ihm nun aber zuerst in einem neuen Lebenskreis, in den ich damals geriet, in der Politik. Es war im Sommer 1958 und die atomare Bewaffnung der Bundeswehr wurde in der Öffentlichkeit sowie unter den Studenten etwa ebenso heiß und kontrovers erörtert wie die neue Raketenstationierung 1983.

Mich politisch zu engagieren, war mir relativ selbstverständlich. Mein ostfriesischer Großvater, Jann Berghaus, war ein sozialliberaler Politiker, und auch meine Eltern führten keinen unpolitischen Professorenhaushalt. Das Dritte Reich brachte Berufsverbote und Schlimmeres in Teilen der Familie. In den neuen Staat hineinwachsend, begeisterte ich mich für den Liberalismus. Hätte es eine sozialliberale Partei gegeben, wäre ich ihr wohl beigetreten.

Ich hatte ein Amt in der studentischen Selbstverwaltung, und wir fanden gerade in dem akademischen Status der Studentenschaft ein politisches Mandat, die öffentliche Auseinandersetzung auch in der Hochschule zu führen. Denn wir waren angehende Wissenschaftler, und ohne die Tätigkeit von Wissenschaftlern hätte es gar keine Atomwaffen gegeben. Die von Weizsäcker mit initiierte Erklärung der Göttinger Achtzehn vom April 1957 gegen die atomare Bewaffnung der Bundeswehr war uns ein Vorbild, wie Wissenschaftler ihre Verantwortung wahrnehmen können.

Der Platonische Lebensplan eines Philosophen ist, etwa bis zum 35. Lebensjahr Naturwissenschaft und theoretische Philosophie zu treiben, sich dann bis zum 50. Lebensjahr vordringlich um öffentliche Angelegenheiten zu kümmern und mit diesen Erfahrungen schließlich in die Philosophie zurückzukehren (Politeia 540 ab). Während meiner Lehrjahre bei C. F. von Weizsäcker fand ich meine philosophiegeschichtliche Heimat in den Platonischen Dialogen und es ergab sich so, daß ich auch gerade zur vorgesehenen Zeit an die öffentlichen Angelegenheiten herangeführt wurde. Dies geschah durch das Starnberger Max Planck-Institut zur Erforschung der Lebensbedingungen der wissenschaftlich-technischen Welt (1970–1980), dem ich in den Anfangsjahren angehört habe.

Die Universität zu verlassen, bedeutet – was den Hochschulen meines Erachtens nicht gut tut – in der Regel den Abschied von einer akademischen Laufbahn. Mir ging es so, daß die Nähe zur Politik in der Arbeit des Starnberger Instituts weniger gesucht wurde, als ich es für richtig hielt, und daß ich meine Vorstellungen dann doch an einer Universität verwirklichen konnte, nämlich durch die Neugründung in Essen. Dies geschah durch das interdisziplinäre Institut AUGE (Arbeitsgruppe Umwelt, Gesellschaft, Energie), das ich dort – sozusagen als eine Sezession des Starnberger Instituts und nach dessen Vorbild – gründete. Dabei gab es zwei Leitgedanken.

(1) Die gesellschaftlich vordringlichen Probleme sind in der Regel nicht so eingeteilt wie die Wissenschaften. Obwohl die heutigen Probleme zum guten Teil erst durch Wissenschaft und Technik entstanden sind (z. B. Atomwaffen, Umweltzerstörung), werden Wissenschaft und Technik auch zu ihrer Lösung gebraucht, soweit es Lösungen gibt. Dazu bedarf es aber der interdisziplinären Verbindung, *und hier liegt heute eine Aufgabe der Philosophie.* Denn aus der Philosophie sind die vielen Disziplinen, deren Vereinzelung gegenwärtig so problematisch ist, überwiegend hervorgegangen, so daß sie in ihr einen geistigen Zusammenhang haben. Zumindest einige Philosophieprofessoren sollten sich dieser Aufgabe annehmen, und ich wollte einer von ihnen sein.

(2) Philosophie ist von altersher einerseits praktische, andererseits theoretische Philosophie. Die eine fragt nach der Einheit des Handelns, die andere nach der des Erkennens. Naturphilosophie ist in der Vergangenheit im wesentlichen als theoretische Philosophie betrieben worden, bis hin zur heutigen Theorie der Naturwissenschaften. Dabei sollten wir es in der Umweltkrise aber nicht mehr bewenden lassen, denn nun ist auch das menschliche Handeln in der Natur zum Problem geworden. So ergab sich für mich noch in Starnberg das Konzept einer *Praktischen Philosophie der Natur.* Unter dieser Fragestellung, die ich dann seit 1972 in Essen verfolgt habe, ist für mich der *Frieden mit der Natur*, dem dieses Buch gewidmet ist, zum zentralen Thema geworden.

Die Interdisziplinarität der Forschung ist auch eine Organisationsfrage, und die heutigen Universitäten sind in dieser Hinsicht fast durchweg falsch organisiert. Denn das Fachbereichsprinzip verbindet Physiker mit Physikern, Historiker mit Historikern und Ökonomen mit Ökonomen. Glücklicherweise läßt es sich aber philosophisch begründen, an einer Praktischen Philosophie der Natur sowohl Physiker, Historiker und Ökonomen als auch andere Natur- und Sozialwissenschaftler zu beteiligen. Ein so zeitgemäßes Institut wie die AUGE war deshalb gerade in einem so traditionellen Fach wie der Philosophie möglich.
Eine andere Möglichkeit der interdisziplinären Zusammenarbeit wird in der Vereinigung Deutscher Wissenschaftler (VDW) praktiziert, die 1959 im Anschluß an die Erklärung der Göttinger Achtzehn gegründet worden ist und deren Vorsitzender ich später lange gewesen bin. Hier sind es überregionale Studiengruppen, die durch wissenschaftliche Arbeit an politiknahen Themen der politischen Verantwortung des Wissenschaftlers gerecht zu werden suchen. Diese Form der interdisziplinären Zusammen-

arbeit habe ich auch an der Evangelischen Akademie Hofgeismar gepflegt. Daraus ist ein erstes Buch zum Frieden mit der Natur (1979) hervorgegangen.

Man hört manchmal, in der interdisziplinären Zusammenarbeit gebe es Verständigungsschwierigkeiten zwischen den verschiedenen Fächern. Ich habe dies nie beobachtet. Eine Voraussetzung dafür ist allerdings, daß kein Beitrag bereits um seiner fachlichen Qualität wegen etwas gilt, sondern erst dann, wenn er auch der Lösung einer projektförmig gemeinsam bearbeiteten Frage dient. Größere Projekte hat die AUGE schwerpunktmäßig im Energiebereich durchgeführt. Ich war ursprünglich in Starnberg darauf gekommen, daß die Energiepolitik ein Schlüsselbereich für die weitere Entwicklung der Industriegesellschaft ist, und wurde in dieser Einschätzung durch die Ölkrise noch bestärkt.

Unsere erste größere Studie behandelte die wirtschaftspolitischen Möglichkeiten zur Einsparung von Energie durch alternative Technologien. Als wir diese Arbeit 1978 gerade zum Abschluß gebracht hatten, war die Energiepolitik durch die Brüterentwicklung mittlerweile an eine Wegscheide gekommen. Der Bundestag bildete daraufhin eine Enquête-Kommission »Zukünftige Kernenergiepolitik«. Den Vorsitz übernahm der Abgeordnete Reinhard Ueberhorst. Ich war einer von acht Sachverständigen neben sieben Abgeordneten. Zur Arbeit der Kommission konnte ich zunächst die AUGE-Empfehlungen für die Energie-Einsparpolitik beitragen. Sie sind dann in den Maßnahmenkatalog des Enquête-Berichts (1980) eingegangen. Darüber hinaus hatte ich 1976 zur politischen und gesellschaftlichen Beurteilung technischer Entwicklungen das Kriterium der Sozialverträglichkeit vorgeschlagen. Dieses Konzept ergab nach der Einsparstudie einen weiteren Schwerpunkt der AUGE-Arbeit und fand zugleich eine Resonanz in der Enquête-Kommission.

Enquête-Kommissionen arbeiten wie Parlamentsausschüsse und geben Empfehlungen an den Bundestag. Alle Mitglieder sind stimmberechtigt, so daß die Sachverständigen sich die Bedingungen einer politischen Entscheidung und die Abgeordneten sich die Unabhängigkeit der wissenschaftlichen Argumentation gefallen lassen müssen. Dies ist in der Ueberhorst-Kommission so gut gelungen, daß die Kommission am Ende – nach nur einjähriger, sehr intensiver Arbeit – völlig anders abgestimmt hat, als sie zusammengesetzt war. Die Arbeit dieser Kommission steht mir vor Augen, wenn ich für eine wahrheitsorientierte Politik nicht nur plädiere, sondern sie auch für möglich halte.

Die Arbeit der Enquête-Kommission hat gezeigt, daß ein diskursiver oder wahrheitsorientierter Politikstil, wenn er zugelassen wird, dem üblichen

›positionellen‹ – in dem alle Beteiligten nur recht behalten wollen, statt gemeinsam nach einer für alle annehmbaren Lösung zu suchen – überlegen ist. Ich komme auf die Unterscheidung dieser beiden Stile, die von Ueberhorst stammt, im Abschnitt 1.4 zurück.

Durch den Lichtblick der Enquête-Kommission habe ich erstmalig erfahren, daß Politik nicht prinzipiell so schlecht sein muß, wie sie mir im allgemeinen vorkommt. Ich bin deswegen nicht ohne Hoffnung, daß das Elend in der Politik einmal ein Ende nehmen könnte. Um so entschiedener mißbillige ich das Mittelmaß, dem dann auch die energiepolitische Empfehlung der Kommission zum Opfer gefallen ist (der zu folgen meines Erachtens unverändert der beste Weg wäre).

Dieses Mittelmaß aber empfand ich sozusagen nicht als etwas Neues. Denn in der Wahrnehmung der neben der Kriegsverhütung wohl wichtigsten Probleme – der Gefährdung der Lebensgrundlagen – hatten während der 70er Jahre meiner Meinung nach die Regierung (weniger die Regierungs*parteien*) und die Opposition gleichermaßen versagt. Neu war demgegenüber die Erfahrung, daß die Politik nicht so schlecht sein muß, wie sie war, oder gar noch schlechter werden mußte.

Ein zweiter Lichtblick war, daß im Bundestagswahlkampf 1982/83 erstmalig eine der beiden großen Parteien, die Sozialdemokratische, mein Konzept des Friedens mit der Natur an zentraler Stelle in ihr politisches Programm aufgenommen hat. Als Berater des Kanzlerkandidaten Hans-Jochen Vogel hatte ich Gelegenheit, dies vorzuschlagen. Auf ihrem Dortmunder Parteitag hat sich die SPD im Januar 1983 einstimmig zum Frieden mit der Natur bekannt. Der Boden dafür war durch den Eppler-Flügel der Partei vorbereitet, aber diese Politik hatte bisher keine Mehrheit gefunden. Auch das Dortmunder Abstimmungsergebnis war freilich nur ein weiterer Schritt auf einem noch lange nicht zu Ende gegangenen Weg (vgl. Kapitel 12).

Als ein Symbol der Öffnung für die Politik, die in der SPD bisher nur von einer Minderheit angebahnt worden war, habe ich außerhalb der Partei dann auch der sozialdemokratischen Regierungsmannschaft angehört und auf etlichen Wahlveranstaltungen gesprochen. Eine für dieses Buch wichtige Erfahrung war, daß mein politisches Engagement vielen wieder Mut machte, die – wie ich – der Meinung waren, daß eine Politik des Friedens mit der Natur in Bonn schon viel zu lange verpaßt worden war.

Nach dem Bundestagswahlkampf 1982/83 hatte ich das Gefühl, nun auch einer breiteren Öffentlichkeit verständlich darstellen zu können, wie ich mir den Frieden mit der Natur denke. Es hat dann aber doch noch ein Jahr gedauert, bis dieses Buch geschrieben war. Unmittelbar anschließend wurde ich zum Senator für Wissenschaft und Forschung meiner Heimatstadt Hamburg gewählt.

Zu meiner Überraschung fand in der Öffentlichkeit die praktisch-naturphilosophische Erinnerung an die menschliche Verantwortung gegenüber der natürlichen Mitwelt einen besonderen Widerhall, mehr als umweltpolitische Einzelheiten. Es war so, als hätten viele Menschen eine über den politischen Alltag hinausweisende Perspektive in der Politik schon lange vermißt. Dies war der dritte und einstweilen letzte Lichtblick, der mir Hoffnung gibt. Nicht nur die Politik kann besser sein als bisher, sondern auch viele Wähler haben die schlechte Politik nicht verdient, vielleicht sogar die meisten. Ihnen gilt die Botschaft, die ich politisch-philosophisch vertrete und nun in diesem Buch zusammenfassend dargestellt habe.

1.2 Umwelt und Mitwelt, die Überheblichkeit der Industriegesellschaft – Vorblick auf Teil I

Der Kern meiner Kritik an der bisherigen Politik ist, daß wir uns gegenüber der natürlichen Mitwelt so verhalten, als ob wir keine Menschen wären. Denn Menschen dürfen sich nicht so verhalten, wie wir es tun. Ich umschreibe diesen Angelpunkt der gesamten weiteren Argumentation vorab, weil er von persönlichen Voraussetzungen abhängt, die mit zur Sache gehören. Wenn wir uns in der Natur so verhalten, wie es uns nicht zusteht, nämlich nicht menschlich, beruht die Umweltzerstörung sozusagen auf einem Mißverständnis, wer der Mensch ist. Dies beginnt schon beim Begriff ›Umwelt‹. Unsere Umwelt ist der menschliche Lebensraum im Kosmos. Wir aber verhalten uns in der Natur so, als sei der Rest der Welt nichts als für uns da. Alle Welt sei die unsere und unser Wille geschehe, sagt die Industriegesellschaft. Die ganze Welt ist dann bloß noch Umwelt des Menschen und sonst nichts. Wir stehen in der Mitte und alles andere steht um uns herum, mehr oder weniger griffbereit. Dies aber ist meines Erachtens eine ganz verfehlte Selbsteinschätzung, Überheblichkeit und Hybris.

Denn wir Menschen sind nicht das Maß aller Dinge. Die Menschheit ist mit den Tieren und Pflanzen, mit Erde, Wasser, Luft und Feuer aus der Naturgeschichte hervorgegangen als eine unter Millionen Gattungen am Baum des Lebens insgesamt. Sie alle und die Elemente der Natur gehören zu der Welt um uns und so auch zu unserer Umwelt, aber eigentlich sind sie nicht nur *um* uns, sondern *mit* uns. Unsere natürliche *Mitwelt* ist alles, was von Natur aus mit uns Menschen in der Welt ist. Um dies zu betonen, spreche ich von unserer Mitwelt statt von unserer Umwelt.

In der Industriegesellschaft aber schnurrt die natürliche Mitwelt zur Umwelt des Menschen zusammen – so als sei sie ohne jeden Eigenwert und immer nur soviel wert, wie sie *uns* wert ist. Wie unangemessen und überheblich diese Selbsteinschätzung des Menschen angesichts der Naturgeschichte ist, schildert eine Parabel von Friedrich Nietzsche aus dem Jahr 1873:

»In irgend einem abgelegenen Winkel des in zahllosen Sonnensystemen flimmernd ausgegossenen Weltalls gab es einmal ein Gestirn, auf dem kluge Thiere das Erkennen erfanden. Es war die hochmüthigste und verlogenste Minute der ›Weltgeschichte‹: aber doch nur eine Minute. Nach wenigen Athemzügen der Natur erstarrte das Gestirn, und die klugen Thiere mußten sterben. – So könnte Jemand eine Fabel erfinden und würde doch nicht genügend illustrirt haben, wie kläglich, wie schattenhaft und flüchtig, wie zwecklos und beliebig sich der menschliche Intellekt innerhalb der Natur ausnimmt; es gab Ewigkeiten, in denen er nicht war; wenn es wieder mit ihm vorbei ist, wird sich nichts begeben haben. Denn es giebt für jenen Intellekt keine weitere Mission, die über das Menschenleben hinausführte. Sondern menschlich ist er, und nur sein Besitzer und Erzeuger nimmt ihn so pathetisch, als ob die Angeln der Welt sich in ihm drehten« (KSA I. 875).

Ich werde im Kapitel 5 begründen, warum es meines Erachtens doch eine Mission des Menschen in der Natur gibt, die über das Menschenleben hinausführt. Abgesehen davon aber gibt Nietzsche hier meines Erachtens die Antwort auf die Frage: Was ist der Mensch?, die wir verdienen.

Eine Weltminute lang läuft das Erkennen vom Morgenland zum Abendland und um die Welt – und schon meinen wir, daß sich letztlich alles um uns dreht im Universum, so als sei der ganze Kosmos nur Kulisse für die Menschengeschichte. Heute zeigt sich, daß auch dieser Hochmut vor dem Fall kommt, oder daß unsere Überheblichkeit – ›als ob die Angeln der Welt sich in uns drehten‹ – sogar der entscheidende Grund wäre, wenn die Menschheit sterben müßte.

In der Parabel mußten die klugen Tiere, welche das Erkennen erfunden hatten, sterben, weil der Planet schon nach wenigen Atemzügen der Natur erstarrte. Die damalige Befürchtung des Kältetods war unberechtigt, aber mit dem baldigen Sterbenmüssen könnte es doch seine Richtigkeit haben. Denn wir verhalten uns in der Natur wie in einem Selbstbedienungsladen ohne Kasse, verwirtschaften unsere natürliche Mitwelt und zerstören auf diese Weise die Lebensgrundlagen.

Seitdem wir in Gestalt der Umweltprobleme entdeckt haben, daß diese

Lebensgrundlagen auch die unseres eigenen Lebens sind, so daß die Zerstörung der Mitwelt zu einem indirekten Selbstmord wird, versuchen wir zu retten, was noch zu retten ist. Aber die industriegesellschaftliche Umweltpolitik hat noch keinen Halt gegen die zerstörerischen Kräfte gefunden und kommt deshalb immer wieder zu spät.

Vor allem ist es bei der Überheblichkeit geblieben, denn der Umweltschutz wird ja – genauso wie die Umweltzerstörung – nur um des Menschen willen und nicht auch um der Natur oder um des Ganzen willen, zu dem wir selbst gehören, betrieben. Diese Selbstbezogenheit aber war doch gerade der eigentliche Grund der Krise, denn sie ist die Blindheit, in der wir die Zerstörung über die Mitwelt gebracht haben.

So zu leben, als ob die Angeln der Welt sich in uns drehten, entspricht einem Weltbild, das gewöhnlich das anthropozentrische genannt wird. Daß der Mensch – griechisch: ánthropos – im Zentrum stehen sollte, ist eine berechtigte und vielfach vertretene Forderung, wenn es darum geht, daß die staatliche und gesellschaftliche Ordnung dem Menschen gerecht werden soll. Wenn es aber über die Menschheit hinaus auf die natürliche Mitwelt verallgemeinert wird, besagt das anthropozentrische Weltbild, daß die ganze Welt nichts als unsere Umwelt ist, und dies ist dem Wesen des Menschen nicht mehr gemäß.

Die industrielle Wirtschaft herkömmlicher Art setzt das anthropozentrische Weltbild voraus. So wird das menschliche Interesse der Angelpunkt unseres praktischen Umgangs mit allem, was nicht Mensch ist, der Mensch also zum Maß aller Dinge. Im Rahmen dieses Weltbilds sehen wir alles, was mit uns ist, nur von uns aus, und sollen auch alles nur von uns aus sehen. Schädlich für die Mitwelt ist danach das und nur das, was der Menschheit zum Schaden gereicht. So erscheint die Mitwelt nur noch als die Umwelt des Menschen.

Das anthropozentrische Weltbild aber ist meines Erachtens falsch. Wir gehören nicht dorthin, wohin wir uns in diesem Weltbild gestellt haben. Dies läßt sich allerdings nicht wissenschaftlich beweisen, und zwar deswegen nicht, weil die Wissenschaft selbst auf derartigen Voraussetzungen beruht. Ich zeige im ersten Teil dieses Buchs, daß das anthropozentrische Weltbild

- politisch falsch ist, weil sich die Politik unter der anthropozentrischen Wertsetzung niemals auch um die natürliche Mitwelt drehen wird, wie es nötig wäre (Kapitel 2);
- in der Rechtsordnung zwar weitgehend, jedoch nicht durchgängig verwirklicht und keineswegs unüberwindbar ist (Kapitel 3);
- philosophisch an der Naturzugehörigkeit des Menschen scheitert, so

daß umgekehrt diese Naturzugehörigkeit eine Grundlage unseres Weltbilds werden sollte (Kapitel 4). Sie wäre es im Frieden mit der Natur, dessen näherer Bestimmung dann der Hauptteil dieses Buchs gewidmet ist.

Letztlich aber hängt das Verhalten des Menschen zur Mitwelt immer von einer im weitesten Sinn religiösen – oder existenziellen – Orientierung ab, die allen Argumenten vorausliegt. Ich versuche dies im folgenden Abschnitt dadurch sichtbar zu machen, daß ich mehrere solche Ausrichtungen systematisch unterscheide.

1.3 Acht Menschen und acht Welten – Vorblick auf Teil II

Es gibt verschiedene Möglichkeiten, zwischen denen, auf die wir in unserem Handeln um ihrer selbst willen Rücksicht nehmen, und denen, die wir nur um jener andern willen berücksichtigen, eine Grenze zu ziehen. Eine von ihnen ist die Anthropozentrik. Die Grenze liegt dann zwischen der Menschheit und dem Rest der Welt. Es sind aber auch ganz andere Abgrenzungen möglich.

Wie wenig selbstverständlich das anthropozentrische Weltbild ist, zeigt sich augenfällig, wenn wir die Welt nicht nur in die Menschheit und ihre Umwelt einteilen, also dieses Weltbild bereits voraussetzen. Ich sehe im wesentlichen acht verschiedene Möglichkeiten der Abgrenzung, auf was in der Welt um seiner selbst willen Rücksicht zu nehmen sei. Die achte dieser Möglichkeiten ist der Grenzfall, in dem keine solche Unterscheidung mehr gemacht wird. Die acht Abgrenzungen, denen zugleich acht Formen der Ethik entsprechen, sind in der *Tabelle 1* zusammengestellt. Die anthropozentrische Ethik entspricht in dieser Stufenfolge der vierten oder fünften Position. Die erste heißt gewöhnlich Egozentrik, die dritte Chauvinismus, die sechste ist die buddhistische und die siebte die von Albert Schweitzer: die Ehrfurcht vor dem Leben oder die »Freiheit zur Demut vor dem Kreatürlichen« (Th. Heuß 1951/1955, 197). Die achte Position ist diejenige, die ich im folgenden vertreten werde.

Warum nun sollte gerade die vierte oder fünfte von den acht Möglichkeiten die richtige sein? Wieso nicht die dritte oder die siebte? Und weshalb bleiben wir nicht beispielsweise gleich bei der ersten, wonach jedermann und jedefrau im Handeln nur auf sich selber Rücksicht zu nehmen braucht? Wie komme ich dazu, in meinem Handeln nicht nur meine eigenen Interessen, sondern auch die meiner Mitbürger und obendrein die der

Tabelle 1: Acht Formen von Rücksichtnahme in der Ethik

1. Jeder nimmt nur auf sich selber Rücksicht.
2. Jeder nimmt außer auf sich selber auf seine Familie, Freunde und Bekannten sowie auf ihre unmittelbaren Vorfahren Rücksicht.
3. Jeder nimmt auf sich selber, die ihm Nahestehenden und seine Mitbürger bzw. das Volk, zu dem er gehört, einschließlich des unmittelbaren Erbes der Vergangenheit Rücksicht.
4. Jeder nimmt auf sich selber, die ihm Nahestehenden, das eigene Volk und die heute lebenden Generationen der ganzen Menschheit Rücksicht.
5. Jeder nimmt auf sich selber, die ihm Nahestehenden, das eigene Volk, die heutige Menschheit, alle Vorfahren und die Nachgeborenen Rücksicht, also auf die Menschheit insgesamt.
6. Jeder nimmt auf die Menschheit insgesamt und alle bewußt empfindenden Lebewesen (Individuen und Arten) Rücksicht.
7. Jeder nimmt auf alles Lebendige (Individuen und Arten) Rücksicht.
8. Jeder nimmt auf alles Rücksicht.

ganzen heutigen Menschheit sowie möglicherweise die der Nachgeborenen zu berücksichtigen?

Eine erstaunliche und für die Beurteilung unseres Verhältnisses zur natürlichen Mitwelt ungemein lehrreiche Tatsache ist nun: Wer so fragt und sich darin nicht beirren läßt, wird niemals eine Antwort erhalten, die ihm schlüssig begründet, warum er seine Umwelt (zu der in diesem egozentrischen Weltbild nun auch die Menschheit gehört) im Handeln nicht nur aus Eigeninteresse berücksichtigen solle. Keine Ethik kann ihn davon überzeugen, daß der Rest der Welt – die Menschheit inklusive – nicht nur für ihn da sei. Der Grund dafür ist aber nicht, daß das egozentrische Weltbild wahr ist, sondern daß auf die einmal so gestellte Frage keine aus der Egozentrik herausführende Antwort mehr gegeben werden kann.

Wer überhaupt danach fragt, wieso sein Handeln nicht nur nach dem eigenen Interesse zu bemessen sei, setzt nämlich bereits in dieser Frageweise ein Menschenbild voraus, in dem die Mitmenschlichkeit des Individuums nicht vorkommt. Ein Individuum aber, zu dessen persönlichen Eigenschaften es nach Voraussetzung nicht gehört, daß es in einem sozialen Zusammenhang steht, also Sprache und Liebe hat und nur als soziales Wesen überhaupt Mensch ist, wird auch von keinerlei Rücksichten zu überzeugen sein, die sich erst aus diesem Zusammenhang ergeben.

Wer also einen egoistischen Individualismus schon voraussetzt, kann die

Frage bloß noch verneinend beantworten, ob andere Menschen Rücksicht um ihrer selbst willen verdienen. Er kann nur meinen, sie im Handeln lediglich soweit berücksichtigen zu sollen, wie es seinen persönlichen Interessen entspricht. Und zu wessen Selbstverständnis es immer schon gehört, daß der Mensch nur unter und mit seinesgleichen er selbst sein kann, wird die Frage in dieser Form entweder gar nicht stellen oder sie selbstverständlich bejahen.

Wieweit in unserem Handeln auf die natürliche Mitwelt um ihrer selbst willen Rücksicht zu nehmen sei, hängt ebenfalls von existenziellen Vorentscheidungen ab. Auch hier sollte das Nachdenken – wie immer in der Philosophie – nicht erst bei den Antworten auf gestellte Fragen, sondern bei diesen selbst beginnen. Entscheidend für unser Verhältnis zur natürlichen Mitwelt ist wiederum das Menschenbild, von dem wir uns leiten lassen. Der junge Marx identifizierte dementsprechend zu Recht die Entfremdung von sich selbst, vom Mitmenschen und von der Natur.

Ich zeige im zweiten und zentralen Teil dieses Buchs,
– wie wir uns im Geltenlassen der natürlichen Mitwelt selbst erfahren, welches Menschenbild also dem Frieden mit der Natur gemäß ist (Kapitel 5);
– was dann unter der Natur zu verstehen ist, weder die Wildnis noch ein Haufen von Ressourcen (Kapitel 6);
– wie der Frieden mit der Natur nach dem Menschenbild des Kapitels 5 und dem Naturbild des Kapitels 6 gemeint ist und unter welchen Bedingungen er gefunden werden könnte (Kapitel 7);
– wie die in der geltenden Rechtsordnung bestehenden Ansätze, ein Eigenrecht der natürlichen Mitwelt gelten zu lassen, in einer Rechtsgemeinschaft der Natur verallgemeinert werden könnten (Kapitel 8).

Dies alles setzt freilich voraus, daß wir die eigene Naturzugehörigkeit in unserem Selbstverständnis nicht grundsätzlich ausblenden.

Die Botschaft dieses Buchs ist: Wir sind mit unserer natürlichen Mitwelt, mit den Tieren und Pflanzen, mit Erde, Wasser, Luft und Feuer naturgeschichtlich verwandt. Im Ganzen der Natur sind sie unseresgleichen und wir sind ihresgleichen. Im Frieden mit der Natur haben wir die natürliche Mitwelt nicht nur zu unserem Nutzen, sondern in ihrem Eigenwert oder um ihrer selbst willen zu respektieren. Dieser Aspekt findet auf dem politischen Niveau des modernen Rechtsstaats seinen Ausdruck darin, daß wir ihr Rechte zuerkennen. Auch der Frieden mit der Natur ist eine Frage der politischen Kultur, der sich die Wirtschaft, die Wissenschaft und die Technik unterzuordnen haben.

In diesem Verständnis den Frieden mit der Natur zu suchen, ist relativ zum heutigen Bewußtsein ein sehr weitgehender Vorschlag. Manche werden ihn sogar als eine Zumutung empfinden. Ich füge diesem Abschnitt deshalb wiederum einige persönliche Bemerkungen hinzu, um verständlich zu machen, vor welchem geistigen Hintergrund die hier vorgetragenen Gedanken sich mir nahegelegt haben. Vielleicht kann dies den Zugang erleichtern.

Die Grundlage ist eine religiöse Erziehung in einer der Christengemeinschaft verbundenen Form des norddeutschen Protestantismus. Meine Mutter erlebte das Christentum mit der elementaren Kraft ihrer bäuerlichen Vorfahren als ein kosmisches, nicht nur die Menschheit betreffendes Geschehen. Während meiner Kindheit hat sie in zwei großen Romanen geschildert, wie die menschliche Geschichte in ihrer ostfriesischen Heimat im Mittelalter von diesem Prozeß erfaßt worden ist.

Auch philosophisch bin ich in eine dem herrschenden Naturverständnis gegenläufige Tradition hineingeboren worden. Mein Vater war einer der Begründer des naturphilosophischen Holismus. Ich bin also damit aufgewachsen, daß die Lebenserscheinungen nur aus der Ganzheit des Lebens verstanden werden können, und daß die Natur kein Mechanismus ist. Bis zur Umweltkrise war dies eine fast hoffnungslose Minderheitsposition. Inzwischen geht der Holismus seinen Weg, in der Regel freilich ohne daß dabei noch seiner Väter gedacht würde.

Überall schließlich, wo von der Natur im folgenden so die Rede ist, daß wir selbst zu ihr gehören, bin ich in Gedanken bei Niels Bohr, dem dänischen Physiker und Philosophen. Über seine Komplementaritätsphilosophie habe ich mein erstes Buch geschrieben (1965), meine Doktorarbeit. Bohrs Interpretation der Quantentheorie beruht auf der Erinnerung, daß wir selbst zu der Natur gehören, die wir erkennen. Ich habe dem eigentlich nur hinzugefügt, daß wir die Natur, von der wir selbst ein Teil sind, auch verändern, und daß dies in der Umweltkrise der Ausgangspunkt einer *praktischen* Naturphilosophie sein kann.

Albert Schweitzer hat mit Recht gesagt: Eine Ethik, die sich mit dem Verhältnis des Menschen zur Kreatur beschäftigt, »stürzt ... sich in das Abenteuer der Auseinandersetzung mit der Naturphilosophie, dessen Ende nicht abzusehen ist« (II. 365). Ich hielte es in der Umweltkrise für politisch und philosophisch unverantwortlich, dieses Abenteuer nicht zu wagen, und komme damit zum Ende dieser Einführung noch einmal auf das Verhältnis von Philosophie und Politik zurück.

1.4 Politische Philosophie und wahrheitsorientierte Politik – Vorblick auf Teil III

Unter einem Philosophen stellt man sich heutzutage, zumal in Deutschland und Amerika, im wesentlichen einen Gelehrten und Professor vor. Professoralität und Beamtentum können dazu beitragen, daß eine Aufgabe, der sich die Philosophen traditionell immer verpflichtet gefühlt haben, vernachlässigt wird, nämlich das unabhängige Engagement für öffentliche Angelegenheiten. Dies muß aber nicht so sein. Die für mich vorbildlichen Beispiele dafür haben im heutigen Deutschland Carl Friedrich von Weizsäcker und Georg Picht gegeben.

Beide haben ihr Leben lang nicht bloß akademisch, sondern wahrhaft akademisch philosophiert, nämlich im Sinn Platons, nach dessen Akademie im Athener Hain Akádemos heute alle Akademiker benannt werden – mehr oder weniger zu Recht, meistens eher weniger. Von Platon stammt ja der berühmte Satz über die Philosophenkönige. Ich zitiere ihn zunächst in der wörtlichen Übersetzung von Schleiermacher und Kurz:

»Wenn nicht . . . entweder die Philosophen Könige werden in den Staaten oder die jetzt so genannten Könige und Gewalthaber wahrhaft und gründlich philosophieren und also dieses beides zusammenfällt, die Staatsgewalt und die Philosophie . . ., eher gibt es keine Erholung von dem Übel für die Staaten« (Politeia 473 c 11–d6).

Dieser Satz aus Platons »Staat« kann sehr leicht mißverstanden werden, denn das Thema der Philosophie ist die Wahrheit, sei es als das Gute im Handeln oder als die Einheit im Erkennen. Der Totalitarismus-Vorwurf ist hier also schnell bei der Hand. Darum wiederhole ich den Satz noch einmal so, wie ihn Platon meines Erachtens heute aussprechen würde. Ich tue dies in einer Paraphrase durch C. F. von Weizsäcker, so wie sie sich mir aus einer Hamburger Vorlesung sinngemäß eingeprägt hat. Die zweite Hälfte erinnere ich nicht mehr wörtlich und ergänze den Satz deshalb so, wie er meines Erachtens heißen sollte:

Solange nicht diejenigen, welche die Macht in den Staaten haben, auch nach der Wahrheit zu fragen lernen, und solange nicht diejenigen, welche nach der Wahrheit zu fragen verstehen, sich auch um Antworten unter den Handlungsbedingungen der Machthaber bemühen – solange wird es mit dem Elend in der Politik kein Ende nehmen.

Wer wäre imstande, diesem Satz etwas entgegenzusetzen? Die Frage nach der Wahrheit jedoch wohlverstanden immer als die der Philo-Sophie, als die der liebenden und nicht verfügenden Suche. Die Wahrheit bleibt nicht Wahrheit, wenn wir ihr die Schleier abziehen, sagt Nietzsche (KSA III. 352). Sie wird dann zur Ideologie oder zur bloßen Moral, und sowie jemand die Wahrheit zu besitzen meint wie ein Stück Holz, wird daraus gar zu leicht der Knüppel, mit dem er seinem Nächsten den Schädel einschlägt.

Das Besondere an der Frage nach der Wahrheit ist, daß sie dem Leben bereits als Frage eine andere Qualität gibt, also nicht erst durch Antworten. Mit den Antworten auf diese Frage soll man – dies ist eine gleichermaßen philosophische wie politische Erfahrung – sogar äußerst vorsichtig umgehen. »Das Leben ist kein Argument; unter den Bedingungen des Lebens könnte der Irrthum sein«, sagt Nietzsche (KSA III. 478), d. h. vielleicht vermöchten wir, wenn uns die Wahrheit wirklich zuteil würde, nicht mit ihr zu leben. Nach der Wahrheit zu *fragen* aber ist auch dann eine Bedingung des Lebens, wenn wir der Wahrheit der Antworten, die sich ergeben, niemals sicher sein können. Dies hat Sokrates mit dem Delphischen Wissen des eigenen Nichtwissens gemeint, das er anderen voraus hatte.

Dem Sokratischen Wissen, daß wir die Wahrheit nicht wissen, politisch Raum zu geben, beginnt wohl mit der Einsicht, daß nicht wir Menschen das Subjekt der Geschichte sind. Martin Heidegger hat dies in einer politisch optimistischen Diskussion, etwa 1968 in Hamburg, einmal auf die unübertrefflich kurze Formel gebracht: Ihr macht alle die Rechnung ohne den Wirt. In dieser Einsicht verbindet sich dem Nichtwissen ein Nichtkönnen – aus menschlicher Macht.

Nun gehört es wohl zum Ablauf der Geschichte, deren Subjekt wir nicht kennen, daß wir uns im Namen dieses Subjekts dennoch fragen, was wir tun sollen. Die Handlungsspielräume, in denen wir uns dann bewegen, zeigen sich weder im Gefühl der Allmacht noch in dem der enttäuschten Allmacht. Sie werden aber sichtbar, wenn wir – nach einer Unterscheidung von Ueberhorst (1984) – von einem positionellen, Standpunkte behauptenden, zu einem diskursiven, auch selbstkritischen Politikstil übergehen.

Diskursive Politik kann z. B. in einer Situation beginnen, in der dem einen gesagt wird, er sei ja doch nur gegen . . . (den jeweiligen Gegenstand der Kontroverse), und er darauf antwortet: Ob ich dagegen bin, weiß ich noch gar nicht, aber ich glaube, daß ihr nicht wißt, warum ihr *dafür* seid. Der Schritt in die diskursive Politik geschieht, wenn ihm dies von seinen Kontrahenten zugegeben wird, indem sie sagen: Ja, da hat er recht (Ueberhorst aaO).

Diskursive Politik ist als wahrheitsorientierte Politik eine der demokratisch-liberalen Verfassung angemessene Auslegung des Platonischen Satzes. Bisher aber findet eine solche Politik kaum statt, und das ist nicht gut so. Auf seiten der Wissenschaft gehört dazu, daß Professoren geradezu das Amt haben, unabhängig von allen besonderen Loyalitäten nur dem Gemeinwohl und der Wahrheit verpflichtet zu sein.

Daß eine diskursive Politik Auswege finden kann, die es sonst nicht gibt, ist durch die Arbeit der schon erwähnten Enquête-Kommission deutlich geworden. Ohne einen solchen Wandel gebe ich auch dem Frieden mit der Natur keine Chance in der Politik. Der neue Drehpunkt, um den die nötige Richtungsänderung erfolgen könnte, kann im Stil der bisherigen Bonner Politik wohl nicht gefunden werden.

Ein vielleicht noch schwierigeres und jedenfalls der breiteren Öffentlichkeit verborgeneres Problem ist aber, daß wir nicht nur die falsche Politik, sondern in gewissen Grenzen auch die falsche Wissenschaft und Technik betreiben. Ich wende mich im dritten Teil des Buchs zunächst diesem Thema zu und zeige,

— daß sogar die ›reine‹ Wissenschaft einem Machttraum in der Natur folgt, und wie es kommt, daß die Möglichkeiten des Austrags der Konflikte bereits durch Grundlagenforschung verändert werden können (Kapitel 9);

— wie eine dem Frieden mit der Natur verpflichtete Wissenschaft von ihrer grundgesetzlich garantierten Freiheit deshalb einen anderen Gebrauch machen müßte als heute (Kapitel 10);

— welcher Deformation der Wahrnehmung wir zu erliegen drohen und woran die Entwicklung einer natürlicheren, insbesondere einer gewaltloseren Technik sich orientieren könnte (Kapitel 11);

— daß eine Politik des Friedens mit der Natur der Wirtschaft neue Ziele setzen muß und politisch durchaus Chancen hat, wenn sie dort, wo die natürliche Mitwelt Heimat ist, bei den Bürgern also, genügend Rückhalt findet.

Damit wendet das Buch sich schließlich wieder zurück an den Leser. Die in der Umweltkrise erforderliche Politik ist nur dann nicht viel zu schwer für die Politiker, wenn sie damit nicht allein gelassen werden.

I. Als ob die Angeln der Welt sich um uns drehten

2. Kritik der bisherigen Umweltpolitik angesichts der Grenzen des Wachstums

Die bisherige Umweltpolitik hat die industriegesellschaftliche Zerstörung der Lebensgrundlagen nicht aufgehalten. Ich zeige in diesem Kapitel, daß dies auch nicht anders zu erwarten ist und sich nicht ändern wird, solange die alten Drehpunkte der Politik unverändert bleiben. An die Stelle der bloß reaktiven muß eine aktive Umweltpolitik treten, in der alle Politikbereiche von Grund auf neu durchdacht werden, so daß ein Umdenken im Ganzen zu einer neuen Politik führt.

Als Basis für die weiteren Überlegungen dieses Buchs erinnere ich zunächst an die Ziele der Umweltpolitik angesichts der Grenzen des Wachstums (Abschnitt 2.1) und schildere dann das Scheitern der bisherigen Bemühungen, diesen Zielen gerecht zu werden (Abschnitte 2.2/3). Das Ergebnis meiner Analyse wird sein, daß die Umweltkrise letztlich eine Bewertungskrise, und zwar eine Krise des anthropozentrischen Weltbilds ist (Abschnitte 2.4/5).

2.1 Von Malthus zu Meadows – Die hinausgeschobene Wachstumsgrenze

In einem Teich wachsen Seerosen. Man stelle sich vor, daß sie schnell wachsen und daß die Fläche, die sie auf dem Wasser einnehmen, sich von Tag zu Tag verdoppelt, also mit einer konstanten Wachstumsrate (exponentielles Wachstum). Am 29. Tag sei aber immer noch der halbe Teich frei von Seerosen. Welcher Anteil der Wasseroberfläche wird am 30. Tag bedeckt sein? Die Antwort ist: Der ganze Teich, denn von Tag zu Tag findet ja eine Verdopplung statt.

So nahe kann das Ende auch dann schon sein, wenn die Welt immerhin noch *halbwegs* in Ordnung zu sein scheint.

Das Seerosengleichnis ist ein prägnantes Bild, mit dem der Club of Rome 1972 in der Studie über die Grenzen des Wachstums von D. und D. Meadows, J. Randers und W. Behrens veranschaulichte, wie nahe die Industriegesellschaften den Grenzen ihrer wirtschaftlichen Entwicklung herkömmlicher Art gekommen sind. Dabei wurden die Wachstumsraten aus der Vergangenheit extrapoliert. Etwas vereinfacht, so wie sie von der Öffentlichkeit auch aufgenommen wurde, lautete die Botschaft: Unsere Lebensgrundlagen sind endlich, und sie werden in absehbarer Zeit zerstört sein, wenn wir so weitermachen.

Die Warnungen des Club of Rome vor einer baldigen Erschöpfung der Bodenschätze und einer immer bedrohlicheren Umweltzerstörung stehen am Ende einer Entwicklung der Industriegesellschaft, mit deren Anfang sich tendenziell gleichartige Befürchtungen durch den englischen Ökonomen Thomas Robert Malthus verbunden haben. Dazwischen lag ein industriewirtschaftlicher Aufschwung, welcher denen, die daran teilhaben, einen Wohlstand ohnegleichen in der Geschichte der Menschheit beschert hat.

Malthus hatte in seinem berühmten »Essay on the Principles of Population« (1798) behauptet, daß die Menschen sich grundsätzlich schneller vermehren, als die Nahrungsmittelproduktion zunimmt, so daß es zu Hungerkatastrophen komme, wenn die Bevölkerungszahl nicht kontrolliert wird. Diese Katastrophen sind in den Industrieländern im wesentlichen nur deshalb nicht eingetreten, weil neben den drei traditionellen ökonomischen Produktionsfaktoren Arbeit, Kapital und Boden ein vierter Faktor aufgekommen ist: der Technische Fortschritt.

Durch die technische Entwicklung war es möglich, auf einem gegebenen Stück Land bei unverändertem Arbeits- und Kapitaleinsatz immer höhere Nahrungsmittelerträge zu erwirtschaften. Dies hat den Beitrag der Natur zur wirtschaftlichen Produktion überall ganz in den Hintergrund treten lassen.

Heute sehen wir, daß die von Malthus aufgewiesenen Grenzen des Wachstums durch den technischen Fortschritt zwar weit hinausgeschoben, jedoch keineswegs aufgehoben worden sind. Demgegenüber war in den westlichen Industriegesellschaften – vor allem durch den historisch einmaligen Wirtschaftsaufschwung nach dem Zweiten Weltkrieg – eine Illusion von Grenzenlosigkeit des wirtschaftlichen Wachstums entstanden, mit der sich kaum noch eine Erinnerung an die Endlichkeit unserer irdischen Existenzgrundlage verband. In Deutschland wurde diese Illusion obendrein durch die Abwendung vom Nationalsozialismus verstärkt, dessen mißbräuchliche Berufungen auf »Blut und Boden« unsere Naturwahrnehmung bis heute belasten (vgl. Kapitel 12).

Charakteristisch für die Naturvergessenheit der Nachkriegszeit ist, daß das wirtschaftliche Wachstum in der Bundesrepublik 1967 sogar gesetzlich als der Normalzustand definiert wurde. Sich mit dem einmal Erreichten zufriedenzugeben und nicht noch mehr zu wollen, ist danach gewissermaßen nicht sozialstaatlich und verfehlt geradezu den gesetzlichen Auftrag.

Es ist das historische Verdienst des Club of Rome, sich der Endlichkeit unseres Planeten und der damit verbundenen Grenzen des Wachstums zum Ende der 60er Jahre erinnert und diese Botschaft auch dem öffentlichen Bewußtsein in einer publizistisch sehr erfolgreichen Weise vermittelt zu haben. Die Studie über die Grenzen des Wachstums ist inhaltlich und methodisch eine Anwendung und Detaillierung der Überlegungen von Jay Forrester, die in seinem ein Jahr zuvor erschienenen Buch »World Dynamics« (1971) zusammengefaßt sind.

Forrester hat – unter einer Reihe vereinfachender Annahmen – ein Weltmodell entwickelt und damit simuliert, was passieren würde, wenn das Wirtschaftswachstum der Nachkriegszeit noch auf Jahrzehnte hinaus der Normalfall der industriewirtschaftlichen Entwicklung bliebe. Seine Analyse zeigt, daß dieses Wachstum unter allen Umständen jedenfalls im kommenden Jahrhundert ein Ende finden müßte. Dabei ergeben sich in einem Wechselschritt von Engpässen und Fortschritten mehrere hintereinandergelagerte Wachstumsgrenzen, deren letzte wiederum die von Malthus angenommene ist.

In Forresters Modell wird das industrielle Wachstum zunächst durch die Erschöpfbarkeit der materiellen Ressourcen und den abnehmenden Nutzen aller Industrieanlagen mit zunehmendem Grad dieser Erschöpfung begrenzt. Die gesamte Industrie wird danach, wenn wir so weitermachen, in absehbarer Zeit so dastehen wie ein Auto, wenn es keinen Treibstoff mehr gibt, d. h. die Lebensgrundlage der industriellen Wirtschaft wäre erschöpft.

Gegen Forresters *erste* Wachstumsgrenze, die Erschöpfung der Rohstoffe, und die entsprechenden Ergebnisse der Studie »Die Grenzen des Wachstums« ist alsbald eingewandt worden, daß mit zunehmender Verknappung der Ressourcen auch die Preise steigen werden, so daß eine Selbstregulierung eintritt. Dies ist ökonomisch konsequent gedacht. Die gemeinwirtschaftlich interessante Zukunftsfrage ist jedoch nicht, wie die Preise sich entwickeln, wenn alles knapp wird, sondern die Frage ist, wie wir verhindern könnten, daß diese Knappheit überhaupt eintritt.

Wie die Preise in Abhängigkeit von Angebot und Nachfrage steigen oder fallen, steht in jedem volkswirtschaftlichen Lehrbuch. Leider aber versteht sich die herkömmliche Ökonomie zwar auf den Umgang mit Knappheiten, jedoch nicht auf ihre Verhinderung. Es zeigt sich also, daß die Frage nach dem ökonomischen Bewegungsgesetz der modernen Gesellschaft angesichts der Grenzen des Wachstums noch einmal neu gestellt werden muß.

Nun ist es technisch denkbar, die eingesetzten Ressourcen aus den ›verbrauchten‹ Produkten teilweise wieder aufzuarbeiten, sie also mehr oder weniger in Kreisprozessen zu führen. Im Hinblick auf diese Möglichkeit haben Forrester und das Meadows-Team ihr Modell auch den Fall simulieren lassen, daß eine wesentlich geringere oder gar keine Begrenzung der Ressourcen besteht. In diesem Fall ergibt sich eine Umweltkrise als der nächstbegrenzende Faktor. Dies ist die *zweite* Grenze des herkömmlichen Wirtschaftswachstums, der die Industriegesellschaften sich nähern würden, wenn es gelänge, die erste Grenze – die Erschöpfung der materiellen Ressourcen – mit einem weiteren Wirtschaftswachstum herkömmlicher Art zu vereinbaren.

Technisch ist es nun wiederum denkbar, nicht nur von der Einwegwirtschaft zur Kreislaufwirtschaft, sondern auch von der *schmutzigen Einwegwirtschaft* zu einer *sauberen Kreislaufwirtschaft* überzugehen. Eine prinzipielle Grenze dafür, der ich Anfang der 70er Jahre zunächst große Bedeutung beigemessen hatte, liegt zwar in den klimatischen Auswirkungen der Energienutzung. In den letzten Jahren hat sich jedoch gezeigt, daß die Klimagrenze keine praktische Bedeutung hat, weil die Wachstumsraten sich normalisiert haben und außerdem die Möglichkeiten der Einsparung von Energie so groß sind, daß der kritische Bereich bei weitem nicht erreicht wird.

Auch die saubere Kreislaufwirtschaft aber ist dem ökonomischen Bewegungsgesetz der modernen Gesellschaft wohl nicht gemäß. Gelänge es dennoch, die ersten beiden Grenzen des Wachstums zu meiden, die Rohstoffverknappung und die Umweltzerstörung, so bliebe eine *dritte* und letzte Grenze. Dort würde sich zeigen, daß unser endlicher Planet auch im Fall einer mit den Naturgesetzen in Einklang gebrachten Organisation der Wirtschaft nur eine begrenzte Zahl von Menschen ernähren kann. Dies ist wiederum die 1798 von Malthus aufgewiesene Grenze, welche durch die in der Zwischenzeit erfolgten technischen Fortschritte lediglich hinausgeschoben worden ist, jedoch unverändert besteht.

Die Bevölkerungszahl zu stabilisieren ist wiederum kein technisches, sondern ein politisches Problem. Hinsichtlich aller drei Grenzen haben die praktisch denkbaren Lösungen also die politische Voraussetzung, daß die sozioökonomische Organisation der Menschheit in Einklang mit der Naturordnung gebracht wird. Unter diesen Umständen sollten wir nicht zuerst über technische Lösungen unter den heutigen Voraussetzungen nachdenken, sondern über diese selbst. Unter veränderten Voraussetzungen dürften sich dann auch andersartige technische Fragen und Lösungen ergeben.

Der Frieden mit der Natur ist ein politisch-naturphilosophisches Konzept, um die politische und wirtschaftliche Organisation der Industriegesellschaft in Einklang mit der Ordnung der Natur zu bringen. Welches danach die geistigen Voraussetzungen einer Politik sind, die uns den verschiedenen Grenzen des herkömmlichen Wachstums nicht noch näher bringt, als es sich mittlerweile nicht mehr vermeiden läßt, ist das Thema dieses Buchs.

Daß es in den meisten Industrieländern auf absehbare Zeit kaum wieder zu einem für die Lebensbedingungen so bedrohlichen Wirtschaftswachstum materieller Art wie in den 50er und 60er Jahren kommen dürfte, gibt uns eine Atempause, mit der der Club of Rome nicht gerechnet hatte. Zugleich aber zeigt sich an Entwicklungen wie dem Waldsterben und dem Artensterben, daß wir den Preis unseres Wohlstands noch gar nicht kennen. Um so dankbarer sollten wir für die Atempause sein.

Wenn sich, wie es nun der Fall ist, die Umweltkrise in zunehmendem Maß mit einer Wirtschaftskrise verbindet, wird die Umweltpolitik auch dadurch erleichtert, daß das Gegenargument entfällt, sie werde eine Wirtschaftskrise heraufbeschwören. Denn diese haben wir nun ja schon. Um so dringlicher sollte die unverhofft gewährte Atempause dazu genutzt werden, umweltpolitisch nicht nur an den Symptomen herumzukurieren, sondern auch die notwendigen Strukturveränderungen in Angriff zu nehmen und dadurch die Volkswirtschaft zu postmodernisieren. Eine solche Umweltpolitik steht aber leider noch aus.

2.2 Das Scheitern der Kleinen Umweltpolitik in der Bundesrepublik

Die Umweltpolitik der Bundesregierung läßt sich für die ersten zwölf Jahre vom anfänglichen Umweltprogramm 1971 bis zur Bundestagswahl 1983 mittlerweile gut überblicken. Ob und in welcher Richtung die 1983 neu gewählte Bundesregierung hier einen Kurswechsel vornimmt, wird sich erst in einigen Jahren übersehen lassen. Wenn sie es nicht tut, was ich für wahrscheinlich halte, gilt das im folgenden Gesagte auch für die nähere Zukunft.

Der umweltpolitische Überblick 1971–83 wird dadurch erleichtert, daß Günter Hartkopf – als für die Umweltpolitik zuständiger Staatssekretär im Bundesministerium des Innern einer der Hauptakteure – 1983 in einem gemeinsam mit Eberhard Bohne geschriebenen Buch bereits ein Resumee dieses ersten Jahrzwölfts gezogen hat. Hartkopf ist nach der Bundestagswahl 1983 aus dem Amt geschieden. Das Buch kann – unmittelbar aus der Praxiserfahrung heraus geschrieben – als ein Standardwerk der bisherigen Umweltpolitik der Bundesrepublik gelten. Ich stütze mich darauf in meiner Kritik dieser Politik.

Wieweit konnten die in der bisherigen Umweltpolitik gesteckten Ziele verwirklicht werden? Die beiden Autoren antworten rundheraus, daß in den 70er Jahren »trotz mancher Rückschläge eine insgesamt erfolgreiche Umweltpolitik« (aaO I. 85) begründet worden sei. Bei seinem Ausscheiden aus dem Amt erklärte Hartkopf in einem Rundfunkinterview darüber hinaus, daß die Bundesrepublik mit ihrer flächendeckenden Umweltschutzgesetzgebung international eine »Spitzenstellung« und hinsichtlich des Vollzugs dieser Gesetze sogar eine »absolute Spitzenstellung« erreicht habe.

Ich kann mich dieser Bewertung nicht anschließen, denn es gibt meines Erachtens bisher keine erfolgreiche Umweltpolitik, also kann sie auch nicht in den 70er Jahren begründet worden sein. Wenn die bisherige Umweltpolitik relativ zu den gesteckten Zielen erfolgreich war, sind die Ziele zu niedrig gesetzt worden, denn die Umweltzerstörung wird immer bedrohlicher. Es ist aber meines Erachtens die ganz besondere Qualität des Buchs von Hartkopf und Bohne, das Scheitern der bisherigen Umweltpolitik mit den Worten und aus dem Denken derer zu demonstrieren, welche diese Politik verteidigen.

Das umfangreiche Umweltgesetzgebungswerk, das in einem verwaltungsjuristischen »Aktionsrausch« (Mayer-Tasch 1978, 11) von 1971–83 entstanden ist, wird hier präsentiert und in seiner Wirksamkeit nicht beschönigt. Nur eben, man erfährt das (meines Erachtens) Mißlungene stets als das noch nicht Erreichte, für das aber weiter zu kämpfen sei – im Rahmen einer »insgesamt erfolgreichen Umweltpolitik«.

Draußen also stirbt der Wald und etwa ein Drittel der einheimischen Pflanzenarten sowie die Hälfte der einheimischen Tierarten sind entweder bereits ausgestorben oder vom Aussterben bedroht. Auch sind wir stellenweise bereits so weit, daß selbst der Übergang von der chemisch industriellen zu einer ökologisch vertretbaren Landwirtschaft kaum noch hilft, weil die Pflanzen und ihre Früchte bereits vom Boden her vergiftet werden. Aber wir haben ja eine »absolute Spitzenstellung« in der Umweltpolitik.

»Nur über eine umweltverträgliche Landwirtschaft kann in der Bundesrepublik Deutschland der Arten- und Biotopschutz sichergestellt werden«, heißt es im »Aktionsprogramm Ökologie«, einem der Bundesregierung 1983 auf Wunsch des Innenministers von 43 Experten (Vorsitz: H. Bick) vorgelegten wissenschaftlichen Gutachten (im folgenden abgekürzt AÖ). »Eine mit chemischen Pflanzen- und Tiervernichtungsmitteln arbeitende Landwirtschaft trägt entscheidend zur Dezimierung und Artenverarmung von Tieren und Pflanzen bei« (AÖ 8/12). Die Land- und Forstwirtschaft aber werden durch die Landwirtschaftsklauseln im Bundesnaturschutzgesetz (vgl. Abschnitt 3.2) praktisch von allen Regelungen zum Umweltschutz befreit, obwohl die umweltbelastenden Folgen des Einsatzes von Pestiziden und anderen Chemikalien inzwischen unübersehbar geworden sind.

Außer dem Pflanzen- und Tierartenschutz, für den »Sofortmaßnahmen unverzichtbar« (AÖ 7) sind, ist auch der Landschaftsschutz bei weitem nicht befriedigend geregelt. Vor allem Feuchtgebiete und Trockenbiotope sind bedrohte Lebensräume (AÖ 17), und weiterhin werden Hekken, Feldgehölze, Knicks und Raine zerstört, um die Landschaft möglichst landmaschinengerecht zu machen. Die Landwirtschaftsklauseln im Bundesnaturschutzgesetz »verletzen das Vorsorgeprinzip und das Verursacherprinzip« (Hartkopf/Bohne aaO I. 156) der Umweltpolitik in jeder Hinsicht. Sie sind von landwirtschaftlichen Interessenverbänden eindeutig gegen das öffentliche Interesse an der Erhaltung der Lebensgrundlagen durchgesetzt worden, aber unsere Umweltpolitik hat ja eine absolute Spitzenstellung.

Etwa 60 000 Chemikalien – und jedes Jahr kommen noch etwa tausend hinzu – werden in millionenfacher Kombination ständig hergestellt, verbraucht und in die Umwelt entlassen, ohne daß ihre Wirkungen auf die natürliche Mitwelt auch nur untersucht worden wären. In den meisten Fällen sind nicht einmal die Produktions- und Verbrauchsmengen bekannt. »Einige Stoffe sind krebserzeugend, andere stehen im Verdacht, es zu sein« (Hartkopf/Bohne aaO I. 349). In vielen Fällen sind die Konzentrationen dieser vielen Chemikalien in der Umwelt zwar noch gering, aber selbst dann besteht oft genug die Gefahr der Anreicherung in der Nahrungskette, so daß es trotzdem zu schädlichen Wirkungen kommt. Zum Beispiel sind auf Kyushu in Japan viele Jahre lang Quecksilberverbindungen in die Minamata-Bucht abgelassen worden, die erst in den Fischen soweit akkumuliert worden sind, daß diejenigen, welche die Fische aßen, dadurch vergiftet wurden.

Wie groß aber die Konzentrationen der verschiedenen Schadstoffe in der Umwelt bereits sind, wissen wir im allgemeinen gar nicht. Nach zwölf Jahren Umweltpolitik ist der Zustand der natürlichen Umwelt in der Bundesrepublik – bis auf Initiativen einzelner Autoren (Koch/Vahrenholt 1983, auch Hartkopf/Bohne aaO Kapitel 1. III) – immer noch im wesentlichen unbekannt! Wir kennen nicht einmal die toxische Gesamtsituation, soweit sie die menschliche Gesundheit betrifft. »Es gibt keine umfassende Beschreibung des Umweltzustandes in der Bundesrepublik Deutschland« (Hartkopf/Bohne aaO I. 24). So erfolgreich ist sie insgesamt, unsere Umweltpolitik.

Auch im Gewässerschutz hat sich die deutsche Umweltpolitik nicht gegen wirtschaftliche Einzelinteressen durchsetzen können.

– Das Wattenmeer ist neben dem Hochgebirge der letzte großflächige ›Naturraum‹ in der Bundesrepublik. »Es ist durch Deichbau, Industrieanlagen, Abwässer und Tourismus, verbunden mit dem Ausbau einer naturzerstörerischen Infrastruktur, besonders gefährdet« (AÖ 27).

– Die Belastung der Binnen- und Küstengewässer mit schwer abzubauenden Stoffen wie Salzen, Schwermetallverbindungen und halogenierten Kohlenwasserstoffen ist laufend gestiegen und eine Wende ist nicht absehbar.

– Der Schwermetallgehalt von Rhein- und Elbesedimenten liegt weit oberhalb der zulässigen Werte für die landwirtschaftliche Nutzung.

– In einigen landwirtschaftlichen Gebieten gefährdet die ansteigende Nitratbelastung bereits die öffentliche Wasserversorgung.

– Die Phosphatbelastung der Gewässer steigt jetzt anscheinend nicht mehr, ist aber immer noch viel zu hoch.

– Die Grundwasserverunreinigungen durch halogenierte Kohlenwasserstoffe, Öl, Nitrate u. a. nimmt beunruhigend zu, aber die Behörden haben wegen entgegenstehender wirtschaftlicher Einzelinteressen noch nicht einmal die erforderlichen Wasserschutzgebiete festgelegt (Hartkopf/Bohne aaO I. 356).

Und für die Abwasserbehandlung ist immer noch nicht vorgeschrieben, daß sie nach dem heutigen »Stand der Technik«, d. h. nach den jeweils modernsten Verfahren zu erfolgen hat, soweit sie bis zur Praxisreife entwickelt worden sind. Statt dessen genügen die »allgemein anerkannten Regeln der Technik«, die sich in der Praxis bereits durchgesetzt haben, d. h. man begnügt sich mit der Technik von gestern oder vorgestern.

Dabei hat in der Wasserwirtschaft aus Gründen der Trinkwasserversorgung der Umweltschutz bereits um die Jahrhundertwende begonnen und wirklich zu anfänglichen Erfolgen geführt. Die noch vor dem Ersten Weltkrieg durch das Preußische Ruhrreinhaltegesetz (1913) geregelte Wasserwirtschaft des Ruhrverbands (Imhoff 1928) ist inzwischen sogar weltweit zu einem Paradigma erfolgreicher Umweltpolitik geworden.

Tatsächlich hat »die Wasserwirtschaft das nach Instrumententyp und Zielbezug umfassendste Handlungsinstrumentarium der Umweltpolitik« (Hartkopf/Bohne aaO I. 382).

»Und dennoch – trotz des vielgestaltigen ordnungsrechtlichen Instrumentariums stellen bestehende Gewässernutzungen, insbesondere Abwassereinleitungen in der Praxis ein meist unüberwindbares Hindernis für die Sanierung belasteter Gewässer dar, weil die Wasserbehörden vielfach nicht das politische Durchsetzungsvermögen besitzen, um das vorhandene Instrumentarium einzusetzen (Kölble 1982, 19 f.). Vorherrschend sind daher in der Wasserwirtschaft – ebenso wie in anderen Umweltbereichen – unverbindliche Absprachen zwischen Behörden und Unternehmen, mit denen die Behörden versuchen, wenigstens die ärgsten Schäden zu verhüten oder zu beseitigen« (Hartkopf/Bohne aaO I. 386).

Sollte die Spitzenstellung der deutschen Umweltpolitik also nur darin bestehen, daß überall beinahe gleich wenig und bei uns nur etwas weniger wenig passiert?

Noch nicht einmal zu der so dringend notwendigen Verminderung des Verkehrslärms, unter dem etwa die Hälfte der Bevölkerung ständig leidet, ist es gekommen. Dabei werden Versäumnisse im Naturschutz immer wieder damit entschuldigt, daß es in erster Linie auf die Bedürfnisse des Menschen ankomme.

Am eklatantesten schließlich sind die Versäumnisse der bisherigen Umweltpolitik wohl durch das Waldsterben deutlich geworden. Hier hat die Umweltpolitik der hohen Schornsteine die jetzige Katastrophe geradezu herbeigeführt, statt ihr entgegenzuwirken. Dadurch ist es nun erstmalig zum Zusammenbruch eines ganzen Öko*systems* gekommen – nicht nur zu einzelnen Schäden an einzelnen Pflanzen, denen noch mit Einzelmaßnahmen beizukommen wäre. Weit über den Wald hinaus ist sogar die gesamte Vegetation bedroht. Nun sollte eigentlich jeder merken, daß wir im Verhältnis zur natürlichen Mitwelt von Grund auf umdenken und das wirtschaftliche Handeln ganz neu ausrichten müssen.

Ich möchte die umweltpolitischen Leistungen der 70er Jahre nicht herabwürdigen. Tatsächlich ist seit dem ersten Umweltprogramm von 1971 und dem heute immer wieder als ein guter Anfang beschworenen Benzin-Blei-Gesetz aus demselben Jahr eine Fülle von gesetzlichen und ordnungsrechtlichen Regelungen zum Schutz der Umwelt zustandegebracht worden. Diese Regelungen sind, soweit sie reichen, sogar mehr oder weniger erfolgreich. Sie reichen bloß nicht weit genug. Ich unterscheide sie deshalb als die Kleine Umweltpolitik von der großen des Friedens mit der Natur.

Meine Kritik ist letztlich, daß der verwaltungsjuristische Aktionsrausch der 70er Jahre »in einem geradezu grotesken Gegensatz zu dem nahezu unvermindert anhaltenden Dauerprozeß der Zerstörung« steht (Mayer-Tasch 1978, 13). Dabei verallgemeinere ich dieses Urteil vom Raumordnungs-, Landschafts- und Naturschutzrecht auf das ganze Umweltrecht. Ich betrachte die bisherige Umweltpolitik somit nach einem guten Anfang als gescheitert. Wenn dies aber so ist – warum ist sie gescheitert?

2.3 Ist die Zukunftssicherung mehrheitsfähig?

Daß die bisherige Umweltpolitik nicht erreicht, was sie sollte, liegt äußerlich daran, daß politische und wirtschaftliche Interessen dem Umweltinteresse entgegenstehen und sich dagegen durchsetzen. Dies beginnt bereits bei der Verteilung der Zuständigkeiten innerhalb der Bundesregierung. Z. B. soll der Landwirtschaftsminister gleichermaßen die Bewirtschaftung von Tieren, Pflanzen und Landschaften fördern und die Tiere, Pflanzen und Landschaften vor dieser Bewirtschaftung schützen, soweit es nötig ist.
Daß dabei der Tier-, Pflanzen-, Arten- und Naturschutz zu kurz kommt, ist nicht verwunderlich. Ebensowenig sollte, wie es der Fall ist, der Verkehrsminister auch für Umweltgefährdungen durch die Verkehrsplanung und der Wirtschaftsminister für Umweltprobleme im Energie- und Rohstoffbereich zuständig sein.
Die übrigen Zuständigkeiten für den Umweltschutz liegen beim Bundesminister des Innern, für den es keine entsprechenden Interessenkonflikte gibt. Dies hat den großen Vorteil, daß das Umweltinteresse unabhängig von anderweitigen politischen Zielen eigenständig ermittelt und politisch vertreten wird. Auch der Innenminister sieht sich in der Vertretung dieses Interesses jedoch wiederum bereits innerhalb der Exekutive mit gegenläufigen Interessen konfrontiert.

»Man sollte erwarten, daß staatliche Stellen privaten Verursachern von Umweltbelastungen als gutes Beispiel vorangehen und Umweltgüter besonders schonend in Anspruch nehmen. Diese Erwartung hat sich bislang nicht erfüllt. Staatliche Einrichtungen – gleichgültig, ob sie zu Bund, Ländern oder Kommunen gehören, – setzen sich aus Kostengründen gegen Umweltschutzmaßnahmen ebenso zur Wehr wie private Verursacher. Mehr noch, gelegentlich ist der Widerstand staatlicher Stellen gegen Umweltschutzmaßnahmen noch hartnäckiger, da dem Gemeinwohlinteresse am Umweltschutz die Gemeinwohlinteressen an der jeweils eigenen

Aufgabenwahrnehmung entgegengehalten werden« (Hartkopf/Bohne aaO
I. 134).

So zieht z. B. der Gewässerschutz bei der einzelfallbezogenen Abwägung
verschiedener Gemeinwohlbelange meistens den kürzeren (aaO I. 384).
Selbst dort aber, wo dem Umweltschutz eigentlich nur Konflikte zweiter
Ordnung entgegenstehen, werden die umweltpolitischen Ziele vernachlässigt. Z. B. wird das finanzpolitische Instrumentarium bisher umweltpolitisch nicht genutzt, d. h. staatliche Zuwendungen oder Steuervorteile
werden nicht mit Umweltschutzauflagen verbunden (Hartkopf/Bohne
aaO I. 249). Ebenso wird die Vergabe staatlicher Aufträge bisher zwar als
ein Instrument der Wirtschafts-, Technologie- und Sozialpolitik genutzt,
der Umweltschutz aber spielt dabei bisher praktisch keine Rolle (aaO
I. 251).

»Überspitzt könnte man sagen, daß in der gegebenen Situation nur Geldknappheit
die Verwirklichung umweltbeeinträchtigender Investitions- und Subventionspro-
gramme verhindern kann. Dieser Zustand ist auf Dauer unhaltbar« (aaO I. 218).

Über das viel beklagte »Vollzugsdefizit« in der Umweltpolitik braucht
man sich nach alledem kaum noch zu wundern. Wenn eine Politik nicht
wirklich gewollt wird, dann wird sie eben auch nicht vollzogen.
Ein Hofhund ist ein Hund, ein Hundehof ein Hof, Umweltpolitik also ist
Politik, so denkt man nach den Gepflogenheiten der deutschen Sprache.
Wo aber bleibt die Politik in der bisherigen Umweltpolitik? Hartkopf und
Bohne beschreiben sie im wesentlichen als ein Verwaltungshandeln, das
sich gegen politische und ökonomische Interessen durchsetzen muß. Sehr
charakteristisch für diese Situation ist ihre Begründung dafür, daß die
Umweltschutzaufgaben nicht in einem eigenen Bundesumweltministe-
rium zusammengefaßt werden sollten:

»Mangels anderer wichtiger Aufgaben befände sich das Umweltministerium stets
in der Rolle des Bittstellers, ohne anderen Ressorts oder externen Organisationen
Vorteile gewähren oder Nachteile zufügen zu können« (aaO I. 150).

Demgegenüber kann der Innenminister umweltpolitische Ziele damit
durchsetzen, daß er Vor- und Nachteile in anderen Bereichen, für die er
zuständig ist, in die Verhandlungsmasse einbezieht. Aber hat denn die
Umweltpolitik gar kein politisches Eigengewicht, so daß es hier immer
nur bei der Bittstellerei bleibt?
Der Schattenhaftigkeit der Umweltpolitik entspricht die Schattenhaftigkeit unserer politischen Wirklichkeit in dieser Politik, soweit sie diese
Bezeichnung verdient. Der Darstellung von Hartkopf und Bohne ist die

politische Verfassung der Bundesrepublik kaum anzusehen. Ihr Buch ist deshalb für die umweltbezogene Regierungstätigkeit aller Länder – unabhängig von ihrer politischen Organisation – ungefähr gleich interessant.

Bemerkenswert ist z. B. die Rolle des Parlaments im »Aktorensystem der Umweltpolitik« (aaO I. 131). Da gibt es einen inneren Kreis mit den sieben Bundesministerien (Innen/Landwirtschaft/Verkehr/Wirtschaft/Gesundheit/Bau/Forschung), welche für die wichtigsten Aufgabenbereiche der Umweltpolitik zuständig sind, und einen äußeren Kreis der »wichtigsten umweltpolitischen Akteure«. Und in diesem äußeren Kreis ist der Bundestag nur einer von 28 (in Worten: achtundzwanzig). Die anderen 27 sind mancherlei Verbände, internationale Organisationen, Bundesbahn und Bundespost, Bundesländer, Kommunen und Hochschulen.

Wenn dies die Verfassungswirklichkeit ist, entspricht dann die Umweltpolitik noch dem Grundgesetz? Dort nämlich heißt es:

Art. 20 Abs. 2: Alle Staatsgewalt geht vom Volke aus. Sie wird vom Volke in Wahlen und Abstimmungen und durch besondere Organe der Gesetzgebung, der vollziehenden Gewalt und der Rechtsprechung ausgeübt.
Art. 38 Abs. 1: Die Abgeordneten des Deutschen Bundestages . . . sind Vertreter des ganzen Volkes . . .

Die Beschreibung der Rolle des Parlaments bei Hartkopf und Bohne trifft allerdings, soviel ich sehe, nicht nur aus der Perspektive des Innenministeriums zu.

Unabhängig von der Umweltsituation steht die Gesetzgebung vor dem generellen Problem, daß der Bundestag in vielen Fällen nur noch unvollständige Gesetze mit Generalklauseln (als finale Zweckprogramme) erlassen kann und deren Konkretisierung der Verwaltung überlassen muß (Roßnagel 1982). Demgegenüber könnten vollständige Gesetze alter Art (Konditionalprogramme) die Verwaltung gegenüber den Interessengruppen stärken.

Wie stark das Parlament die Verwaltung bindet, ist jedoch immer auch eine Frage des Engagements. Tatsächlich ist die Umweltpolitik bisher kaum durch Parteiprogramme vorbereitet, sondern weitgehend von der Exekutive erarbeitet worden. Das Parlament hat dabei nur eine Nebenrolle gespielt.

Ein Hauptgrund für die parlamentarische Inaktivität war, daß zur Zeit der sozialdemokratisch geführten Bundesregierung die parlamentarische Opposition in der Umweltpolitik noch hinter der Regierung zurückgeblieben ist und die Wahrnehmung der Probleme einer Minderheit innerhalb der Regierungsparteien überlassen hat. Die einzige Ausnahme war der CDU-Abgeordnete Herbert Gruhl, der dann aber auch bald keine politische Heimat mehr hatte. Erst seit dem Regierungswechsel 1982/83 gibt es eine Umweltpolitik von seiten der parlamentarischen Opposition. Gleichzeitig deutet sich an, daß die aus der Opposition zur Regierung gekommenen Parteien dort nun ebenfalls die Umweltpolitik entdecken. Die 1982/3 gebildete Bundesregierung hat es gegenüber ihrer Vorgängerin dabei ja auch insofern leichter, als sie die frühere Opposition nun nicht mehr gegen sich hat.

Einstweilen aber bleibt das Fazit, daß es im Umweltbereich bisher im wesentlichen nur ein politisch restringiertes Verwaltungshandeln, jedoch keine eigenständige und in ihrem Eigengewicht anerkannte Politik gegeben hat. Was bisher voreilend Umweltpolitik genannt wird, hat politisch noch keinen Atem. Man kann das auch »Durchsetzungsschwäche« (aaO I. 156) nennen. Hartkopf und Bohne helfen sich in dieser Situation durch eine Art Balance-Tick: Sie stellen sich selber immer in die Mitte – in den kräftefreien Raum.

Da gibt es z. B. einerseits die »Unheilspropheten« (Meadows, Gruhl) und »die Umweltschützer«, andererseits die Beschwichtiger, denen die heutige »Umwelthysterie« schon viel zu weit geht, in der Mitte aber stehen die beiden Autoren mit ihrer »realistischen Umweltpolitik« (aaO 18ff.). Etwas später setzen sie sich ab von den Biologisten (welche die Natur zum Vorbild nehmen), den Ökologischen Moralisten (deren Kritik bei der Überheblichkeit des modernen Menschen ansetzt), den Sozialisten (die alles Übel den Kapitalinteressen zuschreiben), den Rationalisten (welche vor allem die Systeme in den Griff kriegen wollen) und den Kapitalisten (die alles dem Markt überlassen möchten) – lauter schöne Abziehbilder. Und wieder sind unsere Autoren die »Realisten«, welche alle diese Gesichtspunkte gelten lassen, ohne einen von ihnen »zu verabsolutieren« (aaO I. 63). So stehen sie immer in der Mitte – wo sie nichts bewegen.

So etwas nennt man manchmal irrtümlich Pragmatismus. »Umweltpolitik muß – will sie auf Dauer erfolgreich sein – ihre Entscheidungen unter nüchterner Einschätzung der bestehenden politischen Kräfteverhältnisse treffen« (aaO I. 228). Was aber ist, wenn die bestehenden Kräfteverhältnisse die Umweltpolitik blockieren? Wenn sie ihr gar keinen Raum geben, so daß es für den Umweltpolitiker »realistisch« ist, sich immer gerade auf den Drehpunkt des Waagebalkens zu setzen, wo sein Gewicht die einmal eingespielte Balance nicht beeinflußt? Dann ist, so meine ich, Schluß mit der Mitte und der Ausgewogenheit.

Die Umweltpolitik muß selbst zu einem neuen Drehpunkt der Politik insgesamt werden. Es geht nicht an, daß die Politik sich immer weiter nur um die alten Probleme dreht und nicht um die Umwelt. Die bisher verantwortlichen Akteure waren im politischen System der Bundesrepublik nahe genug an den kritischen Punkten, an denen die Hebel für eine realistische Umweltpolitik anzusetzen wären. Sie waren aber so nahe daran, daß sich von dort aus fast nichts mehr bewegen ließ, weil der Hebelarm zu kurz war. Leider sitzen diejenigen, deren Hebel umweltpolitisch etwas länger geschnitten sind, meistens zu weit weg, um die Hebel auch ansetzen zu können. Gebraucht werden meines Erachtens beide, die mit der Nahsicht für die Ansatzpunkte und die mit den längeren Hebeln. Sonst bleibt's beim Kurieren am Symptom und die Lebensgrundlagen der Industriegesellschaft sind nicht zu retten.

Das Scheitern der bisherigen Umweltpolitik liegt in dem Buch von Hartkopf und Bohne meines Erachtens dort am unmittelbarsten zutage, wo die Autoren meinen, im Verhältnis zur natürlichen Umwelt sei – in einer pluralistischen Gesellschaft – eben immer nur das »ethische Minimum« zu verwirklichen, »das in der Gegenwart mehrheitsfähig ist und gleichwohl unsere Zukunft sichert« (aaO I. 68). Das eigentliche Problem ist doch gerade, daß das, was unter den gegenwärtigen politischen Bedingungen mehrheitsfähig ist, unsere Zukunft und die unserer natürlichen Mitwelt *nicht* sichert! Es stimmt also wohl etwas nicht mit dem ethischen Minimum (womit ich mich gern unter die Ökologischen Moralisten einreihe).

2.4 Umweltpolitik ohne Eigenwert, wie die Umwelt

Tatsächlich glaube ich, daß die Umweltkrise im Grunde eine Bewertungskrise ist. Die Umwelt wird zerstört, weil wir – die Deutschlande und andere Industrieländer – nicht wissen, was sie wert ist. Einige von uns meinen dies zwar besser zu wissen als die im umweltpolitischen Handeln herrschende Meinung, aber die Politik hat sich durch die vorgebrachten Argumente bisher nicht überzeugen lassen. Dieses Buch ist ein neuer Versuch, dafür Gehör zu finden, daß die handlungsleitenden Werte in der Umweltpolitik anders gesetzt werden sollten als bisher.

Die Autoren des Aktionsprogramms Ökologie (1983) betonen gleichermaßen: »Der mangelhafte Schutz von Feuchtgebieten zum Beispiel ist nicht auf Forschungsdefizite« (ich möchte hinzufügen: und allerlei entgegenstehende Interessen) »zurückzuführen, sondern auf fehlende oder unzureichende Wertmaßstäbe« (AÖ 6). Auch Hartkopf und Bohne kommen dieser Position spiegelbildlich einmal relativ nahe, wo sie hinsichtlich ihrer ausbalancierten Umweltpolitik zugeben:

»Allerdings befindet sich eine realistische Umweltpolitik stets in der Gefahr, die bestehende Wirklichkeit zum politischen Maßstab zu erheben und . . . den Status quo . . . zu rechtfertigen. Um nicht dieser Gefahr zu erliegen, bedarf die Umweltpolitik klarer normativer und fortschrittlicher Maßstäbe« (aaO I. 63).

Die Frage ist dann nur, welcher Bewertungsmaßstab fortschrittlich ist, und hier legen die beiden Autoren sich auf das anthropozentrische Weltbild fest.

Kann ein Bewertungsproblem politisch vordringlicher sein als das der dem Umweltschutz entgegenstehenden Interessen, vor allem wirtschaftlicher Art? Waren es nicht wirtschaftliche Interessen, die das Konzept der Umweltverträglichkeitsprüfung bisher scheitern ließen, die Landwirtschaftsklauseln im Bundesnaturschutzgesetz durchgesetzt haben, den erforderlichen Gewässerschutz erfolgreich verhindern usw.? Und sollte die Kritik der Sachverständigenkommission Staatszielbestimmungen (1983, Vorsitz: E. Denninger), daß in der Umweltpolitik »staatliche Schutzmaßnahmen sich weitgehend auf die Bekämpfung von Symptomen beschränken, sich jedoch struktureller Eingriffe enthalten« (Rz 143), nicht insbesondere auch für den politökonomischen Komplex berechtigt sein?

Es liegt mir fern, die wirtschaftlichen Widerstände zu unterschätzen. Eben dies aber ist doch gerade das Bewertungsproblem: ob die – jederzeit mit Recht und in der ihnen eigenen Konsistenz geltend gemachten – einzelwirtschaftlichen Bewertungen durch entgegenstehende Umweltwerte aufgewogen werden oder nicht (vgl. Abschnitt 12.1). Dasselbe gilt für die vielfältigen politischen Interessen, die nicht unmittelbar ökonomisch motiviert sind und dem Umweltschutz entgegengestellt werden. Was also sind uns die Umwelt und die natürliche Mitwelt wert? Ich orientiere mich an den acht Stufen der Rücksichtnahme des Tableaus im vorangegangenen Kapitel.

Die bisherige Umweltpolitik beruft sich auf die anthropozentrische Werthaltung: »Die Pflicht zur Erhaltung der natürlichen Lebensgrundlagen ergibt sich aus unserer Verantwortung für das Wohl der lebenden und künftigen Menschen./Umweltschutz ist also kein Selbstzweck, sondern vom menschlichen Wohl abgeleitet« (Hartkopf/Bohne aaO I. 63f.). Ich führe die Durchsetzungsschwäche der bisherigen Umweltpolitik politisch darauf zurück, daß die anthropozentrische Wertsetzung am Münchhauseneffekt scheitert. Die Industriegesellschaft kann sich nicht am eigenen Schopf aus dem Sumpf ziehen.

So wie die Bewegung eines Wagens nur dadurch zu bremsen oder umzulenken ist, daß die Insassen einen Halt an etwas finden, was nicht selbst zum Wagen gehört oder an seiner Bewegung teilhat, bedarf es auch in der Umweltpolitik eines Halts außerhalb der jetzigen Wirtschaftsentwicklung.

Die Entwicklungsländer und die künftigen Generationen können der Umweltpolitik diesen Halt nicht geben, weil beide uns nicht gegenwärtig, sondern zu weit weg sind. Im Handeln auf »die Menschheit«, einschließlich der Nachgeborenen, Rücksicht zu nehmen, ist eine ziemlich abstrakte und schwer erfüllbare Forderung, die ein starkes Engagement voraussetzt. Dies aber bleibt aus, weil wir immer weniger davon überzeugt sind, der Dritten Welt und unseren Nachfahren etwas Gutes zu tun, wenn wir unser Verhalten ändern, damit es ihnen einmal genauso gehen kann, wie es uns jetzt geht. Ist es denn wirklich der Mühe wert, die Umwelt und die Ressourcen zu schonen, um der ganzen Menschheit dermaleinst die Lebensweise der Industriegesellschaften zu ermöglichen? Die Aussage:

Industriegesellschaften bieten ihren Bürgern ein hohes Maß an Lebensqualität,

findet bei uns und in anderen Industrieländern zwar immer noch mehrheitlich Beifall, dieser aber ist längst rückläufig, seitdem die Probleme der Industriegesellschaft im öffentlichen Bewußtsein deutlicher gesehen werden als in der Wachstums- und Wohlstandsbegeisterung der Nachkriegszeit.

Auf einer siebenstufigen Bewertungsskala – in der pseudoquantitativen Art der empirischen Sozialforscher – lag die Zustimmung 1982 im Mittel bei 4,9 (1,2,3 Ablehnung, 4 neutral, 5,6,7 Zustimmung), 1980 waren es noch 5,4. Umweltschützer votierten im Mittel mit 3,6 (1980: 4,6), Industrievertreter mit 5,8 (1980: 5,9) (Kessel 1983, 12). In den meisten Ländern der Dritten Welt ergäbe sich vermutlich ein anderes Bild.

Auf die Frage: »Glauben Sie, daß die Technik alles in allem eher ein Segen oder ein Fluch für die Menschheit ist?«, meinten 1981 nur noch 30 % (bzw. 23 % der Jugendlichen), sie sei ein Segen; 53 % antworteten mit teils/teils (Klipstein/Strümpel 1984, 183; vgl. Tabelle 2 im Abschnitt 9.6). Eine andere Umfrage (1980) ergab, daß nur noch 41 % der Bevölkerung der Bundesrepublik annehmen, der technische Fortschritt mache unser Leben leichter. Ebenso viele (40 %) sind der gegenteiligen Meinung (aaO).

Strümpel und Klipstein sind auch den Gründen nachgegangen, deretwegen die Selbstzufriedenheit der Industriegesellschaft bei uns nachgelassen hat. Sie sind leicht nachzuvollziehen: 67 % der Befragten dachten im Zusammenhang mit der Technik an die Zerstörung der Umwelt, 51 % an Arbeitslosigkeit (aaO 184).

Unter diesen Umständen ist es nicht sonderlich überraschend, wenn es der Umweltpolitik keine Kraft und keinen Atem gibt, an die Solidarität der ganzen Menschheit zu appellieren. Fällt der anthropozentrische Ansatz dadurch auf die Stufe 3 der Tabelle 1 zurück – die Rücksichtnahme auf alle heute lebenden Mitbürger – so gibt es zwar immer noch eine Fülle von Umweltproblemen, welche bereits die Eigeninteressen der heutigen Bevölkerung unseres Landes verletzen. Sollte es dann aber nicht Sache unserer Regierung sein, eben dies festzustellen und etwas dagegen zu unternehmen?

So führt uns der anthropozentrische Ansatz, wonach zunächst die Menschheit, nun aber wenigstens die Bundesbürger im Zentrum stehen sollen, letztlich in deren politisches Zentrum, also nach Bonn. Die Anthropozentrik gerät zur Bonnzentrik. Und wem wollte es nicht einleuchten, daß der Schwerpunkt des politischen Kräftefelds einer pluralistischen Gesellschaft eine vertretbare Wahl für das Zentrum ist, in dem der Mensch stehen soll? In Bonn aber hat die Umweltpolitik gerade kein hinreichendes Eigengewicht, sondern ist nur Bittstellerei aus der Balance über den jeweiligen Drehpunkten.

Wer sich einmal auf die anthropozentrische Bewertung der Umweltprobleme einläßt, begibt sich damit politisch auf eine abschüssige Bahn, auf der es kaum noch ein Halten gibt und an deren unterem Ende die Rechtfertigung des Status quo steht. Die Anthropozentrik kann den Menschen nicht schützen. So bleibt sie letztlich nur ein Vorwand, um die natürliche Mitwelt *nicht* zu schützen. Die aufgeklärte Anthropozentrik (Abschnitte 2.5/3.5) bildet hier nur scheinbar eine Ausnahme, da sie im Kern die von mir vertretene Position akzeptiert.

Mein Gegenvorschlag ist, der Umweltpolitik von vornherein ein Eigengewicht zu geben, das sie auch dann nicht verlieren kann, wenn politisch anstelle der ganzen Menschheit schließlich doch nur die heutigen Mitbürger berücksichtigt werden. Die Umweltpolitik kann dieses Eigengewicht durch das Mandat gewinnen, auf die natürliche Mitwelt nicht nur um unseretwillen, sondern um ihrer selbst willen Rücksicht zu nehmen.

Das politische Schicksal der Kleinen Umweltpolitik ist insofern verdient, als auch ihre geistigen Grundlagen nicht tragfähig sind, wie ich im folgenden zeige. Wie die weitergehende Umweltpolitik des Friedens mit der Natur gedacht ist und begründet wird, zeige ich im zweiten und dritten Teil dieses Buchs.

2.5 Neue Werte in der Umweltpolitik

Ob wir auf die natürliche Mitwelt nur um unseretwillen oder um ihrer selbst willen Rücksicht nehmen sollen, mag dem heutigen Bewußtsein wie eine Frage von akademischem Interesse vorkommen, deren Beantwortung keine politischen Konsequenzen ergibt. Wäre es so, dann fände ich die Frage auch akademisch nicht interessant, denn ich meine mit James und Peirce, daß philosophische Aussagen sich durch ihre praktischen Konsequenzen unterscheiden sollen und einen Streit nicht lohnen, wenn es keinen solchen Unterschied gibt. Was also würde es für unser Handeln bedeuten, wenn wir um ihrer selbst willen eine Verantwortung gegenüber der natürlichen Mitwelt wahrnehmen wollten? Hartkopf und Bohne meinen, »in der Praxis« (aaO I. 69) wäre mit der Anerkennung eines Eigenwerts oder Eigenrechts der natürlichen Mitwelt nichts gewonnen, denn die Abwägung z. B. zwischen dem wirtschaftlichen oder sonstigen Nutzen einer Autobahntrasse und dem Wert der Erhaltung eines Waldgebiets müsse in beiden Fällen gleichermaßen stattfinden.

Daß diese Abwägung jedenfalls stattzufinden hat, ist richtig. Eigenrechte der natürlichen Mitwelt anzuerkennen, wie ich es im Kapitel 8 vorschlage, kann ja nicht bedeuten, daß diese Rechte in jedem Fall Vorrang vor den menschlichen Interessen haben. Daß die Anerkennung von Eigenrechten der natürlichen Mitwelt in der Praxis nichts ändern würde, ist jedoch ein fundamentaler Irrtum, denn es geht um zwei grundverschiedene Abwägungen und die Frage, welche von ihnen die richtige ist:

- Im einen Fall wird der Wert der Autobahn für Menschen gegen den des Walds für Menschen abgewogen, also der Verkehrswert gegen den Erholungswert, den Wert der Verfügbarkeit von Holz etc.
- Im anderen Fall lautet die Abwägungsfrage: Ist es gerechtfertigt, daß um unseres Verkehrsinteresses an (noch) einer Autobahn willen so und so vielen Bäumen der und der Arten das Leben genommen, eine Landschaft einschneidend verändert, eine Pflanzengemeinschaft zerstört und den im Wald lebenden Tieren ihr Biotop genommen wird?

Es gehörte zur Kultur einiger ›primitiver‹ Völker, sich bei einem Baum zu entschuldigen, bevor man ihn fällte. Auch europäische Holzarbeiter taten dies noch im 19. Jahrhundert (Sartori 1911, 165 f.). Die Entschuldigung rettete also demjenigen Baum, an den sie gerichtet war, nicht das Leben. Die Regel aber, daß das Fällen eines Baums überhaupt eine Entschuldigung erfordert, rettete – wo sie eingehalten wurde – all den Bäumen das Leben, die zu fällen unentschuldbar gewesen wäre, und zwar in der Abwägung ihres Eigenwerts gegenüber dem menschlichen Interesse. Demgegenüber ist die heutige Umweltgesetzgebung, wie ich im folgenden Kapitel zeige, weit überwiegend anthropozentrisch.

Bei Tierversuchen und in der Tierhaltung würde eine bloß anthropozentrische Abwägung sogar jede Tierquälerei rechtfertigen, denn hier gibt es keine dem Erholungswert des Walds entsprechenden menschlichen Interessen. Dies mag dazu beigetragen haben, daß der Gesetzgeber den Tierschutz nicht nach der anthropozentrischen Wertsetzung geregelt hat (Abschnitt 3.3). Zeigt sich aber nicht bereits daraus, daß diese Wertsetzung nicht allgemeingültig sein kann, also einem übergeordneten Maßstab zu unterwerfen ist?

Ein berühmtes Beispiel dafür, welchen Unterschied es macht, ob nur ein gesellschaftliches Interesse gegen ein anderes gesellschaftliches Interesse oder ob die gesellschaftlichen Interessen ihrerseits gegen Eigeninteressen oder Eigenwerte der natürlichen Mitwelt abgewogen werden, ist das Schicksal der Zwergbarsche im Tennessee River nach dem Bau des Tellico-Staudamms.

In einer Mehrheitsentscheidung von sechs gegen drei Stimmen hat das oberste Bundesgericht der USA im Juni 1978 entschieden, daß der im Rohbau fertiggestellte Tellico-Staudamm im Bundesstaat Tennessee unvollendet bleiben sollte, weil die Füllung des Stausees eine Zwergbarschart, die auf der Liste der vom Aussterben bedrohten und zu schützenden Arten steht, ihrer natürlichen Umwelt berauben und sie unwiderruflich ausrotten würde. Dieser Fisch – Percina tanasi – kam nämlich auf der ganzen Welt nur in dem etwa 25 km langen Flußlauf des Little Tennessee River vor, der in dem geplanten Stausee verschwinden sollte. Da er keine Schwimmblase hat, ist er auf flache und gut gelüftete Fließgewässer angewiesen und könnte auf dem Boden eines Stausees nicht überleben. Die Frankfurter Allgemeine Zeitung bemerkte dazu verständnislos, daß das geplante Kraftwerk »eine unterentwickelte Landschaft mit Industrie, Erholungsstätten und Elektrizität versorgen sollte« (20 VI 1978). Das Problem ist mittlerweile dadurch gelöst, daß man die Fische in einen anderen Fluß umgesiedelt hat, in dem sie ebenfalls überleben können sollen.

Die amerikanische Gerichtsentscheidung von 1978 bedeutete für den Schutz der natürlichen Mitwelt um ihrer selbst willen eine große Ermutigung. Das Urteil ist zwar aufgrund eines Gesetzes gefällt worden, das den Artenschutz aus dem Interesse der heutigen und der künftigen Menschheit rechtfertigt. Hinsichtlich der Zwergbarsche ist aber doch wohl der Eindruck kaum abzuweisen, daß die anthropozentrische Begründung derartiger Gesetze nicht sonderlich überzeugend ist, daß also hinter den Gesetzen politisch und moralisch noch andere Gründe stecken.

Denn welches rationale Interesse haben wir oder zweihundert Millionen US-Amerikaner an den Zwergbarschen in Tennessee? Sollen sie nicht in Wirklichkeit geschützt werden, damit wir uns nicht durch ihr Aussterben versündigen? Hat also das anthropogene Interesse lediglich die am wenigsten strittige, in Wahrheit aber nur vorgeschobene Begründung für den Schutz der Fische um ihrer selbst willen abgegeben? Wem wäre es geheuer, nicht nur unwissentlich, wie so oft und als einer von Vielen, sondern wissentlich und aus eigener Entscheidung für das unwiderrufliche Aussterben eines mitweltlichen Lebewesens verantwortlich zu sein?

Was mittlerweile für den Umweltschutz getan wird, ist zwar weitgehend durch den Schreck über die eigene Betroffenheit ausgelöst worden, lebt aber meines Erachtens zu einem nicht geringen Teil aus der Tradition des früheren Naturschutzes und aus nach wie vor lebendigen religiösen Bewußtseinsinhalten. Weder der ursprüngliche Naturschutz noch irgendein religiöses Verhältnis zur Natur beruht auf einem menschlichen Eigeninteresse. Uneigennützigkeit aber ist zumindest in den westlichen Industriegesellschaften nicht systemkonform und zieht leicht den Verdacht auf sich, immer noch nicht begriffen zu haben, was in einer Konkurrenzgesellschaft die Bedingungen des Erfolgs sind. Der einfachste Weg, diesem Verdacht von vornherein zu entgehen, ist es, das eigene Handeln möglichst lückenlos als eigennützig zu deklarieren, besonders aber das nicht eigennützige Handeln. So ist es auch in der Umweltpolitik.

Als das Militär noch angesehener war als die Wirtschaft, berief man sich in ähnlicher Weise gern auf militärische Argumente. So wurden z. B. die Knicks in Norddeutschland im 19. Jahrhundert gegen die Flurbereinigung zwar eigentlich um der Schönheit der Landschaft willen verteidigt, vorgeblich aber deshalb, weil sie für die Landesverteidigung nützlich seien (Sieferle 1984, 212).

Nun könnte man meinen, es komme letztlich auf das Handeln an und nicht auf die begleitenden Reden. Eine Diskrepanz zwischen beiden birgt jedoch die Gefahr, daß die wahren Motive unseres Tuns, soweit sie nicht nur selbstbezogen sind und wir uns ihrer deshalb schämen, in uns keine bewegende Kraft behalten. Wenn die richtigen Gefühle durch die falschen Reden immer nur unterdrückt und nicht gezeigt werden, wird ihre verbindende Kraft nicht wirksam, und vielleicht werden sie im Lauf der Zeit sogar austrocknen. Auf dieses Problem haben Christopher Stone und Laurence Tribe aufmerksam gemacht. Stone empfindet es für sich selbst als »unaufrichtig, die Haltung des Umweltschützers durch Nützlichkeitserwägungen zu rationalisieren« (1974, 43), und Tribe gibt darüber hinaus zu bedenken:

»Der Umweltschützer merkt vielleicht gar nicht, daß er, wenn er seine Forderungen aus individuellen Bedürfnissen und persönlichen Interessen begründet, dadurch möglicherweise eine Denkweise legitimiert, die auf längere Sicht eben das Gefühl der Verantwortung untergräbt, dessentwegen er sich für den Umweltschutz engagiert« (1976, 73).

Ich finde es deshalb sowohl ehrlicher, als auch für einen erfolgreichen Umweltschutz sogar lebensnotwendig, den Schutz der natürlichen Mitwelt um ihrer selbst willen nicht anthropozentrisch zu maskieren. Wegen des Tribeschen Arguments kann wohl auch die ›geläuterte Anthropozentrik‹ des Abschnitts 3.5 der Umweltpolitik keinen Atem geben.
Hätte sich z. B. das dänische Landwirtsehepaar, das die in einem südjütländischen Moor lebenden Laubfrösche gegen eine dort geplante Rohrleitung verteidigt hat, durch die Berufung auf ein eigennütziges Interesse an diesen Fröschen nicht geradezu lächerlich gemacht? Nicht um seinetwillen, sondern um der Frösche willen macht die Leitung nun einen Bogen um das Moor. Solange die moralische Frage, wieweit Leiden der natürlichen Mitwelt um industriegesellschaftlicher Vorteile willen verantwortbar sind, in der Umweltpolitik nicht offen gestellt wird, sind wir nicht ehrlich mit uns selber.
Wer auch wollte alles, was er tut, immer nur um seiner selbst willen tun? Wir haben gelernt, im Handeln auch für unsere Nächsten und darüber hinaus für unsere Mitbürger da zu sein. Eine Ethik, welche die ganze Menschheit umfaßt, ist angesichts der Not in der Dritten Welt zumindest in Ansätzen zu erkennen. Angesichts der Not unserer natürlichen Mitwelt, die weitgehend von uns zu verantworten ist, wird es Zeit, uns auch ihr gegenüber zu erinnern, daß Menschen nicht immer nur für sich selber da sind.
Eine Umweltpolitik, welche die natürliche Mitwelt auch in ihrem Eigenwert gelten läßt, setzt entsprechende rechtliche Regelungen voraus. Ich schildere im folgenden Kapitel den heutigen Stand der Umweltgesetzgebung. Dabei zeigt sich, daß es durchaus Ansätze zur Überwindung der Anthropozentrik gibt.

3. Naturschutz, Naturschätze und Naturkatastrophen –
Die Wahrnehmung der Natur im Recht

Der industriewirtschaftliche Umgang mit der natürlichen Mitwelt beruht maßgeblich auf dem anthropozentrischen Weltbild. Darin ist das menschliche Interesse der Angelpunkt unseres Verhaltens zu allem, was nicht Mensch ist, der Mensch also das Maß aller Dinge. Dieses Weltbild ist auch die Grundlage der meisten Gesetze und Verordnungen, nach denen – jedenfalls in der Bundesrepublik – der industriegesellschaftliche Umgang mit der natürlichen Mitwelt geregelt ist. Mehr oder weniger latent wird die übrige Welt in einigen Gesetzen jedoch auch um ihrer selbst willen respektiert, so daß es bereits im geltenden Recht Ansatzpunkte zur Überwindung des anthropozentrischen Weltbilds gibt.

Ich schildere in diesem Kapitel die Wahrnehmung der Natur zunächst im Grundgesetz (Abschnitt 3.1), danach in der Umweltschutzgesetzgebung (Abschnitte 3.2/3). Ob und wie der Umweltschutz verfassungsrechtlich besser als bisher gesichert werden sollte, ist Gegenstand der Diskussion (Abschnitt 3.4). Dabei zeigt sich, daß auch das Grundgesetz nicht unbedingt an das anthropozentrische Weltbild gebunden ist (Abschnitt 3.5).

3.1 Die Natur im Grundgesetz

Im Grundgesetz der Bundesrepublik Deutschland kommt die Natur als sie selbst nicht vor. Der Begriff Natur wird lediglich in drei Wortverbindungen gebraucht, und zwar

– in der des *Naturschutzes* dort, wo dem Bund das Recht zur Rahmengesetzgebung für die Rechtsverhältnisse der im öffentlichen Dienst Beschäftigten, die allgemeinen Grundsätze des Hochschulwesens, die Rechtsverhältnisse von Film und Presse, das Jagdwesen, den Naturschutz und die Landschaftspflege, die Bodenverteilung, die Raumordnung und den Wasserhaushalt sowie für das Melde- und Ausweiswesen zugesprochen wird (Art. 75 GG);

– in der der *Naturschätze* dort, wo – davon ist allerdings schon lange keine Rede mehr – Grund und Boden, Naturschätze und Produktionsmittel zum Zweck der Vergesellschaftung in Gemeineigentum oder in andere

Formen der Gemeinwirtschaft überführt werden können sollen (Art. 15 und 74 Ziff. 15 GG);

– in der der *Naturkatastrophe* dort, wo Einschränkungen des Grundrechts der Freizügigkeit zur Bekämpfung von Naturkatastrophen erlaubt (Art. 11 Abs. 2 GG) und Weisungsbefugnisse der Bundesregierung für bundesweite Hilfsmaßnahmen festgelegt werden (Art. 35 Abs. 2 und 3 GG).

Im übrigen gibt es Einzelregelungen zur konkurrierenden Gesetzgebung des Bundes für weitere Bereiche, in denen Naturgegebenheiten erfahren werden, nämlich für Land- und Forstwirtschaft, Ernährung, Fischerei und Küstenschutz (Art. 74 Ziff. 17), Krankheiten bei Mensch und Tier (Art. 74 Ziff. 19), Lebens- und Futtermittel, Saat- und Pflanzgut, Schädlinge, Pflanzen- und Tierschutz (Art. 74 Ziff. 20), die Schiffahrt und das Wetter (Art. 74 Ziff. 21) sowie seit 1959 für die Kernenergie (Art. 74 Ziff. 11 a) und seit 1972 für die Abfallbeseitigung, die Luftreinhaltung und die Lärmbekämpfung (Art. 74 Ziff. 24).

Gelegentlich kommen auch die vier Elemente vor, z. B. als Grund und Boden (Art. 15) und in Verbindungen wie Wasserstraße und Seeschiffahrt (Art. 89), Luftverkehr (Art. 73 Ziff. 6 und Art. 87 d) oder Energiewirtschaft und Kernenergie (Art. 74 Ziff. 11 und Art. 87 c). Tiere und Pflanzen werden nur an den genannten Stellen im Artikel 74 generell erwähnt. Die einzigen nichtmenschlichen Lebewesen, die im Grundgesetz ausdrücklich genannt werden, sind die Fische (in »Hochsee- und Küstenfischerei«, Art. 74 Ziff. 17). Ansonsten kommt die Natur nicht vor. Nicht in unserem Grundgesetz findet sich also z. B. ein Artikel des folgenden Inhalts:

Der Mensch ist mit den Tieren und Pflanzen, mit Erde, Wasser, Luft und Feuer aus der Naturgeschichte hervorgegangen. Er vermag die Welt, von der er selbst ein Teil ist, in besonderem Maß zu erkennen und zu verändern. Dabei fällt ihm (im Sinn der Präambel: vor Gott) eine besondere Verantwortung zu, das Interesse des Ganzen der Natur stellvertretend zu wahren. Im Naturzusammenhang des menschlichen Lebens ist auf unsere natürliche Mitwelt (im Sinn der Präambel: als einen Teil der Schöpfung) nicht nur aus menschlichem Interesse, sondern auch um ihrer selbst willen (in ihrem Eigenwert) Rücksicht zu nehmen.

Von der Naturzugehörigkeit des Menschen ist im Grundgesetz statt dessen nur in bezug auf Leben und körperliche Unversehrtheit (Art. 2 Abs. 2) sowie auf Geschlecht, Abstammung und Rasse (innerhalb der Menschheit) die Rede (Art. 3 Abs. 3). Zweifellos entspricht es jedoch dem Bewußtsein der Industriegesellschaft, die Natur zwischen Katastrophen (gegen die wir weitgehend abgeschirmt sind) und Reservaten (in denen wir bestimmte Teile der natürlichen Mitwelt gegen uns abschirmen, ehe sie ganz verschwinden) im wesentlichen in Gestalt von Schätzen wahrzunehmen, so daß die Dreiheit von Naturschutz, Naturschätzen und Naturkatastrophen wohl als repräsentativ für das herrschende Naturverhältnis gelten darf.

Allerdings sollte man erwarten, daß wenigstens der Naturschutz der Natur um ihrer selbst willen gelten würde. Davon kann jedoch nicht ohne weiteres die Rede sein. Allerdings ist die heutige Umweltgesetzgebung nicht so unerbittlich anthropozentrisch, wie man es sich nach dem Grundgesetz vorstellen könnte. Ich beginne mit den Gesetzen, die so gemacht sind, als ob die Angeln der Welt sich in uns drehten, und gehe dann zu denen über, welche Ansatzpunkte für Entwicklungen zum Frieden mit der Natur bieten.

3.2 Anthropozentrische Umweltgesetze

Unerbittlich anthropozentrisch ist überraschenderweise gerade das *Bundesnaturschutzgesetz* (1976), durch das der Bundestag im Zug der Umweltgesetzgebung der 70er Jahre schließlich seiner Kompetenz zur Rahmengesetzgebung (Art. 75 Ziff. 3 GG) entsprach. Die Ziele des Naturschutzes und der Landschaftspflege sind nach diesem Gesetz nämlich darauf beschränkt,

»Natur und Landschaft ... im besiedelten und unbesiedelten Bereich so zu schützen, zu pflegen und zu entwickeln, daß
1. die *Leistungsfähigkeit* des Naturhaushalts,
2. die *Nutzungsfähigkeit* der Naturgüter,
3. die Pflanzen- und Tierwelt sowie
4. die Vielfalt, Eigenart und Schönheit von Natur und Landschaft *als Lebensgrundlage des Menschen und als Voraussetzung für seine Erholung in Natur und Landschaft* nachhaltig gesichert sind« (§ 1 Abs. 1 BNatSchG, Hervorhebungen hinzugefügt).

Die hier angestrebte Sicherung der Lebensgrundlagen des Menschen muß sich obendrein noch Abwägungen »gegen die sonstigen Anforderungen der Allgemeinheit an Natur und Landschaft« (§ 1 Abs. 2), soweit sie also dieser Sicherung entgegenlaufen, gefallen lassen. Und der Land- und Forstwirtschaft werden die Auflagen des Naturschutzes in der Regel sogar ohne jede Abwägung gänzlich erlassen (§§ 1 Abs. 3, 8 Abs. 7, 15 Abs. 2 iVm 1 Abs. 3 und 22 Abs. 3 BNatSchG). Dabei entwickelt sich die Landwirtschaft als Schlußlicht der industriellen Wirtschaft gerade jetzt – wo wir in anderen Bereichen die traditionellen Tugenden der Agri*kultur* wiederzuentdecken beginnen – durch die Aufgabe der letzten Reste dieser Kultur zu einer der Hauptgefahren für unsere natürliche Mitwelt.

Von großer Bedeutung für den Naturschutz ist das *Washingtoner Artenschutzabkommen* (1973), das den internationalen Handel mit gefährdeten Arten freilebender Tiere und Pflanzen regelt. Die Begründung für dieses Abkommen lautet aber wiederum, »daß die freilebenden Tiere und Pflanzen in ihrer Schönheit und Vielfalt einen unersetzlichen Bestandteil der natürlichen Systeme der Erde bilden, den es *für die heutigen und künftigen Generationen* zu schützen gilt« und »daß die Bedeutung der freilebenden Tiere und Pflanzen *in ästhetischer, wissenschaftlicher und kultureller Hinsicht sowie im Hinblick auf die Erholung und die Wirtschaft* ständig zunimmt« (Präambel, Hervorhebungen hinzugefügt). Das Abkommen wurde in der Bundesrepublik 1975 durch Gesetz ratifiziert.

Wird die natürliche Mitwelt nicht einmal beim Naturschutz in ihrem Eigenwert anerkannt, so nimmt es nicht wunder, wenn dasselbe auch für die meisten anderen Umweltschutzgesetze gilt.

Der Zweck des *Atomgesetzes* (1959) ist es, Leben, Gesundheit, Sachgüter und die Sicherheit des Landes vor den Gefahren der Kernenergienutzung zu schützen, im übrigen aber diese Nutzung zu fördern. Der Schutz gilt nicht dem Leben und der Gesundheit der natürlichen Mitwelt. Nach Fischerhof scheidet sogar eine Auslegung des Gesetzeszwecks aus, »die unter ›Sachgütern‹ auch ›Allgemeingüter‹ wie ›freie Luft und fließendes Wasser‹ (so Mattern-Raisch S. 79/80) einbegreifen will. Gewiß sollen durch § 7 Abs. 2 Nr. 6, § 9 Abs. 2 Nr. 9 und § 12 Abs. 1 Nr. 2 Wasser, Luft und Boden geschützt werden, aber um dadurch dem Schutz von Menschen und Sachen zu dienen« (1978, § 1 Rdn. 9).

Das *Bundes-Immissionsschutzgesetz* (1974) soll dafür sorgen, »Menschen sowie Tiere, Pflanzen und andere Sachen vor schädlichen Umwelteinwirkungen ... zu schützen und dem Entstehen schädlicher Umwelteinwirkungen vorzubeugen« (§ 1 BImSchG). Hier könnte man zunächst aufatmen und meinen, Tiere, Pflanzen ›und andere Sachen‹ – vielleicht gar die ganze natürliche Mitwelt – sollten schlechthin als sie selbst geschützt werden. So ist es aber wohl doch nicht gemeint, denn es folgt die Begriffsbestimmung: »Schädliche Umwelteinwirkungen im Sinne dieses Gesetzes sind Immissionen, die nach Art, Ausmaß und Dauer geeignet sind, Gefahren, erhebliche Nachteile oder erhebliche Belästigungen *für die Allgemeinheit oder die Nachbarschaft* herbeizuführen« (§ 3 Abs. 1, Hervorhebung hinzugefügt).

Im juristischen Sinn sind Tiere, Pflanzen, Landschaften etc., so allgemein sie uns umgeben und so nahe sie uns stehen oder leben mögen, als sie selbst weder zur Allgemeinheit noch zur Nachbarschaft zu rechnen. Als »Sachen« im Sinn des § 90 BGB sind sie zwar in jedem Fall geschützt, jedoch nur durch Rechtsreflex, d. h. als Gegenstand eines Rechts, das nicht ihr Recht ist und das nur dessen menschlicher Inhaber geltend machen kann. Im direkten Licht des Gesetzes steht nur der Mensch – die Mitwelt erreicht dieses Licht allenfalls dort, wo es von uns zurückstrahlt.

Das *Abwasserabgabengesetz* (1976) enthält keine Zweckbestimmung. Nach dem *Wasserhaushaltsgesetz* (1976) aber sind Gewässer generell wiederum »so zu bewirtschaften, daß sie dem Wohl der Allgemeinheit und im Einklang mit ihm auch dem Nutzen einzelner dienen und daß jede vermeidbare Beeinträchtigung unterbleibt« (§ 1a Abs. 1 WHG). Hier wird der Konflikt zwischen Individuum und Gesellschaft, nicht aber der zwischen Menschheit und Mitwelt gesehen.

Nach dem *Abfallbeseitigungsgesetz* (1977) sind Abfälle ebenfalls »so zu beseitigen, daß das Wohl der Allgemeinheit nicht beeinträchtigt wird« (§ 2 Abs. 1 AbfG). Dazu gehört im Sinn des Gesetzes, daß weder Nutztiere, Vögel, Wild und Fische gefährdet noch Gewässer, Böden und Nutzpflanzen schädlich beeinflußt werden, aber auch diese Auswahl ist offenbar nur ein Reflex menschlicher Interessen.

Der Zweck des *Chemikaliengesetzes* (1980) schließlich ist es, »den Menschen und die Umwelt vor schädlichen Einwirkungen gefährlicher Stoffe zu schützen« (§ 1 ChemG). Als gefährliche Stoffe aber gelten wieder nur diejenigen, die »geeignet sind, die natürliche Beschaffenheit von Wasser, Boden oder Luft, von Pflanzen, Tieren oder Mikroorganismen sowie des Naturhaushalts *derart* zu verändern, daß dadurch erhebliche Gefahren oder erhebliche Nachteile *für die Allgemeinheit* herbeigeführt werden« (§ 3 Ziff. 3n, Hervorhebungen hinzugefügt).

Unter dem unerbittlich anthropozentrischen Eindruck all dieser Gesetze wagt man kaum noch zu hoffen, daß es auch einmal ein unsere natürliche Mitwelt betreffendes Gesetz geben könnte, in dem nicht ausschließlich von den menschlichen Interessen aus gedacht worden ist. Und doch gibt es verschiedene Ausnahmen, in denen die Sonne des Gesetzes nicht nur als ein menschlicher Reflex diejenigen Bereiche der natürlichen Mitwelt trifft, auf die sie von uns aus zurückfällt, oder doch wenigstens zurückfallen würde, wenn sie etwas stärker schiene.

3.3 Weiterführende Ansätze in der Umweltgesetzgebung

Bemerkenswert ist insbesondere das *Bayerische Naturschutzgesetz* (1973), das im Art. 1 Abs. 2 über das Bundesnaturschutzgesetz hinaus als weitere Grundsätze des Naturschutzes und der Landschaftspflege festlegt:

1. Für eine biologisch möglichst vielfältige Landschaft ist zu sorgen.
2. Landschaftsteile, die für einen ausgewogenen Naturhaushalt erforderlich sind oder sich durch ihre Schönheit, Eigenart, Seltenheit oder ihren Erholungswert auszeichnen, sollen von einer Bebauung freigehalten werden.
3. Die Bebauung soll sich Natur und Landschaft anpassen. Verkehrsanlagen und Versorgungsleitungen sollen landschaftsgerecht angelegt und gestaltet werden.
4. Bei der Unterhaltung und dem Ausbau von Gewässern sollen die Lebensräume für Pflanzen und Tiere gesichert werden.
5. Die Lebensgemeinschaften und Lebensräume wildwachsender Pflanzen und wildlebender Tiere sind zu schützen; sie sollen, soweit möglich, wiederhergestellt werden. Gegebenenfalls sollen heimische wildwachsende Pflanzen und heimische wildlebende Tiere wieder eingebürgert werden.

Dies alles ist offenbar nicht nur unter Nutzengesichtspunkten gedacht. Im Artikel 2 des Gesetzes wird der Naturschutz außerdem als »verpflichtende Aufgabe für Staat und Gesellschaft sowie für jeden einzelnen Bürger« erklärt. Soweit trotzdem Projekte wie der Rhein-Main-Donau-Kanal durchgeführt werden, liegt es also nicht an diesem Gesetz.
1984 ist der Umweltschutz außerdem – erstmalig in Deutschland – als ein Staatsziel in die Bayerische Verfassung aufgenommen worden. Dabei wurde der bisherige Artikel 3: »Bayern ist ein Rechts-, Kultur- und Sozialstaat«, um den folgenden Absatz ergänzt: »Der Staat schützt die natürlichen Lebensgrundlagen und die kulturelle Überlieferung.« Auch den Bildungszielen des Art. 131 Abs. 2 wurde das Verantwortungsbewußtsein für Natur und Umwelt hinzugefügt. Diese Formulierungen sind nicht anthropozentrisch. Leider sind die »natürlichen Lebensgrundlagen« in der Begründung der Verfassungsänderung, die für die künftige Auslegung von entscheidender Bedeutung ist, wieder auf die »natürlichen Lebensgrundlagen *des Menschen*« verengt worden (Drucksache 10/2651 des Bayerischen Landtags).
Im *Landes-Naturschutzgesetz von Baden-Württemberg* (1975) ist es ebenfalls ein eigenständiges Ziel, »der freilebenden Tier- und Pflanzenwelt . . . angemessene Lebensräume zu erhalten. Dem Aussterben einzelner Tier- und Pflanzenarten ist wirksam zu begegnen« (§ 1 Abs. 2). Dem-

gegenüber wurde der Naturschutz in diesem – eigentlichen – Sinn im entsprechenden Rahmengesetz des Bundes (s. o.) dahingehend eingeschränkt, daß dies alles nur insoweit erhaltenswert sei, wie es der Erholung des Menschen und der Erhaltung seiner Lebensgrundlagen diene. Zwar wird auch dieses Ziel im § 1 Abs. 1 aufrechterhalten, beide Absätze stehen jedoch gleichberechtigt nebeneinander und die sich aus ihnen ergebenden Anforderungen sind im Konfliktfall nicht so abzuwägen, daß den menschlichen Bedürfnissen von vornherein Vorrang gebührt. Latent werden hier also Eigeninteressen der Tier- und Pflanzenwelt anerkannt, zu denen die menschlichen Interessen in ein Verhältnis zu setzen sind.

Nicht völlig anthropozentriert ist auch das *Pflanzenschutzgesetz* (1968, Neufassung 1975), denn dieses Gesetz hat den Zweck, sowohl generell »Pflanzen vor Schadorganismen und Krankheiten zu schützen (Pflanzenschutz)« (§ 1 Abs. 1 Ziff. 1) als auch »Schäden abzuwenden, die bei der Anwendung von Pflanzenbehandlungsmitteln . . . für die Gesundheit von Mensch und Tier entstehen können« (§ 1 Abs. 1 Ziff. 4). Pflanzen im Sinn dieses Gesetzes sind nicht nur landwirtschaftliche Nutzpflanzen, sondern generell »lebende Pflanzen und lebende Teile von Pflanzen einschließlich der Früchte und Samen« (§ 2 Ziff. 1).

Allerdings ist aufgrund dieses Gesetzes bisher meines Wissens nicht für den Schutz von Wildpflanzen vor den Pflanzenschutzmitteln für die Nutzpflanzen gesorgt worden. »Daß mit dem Pflanzenschutz, insbesondere der Anwendung chemischer Pflanzenschutzmittel, Gefahren für die Gesundheit von Mensch und Tier *wie auch für den Naturhaushalt* entstehen können«, wird in der Begründung eines Novellierungsentwurfs (1983) der Bundesregierung für das Pflanzenschutzgesetz ausdrücklich zugegeben. Der Entwurf zeichnet sich dadurch aus, daß es nun auch ein Zweck des Gesetzes sein soll, »Gefahren abzuwenden, die durch die Anwendung von Pflanzenschutzmitteln . . . für den Naturhaushalt entstehen können« (§ 1 Ziff. 4). Nach der Begründung soll unter dem Naturhaushalt »das Wirkungsgefüge von Boden, Wasser und Luft (abiotische Umwelt) sowie von Pflanzen und Tieren aller Art (biotische Umwelt) verstanden« werden. Dies wäre in der Tat ein Fortschritt.

Vielleicht ist auch das *Bundes-Immissionsschutzgesetz* gegen die Berücksichtigung der Interessen von Tieren und Pflanzen nicht völlig abgeschirmt, denn »Immissionen im Sinne dieses Gesetzes sind auf Menschen sowie Tiere, Pflanzen oder andere Sachen einwirkende Luftverunreinigungen« etc. (§ 3 Abs. 2), und in der Begründung des Regierungsentwurfs hieß es zu § 1: »Sinngemäß gilt die vorstehende Begründung auch für Umweltgefahren, die Tieren, Pflanzen oder sonstigen Sachen durch im-

missionsbedingte Störungen drohen« (zitiert nach Ule/Laubinger 1978).
Vermutlich geht es hier aber doch wieder nur um den Rechtsreflex auf
menschliches Eigentum, so wie es ja auch nach dem Strafgesetzbuch verboten ist, Gewässer zu verunreinigen (§ 324) oder Tiere und Pflanzen
durch Luftverunreinigungen zu schädigen (§ 325).

Eine wahre Pionierleistung für die nicht anthropozentrische Wahrnehmung der natürlichen Mitwelt ist demgegenüber das *Tierschutzgesetz*
(1972), denn: »Dieses Gesetz dient dem Schutz des Lebens und Wohlbefindens des Tieres. Niemand darf einem Tier ohne vernünftigen Grund
Schmerzen, Leiden oder Schäden zufügen« (§ 1). In der Folge werden
dann zwar allerlei Gründe zugelassen, die nach der Auffassung des Gesetzgebers vernünftig genug sind, um Tieren Schmerzen, Leiden oder
Schäden zuzufügen, aber die entsprechenden Abwägungen sind nicht so
angelegt, daß in der Forderung der Vernünftigkeit ein Vorrang des
menschlichen Interesses verankert wäre. Strittig bleibt dann freilich, welche Gründe als vernünftig gelten können, um menschliche Interessen
gegen die der Tiere durchzusetzen.

Ein Grund für die Durchbrechung des anthropozentrischen Prinzips im
Tierschutzgesetz mag sein, daß wir normalerweise nicht umhinkönnen,
vor allem die Wirbeltiere – denen der Schutz des Gesetzes in besonderem
Maß gilt – als nahe Verwandte zu empfinden, denen ein partnerschaftli-
cher Status in gewissen Grenzen nicht gänzlich zu verweigern ist. Und so
bescheinigte denn auch das Bundesverfassungsgericht dem Gesetzgeber,
das Tierschutzgesetz von 1972 beruhe »auf der Grundkonzeption eines
ethisch ausgerichteten Tierschutzes im Sinne einer Mitverantwortung des
Menschen für das seiner Obhut anheimgegebene Lebewesen« (1979, 389
vom 20. VI. 1978).

Der »ethische Tierschutz« im Sinn des Grundgesetzes steht nach dem einschlägigen Gesetzeskommentar (Lorz 1979) als Schutz des Tiers um seiner selbst willen in einem ausdrücklichen Gegensatz zum »anthropozentrischen Tierschutz« (aaO 30ff.). Allerdings, bemerkt auch Lorz, »bereitet die Einordnung des ethischen Tierschutzes in unsere durchaus auf den
Menschen und seine Interessen abgestellte Rechtsordnung gewisse systematische Schwierigkeiten« (aaO 68), steht doch das Tierschutzgesetz
schon »auf der Schwelle zwischen dem auf den Menschen bezogenen
Schutz der Gefühlswerte und einem verabsolutierten Schutz der Kreatur
als solcher« (Maurach 1969, 389 bei Lorz aaO 69).

Das Gefühl der Partnerschaft mit den Tieren geht freilich nicht so weit,
daß das Tierschutzgesetz auch eingehalten würde. Insbesondere beginnt
zwar der § 2 mit der Vorschrift:

»Wer ein Tier hält, betreut oder zu betreuen hat,

1. muß dem Tier angemessene artgemäße Nahrung und Pflege sowie eine verhaltensgerechte Unterbringung gewähren;
2. darf das artgemäße Bewegungsbedürfnis eines Tieres nicht dauernd und nicht so einschränken, daß dem Tier vermeidbare Schmerzen, Leiden oder Schäden zugefügt werden« (§ 2 Abs. 1).

Die sogenannten Legebatterien von Hühnern z. B. aber können zweifellos nicht als verhaltensgerechte Unterbringung gelten, zumal Hühner Scharrvögel sind und auf den schrägen Drahtgittern, welche den unteren Abschluß dieser Batterien bilden, nicht einmal richtig stehen können. In Käfigen sind jeweils mehrere Hühner gemeinsam so untergebracht, daß jedem Vogel durchschnittlich eine Grundfläche in der Größe von zwei Dritteln eines DIN A4-Blatts zur Verfügung steht (zehn Hühner je Doppelseite einer Zeitung). Dementsprechend entschied das Oberlandesgericht Frankfurt 1979, die Käfighaltung von Legehennen erfülle den Tatbestand der Tierquälerei. Zu demselben Ergebnis ist inzwischen ein wissenschaftliches Gutachten gekommen. Leider hat sich für die Hühner bisher jedoch nichts geändert. Wie ist das möglich?

Das Problem ist, daß die im Tierschutzgesetz geforderte verhaltensgerechte Unterbringung der Nutztiere einer Konkretisierung bedarf, damit das Gesetz gleichmäßig und auf gesicherter Grundlage vollzogen werden kann. Aus diesem Grund wurde der Bundeslandwirtschaftsminister im § 13 zugleich ermächtigt, durch Rechtsverordnungen festzulegen, unter welchen Bedingungen eine verhaltensgerechte Unterbringung, artgemäße Bewegungsmöglichkeiten etc. als gewährleistet angesehen werden sollen. Solange es diese Rechtsverordnungen nicht gibt, ist das Tierschutzgesetz gegenüber den Betreibern von Eier- bzw. Geflügelfabriken kaum durchzusetzen. Dasselbe gilt für die genauso quälerische, in der öffentlichen Diskussion bisher viel zu wenig beachtete Kälber- und Schweinehaltung. Strafanzeigen von Tierschützern gegen die Betreiber von Legebatterien haben zwar zu einer Reihe von Gerichtsentscheidungen geführt, in denen der objektive Tatbestand der Tierquälerei festgestellt wurde. Die Gerichte hielten den Tierhaltern jedoch zugute, daß ihnen das Bewußtsein der Rechtswidrigkeit ihres Handelns fehlte. Eine Entscheidung des Landgerichts Darmstadt hat im Herbst 1983 darüber hinaus erstmalig auch Abhilfemaßnahmen für die Genehmigungspraxis der Behörden empfohlen (von Loeper 1984).

Der Landwirtschaftsminister aber hat die erforderlichen Verordnungen seit 1972 nicht erlassen, also – wenn Inkompetenz auszuschließen ist – doch wohl bewußt hinausgezögert. Zur Begründung heißt es, die wissenschaftliche Untersuchung der Frage, ob die Legebatterien Tierquälerei seien, habe sehr lange gedauert, der Bundesrat habe einige Entwürfe abgelehnt, und im übrigen müsse man EG-einheitliche Regelungen abwarten. Tatsache aber ist, daß der Landwirtschaftsminister nicht gleichermaßen die Wirtschaftsinteressen, denen die Tierquälerei dient, und die Interessen des Tierschutzes wahrzunehmen imstande ist (Abschnitt 2.3). Einer der beiden Parlamentarischen Staatssekretäre des Ministeriums erklärte gleichwohl noch am 27. 1. 1983 in einer Fernsehsendung ungerührt: »Die irrige Vorstellung, in unserem Hause würde auf den Naturschutz und den Tierschutz nicht genug Rücksicht genommen, ist völlig falsch.«

Die angeführten Beispiele zeigen jedoch, daß Durchbrechungen des anthropozentrischen Weltbilds bereits *bei der heutigen Rechtslage* möglich sind, wenn es nur den politischen Willen dazu gibt. Darüber hinaus hat die vorangegangene Analyse eine Reihe von Ansatzpunkten ergeben, von denen aus allein durch die Entwicklung der Rechtsprechung allmählich auch Eigenwerte der natürlichen Mitwelt zur Anerkennung gebracht werden könnten.

3.4 Wirtschaftliches Gleichgewicht ohne ökologisches Gleichgewicht im Grundgesetz

Die weitgehende Anthropozentrik der heutigen Umweltgesetzgebung entspricht der Tatsache, daß die Natur als der Lebenszusammenhang des Ganzen, zu dem wir gehören, im Grundgesetz nicht vorkommt. Soweit Umweltgesetze überhaupt aus unserer Verfassung begründet werden können, ist dies wohl noch am ehesten anthropozentrisch möglich. In der Rechtswissenschaft wird aber sogar diese Begründung dahingehend bestritten, daß der Staat zum Schutz der Umwelt zwar berechtigt, jedoch keineswegs verpflichtet sei (Kloepfer 1979, Kimminich 1979, Rauschning 1980).

Die entgegengesetzte Auffassung kann sich in der Verfassung auf die Grundrechte berufen, daß die Würde des Menschen unantastbar ist (Art. 1 Abs. 1), daß jeder das Recht auf Leben und körperliche Unversehrtheit hat (Art. 2 Abs. 2) und daß das Eigentum gewährleistet wird (Art. 14 Abs. 1). Durch eine entsprechende Interpretation des Artikels 20, nach dem »die Bundesrepublik Deutschland . . . ein demokratischer und sozialer Bundesstaat« ist (Abs. 1), folgern Hartkopf und Bohne unter

Berufung auf eine Reihe von Autoren, daß der Umweltschutz eine Staatsaufgabe mit Verfassungsrang sei:

»Eine Interpretation des Sozialstaatsprinzips (Art. 20 Abs. 1 GG) in Verbindung
mit Art. 1 und 2 GG, die die ... Umweltproblematik berücksichtigt, ergibt, daß
der Umweltschutz eine verfassungsrechtlich gebotene Staatsaufgabe dar-
stellt ... Das Sozialstaatsprinzip verpflichtet den Staat zur Erhaltung der kollektiven Lebensbedingungen seiner Bürger ... Bestandteil kollektiver Lebensbedingungen ist ... auch die Erhaltung der natürlichen Umwelt, und zwar unter zwei
Gesichtspunkten. Zum einen ist der Mensch als Lebewesen auf eine bestimmte Beschaffenheit von Wasser, Luft und Boden sowie auf Pflanzen und Tiere angewiesen. Zum anderen sind seine sozialen Lebensvoraussetzungen – wie z. B. die Funk-
tionsfähigkeit des Wirtschaftssystems – abhängig von der Erhaltung natürlicher
Ressourcen ... Aus dieser doppelten Abhängigkeit des Menschen von der Erhaltung der natürlichen Lebensgrundlagen ergibt sich nach dem Sozialstaatsprinzip
der Verfassungsrang der Staatsaufgabe Umweltschutz« (Hartkopf/Bohne 1983,
I. 74).

In der Anthropozentrik dieser Begründung sehen die beiden Autoren
kein Problem, denn »auf der anthropozentrischen Werthaltung beruht
unsere Rechtsordnung« (aaO I. 72), und die Pflicht zur Erhaltung unserer
natürlichen Lebensgrundlagen ergibt sich ihrer Meinung nach »aus unserer Verantwortung für das Wohl der lebenden und künftigen Menschen. / Umweltschutz ist also kein Selbstzweck, sondern vom menschlichen Wohl abgeleitet« (aaO I. 63 f.).

Nach alledem ist es nicht überraschend, wenn auch die bisher erörterten
Vorschläge zur Berücksichtigung des Umweltschutzes im Grundgesetz
keinen Artikel der oben von mir vorgeschlagenen Art vorsehen, sondern
gleichermaßen auf der ›anthropozentrischen Werthaltung‹ beruhen. In
der Diskussion ist einerseits die Einführung eines Umweltgrundrechts,
das dem Bürger – nicht aber der natürlichen Mitwelt – gegenüber dem
Staat einen Anspruch auf Umweltschutz geben würde, andererseits die
Aufnahme einer Staatszielbestimmung Umweltschutz in das Grundgesetz.

Ein Umweltgrundrecht könnte dem Artikel 2 (Grundrechte auf freie Entfaltung der Persönlichkeit sowie auf Leben und körperliche Unversehrtheit) als Absatz 3 hinzugefügt werden und lauten: »Jeder hat das Recht
auf Dasein in einer menschenwürdigen Umwelt, deren natürliche Grundlagen unter dem besonderen Schutz der staatlichen Gewalt stehen. Das
Nähere wird gemäß den Kompetenzen durch Gesetze geregelt« (Steiger
1975, 74). Ein anderer Vorschlag wurde 1984 durch die Fraktion der
Grünen im Bundestag gemacht. Danach sollte dem Artikel 2 ein Absatz 3

mit dem folgenden Wortlaut hinzugefügt werden: »Jeder Mensch hat das Recht auf eine gesunde Umwelt und den Erhalt seiner natürlichen Lebensgrundlagen.«

Ich werde anstelle eines Grundrechts auf eine menschenwürdige oder gesunde Umwelt im folgenden ein Recht auf Heimat vorschlagen (Abschnitt 12.4).

Hartkopf und Bohne geben der Einfügung eines Umweltgrundrechts in die Verfassung keine Chancen, weil der Staat dadurch arg unter Druck geraten könnte, wenn die Bürger ihr Recht auf eine intakte Umwelt vor den Verwaltungsgerichten einzuklagen versuchen würden. Demgegenüber sehen sie in einer entsprechenden Staatszielbestimmung – wie in Bayern – keine Änderung der ohnehin bestehenden Rechtslage, wohl aber die Chance einer politisch bedeutsamen Unterstützung des Umweltschutzes. Staatszielbestimmungen verpflichten den Staat, ohne dem Bürger ein entsprechendes Recht zu geben, das er also einklagen könnte.

Würde der Umweltschutz ausdrücklich wenigstens als eine Staatsaufgabe von Verfassungsrang anerkannt, so verschwände immerhin ein Kuriosum aus der Verfassung, das die Naturvergessenheit der Industriegesellschaft geradezu ins Absurde verlängert. Im Grundgesetz wird dem Staat nämlich ausdrücklich die Erhaltung des gesamtwirtschaftlichen Gleichgewichts aufgetragen (Art. 109), nicht aber die eines ökologischen Gleichgewichts zwischen Wirtschaft und Umwelt. Darauf weisen auch Hartkopf und Bohne hin. Die Erhaltung des gesamtwirtschaftlichen Gleichgewichts bedeutet nach herrschender Meinung obendrein, daß der Staat nach dem Grundgesetz die Aufgabe der wirtschaftlichen Wachstumsvorsorge hat, also – im Sinn des Wachstums herkömmlicher Art – zur Umweltzerstörung geradezu verpflichtet ist.

Im Gegensatz zu Hartkopf und Bohne kommt der im Herbst 1983 vorgelegte Bericht der Sachverständigenkommission »Staatszielbestimmungen/Gesetzgebungsaufträge« (Vorsitz: E. Denninger) zu dem Ergebnis, daß »ein zufriedenstellender Schutz der natürlichen Lebensgrundlagen ... im geltenden Verfassungsrecht nicht gewährleistet« ist (aaO 1983, Rz. 142), und zwar noch nicht einmal im Eigeninteresse unserer Gesellschaft. Die Autoren schlagen vor, dem Problem durch eine Erweiterung des Artikels 20 Abs. 1 GG zu begegnen, die folgendermaßen lauten soll:

Die Bundesrepublik Deutschland ist ein demokratischer und sozialer Bundesstaat. *Sie schützt und pflegt* die Kultur und die *natürlichen Lebensgrundlagen des Menschen* (a. a. O. Rz. 152).

Hinzu käme eine entsprechende Anpassung des Artikels 28 Abs. 1. Nach Auffassung der Kommission ist das Umweltschutzgebot im Sozialstaatsprinzip also noch nicht enthalten, sollte diesem jedoch gleichrangig an die Seite gestellt werden.

»Nach Auffassung der Mehrheit handelt es sich beim Umweltschutz nicht um eine beliebige Staatsaufgabe, sondern um die *Sicherung der existenziellen Voraussetzungen des gesellschaftlichen Lebens,* die aus diesem Grund auf eine Stufe mit den bereits in Art. 20 Abs. 1 GG geregelten fundamentalen Staatszielen, insbesondere dem Sozialstaatsprinzip, zu stellen ist. Während das Sozialstaatsprinzip die sozialen Anforderungen des gesellschaftlichen Zusammenlebens beschreibt, letztlich also Gerechtigkeit zwischen Menschen und gesellschaftlichen Gruppen zu verwirklichen sucht, zielt die Staatszielbestimmung »Umweltschutz« auf die Sicherung der natürlichen Lebensgrundlagen des Menschen ab, die die Voraussetzung für alles gesellschaftliche Leben bilden. Die Plazierung der Staatszielbestimmung in Art. 20 Abs. 1 GG entspricht dem Dignitätsrahmen dieser Vorschrift« (aaO Rz. 153).

Daß die Kommission es nicht für möglich hält, den industriegesellschaftlichen Umgang mit der natürlichen Umwelt allein vom Sozialstaatsprinzip her zu regeln, darf allerdings nicht als ein Ausbruch aus dem anthropozentrischen Weltbild gedeutet werden. »Der Schutz der Umwelt erfolgt nicht um ihrer selbst willen, im Hinblick auf eine ethische Verantwortung des Menschen gegenüber Natur und Kreatur. Vielmehr wird die Umwelt als biologisch-physische Voraussetzung für gesellschaftliches Leben geschützt« (aaO Rz. 155). Die Begründung lautet:

»Das Grundgesetz stellt die Würde, den Schutz und die Rechte des Menschen an die Spitze seiner Gewährleistungen und gibt dadurch zu erkennen, daß dies Leitlinie für die staatliche Politik sein soll. Dies bedingt im Hinblick auf die Staatszielbestimmung eine Sichtweise, die vom Menschen ausgeht. Gegenstand des verfassungsrechtlichen Schutzes kann nicht die Umwelt aus eigenem Recht, sondern können nur die *biologisch-physischen Lebensgrundlagen des Menschen* sein. Zu schützen ist der Mensch in seiner Biosphäre« (aaO Rz. 144).

Die Kommission spricht sich dann zwar pragmatisch dafür aus, mit Rücksicht auf die Unkenntnis des für die menschliche Existenz langfristig erforderlichen Mindestbestands an Umweltgütern jeweils bereits damit zufrieden zu sein, »daß ein gewisser Bezug eines Umweltguts zum Menschen besteht«, deshalb sei »durchaus auch allgemein die Tier- und Pflanzenwelt und der Naturhaushalt in den verfassungsrechtlichen Schutz einzubeziehen« (aaO Rz. 144). Diese weiche Verpackung der dahinterstehenden Kernaussage sollte jedoch nicht darüber hinwegtäuschen, daß hier mit aller Entschiedenheit behauptet wird: *Es gehöre nicht zur Würde des Menschen, Verantwortung gegenüber Natur und Kreatur wahrzu-*

nehmen. So zeigt sich, daß in unserem Verhältnis zur natürlichen Mitwelt alles vom vorausgesetzten Menschenbild abhängt. Ich komme darauf im Kapitel 5 zurück.

Ich habe den Eindruck, daß die Staatszielbestimmung Umweltschutz, soweit sie anthropozentrisch begründet wird, genausogut – wie bei Hartkopf und Bohne – bereits aus dem Sozialstaatsprinzip entwickelt werden kann. Wenn durch die Grundgesetzänderung also mehr geleistet werden soll, was ich im Sinn der Sachverständigenkommission für richtig und wünschenswert halte, sollte man sie also nicht anthropozentrisch begründen. Einen in diesem Sinn weitergehenden Vorschlag hat die Sozialdemokratische Partei im Frühjahr 1984 gemacht. Danach sollte dem Artikel 20 im Grundgesetz ohne besonderen Bezug auf den Menschen der Satz hinzugefügt werden: »Die natürlichen Lebensgrundlagen stehen unter dem besonderen Schutz des Staates.« Einen Ansatzpunkt zu einer nicht anthropozentrischen Begründung des Schutzes der natürlichen Mitwelt bietet aber auch der Artikel 1, wenn darin die Menschenwürde anders als von der Kommission verstanden wird.

3.5 Eine geläuterte Anthropozentrik?

Eine nicht anthropozentrische Begründung des Art. 1 Abs. 1 GG: Die Würde des Menschen ist unantastbar, ist verfassungsrechtlich meines Wissens bisher nicht vertreten worden. Nach dem von mir im Kapitel 5 begründeten Selbstverständnis verfehlt der Mensch aber sowohl die Naturabsicht in der Menschengeschichte als auch seine christliche Bestimmung, wenn er keine Verantwortung gegenüber der Mitwelt um ihrer selbst willen wahrnimmt. Es gehört danach zur Menschenwürde, dieser Verantwortung gerecht zu werden, so wie es die Menschenwürde verletzt, eine Pflicht nicht zu erfüllen. Danach wäre aus dem Grundgesetz sogar eine nicht anthropozentrische Begründung des Umweltschutzes möglich, wenn das Postulat der Unantastbarkeit der Menschenwürde entsprechend verstanden würde.

Ist es nicht ebensosehr ein Gebot der Menschenwürde, die natürliche Mitwelt um ihrer selbst willen zu respektieren, wie es zur persönlichen Menschenwürde gehört, auch die der Mitmenschen zu achten? Die Mitwelt bloß als Material zu behandeln, wäre dann des Menschen genauso unwürdig wie ein persönlicher Egoismus. Es ist des Menschen ja auch grundsätzlich nicht würdig, primär aus Eigennutz zu handeln. Er kann sogar daran leiden, wenn er es doch tut.

Im anthropozentrischen Weltbild gibt es danach kein wahrhaft menschliches Leben. Wir verfehlen den Sinn unserer Existenz und damit die Menschenwürde, wenn wir so leben, als sei der Rest der Welt nichts als für uns da. So zu leben ist unmenschlich.

»Nur wenn der Mensch«, schließt Robert Spaemann auf dieser Argumentationslinie, »heute die anthropozentrische Perspektive überschreitet und den Reichtum des Lebendigen als einen Wert an sich zu respektieren lernt, nur in einem wie immer begründeten religiösen Verhältnis zur Natur wird er imstande sein, auf lange Sicht die Basis für eine menschenwürdige Existenz des Menschen zu sichern« (1979, 491).

Weil Spaemann nicht vom Ganzen der Natur her denkt, bleibt dies freilich »eine funktionale Argumentation zugunsten eines nichtfunktionalen Denkens« (Spaemann 1979, 268).

Diese Position ist nicht anthropozentrisch. Sie kann aber auch so vertreten werden, als ob an der anthropozentrischen Ethik 5. Stufe der Tabelle 1 festgehalten, das Menschsein aber so verstanden wird, daß dazu ein der 8. Stufe (Rücksicht auf alles) entsprechendes Handeln gehört. Die natürliche Mitwelt soll dann zwar in unserem Handeln nur um unseretwillen berücksichtigt werden, aber wir sind es *uns* schuldig, auf sie auch in ihrem *Eigenwert* Rücksicht zu nehmen. Eine solche ›geläuterte Anthropozentrik‹ kann am besten ästhetisch begründet werden.

Schönheit ist ein elementares Grundbedürfnis des Menschen, auch in der Ästhetik des Alltags. Dieses Bedürfnis wird in der Regel nicht hinreichend gebildet (Abschnitt 11.6) und dann durch die Häßlichkeiten der industriellen Welt verbildet. Aber

»wenn wir die Zerstörung unserer natürlichen Umwelt mit unverbildeten Augen betrachten, bemerken wir: alles, was unsere Umwelt schädigt, ist häßlich. Der Sinn für Schönheit ist ein Vermögen, das uns darüber belehren könnte, was in der Natur zulässig ist und was nicht. Wir besitzen in unseren ästhetischen Organen ein unerhört sensibles Instrument, um Wechselverhältnisse und Systemstrukturen erfassen zu können, die für die plumpen Mecha/nismen unseres rationalen Denkens zu komplex sind« (Picht 1974, 710 f.).

So gehören zur ästhetischen Vollkommenheit der Welt auch Zwergbarsche in Tennessee und Laubfrösche in jütländischen Mooren (Abschnitt 2.5).

Es ist uns, wie mir scheint, sogar ein ästhetisches Bedürfnis, die natürliche Mitwelt von sich aus und nicht nur von uns aus schön zu finden. Dieses Bedürfnis kann die Form haben, daß wir z. B. die Erhaltung anderer

Arten – auch wenn sie uns nicht nützlich sind – deswegen wünschen, weil wir Freude an ihnen haben, so wie sie in ihrem Eigenleben sind. Wie es zur Bestimmung des Menschen gehört, nicht immer alles nur von sich aus zu sehen, ist es ja ein Charakteristikum der Freude an etwas, durch Eigennutz geradezu getrübt zu werden.

Insoweit es ein menschliches Interesse ist, die Bestimmung des Menschseins nicht zu verfehlen, kann man auch im Sinn der geläuterten Anthropozentrik mit Recht *fordern, es sei um unseretwillen notwendig, nicht alles immer nur um unseretwillen gelten zu lassen.* Ich kann dem nur zustimmen. Genausogut läßt sich aber auch der Altruismus als die substilste Form des Egoismus deklarieren. Wenn es einem Menschen nämlich das ureigenste Bedürfnis ist, anderen zu helfen, hilft er ihnen ja sozusagen aus Egoismus, um sich selbst nämlich eine Befriedigung zu verschaffen. Es liegt auf der Hand, daß durch Argumente dieser Art Unterscheidungen verwischt werden, die nicht verwischt werden sollten.

Die Verwirrung entsteht dadurch, daß die Selbstbezogenheit des Egoismus oder der Anthropozentrik mit dem Selbstsein verwechselt wird, daß alles, was wir tun und denken, von Menschen getan und gedacht ist. In diesem allgemeinen Sinn kann kein Mensch aus seiner Haut heraus. Und wozu sollten wir es können? Was uns interessiert, ist nicht, wie wir handeln sollten, wenn wir keine Menschen wären, sondern wie wir uns *als Menschen*, die wir sind, am ehesten richtig verhalten. In diesem menschlichen Dasein aber gibt es nun die verschiedenen Möglichkeiten, auf andere und anderes Rücksicht zu nehmen, die ich in der Tabelle 1 unterschieden habe. Und in dieser Systematik ist der Egoismus (Stufe 1) definitiv verschieden von den mehr oder weniger altruistischen Haltungen (Stufen 2–8). Genauso steht es mit der Anthropozentrik gegenüber der Rücksicht auf alles.

Ich gebe ein Beispiel. Wer eine Pflanze pflegt, tut dies
– entweder aus Eigeninteresse oder um des Interesses eines anderen Menschen willen, auf den er Rücksicht nimmt,
– oder um der Pflanze willen.

Ich plädiere dafür, daß wir die Pflanze grundsätzlich um der Pflanze willen pflegen sollen, was nicht ausschließt, daß Eigeninteressen oder Interessen von anderen Menschen hinzukommen. Diejenigen, die ebenso denken, aber am anthropozentrischen Weltbild festhalten möchten, sagen dagegen: Wir möchten die Pflanze aus menschlichem Eigeninteresse in ihrem Eigenwert erhalten. Wir sind es uns schuldig, auf sie auch in ihrem Eigenwert Rücksicht zu nehmen.

Ich gebe zu, daß es für das neuzeitliche Bewußtsein im allgemeinen und für die Subjektivitätsphilosophie im besonderen eine wirkliche Zumutung ist, andere Lebewesen in ihrem Eigenwert respektieren zu sollen. Im Kapitel 8 werde ich daran erinnern, daß es auch innerhalb der Menschheit ziemlich lange gedauert hat, bis alle Menschen wenigstens in einigen Ländern gleichermaßen als Menschen anerkannt worden sind. Diese Gemeinschaftsbildung auf die natürliche Mitwelt zu erweitern, erfordert einen längerfristigen Bewußtseinswandel. Wäre es also nicht doch besser, die erforderliche Abhilfe einstweilen unter der Fahne der Anthropozentrik zu suchen?

Ein *politischer* Kompromiß könnte trotz des Gegenarguments, daß hier eine bestimmte Selbstbezogenheit vom allgemeinen Selbstsein des Menschen her unzulässig gerechtfertigt wird, so aussehen – *wenn* unter der Fahne der Anthropozentrik alles Erforderliche getan würde. Damit aber wäre nicht zu rechnen. Die anthropozentrische Verkleidung des eigentlich nicht anthropozentrischen Handelns führt nämlich politisch nach meiner Erfahrung nur dazu, daß

– die geläuterte Anthropozentrik, um unseretwillen nicht immer alles nur um unseretwillen gelten zu lassen, sofort zu der ungeläuterten der bisherigen Politik zusammenschnurrt, daß alle Ästhetik nichts gilt und der Rest der Welt nichts als für uns bzw. für die industrielle Wirtschaft da ist;

– das für die Umweltpolitik lebensnotwendige Bedürfnis, nicht alles immer nur von uns aus zu sehen, politisch nicht zum Tragen kommt (Abschnitt 2.6).

Umweltpolitisch also dient die geläuterte Anthropozentrik nach meiner Einschätzung der politischen Gewichte allenfalls dazu, die nicht geläuterte zu rechtfertigen. Das heißt: Die anthropozentrische Verkleidung einer nicht anthropozentrischen Politik ist politisch genauso irreführend wie philosophisch.

Sagen nicht auch die Philosophen, aller Umweltschutz sei letztlich eine Frage des menschlichen Interesses?, würde es alsbald heißen, und die Folgerung kann nur lauten: Also werden wir im Umweltschutz doch wohl nach unseren eigenen Interessen gehen dürfen. Und was unsere Interessen sind, werden wir uns ja nicht auch noch von den Philosophen vorschreiben lassen.

4. Freiheit und Notwendigkeit – Philosophische Kritik des anthropozentrischen Weltbilds

Im anthropozentrischen Weltbild sehen wir alles, was mit uns ist, nur von uns aus, so daß die Mitwelt zur bloßen Umwelt des Menschen schrumpft. Dieses Weltbild ist meines Erachtens falsch. Inwieweit es für den Mißerfolg der bisherigen Umweltpolitik mitverantwortlich und insofern *politisch* falsch ist, habe ich in den beiden vorangegangenen Kapiteln untersucht. Es ist darüber hinaus aber auch philosophisch und theologisch nicht haltbar. Ich werde diese Kritik wiederum so führen, daß sie zu der von mir vorgeschlagenen Alternative: dem Frieden mit der Natur in einem physiozentrischen Weltbild, überleitet.

Die Vertretbarkeit des anthropozentrischen Weltbilds läßt sich am leichtesten theologisch überprüfen. Denn jede Religion gibt eine Antwort auf die Frage, wer der Mensch ist, und dazu gehört immer auch die Bestimmung eines ihm gemäßen Verhältnisses zur natürlichen Mitwelt. Man braucht also nur das Menschenbild einer Religion mit dem des absolutistischen Herrschers über alles, was nicht Mensch ist, zu vergleichen. Für das Christentum ergibt sich im folgenden Kapitel die Antwort: Dem Menschen steht in der Welt keine unumschränkte Herrschaft zu, sondern alles Geschaffene ist auf Christus hin geschaffen, nicht auf den Menschen hin. Ich kenne keine Religion, nach deren Menschenbild alles, was nicht Mensch ist, nichts als für den Menschen da ist. Insbesondere ist das industriegesellschaftliche Verhältnis zur Natur auch buddhistisch nicht zu rechtfertigen.

Die philosophische Kritik der Anthropozentrik ist nicht so leicht zu führen wie die theologische. Hier gibt es keinen festen Bestand kanonischer Grundaussagen, von denen die Kritik ausgehen kann, sondern der Konsens ist immer wieder neu zu bilden. Gegenstand der Prüfung ist zwar ebenfalls die Konsistenz mit früheren Annahmen, jedoch kann die philosophische Analyse auch dazu führen, daß diese zugunsten der neuen aufgegeben werden.

Von besonderer Bedeutung für die philosophische Konsistenzprüfung ist – nach dem Platonischen Vorbild – die »Erinnerung« (anámnesis) an das, was wir ›immer schon‹ für wahr halten oder was für uns Lebensbedingung ist. Das klassische Beispiel der philosophischen Anamnese ist Platons Ideenhypothese: Die jedermann bekannte und für die menschliche Existenz lebenswichtige Möglichkeit der Wahrnehmung von Sinnendingen –

sowie die gleichermaßen bekannte und lebenswichtige Möglichkeit der sprachlichen Verständigung – beruhen darauf, daß wir in Sprache und Wahrnehmung immer schon Ideen voraussetzen. Das Sein dieser Ideen ist seither ein Grundthema der Philosophie.

Soweit das im folgenden Kapitel vorgestellte physiozentrische Menschenbild, für das ich plädiere, für sich spricht und sich in der philosophischen Erinnerung von selbst mit existenziellen Voraussetzungen verbindet, bedarf es dazu keiner weiteren Argumentationshilfe. Die philosophische Prüfung ergibt jedoch außerdem, daß das anthropozentrische Weltbild inkonsistent wird, wenn man die Grundstruktur der Naturzugehörigkeit des Menschen berücksichtigt. Diese Aporie sichtbar zu machen, erweist sich als ein konstruktiver Übergang in die Praktische Naturphilosophie.

Ich werde die angekündigte Inkonsistenz einerseits in bezug auf die gesellschaftliche Wirklichkeit der Natur (Abschnitte 4.2/3), andererseits auf die Physik (Abschnitt 4.4) zeigen. Mein Ausgangspunkt ist ein Kantisches Argument, das häufig zugunsten der Anthropozentrik geltend gemacht wird (Abschnitt 4.1). Es ergibt sich, daß die Kantische Ethik heute auch wieder über die Anthropozentrik hinausführen kann (Abschnitt 4.5). Ich werde mich von diesem Ansatz im folgenden leiten lassen.

4.1 Kant – Ist der Mensch nur dem Menschen verpflichtet?

Im anthropozentrischen Weltbild ist allein der Mensch ethisch von Belang, d. h. nur für den Umgang von Menschen mit Menschen gelten ethische Regeln, wie und wie nicht man sich verhalten soll. Für den Umgang mit der übrigen Mitwelt gelten keine solchen Regeln, jedoch fällt das Licht der mitmenschlichen Ethik in gewissen Grenzen auch auf die Dinge und Lebewesen, mit denen wir umgehen, insoweit dieser Umgang nämlich die Mitmenschen betrifft. Auf einige Lebewesen, die Menschen, ist danach direkt und um ihrer selbst willen ethisch Rücksicht zu nehmen, auf andere Lebewesen und die übrige Welt hingegen nur indirekt und nicht um ihrer selbst willen, sondern um des Menschen willen.

Immanuel Kant hat in diesem Sinn die Pflichten »gegen« etwas und die Pflichten »in Ansehung von« etwas unterschieden. Seine These steht im »Episodischen Abschnitt« des II. Teils der »Metaphysik der Sitten« und lautet:

»Nach der bloßen Vernunft zu urteilen, hat der Mensch sonst keine Pflicht, als bloß gegen den Menschen (sich selbst oder einen anderen); ... und seine vermeinte Pflicht gegen andere Wesen ist bloß Pflicht gegen sich selbst; zu welchem Mißverstande er dadurch verleitet wird, daß er / seine Pflicht in *Ansehung* anderer Wesen für Pflicht *gegen* diese Wesen verwechselt« (Metaphysik der Sitten A 106 f. = IV. 578).

Das heißt: Wenn wir anderen Lebewesen gegenüber Pflichten zu haben meinen, so beruht dies auf einem Mißverständnis. Es besteht darin, daß wir indirekte Pflichten, die nur etwas mit ihnen zu tun haben (in »Ansehung« ihres Daseins) mit direkten Pflichten gegenüber diesen Wesen verwechseln.

Nach Kant ist z. B. die Enthaltung von Tierquälerei nur eine Pflicht »in Ansehung« der Tiere, nötigend daran aber ist die Pflicht »gegen« uns selbst, das Mitgefühl mit den Tieren nicht abstumpfen zu lassen. Wer nämlich Tiere quält, wird auch dem menschlichen Leiden gegenüber abstumpfen, so daß die Tierquälerei unsere Sittlichkeit gegenüber den Mitmenschen schwächen würde.

»Selbst Dankbarkeit für lang geleistete Dienste eines alten Pferdes oder Hundes (gleich als ob sie Hausgenossen wären) gehört« nach Kant nur »*indirekt* zur Pflicht des Menschen, nämlich in *Ansehung* dieser Tiere, *direkt* aber betrachtet ist sie immer nur Pflicht des Menschen *gegen* sich selbst« (aaO A 108 = IV. 579).

Wer also dem Nachbarn verspricht, seine Blumen zu pflegen, übernimmt nach Kant eine Pflicht gegenüber dem Nachbarn in Ansehung der Blumen, jedoch keine Pflicht gegenüber den Blumen. So hat der Nachbar das Recht, die Pflege der Blumen zu erwarten, ohne daß die Blumen selbst ein Recht auf Pflege hätten.

Gäbe es ethische Bestimmungen unseres Verhaltens nur in bezug auf den Menschen und um seiner selbst willen, hingegen nicht in bezug auf die übrige Mitwelt und um ihretwillen, so wäre das anthropozentrische Weltbild in dieser Hinsicht gerechtfertigt. Daraus würde zwar noch lange nicht folgen, daß die industriegesellschaftliche Ausbeutung der natürlichen Mitwelt erlaubt wäre, denn auch nach Kant dürfte ein relativ weitgehender Umweltschutz zu den Pflichten des Menschen gegen sich selbst gehören. Der Friede mit der Natur (Kapitel 7) aber wäre nach Kant doch nur ein Friede des Menschen mit sich selbst.

Ob wir auf die natürliche Mitwelt nur um unseretwillen oder auch um ihrer selbst willen Rücksicht zu nehmen haben, ist für den Fortgang meiner Überlegungen von entscheidender Bedeutung. Die Frage ist also, welche Gründe dafür sprechen und welche Gründe insbesondere Kant dafür namhaft macht, daß Pflichten immer nur Pflichten von Menschen gegenüber Menschen sein können. Ich gehe seiner Begründung kurz nach und werde zeigen, daß Kant an dieser Stelle – die heute nun für den Frieden mit der Natur eine besondere Bedeutung gewinnt – mehr behauptet, als er ohne weiteres begründen kann. Ich teile seinen Ansatz in einer Interpretation, von der ich mich in den folgenden Kapiteln leiten lasse, jedoch nicht die anthropozentrische Zugabe.

Pflichten gegen uns selbst sind nach Kant Bestimmungen unseres freien Willens durch die praktische, d. h. die unser Handeln betreffende Vernunft. Sie sagt uns z. B., in der gegebenen Situation sei es unsere Pflicht, das und das zu tun, und »bestimmt« auf diese Weise, was wir wollen sollen. Zwar tun wir dann nicht notwendigerweise, was wir sollen, denn die Bestimmungen unseres Willens durch die Vernunft sind nicht in jedem Fall so stark, daß sie sich gegenüber anderen Bestimmungsfaktoren durchsetzen. Als freie Menschen können wir in der auf unser Handeln bezogenen Willensbildung aber doch jedenfalls auch der Bestimmung unseres Willens durch die praktische Vernunft Raum geben und dementsprechend vernünftig handeln.

Vernünftig zu handeln nennt Kant deswegen eine Pflicht des Menschen gegen sich selbst, weil wir andernfalls nicht tun, was wir als Menschen tun sollten, und in diesem Sinn nicht die Norm der Menschlichkeit erfüllen würden. Wer gegen die Bestimmungen der praktischen Vernunft verstößt, verfehlt das, was den Menschen zum Menschen macht. So finden wir in der Vernunft ein Menschenbild und unsere Identität als das nicht nur menschliche Maß unserer Menschlichkeit.

Welches im einzelnen die Bestimmungen unseres Willens durch die praktische Vernunft sind, ist eine andere Frage. Kants allgemeine Antwort darauf ist das Sittengesetz: »*Handle so, als ob die Maxime deiner Handlung durch deinen Willen zum allgemeinen Naturgesetz werden sollte*« (Grundlegung zur Metaphysik der Sitten A 52 = IV. 51). Was das im einzelnen bedeutet, ist die Grundfrage der Ethik und kann hier nicht allgemein behandelt werden.

Worauf es ankommt, ist jedoch Kants Antwort auf die einfache und jederzeit berechtigte Frage: Wer das Sittengesetz einhalten mag, soll es tun – was aber *verpflichtet mich*, danach und in diesem Sinn vernünftig zu handeln? Die Antwort lautet: Wir erkennen das Sittengesetz an, weil wir es uns selber geben. Und wir geben es uns selber, weil wir in unserem Handeln als Menschen ganz ›bei uns‹ sein wollen, das Handeln nach dem Sittengesetz aber als das Wesen des wahrhaft menschlichen Handelns erkennen.

Kant verwandelt also die moralische Gesetzgebung von außen her (Heteronomie), dem Sittengesetz gehorchen zu müssen wie dem Gebot eines Souveräns, durch eine Verinnerlichung dieses Souveräns in eine Selbstbestimmung (Autonomie) nach Art des Preußischen Liberalismus. Wir fühlen uns dem Sittengesetz: Handle so, als ob die Maxime deiner Handlung durch deinen Willen zum allgemeinen Naturgesetz werden sollte, genau deshalb unterworfen, weil wir es aus praktischer Vernunft selber wollen, indem wir die Unterwerfung vermöge der Identifikation mit dem Souverän als Autonomie erfahren.

Solange die Forderung, im Handeln bestimmte Regeln zu erfüllen, dadurch begründet wird, daß diese Regeln Gebote Gottes oder der Vernunft seien, fragt der moderne Mensch zurück, was diese Gebote für ihn verbindlich mache. Wenn ihm aber nachgewiesen wird, daß er sich die Gebote in Wirklichkeit selber gibt, ist er zufrieden. Darauf war vor Kant noch niemand gekommen, sondern, wie Kant selbst erklärt:

»Man sah den Menschen durch seine Pflicht an Gesetze gebunden, man ließ es sich aber nicht einfallen, daß er *nur seiner eigenen* und dennoch *allgemeinen Gesetzgebung* unterworfen sei, und daß er nur verbunden sei«, (d. h. daß es für ihn nur verbindlich sei) »seinem eigenen, dem Naturzwecke nach aber allgemein gesetzgebenden, Willen gemäß zu handeln. Denn, wenn man sich ihn nur als einem Gesetz (welches es auch sei) unterworfen dachte: so mußte dieses irgend ein Interesse als Reiz oder Zwang bei sich führen«, (damit man sich veranlaßt fühlt, dem Gesetz zu gehorchen, sei es aus eigenem Interesse oder gezwungenermaßen) »weil es nicht als Gesetz aus *seinem* Willen entsprang« (weil das Gesetz nicht aus eigenem Willen gegeben wird), »sondern dieser gesetzmäßig von *etwas anderem* genötigt wurde, auf gewisse Weise zu handeln« (Grundlegung zur Metaphysik der Sitten A 73 = IV. 65).

So wie wir die Naturgesetze nach der »Kritik der reinen (theoretischen) Vernunft« – in der es um die Einheit des Erkennens geht, so wie in der Praktischen Philosophie um die des Handelns – deshalb *erkennen*, weil die Vernunft sie nach ihrem eigenen Entwurf selbst hervorbringt, zeigt sich nun, daß wir auch das Sittengesetz gerade deshalb *anerkennen*, weil wir es uns selber geben.

Ein nach dem Sittengesetz – dem Kategorischen Imperativ – selbstbestimmter Wille ist nach Kant ein ›guter Wille‹, das einzige uneingeschränkt Gute in der Welt (aaO A 1 = IV. 18). Ihn hervorzubringen aber war nach Kant eine *Absicht der Natur*, und damit wird der Gedankengang – wie in der oben zitierten Formulierung des Sittengesetzes – erneut auf die Natur zurückbezogen. Mit der Bestimmung unseres freien Willens durch die praktische Vernunft dürfte »die Natur in ihrer Absicht, warum sie unserm Willen Vernunft zur Regiererin beigelegt habe« (aaO A 4 = IV. 20), nunmehr richtig verstanden sein.

Kant gibt sich also in seiner Begründung der Ethik noch nicht damit zufrieden, daß wir das Sittengesetz deshalb anerkennen, weil wir es uns selber geben, sondern er bestimmt dasjenige Vermögen, aus dem wir uns dieses Gesetz geben (die praktische Vernunft), obendrein als eine Gabe der Natur. Danach hat *die Natur* den Menschen mit der Vernunft ausgestattet, damit er seinen Willen von dieser bestimmen lasse. *Vernünftig zu handeln ist eine im Menschen lebendige Absicht der Natur.* Dieses Menschenbild kommt dem von mir im folgenden Kapitel vertretenen sehr nahe. Um so mehr erhebt sich die Frage, wie Kant von hier aus zu der Behauptung kommt, es gebe keine Pflichten gegenüber der natürlichen Mitwelt, das Sittengesetz gelte also nur gegenüber Menschen und von dort aus lediglich indirekt ›in Ansehung‹ der nichtmenschlichen Welt.

Das Tun des Guten als eine Pflicht des Menschen gegen sich selbst zu verstehen, kann leicht Anlaß zu dem Mißverständnis geben, es handele sich um Pflichten *der Menschen gegeneinander.* Davon kann jedoch keine Rede sein, denn die Bestimmung meines freien Willens durch die Vernunft konstituiert nur eine Pflicht gegenüber der in dieser Weise gesetzgebenden Vernunft, sowie im weiteren Sinn gegenüber der Natur, welche sie mir in einer bestimmten Absicht beigegeben hat. Hat Kant in dem oben zitierten »Episodischen Abschnitt« die Pflichten gegenüber der Vernunft mit denen der Menschen untereinander verwechselt?

Tatsächlich ergeben sich aus unserer Pflicht ›gegen‹ Natur und Vernunft zwar Pflichten ›in Ansehung‹ der Mitmenschen, der Tiere, der Pflanzen und der übrigen Welt. Es folgt aber nicht, daß die Abgrenzung der unmittelbaren Pflichten (gegen etwas und um seiner selbst willen) von den mittelbaren Pflichten (in Ansehung von etwas und um eines anderen willen) zwischen den Menschen und den anderen Lebewesen verläuft, denn *die Pflicht gegenüber der Vernunft ist etwas anderes als die Pflichten gegenüber denen, die ihr ebenfalls verpflichtet sind.*

Daß der Mensch nur seinen Mitmenschen verpflichtet sei, ergibt sich also nicht ohne weiteres aus Kants Begründung des Sittengesetzes. Die Auszeichnung der Pflichten *gegen* Menschen vor denen *in Ansehung von* Tier und Blume, Baum und Stein, fällt meines Erachtens sogar hinter diese Begründung zurück. Hierzu ist in dem »Episodischen Abschnitt« des II. Teils von Kants »Metaphysik der Sitten«, in dem diese Auszeichnung erfolgt, eine zusätzliche und durch den Hauptgedankengang nicht ausgewiesene Annahme eingeflossen.

Hinzugekommen ist, soviel ich sehe, die Annahme, daß die Vernunft ihre

Wirklichkeit nur in der Menschheit hat. Dies kann ich nach dem physio-zentrischen Menschenbild, das ich im Kapitel 5 einführe, nicht für richtig halten. Ich werde im folgenden den Kantschen Gedanken übernehmen, daß in der Ausstattung des Menschen mit dem Vernunftvermögen, aus dem sich Bestimmungen unseres Willens ergeben, eine Naturabsicht liegt. Die These von der ausschließlichen Verpflichtung des Menschen gegen-über seinen Mitmenschen kann demgegenüber meines Erachtens heute keine Grundlage der Ethik mehr sein.

4.2 Wirtschaft – Der Mensch als Ressource

Die heutige Wirtschaftswirklichkeit entspricht noch nicht einmal der an-thropozentrischen Ethik. Im Mittelpunkt stehen Teile der Menschheit, nicht die Menschheit. Selbst die Stufe 3 des Tableaus der Rücksichtnah-men im Kapitel 1 ist erst in relativ wenigen Ländern einigermaßen er-reicht, in denen nämlich die Wirtschaft – allerdings zu Lasten der Mit-welt – dem Gemeinwohl der Bevölkerung dient und in diesem Sinn wirk-lich Nationalökonomie ist. Die heutige, globale Zerstörung der Lebensgrundlagen ist jedoch bereits vor den davon nicht oder weniger als wir profitierenden Mitmenschen, vor allem in der Dritten Welt, nicht zu verantworten.

Wenn zwanzig Prozent der Weltbevölkerung mit achtzig Prozent der Res-sourcen wirtschaften und achtzig Prozent mit den restlichen zwanzig Pro-zent auskommen müssen, ist dies eben noch nicht einmal unter den heute Lebenden eine gerechte Verteilung. Es gibt deshalb beim jetzigen Stand zwar eine internationale Wirtschaft, jedoch keine Weltwirtschaft, denn eine solche hätte wenigstens auf der Stufe 4 des Tableaus dem Interesse der ganzen Menschheit zu dienen.

Darüber hinaus ist es weder vor unseren Nachgeborenen noch vor den Nachgeborenen der heute bereits übervorteilten Mitmenschen – vor al-lem in der Dritten Welt – zu verantworten, daß die heutige Wirtschaftstä-tigkeit praktisch aller Länder der Erde die Lebensgrundlagen zerstört. Denn dadurch wird ein den heute Lebenden zur bewahrenden Nutzung anvertrautes Menschheitserbe verwirtschaftet. Über die Verteilungsge-rechtigkeit hinaus müssen wir (die heutige Menschheit) einsehen, daß die-ser Planet einer rasch zunehmenden oder immer anspruchsvoller werden-den Menschheit nicht unbegrenzt viel zu bieten hat.

Die industrielle Wirtschaft herkömmlicher Art ist nun offenbar weder für die heutige Menschheit verallgemeinerungsfähig (Stufe 4 der Tabelle 1) noch für die künftigen Generationen auf längere Sicht durchzuhalten. Wenn alle Länder der Erde zur heutigen industriellen Wirtschaft westeuropäischer oder gar nordamerikanischer Art übergingen, wäre damit eine Umweltkatastrophe unvorstellbaren Ausmaßes verbunden. Unsere Wirtschaftätigkeit kann also weder für die heutige Menschheit noch für die Nachgeborenen ein Vorbild sein.

Nehmen wir dennoch einmal an, daß eine Form der industriellen Wirtschaft gefunden würde, die sowohl für die Dritte Welt als auch für die künftigen Generationen verallgemeinerungsfähig wäre, die also auf die Menschheit insgesamt Rücksicht nähme (Stufe 5 der Tabelle 1). Eine solche Wirtschaft würde zwar die natürliche Mitwelt nach wie vor als Material und Ressource behandeln, durch ein klügeres Management der Ressourcen (verglichen mit der heutigen Wirtschaft) jedoch wenigstens den Ansprüchen der anthropozentrischen Ethik genügen. Dadurch würden somit alle Probleme gelöst, die bisher umweltpolitisch wahrgenommen worden sind – so unvorstellbar dies politisch ist –, und doch würde der Naturzusammenhang des menschlichen Lebens selbst dann noch verfehlt.

Die Inkonsistenz des anthropozentrischen Weltbilds liegt darin, daß die Verkürzung der natürlichen Mitwelt zum – nun also besser als heute in acht genommenen – Material oder zu einem Sack voll Ressourcen sich mit einem gleichermaßen verkürzten Menschenbild paart. Der Mensch kommt in diesem Weltbild nicht so, sondern anders vor als das Weltbild besagt. Er spielt darin keineswegs die zentrale Rolle, die es ihm verspricht. Tatsächlich wird im Wirtschaftsprozeß außer der natürlichen Mitwelt nämlich auch der Mensch zur Ressource oder zum Material. So unterscheidet Samuelson in seinem wirtschaftswissenschaftlichen Lehrbuch:

– *Natürliche Ressourcen:* Bodenbeschaffenheit, Niederschlagshäufigkeiten, Bewässerungs- und Energiegewinnungsmöglichkeiten, Bodenschätze. Ihre geographische Ungleichverteilung bringt Vor- und Nachteile mit sich, Mängel können jedoch durch Außenhandel und technologische Fortschritte ausgeglichen werden. Und schließlich: »In einem armen Land ist nichts so schlimm, daß es nicht durch die Entdeckung von Ölvorkommen wieder in Ordnung gebracht werden könnte« (Samuelson 1970, 753).

– *Menschliche Ressourcen:* »Weil die Arbeit ein wichtiger Produktionsfaktor ist, muß auch der Manpower-Bereich konstruktiv durchprogrammiert werden . . . 1. Krankheiten müssen unter Kontrolle gebracht, das Gesundheitswesen und die Nahrungsmittelversorgung organisiert werden – *sowohl um die Menschen glücklicher zu machen als auch um aus ihnen produktivere Arbeiter zu machen* . . . 2. Bildung macht die Menschen zu produktiveren Arbeitern. *Deshalb* sind auch Mittel für Schulen und andere Maßnahmen gegen den Analphabetismus vorzusehen« (aaO 752, Hervorhebungen hinzugefügt).

Der Mensch als ein Produktionsfaktor, dessen Produktivität durch ein konstruktives Programm in Gestalt von Zivilisation und Ausbildung planmäßig gesteigert werden kann, was ihn dann – wie es sich so trifft – obendrein auch noch glücklicher macht –, da könnte im Index von Samuelsons Lehrbuch zwischen Malthus und Management auch gleich stehen: Man, see Human Resources. Wie hieß es doch bei Heidegger?:

Die moderne Technik ist ein »Herausfordern, das den Menschen stellt, das Wirkliche als Bestand zu bestellen . . . / . . . Sobald . . . der Mensch . . . nur noch der Besteller des Bestandes ist, – geht der Mensch am äußersten Rand des Absturzes, dorthin nämlich, wo er selber nur noch als Bestand genommen werden soll. Indessen spreizt sich gerade der so bedrohte Mensch in die Gestalt des Herrn der Erde auf« (1954, I. 19/26).

Was Heidegger hier Bestand nennt, heißt ökonomisch Ressource oder technisch Material. In der industriellen Wirtschaft wird uns der Rest der Welt zu einem Bestand wie in einem Lagerhaus, nur noch nicht ganz so schön geordnet wie in einem gut geführten Materiallager. Auf den Regalen aber finden wir unversehens auch uns selber wieder, sind wir doch selbst ein Teil der hier zum Material gewordenen Natur.

Samuelson hat – dem Zug der 70er Jahre folgend – den Begriff Human Resources in der folgenden Auflage seines Buchs (1973) aus dem Index getilgt. Im Text aber (nunmehr S. 777) hat sich nichts geändert, und in der Praxis wohl auch nicht. Hinzugekommen ist sogar noch das Problem der Leihmütter, die – nach dem Vorbild der Tier-›Produktion‹ – anderer Leute befruchtete Eier austragen. Muß man sich zu den Sonntagsreden der Anthropozentriker also nicht jederzeit hinzudenken: Mensch – siehe Menschliche Ressourcen?

Wir können uns aber nicht gleichermaßen als ein Material und als das Worumwillen der Wirtschaftstätigkeit verstehen. Im Konzept der Menschlichen Ressourcen liegt der Widerspruch, daß der Mensch sich zugleich erniedrigt und überhöht. Als Naturwesen im Produktionsprozeß erniedrigt er sich selbst zum bloßen Material, und als Gestalter der Welt zu seinem eigenen Nutzen überhöht er sich zum Schöpfer alles dessen, was in der Natur nicht bloß Material ist. Der Mensch kann sich demnach im

Naturzusammenhang des Wirtschaftsprozesses nicht mehr identifizieren.

In der Frühzeit der Industrialisierung wurde der Widerspruch sozusagen mit verteilten Rollen gelöst: die einen sind Schöpfer, die anderen Ressource, so daß einige Menschen Ressource um der Selbstverwirklichung anderer willen sind. Diese Lösung verwandelt den Widerspruch aber nur in den entsprechenden sozialen Gegensatz, von dem die Sozialisten und Kommunisten ausgegangen sind. Mit dem Arrangement von Arbeit und Kapital (Abschnitt 12.3) kam es deshalb zu einer sozusagen demokratisierten Form der ursprünglichen Triviallösung. Sie besteht darin, daß jetzt im wesentlichen nicht mehr einige Menschen Ressource um der Selbstverwirklichung anderer willen sind, sondern daß nunmehr – fast – *alle* Menschen während ihrer Arbeitszeit Ressource und während ihrer Freizeit das Worumwillen des Wirtschaftsprozesses sein sollen.

Beiderlei Bestimmungen ›des‹ Menschen in dieser zeitlichen Verteilung vereinbar machen zu wollen, ist in der industriellen Wirtschaft die Basis unserer politischen und rechtlichen Praxis. Der Preis sind die Probleme der Taylorisierung (Taylor 1913) einerseits, der Freizeit- und Konsumgesellschaft andererseits. Bei der Arbeit nicht zu Hause und zu Hause nicht bei der Arbeit, ist die prägnante Kurzformel des jungen Marx (MEW EB I. 514).

– *Bei der Arbeit nicht zu Hause:* F. W. Taylor entdeckte, daß Menschen im Arbeitsprozeß oft betriebswirtschaftlich suboptimal eingesetzt werden und daß die Arbeitsproduktivität auf der Grundlage von Zeit und Bewegungsanalysen beträchtlich gesteigert werden kann, wenn der Arbeitsablauf technisch und organisatorisch optimiert wird. Als er seine Vorstellungen zur Rationalisierung der Arbeit einmal in einem Betrieb ausprobierte, soll ihn ein junger Mechaniker durch seine Wißbegierde geärgert haben. Offenbar wollte er nicht nur wissen, *was* er zu tun habe, sondern auch *warum* er es zu tun habe, d. h. in welchem technischen und organisatorischen Zusammenhang seine Arbeit stehen würde. Es wird berichtet, Taylor habe ihn schließlich mit der Bemerkung abgefertigt: »Sie sollen gar nicht denken. Fürs Denken werden andere Leute bezahlt« (Friedmann 1952, 221). Demgegenüber kann jemand, der in der Arbeit seine eigene Körperkraft nach mechanischen Gesetzen einsetzt, dabei sehr wohl zu Hause sein, wenn er nämlich tut, was er will, und weiß, was er tut, also Subjekt seiner Arbeit ist.

– *Zu Hause nicht bei der Arbeit:* »Der Verbrauch (consumption) allein ist Ziel und Zweck einer jeden Produktion«, sagt Adam Smith (1776/1978, 558), und dies ist wohl bis heute eine zutreffende Be-

schreibung der industriellen Wirtschaft. Aber ein Produkt ist immer
nur das halbe Produkt; die andere Hälfte ist die Erlebnisqualität, in der
es uns in der Entstehung und im Umgang zu eigen und vertraut wird,
also uns und anderen etwas zu sagen hat. Der Sinn der Produktion,
deren einziger Sinn der Konsum ist, wird deshalb immer fragwür-
diger.

Kann der Widerspruch, daß der Mensch gleichermaßen Ziel und Mittel
sein soll, ohne daß Ziel und Mittel im Wirtschaftsprozeß zusammenfallen,
aufgelöst werden? Es käme darauf an, daß der produzierende Mensch sich
in demjenigen wiedererkennt, für den produziert wird, so daß die Produktion das Produkt nicht Lügen straft. In der Industriegesellschaft aber gelingt diese Angleichung nur dahingehend, daß die Konsumenten allmählich den Produkten angepaßt und in dieser Angleichung selbst zu einem
Wirtschaftsprodukt werden (Gorz 1983). Schon wer es heute darauf an-
legt, etwas aus sich und anderen ›zu machen‹, unterstützt diese Entwicklung.

4.3 Die geisteswissenschaftliche Lösung:
Caballeros del Espíritu

Bedenken gegen das industriewirtschaftliche Menschenbild haben bekanntlich sowohl auf sozialistischer wie auf liberaler und konservativer
Seite zu differenzierteren Vorschlägen Anlaß gegeben, die Rolle des
Menschen in einer mit unseren grundsätzlichen Wertvorstellungen vereinbaren Weise zu bestimmen. Ich beschränke mich hier auf die neomarxistische Lösung, weil der heute auf allen Seiten überwiegend akzeptierte
Ausweg hier am konsequentesten gedacht und vorbereitet worden ist.
Dieser Ausweg ist wieder die anthropozentrische Hybris, den Menschen
im Sinn der neuzeitlichen Subjektivitätsphilosophie zum Nabel der Welt
zu erklären und sich entsprechend zu verhalten.

In einer prägnanten Formulierung von Jürgen Habermas: Eine notwendige, wenn auch noch nicht hinreichende Bedingung dafür, daß die Ungerechtigkeit in der menschlichen Gesellschaft ein Ende findet, ist, daß »der
materialistische Bann, der auf der Reproduktion des gesellschaftlichen
Lebens liegt, der biblische Fluch der notwendigen Arbeit, technologisch
gebrochen« (1973, 80) wird. Dieser Ansatz läuft darauf hinaus, die natürliche Mitwelt in ihrem Status als Ressource oder Material zu belassen und

durch technische Fortschritte die Voraussetzungen dafür zu schaffen, daß der Mensch nicht mehr selbst als Ressource einzutreten braucht und somit tatsächlich nur noch das Worumwillen des Wirtschaftsprozesses ist. Wäre dies möglich, so ließe sich die Inkonsistenz im Menschenbild der Wirtschaft aufheben, ohne das herrschende, repressive Naturverständnis zu überwinden.

Kann es einen Frieden von Menschen unter Menschen auf der Basis einer unterdrückten Natur geben? Zwar spricht nichts dafür, daß das Reich der Freiheit bereits im Handlungskreis des wirtschaftlich-technischen Naturbezugs errichtet wird, daß es also – wie Francis Bacon meinte – sozusagen einen technologisch gebahnten Schleichweg von den Dornen und Disteln, in die wir durch den Sündenfall geraten sind, zurück ins Paradies gibt (Abschnitte 9.1/2). Ebensowenig aber spricht meines Erachtens dafür, daß das Reich der Freiheit somit nur jenseits davon, im Handlungskreis des gesellschaftlichen Selbstbezugs (in den sozialen Prozessen), und nicht ebensosehr im Handlungskreis unseres Naturbezugs zu suchen ist. Kommt es nicht vielmehr darauf an, die Friedlosigkeit im Verhältnis der Menschen zueinander und zu sich selber bis ins Denken hinein als »unversöhnte Natur« (Horkheimer/Adorno 1971, 40) zu erkennen?

Horkheimer und Adorno knüpfen in diesem Denken über die Natur an Walter Benjamins geschichtsphilosophische Thesen an. Benjamin hatte in seiner 11. These daran erinnert, daß zur vulgärmarxistisch-technokratischen Vorstellung der Arbeit

»ein Begriff der Natur (gehört), der sich auf unheilverkündende Art von dem in den sozialistischen Utopien des Vormärz abhebt. Die Arbeit, wie sie nunmehr verstanden wird, läuft auf die Ausbeutung der Natur hinaus ... Mit dieser ... Konzeption verglichen erweisen die Phantastereien, die soviel Stoff zur Verspottung eines Fourier gegeben haben, ihren überraschend gesunden Sinn. ... Fourier ... illustriert eine Arbeit, die, weit entfernt die Natur auszubeuten, von den Schöpfungen sie zu entbinden imstande ist, die als mögliche in ihrem Schoße schlummern. Zu dem korrumpierten Begriff von Arbeit gehört als sein Komplement die Natur, welche ... ›gratis da ist‹« (I. 501).

Leider ist diesen Gedanken in der Entwicklung des Sozialismus ebensowenig Raum gegeben wie den naturphilosophischen Vorstellungen des jungen Marx. An den Frieden mit der Natur hätte sonst schon eher gedacht werden können. Ich komme im Kapitel 12 auf die Frage zurück, was zur Verdrängung des Problems geführt hat.

Das naturphilosophische Konzept des jungen Marx wies zunächst in die Richtung, die ich im folgenden Kapitel einschlagen werde. Noch in den Pariser Manuskripten von 1844 hieß es:

»Die Gesellschaft ist die vollendete Wesenseinheit des Menschen mit der Natur, die wahre Resurrektion« (Auferstehung) »der Natur, der durchgeführte Naturalismus des Menschen und der durchgeführte Humanismus der Natur« (MEW EB I. 538).

Später blieb davon zurück, daß ihm zwar die Umweltzerstörung durch die industrielle Wirtschaft bewußt war: daß nämlich »die kapitalistische Produktion ... die Springquellen alles Reichtums untergräbt: die Erde und den Arbeiter« (MEW XXIII. 529 f.); er zog daraus aber nur noch die Konsequenz, man müsse eben den »Stoffwechsel mit der Natur rationell regeln« (MEW XXV. 828), d. h. die Ressourcen sorgsamer bewirtschaften. So enthält, dies hat vor allem Herbert Marcuse deutlich gesehen, »die Marxsche Vorstellung von der menschlichen Aneignung der Natur ... immer noch etwas von der *Hybris* der Herrschaft« (1972, 83).

Marcuse knüpft in seinem Denken wieder an Charles Fourier und an die Pariser Manuskripte des jungen Marx an, denkt an die »Befreiung der Natur« und wendet sich ihr zu »als einer Verbündeten im Kampf gegen die ausbeuterischen Gesellschaften, in denen die Vergewaltigung der Natur die Vergewaltigung des Menschen verschärft« (aaO 72). Mit dieser Voreingenommenheit aber mag es zusammenhängen, daß die Natur bei Marcuse in einer schwärmerischen Weise abstrakt bleibt. Zu sehr schönen, aber doch bloßen Gedanken gerät die Natur auch Horkheimer und Adorno. Innerhalb des Marxismus bleibt letztlich unklar, welchen Unterschied es – im Sinne von James und Peirce – für das Handeln macht, ob diese Gedanken richtig oder falsch sind. Der Grund dafür ist, soviel ich sehe, daß alle diese naturphilosophischen Ansätze zu einem neuen Menschenbild geführt hätten, das den bisherigen Marxismus aus den Angeln gehoben hätte. Ich komme deshalb doch lieber wieder auf Habermas zurück – da weiß man wenigstens, woran man ist.

Die Habermasische Lösung ist, die natürliche Mitwelt erbarmungslos dem monologischen (Abschnitt 7.4) »Funktionskreis instrumentalen Handelns« (Habermas 1973, 176) zu überlassen und die Menschheit auf der Wolke der herrschaftsfreien Kommunikation – zwanglos mit sich selbst beschäftigt – entschweben zu lassen. Dies bestätigt wieder einmal das spitze Wort, die Geisteswissenschaften seien erfunden worden, damit die »caballeros del Espíritu« (Ortega VI. 26), die Ritter des Geistes, den Menschen für etwas Besseres als die Natur ausgeben könnten.

Dem Menschen seine Menschlichkeit zu sichern, läuft bei Marx wie bei Dilthey und den anderen Caballeros del Espíritu gleichermaßen darauf hinaus, daß wir uns aus einer zur bloßen Ressource heruntergekommenen Natur gleichsam davonmachen, indem wir sie in unserem Selbstverständnis verleugnen. Wir tun so, als gehörten wir nicht dazu. Die zur Ressource unterworfene Mitwelt fragt uns dann jedoch zurück, wie wir es mit unserer eigenen Naturzugehörigkeit halten wollen. Ist der Mensch nicht ebenso Fleisch und Blut wie die übrige Biosphäre, unterliegt er nicht denselben Gesetzen wie sie, und pflegen wir uns daran im Krankheitsfall nicht sogar gern zu erinnern? Medikamente wirken ja nach Naturgesetzen auf biophysikalische Systeme und nur auf diese.

Im medizinischen Umgang mit Kranken wird der anthropozentrische Widerspruch sogar am unmittelbarsten erfahren. Unser Leib unterliegt physiologisch denselben Gesetzen wie die übrige Welt. Behandeln wir ihn jedoch medizinisch-technisch ebenso wie diese in der industriellen Wirtschaft – als Material, das zu etwas gemacht werden soll, im Krankheitsfall zu etwas Gesundem – so verhalten wir uns zum Leib als zu einem bloßen Körper und verfehlen seine Beseeltheit oder sein Leben.

Verfehlen wir dann nicht auch das eigentliche Leben der übrigen Welt, wenn wir mit ihr wie mit einem unbeseelten Material umgehen? Geht es nicht an, sich zum Menschen in seiner sichtbaren Existenz genauso vergegenständlichend wie zu der übrigen Welt zu verhalten, so sollte die Angleichung vielleicht einmal in der umgekehrten Richtung versucht und die natürliche Mitwelt ebenfalls zunächst menschlich behandelt werden.

Die Natur im Wesen des Menschen zu verleugnen, ergibt ein Selbstverständnis, in dem uns unser Leib etwa so viel bedeutet wie dem Kapitän sein Schiff. So wie der Kapitän das Schiff bewohnt, dirigiert und gelegentlich wartet, bewohnen, dirigieren und warten wir auch unsern Leib, aber wir *sind* dieser Leib so wenig wie der Kapitän sein Schiff ist. Unsere eigentliche Existenz ist seelisch immateriell und besteht darin, daß wir möglichst herrschaftsfrei miteinander kommunizieren. Die übrige Welt überlassen wir dabei erbarmungslos versklavt dem monologischen Funktionskreis instrumentalen Handelns. So braucht das Menschliche nicht mehr natürlich und das Natürliche nicht mehr menschlich erfahren zu werden.

Was aber bedeutet die irdische Wirtschaft, um deren Verständnis es hier doch geht, den immateriellen Seelchen in ihrer herrschaftsfreien Kommunikation? Sind sie auf irdische Güter überhaupt angewiesen, und – wenn sie es sind – woher kommen diese Bedürfnisse? Die Inkonsistenz im anthropozentrischen Menschenbild kann hier für die Wirtschaft letztlich nur dadurch aufgehoben werden, daß der Mensch, der nicht mehr als Ressource in die Produktion eintritt, dann auch die Produkte nicht mehr braucht. So aber ist weder die anthropozentrische Weltsicht im allgemeinen noch die neomarxistische im besonderen gemeint.

Wie auch wäre es denkbar, daß die Manipulation des Leibes eine von allem Irdischen entbundene Seele dennoch erreicht? Daß sie es tut, beweisen die Psychopharmaka. Es ist wohl auch kein reiner Zufall, daß der Umweltschutz etwa zur selben Zeit als ein allgemeines Problem wahrgenommen wird, in dem die Manipulation die menschliche Subjektivität erreicht.

Dem Menschen also, der im Zentrum der Wirtschaft steht, kann sie nichts nützen. Derjenige aber, dem sie nützt, steht nicht im Zentrum. Soweit uns nämlich die Wirtschaft dient und wir die Natur in uns nicht verleugnen, können wir nicht umhin, die natürliche Mitwelt als unseresgleichen anzuerkennen. Wir sind ja naturgeschichtlich mit allen anderen Lebewesen und letztlich sogar mit der anorganischen Mitwelt verwandt, und es gibt fast keine Eigenschaft des Menschen, die nicht auch sonst in der Mitwelt vorkommt.

In der politischen Kultur der Menschheit war es immer wieder ein großer Fortschritt, wenn andere Menschen – Sklaven, Farbige, Ausländer – als gleichermaßen Menschen erkannt worden sind. Denn nach dieser Einsicht gefährdet ein Volk seine eigene staatliche und gesellschaftliche Integrität, wenn es anderen gegenüber die Grundrechte nicht respektiert, auf denen sie beruht. Es wird Zeit, so meine ich, das zur Anerkennung von Grundrechten führende Gleichheitsprinzip über die Gleichheit der Menschen hinaus auf die natürliche Lebensgemeinschaft zu erweitern. Ich komme darauf im Kapitel 8 zurück.

4.4 Naturwissenschaften – Physik ohne Physiker

Vermöge unserer Zugehörigkeit zum Ganzen der Natur verhalten wir uns zu uns selber, wenn wir uns zur natürlichen Mitwelt verhalten, die ebenfalls dem Ganzen zugehört. Die Einsicht in diesen Selbstbezug sollte der oberste Grundsatz der Wirtschaftswissenschaft sein. Sie ist es aber nicht, sondern der Wirtschaftsprozeß ist so organisiert – und dies spiegelt sich konsequenterweise auch in der ihn beschreibenden Wissenschaft – daß wir im wirtschaftlichen Verhalten zwar uns selber treffen, uns jedoch nicht so zu treffen gemeint haben.

Betroffene sind wir, weil wir uns de facto auch zu uns selber verhalten, indem wir uns zu anderem verhalten. Daß wir mit dem, was uns hier trifft, nicht uns (sondern die Mitwelt) gemeint haben und uns in diesem Sinn nur unabsichtlich sozusagen in den Rücken fallen, liegt daran, daß der Selbstbezug des Menschen in der Natur (Abschnitt 5. 2) in der Wirtschaft und in der Wirtschaftswissenschaft nicht wahrgenommen wird. So kommt es, daß der Mensch, welcher die Wirtschaftsprozesse beschreibt, und derjenige, der in dieser Beschreibung vorkommt, nicht derselbe Mensch sind. Beide Menschen passen nicht einmal so zusammen wie eine Vorder- und Rückenansicht desselben Menschen, die ja vereinbar sind, sondern hier liegt eine echte Inkonsistenz.

Im Hinblick auf die physikalische Naturbeschreibung entsteht nun fast dasselbe Problem der Doppelrolle des Menschen wie in der Ökonomie. Auch hier ist der betrachtende Mensch in dem als Gegenstand betrachteten Menschen nicht wiederzuerkennen.

In der Physik ist der Mensch wiederum einmal derjenige, der sich wissenschaftlich erkennend – theoretisch und experimentell – zur Natur verhält, und zum anderen gehört er der Natur auch selber an. In der Naturwissenschaft kommt es gleichwohl nicht vor, daß sich ein Teil der Natur erkennend zum Ganzen verhält. Insbesondere deutet in dem als ein physikalisches System beschriebenen Menschen, soweit diese Beschreibung reicht, nichts darauf hin, daß er in dieser Weise wissenschaftlich zum Gegenstand seiner selbst werden könnte. Wie aber ist dann die Existenz der Physik im Einklang mit den Ergebnissen der Physik? Vor allem Georg Picht hat diese Frage immer wieder gestellt.

Das Problem besteht – zunächst im Rahmen der klassischen Physik (d. h. vor der Quantentheorie) – darin, daß Menschen Gegenstände der sinnlichen Wahrnehmung sind und als solche denselben Naturgesetzen unterliegen wie alle anderen Sinnendinge auch. In der klassischen Physik determinieren diese Gesetze alle Ereignisse (also nicht nur, wie in der Quantentheorie, die Wahrscheinlichkeiten, mit denen dieses oder jenes geschehen kann). D. h. alles was geschieht, setzt etwas voraus, worauf es nach einer Regel notwendigerweise folgt. Dieser Determinismus war ein sehr fruchtbares Erkenntnisideal und der eigentliche Wegweiser der mechanistischen Naturwissenschaft. Danach sollten alle Naturerscheinungen auf mechanische Bewegungen, oder jedenfalls komplexere Vorgänge auf einfachere zurückgeführt werden, z. B. biologische auf physikalische.

Das mechanistische Erkenntnisideal lautete, in einer klaren Formulierung durch Hermann von Helmholtz, den Arzt und Physiker:

»Ist aber Bewegung die Urveränderung, welche allen anderen Veränderungen in der Welt zu Grunde liegt, so sind alle elementaren Kräfte Bewegungskräfte, und das Endziel der Naturwissenschaften ist, die allen anderen Veränderungen zu Grunde liegenden Bewegungen und deren Triebkräfte zu finden, also sich in Mechanik aufzulösen« (1869, 93).

Der Physiker Laplace hat den Determinismus durch die Fiktion des nach ihm benannten Dämons veranschaulicht. Dieser Dämon weiß, daß nach den Differentialgleichungen der klassischen Mechanik alle künftigen Zustände eines mechanischen Systems eindeutig vorhersagbar sind, wenn sein Zustand in einem einzigen Augenblick vollständig und genau bekannt ist. In der Mechanik braucht man als Zustandsbeschreibung lediglich die Orte und Impulse aller Teile des Systems zu kennen. Wenn er also diese Größen für einen einzigen Zeitpunkt kennen würde und im übrigen gut rechnen könnte, läge ihm die gesamte Zukunft des Universums bis in alle Details hinein offen vor Augen (Laplace 1814, Vorwort).

Was der Determinismus für die menschliche Freiheit bedeutet, ist eine Frage, die sich mit der ihm eigenen Konsequenz zuerst wiederum Immanuel Kant gestellt hat. Kant hatte bereits nach dem ersten großen Erfolg der modernen Naturwissenschaft – in der Newtonschen Himmels-Mechanik, d. h. in dem Nachweis, daß die Planeten sich nach den Gesetzen der irdischen Mechanik bewegen – allen Grund zu der Erwartung, daß auch die weitere Entwicklung dieser Wissenschaft die allgemeine Vorherbestimmtheit alles Geschehens bestätigen würde. Er hat diesen Determinismus akzeptiert, glaubte aber dennoch behaupten zu dürfen, daß der Mensch frei sei, daß also Determination und Freiheit vereinbar seien:

»Man kann . . . einräumen, daß, wenn es für uns möglich wäre, in eines Menschen Denkungsart, so wie sie sich durch innere sowohl als äußere Handlungen zeigt, so tiefe Einsicht zu haben, daß jede, auch die mindeste Triebfeder dazu uns bekannt würde, imgleichen alle auf diese wirkende(n) äußere(n) Veranlassungen, man eines Menschen Verhalten auf die Zukunft mit Gewißheit, so wie eine Mond- oder Sonnenfinsternis, ausrechnen könnte, und dennoch/dabei behaupten, daß der Mensch frei sei« (Kritik der praktischen Vernunft = KpV A 177 f. = IV. 225).

Wie aber soll es zugehen, daß das menschliche Verhalten vorhersehbar wie eine Sonnenfinsternis und der Mensch dennoch frei ist? Kant hat sich hier, um sowohl die Physik als auch die Freiheit gelten zu lassen, auf ein sehr kühnes Manöver eingelassen, das zwar einen Ausweg bietet, heute aber meines Erachtens in anderer Richtung weitergeführt werden sollte. Kants Manöver erfolgte in einer für die Verteidiger der Freiheit denkbar fatalen Situation und wird auch von ihm selbst als ›Rettung der Freiheit‹ beschrieben (Kritik der reinen Vernunft = KrV B 564 = II. 491). Die Rettung gelingt, soweit die Kantische Lösung überzeugend ist, durch die Unterscheidung der Dinge als »Erscheinungen« – d. h. so wie wir sie in den (nur) menschlichen Anschauungsformen Raum und Zeit erfahren – von den Dingen, so wie sie an sich selbst und unabhängig von unserer Wahrnehmungsweise sein mögen, wie wir sie aber nicht erfahren:

»Nimmt man nun die Bestimmungen der Existenz der Dinge in der Zeit für Bestimmungen der Dinge an sich selbst . . ., so läßt sich die Notwendigkeit in Kausalverhältnisse(n) mit der Freiheit auf keinerlei Weise vereinigen; sondern sie sind einander kontradiktorisch entgegengesetzt . . . Folglich, wenn man sie« (die Freiheit) »noch retten will, so bleibt kein Weg übrig, als das Dasein eines Dinges, so fern es in der Zeit bestimmbar ist, folglich auch die Kausalität nach dem Gesetze der *Naturnotwendigkeit, bloß der Erscheinung,* die *Freiheit* aber eben *demselben Wesen, als Dinge an sich selbst,* beizulegen« (KpV 169 f = IV. 219 f).

Daß Kants Rettung der Freiheit, soweit sie gelingt, nur durch die Unterscheidung der Dinge als Erscheinungen von den Dingen, so wie sie an sich selbst – uns unbekannt – sein mögen, möglich ist, zeigt zunächst die zentrale Bedeutung dieser Unterscheidung in Kants Denken. Sein jüngerer Zeitgenosse Friedrich Heinrich Jacobi hat einmal über das Ding an sich gesagt, daß er »ohne jene Voraussetzung in das« (Kantische) »System nicht hineinkommen, und *mit* jener Voraussetzung darin nicht bleiben konnte« (II. 304). Wer aber das Ding-an-sich verwirft, gibt Kants Rettung der Freiheit auf!

Für die Unterscheidung von Erscheinung und Ding-an-sich spricht zunächst die menschliche Selbsterfahrung, sich einerseits als Phänomen in Raum und Zeit, als Gegenstand der Wahrnehmung, andererseits als ein ›intelligibler Gegenstand‹, nämlich des Denkens zu kennen. Wir erfahren uns, wenn wir von der unmittelbaren Erfahrung ausgehen, einerseits als Vernunftwesen, andererseits als materielles, den Naturgesetzen unterworfenes System. Dementsprechend kann »dieselbe Handlung« (KrV B 578 = II. 500) zugleich als ein Kausalablauf in der Sinnenwelt und als sittlich zu bewertende Tat beschrieben werden.

Die Frage ist nur, wieweit diese Zwei-Welten-Erfahrung in eins mit der Selbigkeit der Handlung auch philosophisch haltbar oder die vielleicht sogar inkonsistente Beschreibung eines ursprünglicheren Zusammenhangs ist. Wir können zwar der Einheit unseres Lebens gewiß sein, keineswegs aber der Konsistenz und Verträglichkeit alles dessen, was wir darüber sagen.

Um ein Beispiel zu nennen: Sokrates floh, als ihm seine Freunde die Gelegenheit dazu verschafften, nicht aus dem Gefängnis (was den Athenern wohl am liebsten gewesen wäre), sondern ließ um der Achtung vor der Gesetzgebung willen das ungerechte Todesurteil an sich vollstrecken. Dies muß im Sinn Kants »allen Gesetzen der empirischen Kausalität gemäß« (KrV B 573 = II. 497) gewesen sein, hätte sich also verhaltensphysiologisch prinzipiell als ein Ablauf beschreiben lassen, der gar nicht anders hätte verlaufen können. Es tut aber dieser Beschreibung keinen Abbruch, wenn man sich noch hinzudenkt, und sei es auch nur »erdichtet« (aaO), daß Sokrates als Ding-an-sich und somit in Freiheit in einer unsichtbaren Welt obendrein Überlegungen angestellt habe, daß es besser wäre, nicht zu fliehen.

4.5 Die Natur unter Bestimmungen der Freiheit denken

Man könnte meinen, Kants Rettung der Freiheit bestehe letztlich nur darin, das Denken wie einen Korken auf der Oberfläche des determinierten Naturgeschehens tanzen zu lassen, so daß z. B. Wachstumsgrenzen in dem Moment entdeckt werden, in dem das Wachstum vorbei ist. So war es zweifellos aber nicht gemeint, und dies wäre auch nur die eine von zwei einander entgegengesetzten Lösungen. Kant selbst kam es zunächst nur auf die Widerspruchslosigkeit von Freiheit und Determination an, wenn man die erstere in der unsichtbaren Welt und die letztere in der sichtbaren Welt gelten läßt. Um einzusehen, wie Freiheit wirklich möglich ist, bedarf es natürlich weitergehender Überlegungen, zu denen Kant jedoch ebenfalls bereits in der »Kritik der reinen Vernunft« (1781 = A, 1787 = B) ansetzt.

So heißt es dort z. B. im Zusammenhang mit der Unterscheidung der beiden Charaktere des Menschen, empirisch der Welt der Notwendigkeit und intelligibel der der Freiheit anzugehören, beide Charaktere seien einander »gemäß« (KrV B 568 = II. 493) zu denken und der empirische Charakter sei »bloß die Erscheinung des intelligibelen« (KrV B 569 = II. 494). Daß, soweit der eine Charakter den anderen bedingt, bei Kant nicht der intelligible Charakter – die Denkungsart – den tanzenden Korken abgeben soll, war auch zuvor bereits an seiner Formulierung der Dritten Antinomie abzulesen, wo es hieß, Freiheit sei »zur Erklärung« (KrV B 473 = II. 428) der naturgesetzlichen Kausalität notwendig anzunehmen. In diesem Sinn fragt er nun weiter, ob nicht »diese empirische Kausalität selbst, ohne ihren Zusammenhang mit den Naturursachen im mindesten zu unterbrechen, doch eine Wirkung einer nichtempirischen, sondern intelligibelen Kausalität sein könnte« (KrV B 572 = II. 496). Von einer »Wirkung« der intelligiblen auf die Sinnenwelt war auch bereits bei der Einführung der beiden Charaktere des Menschen – des empirischen und des intelligiblen, bzw. der »Sinnesart« und der »Denkungsart« – die Rede (KrV B 567 = II. 493, B 579 = II. 501).

Kants Zwei-Reiche-Lehre braucht also nicht zu bedeuten, daß die Verursachungsketten der Sinnenwelt ihrerseits keinerlei Gründe im Reich der

Freiheit haben. Kant versteht unter Schöpfung die der Dinge an sich selbst (KpV A 183 = IV. 228), nicht die der Dinge in der Zeit. Also muß doch wohl, wenn anders die *Ge*schaffenheit der Welt auch in ihrer *Be*schaffenheit, d. h. in den Erscheinungen wiederzuerkennen sein soll, nicht nur der Wille des Menschen – wenn überhaupt – seinen Ausdruck in der Natur finden können, sondern der Schöpfungswille insgesamt.

Kant deutet noch in der »Kritik der reinen Vernunft« erstaunlich beiläufig an, der empirische Charakter des Menschen sei »das sinnliche Schema« (KrV B 581 = II. 502) seines intelligiblen Charakters, wobei unter dem »Schema« ein allgemeines Verfahren der Einbildungskraft zu verstehen ist, eine Struktur in der Erscheinung wiederzuerkennen (KrV B 179 ff. = II. 189 ff.). Muß aber die Freiheit, wenn es ein solches Schema gibt, nicht auch in der Natur erfahren werden können? *Hat Kant die Freiheit vor der Natur zu retten versucht, statt die Natur unter Bestimmungen der Freiheit zu denken?*

Die Freiheit vor der Natur zu retten, war für Kant nur eine von zwei Möglichkeiten. Der andere Ausweg, unsere naturwissenschaftliche Bestimmtheit im Handeln nicht zu verleugnen, ist, umgekehrt auch die Natur unter Bestimmungen der Freiheit zu denken. Frei ist, was aus der Notwendigkeit seiner eigenen Natur da ist, sagt Spinoza. Ich halte diesen Weg für den richtigen und in der Umweltkrise für geboten.

Die Vermittlung der zwei Reiche, in denen der Mensch lebt, ergibt sich dann so, daß das sinnliche Reich der Naturbestimmtheit als ein Ausdruck des übersinnlichen Reichs der Freiheit und so als Schöpfung erscheint. Die Verursachungszusammenhänge in der Sinnenwelt sind die Form, in der die übersinnliche Freiheit sinnlich erfahren wird bzw. die Geschaffenheit der Welt sich in ihrer Beschaffenheit zeigt.

So zu denken wird dadurch erleichtert, daß in den Gesetzen der Physik, wie sich in der Atomphysik gezeigt hat, Tätigkeitsformen des Menschen wiederzuerkennen sind. In Abwandlung von Marx' erster Feuerbachthese hat es sich sozusagen als ein Mangel der klassischen Physik ergeben, »daß der Gegenstand, die Wirklichkeit, Sinnlichkeit nur unter der Form des *Objekts* oder der *Anschauung* gefaßt wird; nicht aber als *sinnlich menschliche Tätigkeit, Praxis*« (MEW III.5. Marx nannte dies aaO den »Hauptmangel alles bisherigen Materialismus«).

Georg Picht hat das anthropozentrische Weltbild mit Recht als einen Kunstgriff verstanden, »um die zentrale Position des Menschen *trotz* der Revolution des physikalischen Weltbildes zu erhalten« (1974, 82; Hervorhebung hinzugefügt). Hatte das Weltall die Erde als seinen Mittelpunkt verloren, so sollte jetzt der Mensch an diese Stelle treten. Die Anthropozentrik entspricht insoweit dem Denken der klassischen Physik, als auch hier die Freiheit für das menschliche Handeln reserviert und der Kosmos im übrigen als das Reich der Notwendigkeit verstanden wird. Die natürliche Mitwelt ist danach von ihrem Wesen her unfrei und kann entsprechend behandelt werden, welches Schicksal dem Menschen vermöge des Kantschen Manövers erspart bleiben soll.

Der wesentliche Schritt, um über die klassische Physik – die nichts davon weiß, daß sich ein Teil der Natur erkennend zum Ganzen verhält – hinaus das Erkenntnishandeln des Physikers in der Wissenschaft wiederzuerkennen, ist in der Kopenhagener Deutung der Quantentheorie durch Niels Bohr getan worden. Hier zeigt sich, daß das Handeln des Physikers ein Teil der physikalischen Realität ist, daß die Physik also in einem wörtlichen Sinn von Tat-Sachen handelt – von dem, was wir *getan* und erfahren haben. So wird die Naturbestimmung nicht nur in Freiheit, sondern auch als ein Ausdruck von Freiheit erfahren. Der zentrale Begriff für dieses Verständnis der Quantentheorie ist der der Komplementarität (Bohr 1927).

Der Grundgedanke ist, daß die Einheit der Erfahrung außerhalb des Erfahrungsbereichs der klassischen Physik die Form der Zusammengehörigkeit von Phänomenen hat, deren Objektivität oder physikalische Realität die Bedingungen mit einschließt, unter denen sie erfahren werden. Atomare Phänomene sind Tat-Sachen. Wenn Tatsachen nicht zugleich sein – veranschaulicht werden – können, sich aber auf dasselbe Objekt beziehen, so heißt diese Selbigkeit nach Bohr Komplementarität der Phänomene. Demgegenüber ist der Zusammenhang oder die Einheit der Erfahrung in der klassischen Physik durch die deterministische Kausalität gegeben. Das Komplementaritätsprinzip ist in diesem Sinn eine Verallgemeinerung des Kausalitätsprinzips.

Die Quantentheorie und die Relativitätstheorie haben miteinander gemein, daß sie die menschliche Erfahrung auf die Bedingungen ihres Zustandekommens relativieren. Wie im Kopernikanischen System ist jede Erfahrung einem in der Welt mitbewegten und an der Erfahrung selbst teilnehmenden Beobachter zuzurechnen. Diese Zuordnung geschieht nun jedoch so, daß – anders als der Sophist Protagoras den Menschen als Maß aller Dinge annehmen mußte – nicht alles nur relativ ist, sondern gerade durch die Relativierung der Erfahrung einen theoretischen Zusammenhang gewinnt.

Das anthropozentrische Weltbild kopernikanisch zu wenden, heißt danach zunächst: Die Mitte ist überall. So aber wird das Ganze selbst zum Zentrum. Anders gesagt: Insoweit das Ganze überall ist, ist es selbst das

Zentrum. Was überall ist, können nicht die örtlichen Besonderheiten sein, sondern die Ganzheit des Ganzen – das, was das Ganze ausspannt und zusammenhält. Das Ganze ist einerseits die Gesamtheit alles Geschaffenen in seinen örtlichen Besonderheiten (natura naturata bei Spinoza), andererseits die darin wirkende lebendige Kraft (natura naturans, vgl. Abschnitt 6.5). Diese Kraft Gottes ist die eine *Natur,* kraft deren alles Natürliche natürlich ist.

Natura naturans, die Schöpferkraft, ist überall selbst das Ganze. So ist sie die eigentliche Mitte der Welt. An die Stelle des stehenden Zentrums ist ein wirkendes getreten und das geozentrische Weltbild der Antike wird durch ein physiozentrisches abgelöst, nicht durch das anthropozentrische. Die Anthropozentrik hatte sozusagen noch nicht das Niveau der Quantentheorie und der Relativitätstheorie erreicht.

Das physiozentrische Weltbild und das ihm entsprechende Selbstverständnis des Menschen sind das Thema der beiden folgenden Kapitel.

So wie die Physik als Tat-Sache zu einer Selbsterfahrung von Freiheit wird, erweist sich diese Freiheit im physiozentrischen Weltbild nicht mehr als die des Menschen, sondern als die der Natur. Denn die Natur ist es, natura naturans, die in uns zur Sprache und zum praktischen Ausdruck kommt, wenn wir in Freiheit erkennen und handeln. Kantisch gesprochen: Die Natur unter Bestimmungen der Freiheit zu denken, statt unsere Freiheit vor ihr zu retten, ist gerade dadurch möglich, daß *das Ding an sich, dem die Freiheit bewahrt wird, selbst die eine Natur ist.* Ihr wiederum verdanken wir die Naturgabe Vernunft.

Die natürliche Mitwelt unter Bestimmungen der Freiheit wahrzunehmen, ist der Grundgedanke des Friedens mit der Natur und der eigentliche Ausgangspunkt der Praktischen Naturphilosophie in den Kapiteln 7 und 8. Zu retten ist nicht die Freiheit des Menschen allein, sondern allenfalls die der Natur insgesamt. So komme ich mit Bohr von Kant auf Spinoza zurück.

Die Ungeklärtheit unserer Identität im Ganzen der Natur ist heute ein Hauptgrund für die Gefährdung der Lebensgrundlagen durch die industrielle Wirtschaft. Ich beschreibe im folgenden Kapitel, wie wir uns von unserer naturgeschichtlichen Verwandtschaft mit der übrigen Welt einholen lassen sollten, statt allein unsere Freiheit retten und uns damit aus der natürlichen Mitwelt davonmachen zu wollen.

II. Bedingungen des Friedens mit der Natur

5. Der Mensch im Ganzen der Natur

Die industriegesellschaftliche Machtergreifung über die natürliche Mit-
welt ist dadurch in die derzeitige Krise geraten, daß die Naturzugehörig-
keit des Menschen in unserem Selbstverständnis nicht berücksichtigt ist.
Es ist so, als käme der Mensch im anthropozentrischen Weltbild gar nicht
vor. Nach dieser Kritik sollten wir uns in Zukunft an einem Naturbild im
Sinn der Landschaften von Caspar David Friedrich orientieren, in die der
Betrachter auch selber einrücken kann.
Wir betrachten und verändern die Natur, von der wir selbst ein Teil sind.
In die Philosophie der Naturwissenschaft ist die Friedrichsche Rückenfi-
gur durch Niels Bohr eingeführt worden. Bohr hat gezeigt, daß die Physik
davon handelt, was wir getan und erfahren haben, so daß wir auch hier
nicht nur Betrachter, sondern — wie ein chinesisches Sprichwort sagt —
gleichermaßen Zuschauer und Mitspieler im Drama des Lebens sind. Die
Umweltkrise erinnert uns nun daran, daß die Naturzugehörigkeit des
Menschen auch in einer Praktischen Philosophie der Natur berücksichtigt
werden muß.
Es geht also um das menschliche Selbstverständnis. Wie maßgeblich das
menschliche Handeln von der jeweiligen Selbsteinschätzung abhängt,
zeigte sich bereits bei der vorläufigen Erörterung der acht Stufen von
Rücksichtnahme in der Tabelle 1. Die Tabelle verdeutlicht auch, daß das
im Handeln vorausgesetzte Menschenbild niemals nur ein individuelles
Bild, sondern immer zugleich ein Gesellschaftsbild ist.
Zu wessen Selbstverständnis es z. B. nicht gehört, nur unter Menschen
Mensch sein zu können, der wird von sich aus keinerlei Rücksicht auf andere um ihrer selbst willen nehmen. Auch das Argument, daß wir es uns
schuldig sind, auf die natürliche Mitwelt in ihrem Eigenwert Rücksicht zu
nehmen (Abschnitt 3.5), setzt ein bestimmtes Menschenbild voraus. Und
wer es partout ablehnt, die eigene Naturzugehörigkeit anzuerkennen —
also die Identifikation mit dem eigenen Leib verweigert —, der kann sich
damit auch gegen die Argumentation des vorangegangenen Kapitels abschirmen.
Daß das menschliche Handeln immer Ausdruck eines bestimmten Selbstverständnisses ist, entspricht der alltäglichen Erfahrung. Wer z. B. der alten Frau über die Straße hilft, versteht sich selbst als jemand, der es sich
schuldig ist, ihr diese Hilfe zu erweisen. Und wer es nicht tut, sondern
denkt: Wer bin ich denn, daß ich dies tun sollte, wie käme ich dazu?, be-

antwortet die Frage, wer er sei, auf seine Weise, indem er es nicht tut. Auch Kaufentscheidungen bieten eine Fülle von Möglichkeiten, zu bekunden, wer man ist (oder sein möchte, auch dies aber ist eine Frage des Selbstverständnisses).

Weil unser Handeln immer ein Ausdruck unseres – ausdrücklichen oder unausdrücklichen – Selbstverständnises ist, beruht auch die Zerstörung der natürlichen Mitwelt auf falschen Voraussetzungen darüber, was der Mensch ist und wozu wir im Ganzen der Natur da sind. Dies ist sogar der eigentliche Angelpunkt, an dem die Umweltkrise sich als eine Bewertungskrise erweist und wir umzudenken haben. Wir müssen einsehen, daß wir nicht diejenigen sind, als die wir uns in der Industriegesellschaft gegenüber der natürlichen Mitwelt verhalten. Sonst ist die Katastrophe nicht aufzuhalten.

Ich schildere in diesem Kapitel unter meinem naturgeschichtlichen Ansatz, welches Menschenbild ich für den richtigen Ausgangspunkt einer Praktischen Philosophie der Natur halte (Abschnitte 5.1/2). Wir sind meines Erachtens diejenige Gattung, mit der die Natur sich forttreibt, indem sie in ihr zur Sprache kommt. Inwieweit Menschen dabei Herrschaft über die natürliche Mitwelt ausüben dürfen, ergibt sich für den Christen aus dem Schöpfungszusammenhang (Abschnitt 5.3). Generell kommt es darauf an, daß wir uns durch unser Selbstverständnis in den richtigen Zusammenhang stellen und dabei keine falschen Unterscheidungen machen (Abschnitt 5.4). Zum Abschluß des Kapitels nehme ich die materialistische Frage auf, wieweit das Naturwesen Mensch zu einer Ethik der Rücksicht auf alles imstande sein kann und zeige, daß die Beurteilung dieses Problems eine Frage des richtigen Naturverständnisses ist (Abschnitte 5.5/6).

5.1 Der Mensch in der Naturgeschichte

Die menschliche Naturzugehörigkeit entwickelt sich zum blinden Fleck in der industriegesellschaftlichen Wahrnehmung der natürlichen Mitwelt. Eine an den heutigen Problemen orientierte, praktische Naturphilosophie sollte deshalb umgekehrt gerade die Naturzugehörigkeit des Menschen zum Ausgangspunkt nehmen. Was der Mensch ist, läßt sich dann freilich nicht sagen, ohne auch die Antwort auf die entsprechende Frage nach der übrigen Welt und dem Ganzen der Natur jedenfalls in den Grundzügen vorwegzunehmen. In unserem Verhältnis zur natürlichen Mitwelt bedeutet ja die Zugehörigkeit zum Ganzen, daß jede Bestimmung des Menschen ihn gegenüber dem Rest der Welt abgrenzt, dieselbe Grenze aber auch die übrige Welt in bezug auf den Menschen bestimmt.

Was also ist der Mensch im Ganzen der Natur? Der ursprüngliche Zusammenhang der Menschheit mit der übrigen Welt ist der naturgeschichtliche. Der Mensch ist mit Tier und Blume, Baum und Stein aus der Naturgeschichte hervorgegangen als die Besonderung Homo sapiens unter Hunderten von Säugetierarten, Tausenden von Wirbeltierarten und Millionen von Tier- und Pflanzenarten am Baum des Lebens insgesamt. Sie alle und die Elemente der Natur sind unsere natürliche Mitwelt. Der Mensch ist nicht allein auf der Welt. Daran erinnert uns Nietzsches Parabel aus dem Jahr 1873, die ich im Abschnitt 1.2 zitiert habe.

Die Parabel von den klugen Tieren weist uns aber auch zeitlich zurecht. Einige Milliarden Jahre ist das Alter der Erde, einige zehn Milliarden das Alter der Welt. Von den Wirbeltieren gab es zuerst die Fische, das war vor etwa fünfhundert Millionen Jahren. Danach entstanden vor etwa dreihundertfünfzig Millionen Jahren die Saurier. Ihnen folgten nach weiteren achtzig Millionen Jahren die Reptilien. So lehrt es die Abstammungsgeschichte. In neuerer Zeit, nämlich erst innerhalb der letzten zweihundert Millionen Jahre, sind dann noch die Säugetiere und die Vögel hinzugekommen, mit den ersteren schließlich der Mensch, aber das liegt kaum zwei Millionen Jahre zurück. Und erst in den letzten einhunderttausend Jahren hat sich aus unseren archaischen Vorfahren der heutige Homo sapiens entwickelt.

Unser gemeinsamer Ursprung also liegt im Wasser, hinter uns liegt das Meer, und so hatten es auch die vorsokratischen Naturphilosophen schon gelehrt. Von Anaximander von Milet ist sogar der naturgeschichtliche Gedanke überliefert, daß alle Tiere im Feuchten und der Mensch ursprünglich als ein fischartiges Lebewesen entstanden sei; später hätten sich dann einige Lebewesen auf das Land begeben und seien dort ansässig geworden.

Nietzsches Bild von der hochmütigsten Minute verdichtet die Naturgeschichte auf Zeitspannen der menschlichen Lebenserfahrung. Projizieren wir das Erkennen, also ungefähr die jüngsten drei Jahrtausende, auf eine Minute, so gibt es das Universum seit etwa einem Jahrzehnt, die Erde seit etwa einem Jahr, die Menschheit seit einem halben Tag und den Homo sapiens seit einer Viertelstunde. Für die Neuzeit und die allmähliche Entwicklung von Wissenschaft und Technik bleiben ungefähr zehn Sekunden, davon zwei für das 20. Jahrhundert. Die Erfindung der Atombombe liegt kaum eine Sekunde zurück.

Der Mensch also ist eines von vielen Lebewesen unter dem Himmel, und es gibt ihn im Universum bisher nicht länger als eine Eintagsfliege in unserem Leben. Die Verhältnisse dergestalt zurechtzurücken, daß wir das Menschenleben einmal im Horizont der Naturgeschichte wahrnehmen und nicht umgekehrt, entspricht der Entdeckung eines sehr mit sich selbst beschäftigten Einzelnen, daß es außer ihm noch weitere vier Milliarden Einzelne gibt, die gleichermaßen zu berücksichtigen sind und ihre je persönlichen Prioritäten haben. Die Konsequenz ist in beiden Fällen eine Relativierung der eigenen Bedeutung und eine Veränderung der Metrik: Gemessen am Maß der Welt sind sowohl unsere persönlichen als auch die Menschheitsprobleme wenige unter vielen.

Daß es in der Welt *nicht nur* auf den Menschen ankommt, sollte aber nicht so verstanden werden, daß es auf ihn *gar nicht* ankommt und daß unsere Probleme nichtig seien. Wer dazu, daß der Mensch nicht das Maß aller Dinge ist, nur das andere Extrem gelten lassen kann, daß er – mit dem wahren Maß gemessen – somit nichts sei, ist noch in dem Größenwahn der Gegenposition befangen. In diesem Sinn überzieht meines Erachtens Nietzsche seine berechtigte Kritik, wo er aus der Flüchtigkeit des menschlichen Intellekts innerhalb der Naturgeschichte schließt:

»Wenn es wieder mit ihm vorbei ist, wird sich nichts begeben haben. Denn es giebt für jenen Intellekt keine weitere Mission, die über das Menschenleben hinausführte« (KSA I. 875).

Demgegenüber wird die Bedeutung des Menschen meines Erachtens traditionell überschätzt – auch in Pascals schönem Wort vom Schilfrohr:

»Nur ein Schilfrohr, das zerbrechlichste in der Natur, ist der Mensch, aber ein Schilfrohr, das denkt. Nicht ist es nötig, daß sich das All wappne, um ihn zu vernichten: ein Windhauch, ein Wassertropfen reichen hin, um ihn zu töten. Aber, wenn das All ihn vernichten würde, so wäre der Mensch doch edler als das, was ihn zerstört, denn er weiß, daß er stirbt, und er kennt die Übermacht des Weltalls über ihn; das Weltall aber weiß nichts davon« (Pensées 347).

Weiß das Weltall in Pascal und *in uns* nicht doch etwas davon? Um so mehr stehen wir vor der Frage: Was ist der Mensch, wenn er nicht das Maß aller Dinge sein soll? Nach welchem Maß gemessen, sind wir nicht Nichts? Gibt es etwas, das in der Welt geschehen sollte und ohne uns nicht geschehen würde?

5.2 Praktische Naturphilosophie – Im Menschen kommt die Natur zur Sprache

Der Mensch ist naturgeschichtlich nicht nur eines von vielen Lebewesen, sondern unter ihnen auch in seiner Besonderheit zu beschreiben. Was ihn gegenüber der Mitwelt auszeichnet, ist zunächst seine Vielseitigkeit. Andere Lebewesen können besser schwimmen, wieder andere besser klettern und noch andere besser laufen. Die wenigsten von ihnen aber können wie der Mensch relativ gut sowohl schwimmen als auch klettern und laufen. Eine hervorragende Eigenschaft des Menschen ist – solange sie nicht gerade an Fehlentwicklungen geübt wird (Abschnitt 11.1) – auch seine Anpassungsfähigkeit, unter den verschiedensten Bedingungen leben zu können. Dies aber hängt bereits mit der wichtigsten Eigenschaft des Menschen zusammen, mit seiner Ausdrucks- und Sprachfähigkeit.

Der Mensch ist ein Zôon lógon échon (Aristoteles, Politik 1253 a 9 f.): ein Lebewesen (zôon), zu dessen physischer Beschaffenheit – als Naturwesen – es gehört, daß es den Logos, das Denk- und Sprachvermögen hat. Das heißt naturgeschichtlich: *Im Menschen kommt die Natur zur Sprache.* Daß es noch mehr sprachfähige Lebewesen zu geben scheint, ändert nichts an dieser Tatsache, zumal das menschliche Sprachvermögen wohl am weitesten entwickelt ist. Dazu, daß die Natur in uns zur Sprache kommt, gehört, daß auch Berge und Bäche, Tiere und Blumen wenn nicht einander, so doch jedenfalls uns etwas zu sagen haben, das wir zum Ausdruck bringen können, wenn wir darauf hören.

Die Sprache, zu der die Natur im Menschen kommt, soll in meinem Verständnis auch die nonverbalen Sprachen der Malerei, der Bildhauerei, der Musik und der Pantomine umfassen. Ich meine damit also nicht nur die Sprache der Worte, sondern das Medium der Kommunikation im weitesten Sinn, die Kultur in der Welt. Naturgeschichtlich ist Sprache die Fähigkeit zur Vererbung (Überlieferung) erworbener Eigenschaften (Lorenz 1963). Sie erlaubt dadurch die enorme Beschleunigung der kulturellen Entwicklung relativ zur genetischen Evolution.

Millionen Jahre nach den Anfängen der Menschenbildung in der Naturgeschichte hat die Menschheit durch die vorsokratischen Naturphilosophen die Natur sogar selbst erstmalig als das angesprochen, was sie ist: als Physis, und sie im Logos zu Wort kommen lassen. Physis ist eine Weise des Seins: von selbst oder von sich aus, unwillkürlich zu sein, nicht äußerlich bestimmt. ›Natur‹ ist die lateinische Übersetzung von Physis. Diesem Logos zugewandt – auf die Physis hinhörend, wie Heraklit sagte (Diels-

Kranz B 112) – können wir das Verhältnis der menschlichen Geschichte zur Naturgeschichte insgesamt als den Naturzusammenhang des menschlichen Lebens nun so denken, daß *die Natur in uns zu sich kommt* und nicht nur wir selber. So erfahren wir die Naturgeschichte.

Was wir im Logos vernehmen, steht in einem Handlungszusammenhang. Naturphilosophie ist (wie schon im Abschnitt 1.1 erwähnt) in der Vergangenheit im wesentlichen als theoretische Philosophie betrieben worden. Dabei sollten wir es in der Umweltkrise aber nicht mehr bewenden lassen, denn jetzt ist auch das menschliche Handeln in der Natur zum Problem geworden.

Das allgemeine Thema der Praktischen Philosophie ist der Zusammenhang menschlichen Handelns. In der Vergangenheit hat die Praktische Philosophie sich auf die Probleme des mitmenschlichen Verhaltens beschränkt. Unser Handeln in der Natur zu bewerten ist demgegenüber die Aufgabe einer *Praktischen Philosophie der Natur* (K. Meyer-Abich 1979 a). Ihren Ausgangspunkt sehe ich in der Naturzugehörigkeit des Menschen gemäß der Struktur:

1. Wir verhalten uns zur Natur, erkennend oder verändernd.
2. Wir sind ein Teil der Natur.
3. Wir verhalten uns zu uns selber, indem wir uns zur Natur verhalten.
4. So erfahren wir die Natur als unsere eigene Natur.

Es kommt also gleichermaßen zu einem Selbstbezug der Natur im Menschen wie des Menschen in der Natur.

Die Natur zu Wort und so zu sich kommen zu lassen, ist meines Erachtens die besondere Aufgabe des Menschen unter Millionen von Tier- und Pflanzenarten auf der Erde. Wie einzigartig und entscheidend diese Aufgabe im Ganzen der Naturgeschichte und für ihre Vollendung ist, können wir wohl nicht wissen. Für uns aber ist sie die entscheidende, denn sie ist die unsere. Wir können sie nur wahrnehmen oder verfehlen. Und vielleicht trifft es sogar zu, daß das Universum, wie Goethe einmal sagte, geradezu aufjauchzen würde, wenn es sich selbst im Menschen erlebte:

»Wenn die gesunde Natur des Menschen als ein Ganzes wirkt, wenn er sich in der Welt als in einem großen, schönen, würdigen und werten Ganzen fühlt, wenn das harmonische Behagen ihm ein reines, freies Entzücken gewährt – dann würde das Weltall, wenn es sich selbst empfinden könnte, als an sein Ziel gelangt aufjauchzen und den Gipfel des eigenen Werdens und Wesens bewundern« (1805, HA XII. 98).

Ich füge hinzu: Das Weltall *kann* sich meines Erachtens selbst empfinden, nämlich im Menschen, wenn er ganz Mensch im Ganzen der Welt ist. In Kepler hat es sich empfunden und in Goethe gleichermaßen. Als ein Ausdruck des Ganzen nehmen auch wir am Leben teil. Wir haben es weder nur mit uns selber noch nur mit den Mitmenschen und uns selber zu tun, sondern die menschliche Gesellschaft ist Teil eines Ganzen, der Natur, das ›sich mit uns forttreibt‹, wie es in Toblers und Goethes Fragment über die Natur heißt:

»Natur! Wir sind von ihr umgeben und umschlungen – unvermögend aus ihr herauszutreten, und unvermögend tiefer in sie hineinzukommen. Ungebeten und ungewarnt nimmt sie uns in den Kreislauf ihres Tanzes auf und treibt sich mit uns fort, bis wir ermüdet sind und ihrem Arme entfallen« (1783, HA XIII. 45).

Treibt die Natur *sich mit uns* fort, so ist nicht nur sie unser Leben, sondern wir wiederum sind es, die ihrem Leben so Raum geben sollen, daß sie auf eine ganz besondere Weise wirklich wird, nämlich in uns zum Bewußtsein ihrer selbst und so zu sich kommt. Wenn wir die Welt durchlaufen, läuft sie auch durch uns hindurch. Dies ist weder nur vom Ganzen noch nur vom Teil her gedacht, sondern es geht um beides. *Wir nehmen dadurch am Leben teil, daß die Natur in uns zur Sprache und so zu sich kommt.*
Von uns hängt es ab, ob die Natur die Chance der Freiheit, die sie im Menschen hat, wahrnimmt oder verfehlt. Auch diese besondere Rolle aber ist die eines Teils unter vielen anderen Teilen einer großen, kosmischen Lebewelt, die alle Gattungen umfaßt, wie es in Platons Dialog Timaios (92 c) heißt. So kann das menschliche Dasein nur im Naturzusammenhang des Lebens ein ganzheitliches sein. Was sich für uns gehört, ergibt sich daraus, wozu wir gehören. An die Stelle des anthropozentrischen tritt ein *physiozentrisches* Weltbild. Mit den Worten des Naturphilosophen Johann Wilhelm Ritter: »Nur die ganze Natur ist die Gattung; bey jeder Begattung zeugt die ganze Natur« (1810/1969, § 659).
Was ich über die Besonderheit des Menschen sage, schließt Nietzsches Kritik keineswegs aus. Sondern menschlich ist er, unser Intellekt, schattenhaft und flüchtig unter allen lebendigen Kräften innerhalb der Natur, und nur sein Besitzer nimmt ihn so pathetisch, als ob die Angeln der Welt sich in ihm drehten. Die Industriegesellschaft treibt diesen Anspruch auf die Spitze, indem sie ihn praktisch durchzusetzen versucht, also den Menschen zum Maß aller Dinge machen will. Alles soll nach Mensch aussehen. So treibt die Menschheit sich mit der Natur fort, nicht aber diese sich mit uns. Nietzsches Kritik läßt mit einem Schlag die darin liegende Hybris erkennen, Übermut und Frevel. Relativ zu dem Anspruch, Alles zu sein, sind wir Nichts. Im Gleichgewicht des Daseins aber sind wir weder Alles noch Nichts.
Worauf es meines Erachtens heute ankommt, hat Nietzsche selbst an anderer Stelle unübertrefflich formuliert:

»Ich habe für mich *entdeckt*, daß die alte Mensch- und/Thierheit, ja die gesammte Urzeit und Vergangenheit alles empfindenden Seins in mir fortdichtet, fortliebt, forthasst, fortschliesst, – ich bin plötzlich mitten in diesem Traume erwacht, aber nur zum Bewusstsein, dass ich eben träume und dass ich weiterträumen *muß*, um nicht zu Grunde zu gehen: wie der Nachtwandler weiterträumen muss, um nicht hinabzustürzen« (1882, KSA III. 416 f. = Die fröhliche Wissenschaft I. § 54).

In der erinnernden Vergegenwärtigung der Naturgeschichte, die in uns fortlebt, erfahren wir uns als Natur, die im Menschen geschichtlich wird. Von ihr ist nur gerade so viel Abstand zu gewinnen, wie ihn der Träumende nimmt, wenn er sich seines Träumens im Fortgang des Traums bewußt wird. Dies reicht zum Selbstbewußtsein und bedeutet gleichzeitig, daß das Denken sich selbst als einen naturgeschichtlichen Prozeß erfährt. Psychotherapeuten wissen aus der Traumarbeit, daß die Natur in diesem Grenzerleben zur Freiheit kommen kann (Erdmann 1974). Wir müssen »das Denken als einen Prozeß innerhalb der Natur zu verstehen lernen« (Picht 1974, 143).

Wir sehen die Besonderheit der menschlichen Existenz zwischen dem Alles und dem Nichts also wohl erst dann richtig, wenn wir die beiden Goethe-Sätze verbinden: Die Natur treibt sich mit uns fort, und mit allen anderen Lebewesen auch. Sie treibt sich mit uns fort, indem sie in uns zur Sprache und zur Kunst kommt, und mit den anderen Lebewesen, indem diese gleichermaßen ihr Leben leben. Unser Leben und das der Mitwelt ist ihr Leben. Wenn aber ihr Leben sich *in uns* erfüllt, dann würde sie, als an ihr Ziel gelangt, geradezu aufjauchzen und den Gipfel des eigenen Werdens und Wesens bewundern. Dies schließt nicht aus, daß sie auch im Leben anderer Lebewesen an ihr Ziel gelangen kann. Worauf es in *unserem* Leben ankommt, ist jedoch, ob wir die ins *uns* liegenden Möglichkeiten der Natur erfüllen.

Gerade wenn wir der Überheblichkeit absagen, uns als das Zentrum der Welt zu fühlen, werden wir also frei dafür, umgekehrt das Zentrum der Welt in uns zu fühlen und so dem Ganzen verbunden zu sein. Wir erfahren das Ganze in seiner Ganzheit gerade, indem wir uns selber als einen Teil des Ganzen erfahren. Unsere Erfahrung ist dann nicht mehr absolutistisch: Die Natur – das sind wir, sondern: Wir sind Natur. Wir sind von ihr umgeben und umschlungen – ungebeten und ungewarnt nimmt sie uns in den Kreislauf ihres Tanzes auf und treibt sich mit uns fort.

Vielleicht wird Nietzsche dennoch recht damit behalten, daß sich letztlich nichts begeben haben wird, wenn es mit uns einmal wieder vorbei ist. Seiner Begründung aber: »Denn es giebt für jenen Intellekt keine weitere Mission, die über das Menschenleben hinausführte«, kann ich nicht zustimmen. Es gibt diese Mission. Sie kann über das bisher Gesagte hinaus sogar legitimieren, daß die Menschheit in der Natur Herrschaft ausübt.

5.3 Die Hoffnung der Mitwelt auf den Menschen

Der Theologe Friedrich Gogarten hatte, als der Glaube an Wissenschaft und Technik noch ungebrochen war, in ihnen säkularisierte Inhalte des christlichen Glaubens identifiziert. Umgekehrt ist im öffentlichen Bewußtsein seit einem bahnbrechenden Vortrag von Lynn White (1967) und Carl Amerys Kritik an den »gnadenlosen Folgen des Christentums« (1972) nun die Auffassung weit verbreitet, das Christentum sei für die heutige Umweltzerstörung mitverantwortlich, weil wir uns nach der in Genesis 1,28 gegebenen Weisung die Erde untertan machen sollten. Dies hätten wir nun getan und seien dadurch in die Umweltprobleme hineingeraten. Manche Theologen halten die biblische Weltsicht sogar für vollkommen anthropozentrisch (z. B. Drewermann 1981).

Die Zurückführung der heutigen Misere auf das biblische Herrschaftsgebot ist jedoch theologisch nicht haltbar (Westermann 1966, Liedke 1972, Altner 1974, Steck 1978, Krolzik 1979). Darüber hinaus ist es möglich, aus der Bibel eine nicht anthropozentrische Ethik in bezug auf die natürliche Mitwelt zu begründen. Der entscheidende Grund dafür ist gerade, daß das Bild des Menschen, dem im Alten Testament eine Herrschaftsbefugnis in der Natur verliehen wird, nicht das des anthropozentrischen Weltbilds ist. Wir haben nicht, wer auch immer wir sind, legitimerweise Macht über die Mitwelt, sondern die Frage ist zunächst einmal, *als wer* wir diese Macht in Anspruch nehmen dürfen.

Was der Mensch ist, so daß er herrschen darf, fragt auch der 8. Psalm:

Wenn ich sehe die Himmel, deiner Finger Werk, den Mond und die Sterne, die du bereitet hast: was ist der Mensch, daß du seiner gedenkst, und des Menschen Kind, daß du dich seiner annimmst? Du hast ihn wenig niedriger gemacht als Gott, und mit Ehre und Herrlichkeit hast du ihn gekrönt. Du hast ihn zum Herrn gemacht über deiner Hände Werk; alles hast du unter seine Füße getan: Schafe und Rinder allzumal, dazu auch die wilden Tiere, die Vögel unter dem Himmel und die Fische im Meer und alles, was die Meere durchzieht.

In welchem Selbstverständnis also dürfen wir angesichts von Himmel und Erde, angesichts des Ganzen der Schöpfung, von der wir selbst ein Teil sind, annehmen, daß wir über unsere natürliche Mitwelt herrschen sollen? An welchem Maß gemessen fällt uns diese Herrschaft zu? Unter welchem Anspruch an uns selber dürfen wir Macht über unsere Mitwelt in Anspruch nehmen?

Wenn ich sehe die *Himmel* – was ist der Mensch, daß du seiner gedenkst? Wer wir sind, ergibt sich aus unserer Stellung im Kosmos. Die naturgeschichtliche Antwort habe ich im vorangegangenen Abschnitt gegeben. Die biblische Schöpfungsgeschichte legitimiert darüber hinaus, daß die Menschheit in bestimmter Weise Herrschaft in der Natur ausübt. Entscheidend ist dabei jedoch das menschliche Selbstverständnis.

In der zweiten, priesterschriftlichen Schöpfungsgeschichte, mit der das Alte Testament beginnt, erfolgt die Zuweisung der Herrschaft über die natürliche Mitwelt nur in dem Selbstverständnis, daß der Mensch zum Bilde Gottes geschaffen sei. Dieses ist das Menschenbild, dem wir entsprechen sollen. *Dem* Menschen, der zum Bild des Schöpfers geschaffen ist, wird Macht in der Schöpfung gegeben – an diesem Maß gemessen, dürfen wir sie uns aneignen.

»Die Worte, die im hebräischen Text die Herrschaft des Menschen über die übrige Kreatur bezeichnen, gehören einem festen Sprachgebrauch an, dem des Königtums . . . Für das der gesamten Antike bekannte sakrale Königtum war eine der Grundlagen, daß der König für das Wohl der ihm in seinem Herrschaftsbereich Untergebenen verantwortlich war. Der König war Mittler des Segens; . . . seine Herrschaftsausübung durfte Ausbeutung der seiner Herrschaft Untergebenen weder zulassen noch verüben« (Westermann 1974, 204).

Die menschliche Herrschaft in der Schöpfung soll also nach dem Vorbild von Gottes Schöpfungshandeln und in der Verantwortung vor dem Schöpfer ausgeübt werden, so daß wir dafür auch zur Rechenschaft gezogen werden, wenn wir dermaleinst wieder vor ihm stehen. Für die industriewirtschaftliche Umweltzerstörung werden wir uns nicht rechtfertigen können.

Unverantwortbar aber sind nicht erst die Folgen, sondern bereits das Denken, aus dem es zur Zerstörung der Lebensgrundlagen kommt. Sollen wir nämlich als Stellvertreter des Schöpfers handeln und uns vor diesem verantworten wie die Weingärtner, wenn der Herr des Weinbergs sehen will, wie sie mit dem ihnen anvertrauten Gut gewirtschaftet haben (Mt 21,34), so soll ja gerade nicht der Mensch, sondern Gott das Maß aller Dinge sein.

Das anthropozentrische Weltbild also ist vom Alten Testament her nicht zu rechtfertigen, sondern ist ein Zeugnis des Unglaubens und der Hybris. Gerade so aber ist es auch im eigentlichen Christentum, nach dem Neuen Testament. Dort heißt es, alles Geschaffene sei durch Christus und auf *ihn* hin geschaffen (di' autoû kaî eis autòn éktistai, Kol. 1,16; vgl. Hebr. 1,2), nicht durch den Menschen und auf den Menschen hin. Und das Evangelium ist gepredigt unter *aller* Kreatur, die unter dem Himmel ist (Kol. 1,23; Mk. 16,15). Dies ist ein kosmischer Prozeß, in dem wir uns zu Christus wie die Reben zum Weinstock verhalten, d. h. soweit wir Frucht bringen, bringen wir sie nicht von uns aus und nicht nur für uns. »Ohne mich könnt ihr nichts tun« (Joh. 15,5).

Aus dem Neuen Testament sollten Christen auch wissen, was die über das Menschenleben hinausführende Mission unseres Geschlechts ist, die Nietzsche nicht mehr gelten ließ. Sie besteht darin, daß unsere natürliche Mitwelt unter der Grausamkeit in der Natur, unter dem Fressen-und-Gefressenwerden leidet, auf Erlösung hofft und gerade von der Menschheit ein Zeichen der Befreiung erwartet.

Die Sehnsucht des Geschaffenen wartet auf das Offenbarwerden der Söhne Gottes . . . auf die Hoffnung hin, daß auch das Geschaffene selbst befreit werden wird von der Knechtschaft des Verderbens zur Freiheit der Herrlichkeit der Kinder Gottes. Denn wir wissen, daß alles Geschaffene insgesamt seufzt und sich schmerzlich ängstigt bis jetzt (Römer 8,19–22).

»Wir Christen sind also«, schreibt Gerhard Liedke, »und sollen sein: Zeichen der Befreiung der Gesamtschöpfung« (1984, 6). An uns soll die Schöpfung sehen können, was einmal aus ihr wird, worauf sie hoffen kann. Unsere natürliche Mitwelt leidet und erwartet von uns, daß wir dieses Leiden möglichst nicht noch vermehren, sondern in der Welt offenbaren, wie die Schöpfung von dem seit unserem Sündenfall auf ihr lastenden Fluch erlöst werden kann. Der Schöpfung anzugehören aber ist unser Leben. Eine umfassende und detaillierte Interpretation der Römerbrief-Passage gibt Walther Bindemann (1983).
Solange wir Christen sind also dürfen wir nicht anthropozentrisch denken. Wir haben gegenüber der natürlichen Mitwelt eine Mission, die wir nur nach Kräften erfüllen oder verfehlen können. Leider trägt die Kirche in den verschiedenen Konfessionen bisher nicht genug dazu bei, daß wir sie erfüllen. Auch die christliche Theologie ist durch ein zu stark auf den Menschen und zu wenig auf die Schöpfung im Ganzen gerichtetes Denken mitverantwortlich für das anthropozentrische Weltbild.

5.4 Falsche Unterscheidungen – Ist die menschliche Gesellschaft eine geschlossene Gesellschaft?

Welches Menschenbild das richtige ist, läßt sich nicht wissenschaftlich beweisen, sondern Wissenschaften setzen ihrerseits immer schon ein bestimmtes Selbstverständnis des Menschen voraus (Kapitel 9). In der Vergangenheit waren es vor allem die Religionen, die das den verschiedenen Kulturen gemäße Menschenbild tradiert haben. Heute sind an ihre Stelle häufig religiöse Inhalte säkularer Art wie z. B. das anthropozentrische Weltbild getreten. Kein Mensch aber kommt darum herum, sich im Handeln einem individuell und gesellschaftlich bestimmten Selbstverständnis gemäß zu verhalten.

Daß ein Menschenbild nicht wissenschaftlich beweisbar ist, bedeutet also nicht, daß hier nicht von Wahrheit die Rede sein darf. Wahrheit hat eben oft und gerade in existenziellen Fragen nicht die Form der wissenschaftlichen Gewißheit.

Die wahre Ethik verlangt nach dem im vorliegenden Kapitel begründeten Selbstverständnis der menschlichen Existenz, daß wir in unserem Handeln auf die gesamte natürliche Mitwelt, belebt oder unbelebt, Rücksicht nehmen. Entscheidend für die Argumentation ist, daß auch die stärkeren Eingrenzungen der Rücksichtnahme nur beiläufig aus dem jeweils besonderen Charakter der von unserem Handeln betroffenen Gegenstände begründet werden können, im wesentlichen aber auf dem vorausgesetzten Menschenbild beruhen. Dies gilt in der Tabelle 1 des Kapitels 1 nicht nur für die Egozentrik 1 gegenüber den Chauvinismen 2 und 3, sondern auch für die Anthropozentrik 4, 5 gegenüber den Erweiterungen 6, 7, 8.

Chauvinistische Positionen – gesellschaftlicher, nationaler oder internationaler Art – können durch ein entsprechendes Menschenbild zunächst genauso stark gemacht werden wie die Egozentrik. Verschiedene Menschen geben in der Regel nicht dasselbe Maß aller Dinge ab, und was manchem für die Menschheit gut oder schädlich zu sein scheint, ist es bei näherem Hinsehen doch oft nur für bestimmte Menschen oder Teile der Menschheit, z. B. für die oder für einige Industrieländer.

Tatsächlich spielt sich die heutige Wirtschaftstätigkeit unter den acht Stufen der Ethik bestenfalls auf der nationalen Position (3) der Tabelle 1 ab, und in vielen Ländern noch deutlich darunter. Wo die Stufe 3 erreicht ist, nehmen die Industrieländer bisher nicht genügend Rücksicht auf die Dritte Welt, und soweit sie sich darum bemühen, werden die Entwicklungsländer doch oft nur im Eigeninteresse berücksichtigt. Es gibt deshalb beim jetzigen Stand zwar eine internationale Wirtschaft, jedoch keine Weltwirtschaft.

Alle diese Diskriminierungen beruhen letztlich darauf, daß man sich gegenüber verschiedenen Menschen und Gesellschaften auch verschieden verhalten darf. Die Frage dabei ist aber, ob die im Handeln jeweils getroffene Unterscheidung berechtigt ist. Es gibt nämlich auch falsche Unterscheidungen (Diskriminierungen).

Ich halte es z. B. für eine falsche Unterscheidung, politisch zwischen Männern und Frauen zu unterscheiden. Denn »es gibt gar kein Geschäft von allen, durch die der Staat besteht, welches dem Weibe als Weib oder dem Manne als Mann zukäme«, sondern beide sind für alles gleichermaßen zuständig (Platon, Staat 455 d). Deshalb plädierte schon Platon für die Gleichberechtigung der Frau. Und es liegt ein immer noch lange nicht überall auf der Welt vollzogener Fortschritt darin, unter Gesichtspunkten des Menschseins und der damit zu verbindenden Rechte nicht zwischen verschiedenen Rassen zu unterscheiden. Es gehört zur Menschlichkeit des Menschen, auf alle Menschen unabhängig vom Geschlecht und von der Rasse im Handeln gleichermaßen Rücksicht zu nehmen.

Kann es eine wahre Unterscheidung sein, die menschliche Mitwelt im Hinblick auf Rücksichtnahme um ihrer selbst willen von der übrigen natürlichen Mitwelt abzuheben? Dies träfe nur dann zu, wenn es nicht von vornherein zur Menschlichkeit des Menschen gehörte, die letztere in ihrem Eigenwert achten und in ihr eine bestimmte Verantwortung für das Ganze wahrnehmen zu sollen. Läge es seinem Wesen nach in der Bestimmung des Menschen, nicht bereits in der *menschlichen Gesellschaft,* sondern nur in der *natürlichen Gemeinschaft* mit Tieren und Pflanzen, Luft und Wasser, Himmel und Erde wahrhaft Mensch sein zu können, so verstünde sich das Ja auf die Frage, ob es zu unserer Menschlichkeit gehört, auf dies alles um seiner selbst willen Rücksicht zu nehmen, von selbst.

Die Frage nach einem Eigenwert alles dessen, was nicht Mensch ist, würde jedoch zu Recht gestellt, wenn die menschliche Gesellschaft für sich eine geschlossene Gesellschaft und nicht nur als ein Teil der natürlichen Lebensgemeinschaft sie selber wäre. Ein Analogon aus der Menschheitsgeschichte sind Eroberervölker, die ihre eigene Kultur mitbringen und für das unterworfene Volk und Territorium von sich aus kein anderes Interesse zu haben brauchen als das der Sicherung ihrer eigenen Erobererexistenz.

Allerdings sind auch Eroberervölker nicht notwendigerweise dagegen gefeit, die Ureinwohner schließlich doch als Mitmenschen und somit als ihresgleichen wahrzunehmen, so daß sie nicht grundsätzlich anders behandelt werden sollten, als die Eroberer selbst miteinander umgehen. Als ihresgleichen müßten sie ihnen dann konsequenterweise auch Eigeninteressen und Eigenrechte – wie ich sie im Kapitel 8 für die natürliche Mitwelt vorschlage – zugestehen, also z. B. Sklaven die Freiheit und Bürgerrechte geben.

Eine passendere Vorstellung wäre deshalb die Unterwerfung unseres Planeten durch kosmische Mächte, die in der Menschheit nichts wiedererkennen, was ihnen selber auch nur im Entferntesten gleicht. Solche Mächte hätten aus ihrem Selbstverständnis heraus möglicherweise keinerlei Anlaß, die Erde und alles, was auf ihr ist, anders als einen Haufen Ressourcen für ihre eigenen Bedürfnisse zu behandeln, und sie als Müllhalde zu hinterlassen, wenn die Ressourcen verbraucht wären. Der Indianerhäuptling Seattle hat die weißen Eroberer in Nordamerika so empfunden: »Ein Teil des Landes ist ihm« (dem Weißen Mann) »gleich jedem anderen, denn er ist ein Fremder, der kommt in der Nacht und nimmt von der Erde, was immer er braucht« (1855/1982, 17).

Das physiozentrische Menschenbild besagt demgegenüber, daß der Mensch nicht schon in der menschlichen Gesellschaft, sondern nur in der natürlichen Gemeinschaft mit Tieren und Pflanzen, Luft und Wasser, Himmel und Erde wahrhaft Mensch sein kann. Die Anthropozentrik beruht danach auf einer falschen Unterscheidung. Wir sind mit der natürlichen Mitwelt naturgeschichtlich verwandt und sollten sie dementsprechend behandeln.

5.5 Der Kampf ums richtige Dasein

Nachdem ich die Naturzugehörigkeit des Menschen zum Ausgangspunkt der Praktischen Naturphilosophie gemacht habe, muß ich mir die Gegenfrage gefallen lassen, wieweit das Naturwesen Mensch wirklich imstande ist, die Natur zur Sprache kommen zu lassen und im Handeln einer Ethik der Rücksichtnahme auf alles zu folgen. An die naturgeschichtliche Herkunft des Menschen wird ja sonst vorzugsweise appelliert, um Roheiten und moralische Schwächen zu erklären. So meinen manche, wir seien gerade nach unserer stammesgeschichtlichen Herkunft so veranlagt, immer nur den eigenen Vorteil zu suchen und auf andere niemals um ihrer selbst willen Rücksicht zu nehmen.

Tatsächlich sind wir insoweit die Nachkommen von Siegern, wie ein

Kampf ums Dasein zur Naturgeschichte des Menschen gehört hat. Wieweit dies zutrifft, ist eine offene Frage. In den vorangegangenen Überlegungen konnte ich dahingestellt sein lassen, wieweit ein solcher Kampf die bewegende Kraft der Evolution gewesen ist. Es kam nur darauf an, daß die Naturgeschichte überhaupt stattgefunden hat und allem Leben einen Zusammenhang gibt. Wenn es dabei jetzt nicht bleiben kann, halte ich es aber nicht für die entscheidende Frage, ob ein Kampf ums Dasein hinter uns und damit in uns liegt.

Zwar gibt es Auseinandersetzungen sowohl zwischen Arten als auch zwischen verschiedenen Individuen einer Art, und es dürfte sie gleichermaßen in der Naturgeschichte gegeben haben. Die entscheidende Frage ist aber nicht, ob der Stärkste überlebt, denn dies ist eine Tautologie. Wir lassen ja gerade denjenigen als den Stärksten gelten, der überlebt. Die Frage kann also eigentlich nur sein, *wer der Stärkste ist.* Ist es der Rücksichtslose, der seine Ellbogen am besten zu gebrauchen versteht (oder was andere Gattungen anstelle der Ellbogen haben)? Dies ist keineswegs selbstverständlich. Die Spielregeln des Lebenskampfs könnten ja auch so sein, daß letztlich das Gute siegt.

Entspricht es etwa der alltäglichen Erfahrung, daß Rücksichtslosigkeit stets Vorteile verschafft? Die Chance dafür besteht, soviel ich sehe, nur dort, wo ein in der Regel rücksichtsvolles Verhalten *ausnahmsweise* mit einer Rücksichtslosigkeit durchbrochen wird. Wären aber alle Menschen in der Regel rücksichtslos, so wäre dies zum Nachteil aller und fast niemand ginge es besser als unter Bedingungen der allgemeinen Rücksichtnahme. Platon hat dies in seinem Prometheus-Mythos beschrieben.

Der Mythos erzählt, wie Prometheus den Göttern das Feuer – die Energie – und das zu seiner Verwendung notwendige Wissen gestohlen hat, um das Mängelwesen Mensch wenigstens im technischen Sinn überlebensfähig zu machen, wie die Menschen dann aber in Streit miteinander gerieten, sich zerstreuten und umkamen. So waren sie trotz der nun hinreichend verfügbaren Energie nicht wirklich lebensfähig, weil sie die Politikè Techné noch nicht kannten, die Politische Kunst, d. h. weil sie noch nicht in Frieden miteinander leben konnten. Daraufhin sandte Zeus den Hermes, um den Menschen die für das Zusammenleben – über die physischen Voraussetzungen hinaus – notwendige Ordnung zu geben. Was den Menschen zu dieser Ordnung noch fehlte und was Hermes ihnen somit brachte, war aber gerade die wechselseitige Achtung und das Recht (aidô te kaì díkēn, Protagoras 322c2), also die Kunst der gegenseitigen Rücksichtnahme.

Mein Plädoyer für das physiozentrische Menschenbild kann ich vor diesem Hintergrund auf die kurze Formel bringen, daß wir heute meines Erachtens erneut des Götterboten bedürfen, um die erforderliche Achtung nunmehr vor der natürlichen Mitwelt zu gewinnen und das Recht über die Menschheit hinaus zu verallgemeinern.

Die politische Errungenschaft, durch Rücksicht aufeinander in Frieden miteinander leben zu können und dadurch überlebensfähiger (stärker) als allein zu sein, läuft also dem Kampf ums Dasein keineswegs entgegen. Frieden halten zu können ist eine Stärke, die dem Überleben dient. Thomas Hobbes hat ähnlich argumentiert. Allerdings haben wir diesen Überlebensvorteil offenbar noch nicht hinreichend gewonnen. Daß der internationale Frieden gefährdet ist und der mit der Natur bisher kaum als ein Problem wahrgenommen wird, liegt aber wohl nicht daran, daß wir nach dem Kampf ums Dasein genetisch falsch programmiert sind.

Zwar führen die naturgeschichtlichen Auseinandersetzungen grundsätzlich nur dazu, daß sich *relativ* optimale Eigenschaften herausbilden, so daß ein Überleben in der Vergangenheit noch keine Gewähr für die Zukunft bietet. Wenn die Menschheit sich in der Weise selbst zugrunde richten würde, wie es derzeit nicht auszuschließen ist, wäre der Grund dafür aber eine *einseitige* Entwicklung der Vernunft und keineswegs unsere genetische Anlage zur Vernunft überhaupt. Diese Einseitigkeit hat in Wissenschaft und Technik, wie ich im dritten Teil dieses Buchs darlege, zu einer Machtergreifung über die natürliche Mitwelt geführt, der wir bisher politisch nicht gewachsen sind. Unsere Situation ähnelt insofern derjenigen der Menschheit in Platons Mythos, als die Friedensfähigkeit hinter der Verfügbarkeit von Energie oder technischer Macht zurückgeblieben war.

Die einseitige Entwicklung der neuzeitlichen Vernunft ist zweifellos nicht genetisch determiniert, denn die Menschheit hat auch in der politischen Kultur immer wieder Vernunft bewiesen. Eine der größten Errungenschaften dieser Art ist meines Erachtens der moderne Rechtsstaat, und eben diesen schlage ich vor, über die Menschheit hinaus zu verallgemeinern. Es ist also gerade die *Flexibilität* zwischen Frieden und Unfrieden, der wir genetisch sicher sein können, nicht eine Einseitigkeit. In dieser Flexibilität sind wir aus der Naturgeschichte hervorgegangen. Alles weitere ist eine Frage der Vernunft, die ebenfalls eine Gabe der Natur ist.

Ich kann den im populärwissenschaftlichen Zeitverstand gelegentlich wiederkehrenden Gedanken, die Erbanlagen des Menschen für das Böse im menschlichen Handeln verantwortlich zu machen, dementsprechend nur für eine Regression halten, denn das – sicherlich auch genetisch fixierte – Vernunftvermögen, auf dem unser naturgeschichtlicher Auftrag beruht, ist ein Vermögen zum Guten *und* zum Bösen. Wer, kommentiert Günter Altner mit Recht,

»die Überlebenskrise als biologisches Schicksal oder als Webfehler der Schöpfung interpretiert, drückt sich um die in allen Kulturen und Religionen vorhandene Einsicht, daß der Mensch in seiner Fähigkeit zu wählen hoch greifen und tief fallen kann. Der Mensch muß . . . wählen zwischen Gut und Böse, dies auch in der Gefahr der Selbstvernichtung. Da hilft uns kein Genetiker« (1984, 120).

Der Gedanke zur genetischen Erklärung des Bösen ist so unbedacht wie der von Francis Bacon, der Menschheit durch technische Errungenschaften einen Rückweg in das Paradies zu bahnen. Worauf es meines Erachtens ankommt und was sich anscheinend so schwer denken läßt, ist die *Vernunft in der Natur,* nicht eine Rückkehr in den Status vor dem Essen vom Baum der Erkenntnis und auch nicht eine Vernunft jenseits der Natur, so wie die Caballeros del Espíritu sie suchen (Abschnitt 4.3). Sondern *das Denken ist ein Prozeß in der Natur.* Wir sollen uns weder über die Naturgeschichte erheben noch hinter sie zurückfallen, sondern in ihr die Natur zur Sprache kommen lassen.

Von Natur also haben wir das Vermögen des Guten und des Bösen, die Freiheit, nicht die Wirklichkeit des Bösen.

Man hat aber immer schon versucht, vor allem das Böse im menschlichen Handeln als naturbestimmt zu erklären und es damit der Natur zuzuschieben. So ergibt sich eine äußerst bequeme Rechtfertigung des menschlichen Fehlverhaltens. Auch der Darwinismus ist immer wieder mißbraucht worden, um unverantwortbare Skrupellosigkeiten zu rechtfertigen, wobei der natürlichen Mitwelt menschliche Gemeinheiten unterstellt wurden. William Long hat sie mit Recht dagegen verteidigt (1923/1959).

Die klassische Auseinandersetzung mit der materialistischen oder biologistischen Rechtfertigung menschlicher Ungerechtigkeit ist von Platon im X. Buch der Nomoi (Gesetze) geführt worden. Ich habe mich damit an anderer Stelle näher beschäftigt (1982) und stelle nur ein Resumee der für den vorliegenden Zusammenhang einschlägigen Ergebnisse an das Ende dieses Kapitels.

5.6 Der falsche Naturbegriff der Materialisten

Zu Platons Zeiten gab es einen materialistischen oder reduktionistischen Wissenschaftsentwurf ähnlicher Art, wie er auch heute noch vielfach vertreten wird. Dieser Entwurf ging auf Anaxagoras zurück und folgte dem Erkenntnisideal, alles, was geschieht, insbesondere alle Lebenserscheinungen auf materielle Umsetzungen zurückzuführen. Platon läßt seinen Lehrer Sokrates an dessen letztem Lebenstag im athenischen Gefängnis beschreiben, wie nach diesem Ansatz die Gefangenschaft des Sokrates zu erklären wäre, nämlich so

»daß ich jetzt deswegen hier säße, weil mein Leib aus Knochen und Sehnen besteht, und die Knochen dicht sind und durch Gelenke voneinander geschieden, die Sehnen aber so eingerichtet, daß sie angezogen und nachgelassen werden können und die Knochen umgeben nebst dem Fleisch und der Haut, welche sie zusammenhält ... ganz vernachlässigend, die wahren Ursachen anzuführen, daß nämlich, weil es den Athenern besser gefallen hat, mich zu verdammen, deshalb es auch mir besser geschienen ist, hier sitzenzubleiben, und gerechter, die Strafe geduldig auszustehen, welche sie angeordnet haben. Denn, beim Hunde, schon lange, glaube ich wenigstens, wären diese Sehnen und Knochen in Megara oder bei den Böotiern, durch die Vorstellung des Besseren in Bewegung gesetzt, hätte ich es nicht für gerechter und schöner gehalten, eher als daß ich fliehen und davongehen sollte, dem Staat die Strafe zu büßen, die er anordnet« (Phaidon 98c5-99a4).

Diese Wissenschaftskritik trifft die klassische Physik, vor allem in ihrer konsequent mechanistischen Form (vgl. Abschnitt 4.4), genauso wie die damaligen Anfänge. Wieweit es in der Welt vernunftmäßig zugeht, zeigt sich eben nicht bereits daran, daß alles Geschehen mechanisch und physiologisch in Ordnung ist.

Platons Kritik an dem mechanistischen Wissenschaftsprogramm bezieht sich aber nicht darauf, daß hier überhaupt Lebenserscheinungen auf materielle Prozesse zurückgeführt werden sollen. Er hat z.B. nie bestritten, daß die Planeten-Götter Erde und Steine, also materiell sind (Anaxagoras ist aufgrund dieser These wegen Gottlosigkeit des Landes verwiesen worden). Er hat lediglich die weitere Frage gestellt, was Erde und Steine sind. Ebenso hält es C. F. von Weizsäcker, wenn es ihm kein Problem ist, daß Menschen physikalische Systeme sind, er als Philosoph aber nicht schon damit aufhört zu fragen, sondern weiter darüber nachdenkt, was eigentlich ein physikalisches System ist.

Platons Reaktion auf die materialistische These, daß alles Geschehen auf Bewegungen der Materie zurückzuführen sei, lautet also: Das wird wohl so sein, was aber ist Materie? *Gemeinsam* mit den Materialisten stellt er in diesem Sinn die Frage nach der *Natur* der Dinge als dem Ursprung von allem. Der Irrtum der Materialisten besteht jedoch darin, daß sie sich zur Beantwortung der richtig gestellten Frage vorschnell mit den vier Elementen Erde, Wasser, Luft und Feuer zufriedengegeben haben »und eben diese die Physis nennen« (Nomoi = Gesetze 891c3).

Der Grundgedanke der Platonischen Naturphilosophie ist demgegenüber, daß die Bewegung des Denkens und die der Sinnenwelt gleichursprünglich oder gleicher Natur sind. In diesem Sinn versucht er den Anhängern der *Ideenhypothese* (der aus guten Gründen vertretenen Annahme, daß es Ideen gibt), die jedoch sozusagen mit den Ideen in dem nach ihnen benannten Himmel verschwinden (Parmenides 133f.), zu zeigen, daß auch das Erkennen ein Bewegen ist. Die Materialisten sollen umgekehrt einsehen, daß auch die vermeintlich so reale Sinnenwelt nur kraft eines unsichtbaren Seins der Ideen das ist, was sie ist, so daß Sicht und Einsicht unserem Dasein nur in eins entsprechen.

Platon waren die Probleme, die sich aus der Ideenhypothese ergaben, durchaus bekannt. Er hat sie im Prolog zum Dialog Parmenides zusammengefaßt und sein Denken auf die Frage konzentriert, wie man diesen Schwierigkeiten durch eine Philosophie, die dann meines Erachtens erst den Namen *Ideenlehre* verdient, begegnen kann. Die Gleichursprünglichkeit der Bewegung des Denkens und der der Sinnenwelt sollte sich in dieser Ideenlehre im rechten Verständnis der Seele zeigen.

Denn die Welt ist nach der Ideenlehre nur dadurch so gut wie möglich, daß die Seele dem Miteinander von Vernunft und Materie Raum gibt, wohingegen der Welt ohne die Seele keinerlei Vernunft zukommen könnte. Dies ist es, was die Materialisten übersehen, indem sie sich mit der Zurückführbarkeit der Erscheinungen auf ihre Materialität zufriedengeben.

»Wird sich aber die Seele als Erstes herausstellen, so daß nicht Feuer und Luft, sondern die Seele unter den Ersten entstanden ist, dann dürfte wohl mit dem größten Recht gesagt werden können, daß sie in ausgezeichneter Weise von Natur ist« (Nomoi 892c3-5).

Dabei handelte es sich aber nun keineswegs nur um eine theoretisch naturphilosophische Kontroverse, sondern es ging sowohl Platon als auch den Materialisten zugleich um die ethischen und politischen Konsequenzen. Welche praktische Bedeutung aber hat es, ob man unter der Natur der Dinge ihre Materialität versteht oder die Weltseele als den Ursprung von allem erkennt?

Platon teilte mit den Materialisten nicht nur die naturphilosophische Fra-

111

gestellung, sondern auch die Erwartung, daß die Ordnung der menschlichen Gesellschaft letztlich von derselben *Natur* sein müsse wie die der Himmelskörper und die der Biosphäre. Ich werde diesen, in der Neuzeit aufgegebenen Anspruch unter dem Gesichtspunkt einer Rechtsgemeinschaft der Natur im Kapitel 8 wiederaufnehmen. Die Materialisten, mit denen Platon sich auseinandersetzte, verbanden die beiden Annahmen, daß

– alles Geschehen letztlich auf Umsetzungen der vier Elemente zurückgehe und diese somit die eigentliche Natur von allem seien, und daß

– in der Sozialordnung das ›Recht des Stärkeren‹ gleichermaßen auf die vier Elemente zurückführbar und somit natürlich sei.

Mit dem Recht des Stärkeren war gemeint, »die der Natur nach richtige Lebensweise bestehe in Wahrheit darin, daß man im Leben andere beherrsche, nicht aber nach Gesetzen anderen unterworfen sei« (Nomoi 890a7 ff.), also das Recht zur Gewalt.

Nun war es freilich eine gänzlich unbewiesene Behauptung, daß eine materialistische – nach dem Sein der Materie nicht weiter fragende – Naturwissenschaft gerade die Ellbogenethik rechtfertigen würde, die schon damals das Recht des Stärkeren genannt wurde. Platon aber begnügte sich nicht damit, auf diese Beweislücke hinzuweisen. Unabhängig davon sollte nämlich der Materialismus damals wie heute zeigen, daß es keinen Gott gibt, sondern daß alle Erscheinungen und Prozesse ›auf natürliche Weise‹ erklärbar seien, und dadurch wäre die Begründung eines Rechts, das nicht nur das des Stärkeren ist, allemal in Schwierigkeiten geraten.

Es ging also schon damals um eine Naturphilosophie in praktischer Absicht. Platon teilte mit den Materialisten die Erwartung, daß die Wahrheit der Sinnenwelt sich auch als die vor Gericht und die Natur des Ganzen sich auch als die der gesellschaftlichen Ordnung erweisen werde. Die Materialisten aber hatten – wie er nach der Ideenlehre begründen konnte – von vornherein ein falsches Naturverständnis. Sie suchten deshalb einerseits eine unzureichende Erkenntnis der Sinnenwelt und zogen daraus andererseits auch noch unzulässige ethische und politische Schlüsse.

Platon vertrat demgegenüber nicht nur die bessere Physik, sondern – nach meinem Urteil – auch die bessere Politik. Unabhängig von dieser besonderen Einschätzung aber können wir uns durch die damalige Kontroverse daran erinnern lassen, daß *die gesellschaftliche Ordnung in eins mit der der Sinnenwelt auf dem richtigen Naturverständnis beruhen sollte.*

In meiner Paraphrase ist nicht deutlich geworden, was manchen Lesern die Platon-Lektüre etwas beschwerlich macht, daß nämlich bisweilen nicht ohne weiteres klar ist, was denn nun das Ergebnis der kunstvoll hin und her gewendeten Gedankengänge ist. Dies ist zwar weniger ein Problem der »Gesetze« (Nomoi), die sich eher wie das Ergebnis einer Projektarbeit an der Platonischen Akademie lesen (mit einigen Einschüben aus der Hand des Meisters). Dafür aber sind sie auch viel langweiliger als die früheren Dialoge und sollten eigentlich nur als Interpretationshilfe zu der in diesen entwickelten Ideenlehre dienen.

Die Schwierigkeit, deretwegen Platons Texte manchen als aporetisch gelten, beruht darauf, daß Platon wie ein Bildhauer arbeitet. Man könnte ja auch die Bildhauerei so beschreiben, daß ihr Werk die abgeschlagenen Brocken sind, die auf dem Boden umherliegen, und die Statue übersehen. Platons Texte sind in diesem Gleichnis die Steinsplitter in der Ordnung, in der sie abgetragen werden, um die freigelegte Statue herauszuarbeiten. Wer sie für aporetisch hält, übersieht also die Statue. Platons Dialoge sind genausowenig aporetisch, wie ein Bildhauer ein Produzent von Steinsplittern ist. Am besten wäre es, wenn mein Bericht dazu anregen würde, sich auf die Platonische Kunst selbst einzulassen.

6. Die Natur der Dinge und die Dinge der Natur

Was der Mensch ist, war die Leitfrage des vorangegangenen Kapitels. Eine Antwort konnte nicht gegeben werden, ohne auch eine Bestimmung der übrigen Welt und der Natur im Ganzen wenigstens in den Grundzügen vorwegzunehmen. Denn was den Menschen gegenüber der Mitwelt abgrenzt, tut dies gleichermaßen für die Mitwelt gegenüber dem Menschen. So wird im anthropozentrischen Weltbild alles, was nicht Mensch ist, nur daraufhin wahrgenommen, was dem jeweiligen menschlichen Interesse zuträglich ist oder entgegensteht.

Demgegenüber erfahren wir die übrige Welt nicht nur von uns aus, sondern in ihrem Eigenwert als unsere Mitwelt, wenn wir uns aus der Verantwortung für das Ganze als dasjenige Lebewesen verstehen, in dem die Natur zur Sprache kommt und das in der Welt Zeichen der Freiheit setzen soll.

Das anthropozentrische Natur- und Menschenbild ist das der heutigen Industriegesellschaft. Obwohl dieses Weltbild meines Erachtens nicht mehr zu verantworten ist, können wir nicht ohne weiteres wieder so denken wie Goethe und Tobler. Wie immer in der Geschichte, gibt es auch hier kein Zurück. Und doch ist, wie ich im folgenden zeigen werde, in der industriegesellschaftlichen Wirklichkeit als Gegenwart der Vergangenheit auch Goethes Denken noch lebendig und kann uns über die heutige Verengung hinaus den Weg zu einem der Rolle des Menschen angemesseneren Natur- und Menschenbild der Zukunft weisen. Dies gilt sogar für das Alltagsverständnis der Natur im Gegensatz zur wissenschaftlichen Begrifflichkeit.

Im heutigen Alltagssprachgebrauch wird unter der Natur in der Regel die grüne Welt verstanden, die man vor dem Fenster hat oder dort vermißt, im weiteren Sinn also: Tier und Blume, Baum und Stein, Sonnenlicht und Wind und Wasser, Himmel und Erde. Das Grün der Pflanzen wird zum Symbol für diese Wirklichkeit, weil Licht und Luft, Wasser und Erde – die vier Elemente der Antike – im Dasein der Pflanzen eins werden und keins von ihnen fehlen darf, damit eine Pflanze wachsen kann. Die Pflanzenwelt wiederum ist die Lebensgrundlage der ganzen Biosphäre. Ebenfalls zur Natur gehören nach diesem Verständnis alle tierischen Lebewesen einschließlich des Menschen selbst, besonders im Krankheitsfall.

Wir verstehen unter der Natur normalerweise also einen Gegenstandsbereich von Dingen und Lebewesen, und zwar von Dingen und Lebewesen *der Natur.* Und wir sagen auch nicht mehr wie Goethe, daß die Natur – wie eine Göttin oder wie eine Mutter – Gestalten schafft, sondern wir sagen: in diesem Gegenstandsbereich (in der Natur) entsteht etwas. Wonach aber entscheiden wir, was zur Natur gehört und was nicht?

Auf die Frage, was *nicht* Natur ist, welche Wirklichkeitsbereiche also außerdem zu berücksichtigen sind, wenn die Natur als ein Bereich natürlicher Dinge und Lebewesen verstanden wird, gibt es im heutigen Bewußtsein eine eindeutige Antwort: die Sozialsphäre, die geschichtliche Welt des Menschen oder kurz ›die Gesellschaft‹. Offen bleibt danach aber die Zuordnung gerade desjenigen Bereichs, in dem heute für Natur und Gesellschaft die meisten Probleme entstehen. Dies ist der Bereich der Artefakte, der technisch hergestellten Dinge. Häuser und Fahrzeuge, Fabriken und Kommunikationssysteme entstehen ja gerade in der Verbindung von Natur und Gesellschaft und gehören dadurch gleichermaßen zu beiden wie zu keinem von ihnen.

Ein Fahrzeug zum Beispiel lassen wir in der Regel nicht als Natur gelten, denn Fahrzeuge wachsen nicht von selbst und werden auch nicht wegen ihrer physischen, sondern wegen ihrer gesellschaftlichen Realität gebaut, nämlich wegen ihres Nutzens im Hinblick auf den Austausch von Gütern und Informationen, also im Rahmen sozialer Prozesse. Gleichwohl setzt der Sozialfaktor Beweglichkeit immer auch voraus, daß über bestimmte Materialien und Naturprozesse im Hinblick auf gesellschaftliche Bedürfnisse verfügt wird.

Ich zeige in diesem Kapitel zunächst, daß das Problem in zweierlei Richtung aufgelöst werden kann. In der einen nennen wir Natur nur noch die ›unberührte Natur‹ (Abschnitt 6.1), in der anderen heißt letztlich alles Natur, was als Materie oder Energie den Gesetzen der Physik genügt (Abschnitt 6.2) oder als Material nach denen der Ökonomie bewegt wird (Abschnitt 6.3). Auf beiderlei Weise aber verwischt sich der Unterschied zwischen dem der Natur Gemäßen und dem nicht Naturgemäßen, auf dem eine natürliche Wirtschaftsordnung beruhen muß (Abschnitt 6.4), an den Goethe uns erinnern kann (Abschnitt 6.5) und von dessen Wahrnehmung heute meines Erachtens die Zukunft der Industriegesellschaft abhängt (Abschnitt 6.6).

6.1 Ist Natur nur die unberührte Natur?

Wer sich gegenüber der industriegesellschaftlichen Umweltzerstörung für den Naturschutz oder für die Erhaltung natürlicher Gegebenheiten einsetzt, begegnet oft dem Einwand: Was wir in unserer Umwelt als Natur bezeichnen, ist schon lange nicht mehr Natur. Tatsächlich gibt es auf der ganzen Erde kaum noch eine Landschaft, die nicht mehr oder weniger aufgrund menschlicher Eingriffe so aussieht, wie wir sie heute erleben. Mitteleuropa bestünde ohne die umweltverändernde und gestaltende Einwirkung des Menschen im wesentlichen aus Buchenwäldern, und selbst Naturschutzgebiete sind schon lange keine unberührte Natur mehr.

Die Lüneburger Heide z. B., von der Hermann Löns erzählt, ist für viele Menschen ein Inbegriff von Natürlichkeit, relativ zu der vom Menschen unberührten Natur aber eine ganz und gar künstliche Landschaft. Denn ohne den Heidschnuckenauftrieb (Biß und Tritt der Tiere) und den Plaggenhieb der Bauern (Verwendung von Bodensoden mit Heidepflanzen als Einstreu im Stall) wäre dort längst wieder ein Eichen- und Birken- bzw. Kiefernwald an die Stelle der Verheidung getreten (Tüxen 1966).

In ganz Europa steht heutzutage vielleicht schon kein Baum mehr, über den nicht irgendwann ein Mensch entschieden hat, daß er dort wachsen soll, wo er steht. Und möglicherweise wird es in absehbarer Zeit auf der ganzen Erde keine einzige Stelle mehr geben, die vom Dasein des Menschen gänzlich unberührt ist und in diesem Sinn nicht schon irgendwie nach Mensch aussieht. Was aber folgt daraus?

Die Konsequenz, welche diejenigen uns nahelegen möchten, die unter der Natur nur die vom Menschen unberührte Natur verstehen, lautet: Naturschutz mag in einigen entlegenen Winkeln der Erde noch möglich sein, wäre in den Industrieländern und auch sonst in den besiedelten Gebieten jedoch eine Illusion. Da also auch heute schon unsere gesamte Umwelt vom menschlichen Handeln überformt ist, können wir getrost so weiter machen wie bisher. Und sind wir nicht eigentlich sogar froh darüber, nicht mehr in der Wildnis hausen zu müssen? Die heutigen Naturschützer sollten nur mal eine Weile als Jäger und Sammler leben, dann dürften sie sich sehr bald wieder in die industrielle Zivilisation zurückwünschen. Schon das bäuerliche Leben des 19. Jahrhunderts würde sich heute niemand mehr gefallen lassen.

Unbestreitbar ist, daß es jetzt auf der ganzen Erde mehr oder weniger nach Mensch aussieht, daß es also die vom Menschen unberührte Natur im wesentlichen nicht mehr gibt. Was jedoch die Lebensbedingungen der Vergangenheit angeht, so hat zwar 1979 je eine Mehrheit sowohl der westdeutschen wie der westeuropäischen Bevölkerung anläßlich einer Umfrage über die Einstellungen zu wissenschaftlichen und technischen Entwicklungen der Aussage zugestimmt (vgl. Abschnitt 9.6): »Es wäre schön, wenn man mit der Konstruktion so vieler Maschinen aufhören und zur Natur zurückkehren könnte« (EG 1979). Dieses Umfrageergebnis aber beweist nur, daß ein Bedürfnis der allgemeinen Form »Zurück zur Natur« besteht, und erlaubt noch keinen Rückschluß darauf, *wie* diejenigen, welche dieses Bedürfnis haben, sich seine Erfüllung am ehesten wünschen oder vorstellen können.

Zwar hatten unsere Vorfahren ebensowenig ein unglückliches Leben, weil sie nicht zweimal täglich warm duschen konnten, wie wir schon deshalb glücklich leben, weil wir es können. Ich nehme dennoch an, daß heute allenfalls eine verschwindend geringe Minderheit sich die wirtschaftlichen Verhältnisse der Vergangenheit zurückwünscht, daß aber durchaus ein mehrheitliches Bedürfnis nach einer Erneuerung des menschlichen Naturbezugs besteht.

Die ersehnte Rückkehr zur Natur wird von der Mehrheit der Bevölkerung – und, meinem Eindruck nach, auch von der der aktiven Umweltschützer – nicht in der Vergangenheit, sondern in der Zukunft der Industriegesellschaft gesucht. Das heißt: die Umweltpolitik beginnt überhaupt erst dort, wo die industriegesellschaftlichen Lebensformen grundsätzlich akzeptiert werden, unter dieser Voraussetzung und mit den damit verbundenen technologischen Möglichkeiten nun aber die Wirtschaft wieder in den Naturzusammenhang des menschlichen Lebens gestellt werden soll. Es geht nicht um die Abschaffung, sondern um die Naturalisierung der industriellen Wirtschaft.

Genauso steht es mit der Frage der unberührten Natur. Die vom Menschen unberührte Natur ist nicht nur weit entfernt von den Dingen und Lebewesen der Natur, mit denen wir es in der Industriegesellschaft zu tun haben, sondern sie ist für uns sogar vergleichsweise uninteressant. Denn wo wir sind, sind ja immer schon Menschen, und was uns normalerweise interessiert ist nicht, wie wir uns des Umgangs mit der Natur am besten enthalten können, sondern wie – und wie nicht – wir uns *im Umgang mit der Natur richtig verhalten*. Denn dieser Umgang ist lebenswichtig, und nur in Sonderfällen kann es darum gehen, ob unsererseits überhaupt Einfluß auf bisher unberührte oder im jetzigen Zustand zu erhaltende Lebewelten genommen werden darf.

Die Frage, wie die Wirtschaft in den Naturzusammenhang des menschlichen Lebens gestellt werden kann, ergibt sich in der Regel also gerade dort, wo wir es mit unserer natürlichen Mitwelt zu tun haben, und dann geht es nicht darum, *ob*, sondern *wie* wir mit ihr umgehen.

Für den Christen ist dies selbstverständlich. Gottes Auftrag ist sogar, daß der Mensch nicht nur für sich, sondern auch für die Mitwelt sorgen soll, und zwar in der Verantwortung vor dem Schöpfer. Dazu kann zwar gehören, z. B. einen Urwald als solchen zu erhalten, aber dies ist nicht der Regelfall, sondern ergibt sich erst daraus, daß die Wildnis durch die Menschheit mittlerweile viel stärker gefährdet wird als die Menschheit durch die Wildnis. In diesem Sinn hat z. B. Wilhelm Heinrich Riehl wohl als einer der ersten »das Recht der Wildniß ... neben dem Rechte des Ackerlandes« verteidigt (1861, 73).

Der Unterschied, auf den es für die Einordnung der Wirtschaft in den Naturzusammenhang des menschlichen Lebens ankommt, ist also nicht der zwischen der berührten und der vom Menschen unberührten Natur, sondern etwa der zwischen einem kultivierten Garten oder einer intakten, naturgemäß belebten Landschaft und einer bedrohten oder zerstörten Landschaft. Wer sich unter der Natur immer nur die unberührte Natur denkt, lenkt sogar von der entscheidenden Frage ab und leistet damit denen Vorschub, welche ihrerseits intakte Landschaften durch die Umweltzerstörung den kaputten angleichen.

Leider sind diejenigen, welche sich ein naturverbunderes Leben wünschen und die Naturferne der Industriegesellschaft beklagen, manchmal nicht gegen die entgegengesetzte Gefahr gefeit, die Natur zu idyllisieren. Die Natur aber ist keine Idylle. Wer dies nicht sieht und die Bestimmung des Menschen in bezug auf die Mitwelt nicht in der kulturellen Bildung und Befreiung sieht, so wie in Kulturlandschaften und Gärten, der steht in einem unglückseligen Bund mit denen, für die die Natur sowieso verloren ist, so daß es auf den Unterschied zwischen Kulturlandschaften und bloßen Industrielandschaften gar nicht mehr ankommt.

Verstehen wir nun aber unter der Natur in der Regel nicht – und gerade um des Umweltschutzes willen nicht – die unberührte Natur oder die Wildnis, sondern schließen auch die menschlich überformte Umwelt nicht davon aus, so erhebt sich die Frage, wieweit wir damit gehen wollen. Sollen zum Beispiel englische Landschaftsgärten, ökologisch verträgliche Landwirtschaft, Naturheilmittel und Holzmöbel als natürlich gelten, Hochhausrasen, chemieorientierte Landwirtschaft, synthetische Medikamente und Plastikmöbel hingegen nicht? Wer vor Unterscheidungen dieser Art noch zurückschreckt, mag es zunächst einmal mit dem anderen Extrem probieren.

6.2 Ist Natur alles, was den Naturgesetzen gehorcht?

Wenn nicht alles, was menschlich überformt und in diesem Sinn künstlich ist, aus der Natur und aus der Umweltpolitik herausgehalten werden darf, wäre es am einfachsten, nunmehr *alle* künstlich hergestellten Dinge mit zur Natur zu rechnen. Natur heißt dann die gesamte Sinnenwelt. Dabei kommt zwar heraus, daß Hochspannungsleitungen, Düsenflugzeuge, Pflanzenschutzmittel und Plastikoberflächen mit Holzmaserung zur Natur gehören, aber ist nicht auch der Mensch ein Teil der Natur und somit alles, was er hervorbringt?

Die industrielle Produktion mitsamt all ihren Produkten ohne Ansehung der Umweltverträglichkeit und sonstiger Qualitäten unterschiedslos genauso zur Natur zu rechnen wie alle alternativen Versuche, nicht mehr auf Kosten der Lebensbedingungen zu wirtschaften, läßt sich auch aus der naturwissenschaftlichen Perspektive rechtfertigen. Denn die Materialien aller Produktionsprozesse stammen aus der Natur, und sowohl diese Prozesse als auch die Produkte funktionieren nach den Gesetzen der Physik. Warum also verstehen wir unter der Natur nicht einfach alles, was den Gesetzen der Physik gehorcht?

Der Gegenstand der Physik sind Materie und Energie. Physik ist die Information darüber, wie materielle Objekte sich unter energetisch definierten Bedingungen in Raum und Zeit bewegen bzw. verändern. Wieweit aber trägt das Naturverständnis, daß die Natur die Gesamtheit der Gegenstände der Physik sei, in der Umweltpolitik?

Umweltpolitik beginnt mit der Einsicht, daß die Herstellung, die Verteilung und der Verbrauch verschiedener industriewirtschaftlicher Güter immer *mehr oder weniger* umweltverträglich sind. Es kommt also darauf an, gerade diesen Unterschied von Fall zu Fall zu machen und die umweltzerstörenden Prozesse zu beenden, die umweltverträglichen jedoch beizubehalten und weiterzuentwickeln. Gerade dabei aber hilft uns das physikalische Naturverständnis nicht nur nicht weiter, sondern es macht uns sogar blind für denjenigen Unterschied, auf den es in der Umweltpolitik ankommt. Denn den Gesetzen der Physik genügen ja die umweltverträglichen und die umweltzerstörerischen Elemente der industriellen Wirtschaft gleichermaßen. Die Physik gibt also keine Entscheidungshilfe für die Gestaltung der Umwelt.

Dasselbe gilt für die übrigen Naturwissenschaften. Die einzige Ausnahme könnte die Medizin sein, insofern jede medizinische Aussage letztlich davon handelt, was gesund und was ungesund ist, so daß jeder wissenschaftlich festgestellte Sachverhalt hier immer schon eine Bewertung in bezug auf die Norm Gesundheit ist. Die Medizin aber beschränkt sich auf die Gesundheit des menschlichen Leibs und kann die Gesundheit im weiteren Sinn, um die es in der Umweltpolitik für den Naturzusammenhang des menschlichen Lebens geht, nicht beurteilen. Ansätze zu einer erweiterten Gesundheitswissenschaft gibt es nur in der Biologie, vor allem in der Ökologie. Nach dem bisherigen Stand aber kann auch die Ökologie im wesentlichen nur beurteilen, welche Folgen bestimmte Eingriffe in natürliche Kreisläufe haben oder haben würden, jedoch nicht, ob die betreffenden Eingriffe schädlich oder unschädlich für die Gesundheit der Umwelt sind oder wären.

Ein Hauptproblem für die Wahrnehmung der Natur durch die heutigen Wissenschaften ist außerdem, daß natur- und sozialwissenschaftliche Ergebnisse in keinen Zusammenhang gebracht werden (Kapitel 10). Denn Umweltprobleme entstehen dadurch, daß menschliche Bedürfnisse in der Natur geltend gemacht werden. Die Naturwissenschaften verstehen nun zwar mehr von der Natur als die Menschheit je von der Natur verstanden hat, sind aber blind für die menschlichen Bedürfnisse. ›Bedürfnis‹ ist kein naturwissenschaftlicher Begriff. Und die Sozialwissenschaften verstehen zwar etwas von Bedürfnissen und wie man sie weckt, sind jedoch – wie ich im folgenden am Beispiel der Ökonomie belege – blind für die Natur. Das eigentliche Problem, die Relation: Bedürfnisse in bezug auf die Natur, fällt also gerade in den blinden Fleck zwischen den beiden Wissenschaftsgruppen.

Der Ausgangspunkt einer philosophischen Reflexion auf die Umweltkrise ist, daß falsche Handlungen immer auch falsche oder wenigstens unzureichende Vorstellungen darüber, womit man es zu tun hat, voraussetzen. Kam es im vergangenen Jahrhundert einmal darauf an, die Welt nicht nur zu interpretieren, sondern sie zu verändern, so ist die heutige Situation meines Erachtens vielmehr durch eine Umkehrung des Marxschen Satzes zu beschreiben: *Die Industriegesellschaften haben die Welt immer nur verändert; es kommt darauf an, die Lebensbedingungen besser zu verstehen, um sie nicht aus Mangel an Einsicht zu zerstören.*

Ein Beispiel dafür ist das Naturverständnis der heutigen Wissenschaften, im Kern also der Naturbegriff der Physik. Derselbe Unterschied, den die Physik nicht kennt, wird nämlich auch im wirtschaftenden Umgang mit der Natur und in der Wirtschaftswissenschaft nicht gemacht, der zwischen umweltverträglichen und umweltzerstörerischen Prozessen. Wer aber die Umwelt zerstört, weil er diesen Unterschied nicht macht, weiß gar nicht, was er tut.

Der gemeinsame blinde Fleck in der Wahrnehmung der Natur durch die Physik und die Wirtschaft ist, daß für die Wirtschaft alles zum *Material* wird, was für die Physik *Materie* ist. Der ökonomische Ausdruck für Material ist: *Ressource.* Die ganze weite Welt, soweit die Materie reicht und Naturgesetze herrschen, wird für die industrielle Wirtschaft zur Ressource, um daraus mit Hilfe von Energie etwas Neues zu machen, worin die natürliche Welt nur noch als Material erscheint: wirtschaftliche Güter.

6.3 Natur als Ressource

Der Wirtschaftsprozeß besteht darin, daß Waren und Dienstleistungen hergestellt bzw. erbracht, verteilt und konsumiert werden. Er beginnt dort, wo die zu verarbeitenden Materialien als Ressourcen aus der Natur entnommen werden und endet dort, wo sie als Abfall wieder in die Natur zurückfließen (resources in/garbage out). Sucht man aber diese beiden Fußpunkte des Wirtschaftsbogens in der ökonomischen Wissenschaft, so ist es beinahe wie wenn man auf einen Regenbogen zugeht, um herauszufinden, wo er auf der Erde aufruht. Die Natur war bisher praktisch kein Thema der modernen Ökonomie (Binswanger 1979). Die Frage nach dem ökonomischen Naturverständnis ist erst durch die Umweltprobleme wiederentdeckt worden.

Als einigermaßen repräsentativ für das vor der Rezeption der Umweltprobleme und der der ›Grenzen des Wachstums‹ herrschende ökonomische Bewußtsein darf vielleicht die 8. Auflage (1970) des oben schon erwähnten Lehrbuchs von Samuelson gelten. In dem sehr ausführlichen (dreißigseitigen) Index dieses Buchs kommt der Begriff Natur nicht einmal vor. Zwischen »NATO« und »Needs« findet sich lediglich das Stichwort »Natural Resources«, und auch dies konsequenterweise nur mit dem Verweis: See Resources. Schlägt man dann unter »Resources« nach, so wird man nur auf das Kapitel über die Entwicklungsländer-Ökonomie verwiesen und lernt dort vollends, was eine Cartesianische Wissenschaft ist: daß man nunmehr nämlich noch die natürlichen und die menschlichen Ressourcen zu unterscheiden habe (Abschnitt 4.2).

Ein Blick auf die wirtschaftliche Produktionsfunktion in der neoklassischen ökonomischen Theorie bestätigt den Eindruck der Stichprobe in Samuelsons Lehrbuch: Die Funktion hängt nur von der Leistung des Menschen ab und ist gegen die Berücksichtigung des Naturzusammenhangs, in dem der Wirtschaftsprozeß sich abspielt, und dementsprechend sogar gegen die Wahrnehmung von Grenzen des Wachstums kunstvoll gefeit. Aus der Natur werden lediglich immer wieder neu die Materialien bereitgestellt, denen der Produktionsprozeß Gebrauchswerte, Statuswerte et cetera als In-Formationen aufprägt. So werden aus bloßen Ressourcen wirtschaftliche Güter. Die Natur aber ist dabei nur »der stumme Dritte« (Müller/Stoy 1978, 50).

Demgegenüber haben die natürlichen Lebensgrundlagen in den Anfängen der modernen Nationalökonomie eine wichtige und der Bedeutung des Bodens als Produktionsfaktor entsprechende Rolle gespielt. Die Gründe, warum die Natur hier später doch außer acht gelassen worden ist, sind einmal, daß die Vorräte an ›erschöpfbaren Ressourcen‹ wirklich sehr groß waren, zum anderen die Erfahrung, daß die zuerst von Malthus wahrgenommene Grenze des Wachstums wider Erwarten hinausgeschoben werden konnte.

Malthus und Ricardo hatten angenommen, daß in der landwirtschaftlichen Produktion ein Gesetz des abnehmenden Ertragszuwachses bestehe, wonach immer mehr Arbeit und Kapital aufzuwenden sind, um eine weitere Einheit Nahrungsmittel zu erzeugen. Bei wachsender Bevölkerung müßte dies dazu führen, daß schließlich die erwirtschafteten Nahrungsmittel nicht mehr zur Versorgung der Beschäftigten ausreichten. Es zeigte sich jedoch, daß durch den technischen Fortschritt kostenneutrale Erhöhungen der Produktivität möglich waren. Dadurch konnte das Problem so weit in die Zukunft hinausgeschoben werden, daß die Grenzen des Wachstums erst durch Forrester und den Club of Rome wiederentdeckt wurden (Abschnitt 2.1).

Im 20. Jahrhundert hat es zwar gelegentlich Ansätze gegeben, die Lebensgrundlagen des Wirtschaftsprozesses in der Ökonomie wieder zu berücksichtigen. Schmoller z. B. betonte, daß »der Mensch, die menschliche Gesellschaft und die Volkswirtschaft . . . ein Teil des organischen Lebens (sind), das sich auf der Erdoberfläche abspielt« (1920, I. 128), aber derartige Erinnerungen sind bis über Kapps klassisches Buch zu den »Sozialkosten« der industriellen Wirtschaft (1950) hinaus immer wieder folgenlos geblieben.

Das herrschende nationalökonomische Denken fußte dementsprechend zumindest bis zur Entdeckung der Grenzen des Wachstums von 1971 ungebrochen auf Locke, nach dessen Auffassung das, was wir der Natur verdanken, sich zu dem, was wir unserer eigenen Arbeit verdanken, im Großen und Ganzen etwa wie eins zu hundert verhält (1690, II. § 40). Locke identifizierte dabei die Natur mit der unberührten Natur. »Es schmeichelte dem menschlichen Stolz und dem Kulturhochmute unserer Zeit, wenn man mit Emphase be/tonte: es komme nur auf die rechte Ausbildung des Menschen, seine Technik, seine Organisation an, um überall auf der Erde das Höchste zu erreichen« (Schmoller aaO I. 139f.).

Problematisch ist das Naturverhältnis der herrschenden Ökonomie nun jedoch in zweierlei Hinsicht. Einmal ist die Endlichkeit der Ressourcen bisher nicht hinreichend berücksichtigt worden. Zum andern erhebt sich die Frage, wieweit es berechtigt sein kann, die Natur überhaupt als Ressource zu behandeln.

Im ökonomischen Verständnis der Natur als Ressource wird so wenig an eine Begrenzung gedacht, daß schon Grenzen des Wachstums als eine große Entdeckung erscheinen müssen, wenn sie als Gefährdung der Lebensbedingungen endlich doch gesehen werden. Daß Bodenschätze nicht beliebig verfügbar sind und daß die Umwelt auch nicht beliebige Mengen an industriewirtschaftlichen Ausscheidungen schadlos aufnehmen und verarbeiten kann, ergibt sich zwar bereits aus der Endlichkeit unseres Planeten. Für die meisten Ökonomen war es zu Anfang der 70er Jahre dennoch eine Überraschung.

Inzwischen ist eine wissenschaftliche ›Umweltökonomie‹ entstanden, in der auf der Basis des ›Verursacherprinzips‹ die verschiedenen Möglichkeiten einer angemessenen Kostenzurechnung und Berücksichtigung der Sozialkosten im Wirtschaftsprozeß durchdacht werden. Dabei sind unter den »Sozialkosten« nach Kapp diejenigen Kosten zu verstehen, um die die Industriegesellschaften ›auf Kosten‹ der Lebensbedingungen wirtschaften und die in den betriebswirtschaftlichen Kostenrechnungen unausgewiesen in Kauf genommen werden.

Darüber hinaus hat die Diskussion über die Grenzen des Wachstums Anlaß zur Entwicklung einer Theorie der erschöpfbaren Ressourcen gegeben. Das Ziel dabei ist wiederum, die Endlichkeit der Welt in der ökonomischen Bewertung der verschiedenen Ressourcen zu berücksichtigen, um so den Grenzen des Wachstums möglichst fern zu bleiben.

Dies alles läuft aber lediglich darauf hinaus, die relative Bewertung der verschiedenen Ressourcen zu verändern, also z. B. saubere Luft im Wirtschaftsprozeß nicht mehr als ein kostenloses, freies Gut zu behandeln und Knappheiten von Bodenschätzen im voraus besser zu berücksichtigen. Die Natur jedoch kommt sowohl vor der Rezeption der Umweltprobleme und Wachstumsgrenzen als auch in den neueren Ansätzen, durch die sie wirtschaftswissenschaftlich in Rechnung gestellt werden, immer nur als Ressource im Sinn des bloßen Materials vor, aus dem nicht schon von sich her etwas Gutes wird, sondern das erst durch die Menschen zu einem Gut gemacht werden muß. Die weitergehende Frage lautet also: Ist die Natur überhaupt eine Ressource?

Als Material oder Ressource macht sich die Wirtschaftswissenschaft von der Natur und den Lebensgrundlagen der Wirtschaft meines Erachtens nach wie vor nicht den rechten Begriff. Meine Kritik beruht darauf, daß im Verständnis der Natur als Ressource das *Verhältnis* des Menschen zur Natur in einer Form gedacht wird, die weder dem Wesen des Menschen noch dem der Natur gerecht wird (Kapitel 5). Der Mensch nämlich, für den die gesamte natürliche Mitwelt zu einem Sack voll Ressourcen zusammenschnurrt, versteht sich selbst als das Maß aller Dinge, und dies ist doch wohl ein Mißverständnis. Wir sollten vielmehr die natürliche Mitwelt um ihrer selbst willen als krönenswert achten, damit die Krone der Schöpfung nicht nur sich selber krönt.

Technisch könnte eine klügere Bewirtschaftung der Ressourcen – im Sinn alles dessen, was nicht Mensch ist – die Gefährdung unserer Gesundheit durch die Vergiftung der Umwelt und die Gefährdung der Wirtschaft durch die Annäherung an Grenzen des Wachstums beträchtlich hinausschieben. Wir brauchten uns dazu sozioökonomisch nur so zu reorientieren wie das oben schon erwähnte Eroberervolk, wenn es entdeckt, daß es durch sein Erobererleben die Grundlagen seiner eigenen Erobererexistenz gefährdet, und daraufhin das eroberte Land nur noch so weit ausbeutet, daß es dabei nicht zugrunde gerichtet wird, sondern die Lebensgrundlage der Eroberer bleiben kann.

Ich füge hinzu: Wenn dies die Lehre ist, welche wir aus der Gefährdung unserer Lebensgrundlagen ziehen, dann haben wir daraus nach den vorangegangenen Überlegungen noch nicht genug gelernt. Denn wir sind keine Eroberer, sondern werden, wie Friedrich Engels klarsichtig bemerkte,

»bei jedem Schritt daran erinnert, daß wir keineswegs die Natur beherrschen, wie ein Eroberer ein fremdes Volk beherrscht, wie jemand, der außer der Natur steht – sondern, daß wir mit Fleisch und Blut und Hirn ihr angehören und mitten in ihr stehen, und daß unsre ganze Herrschaft über sie darin besteht, im Vorzug zu allen andern Geschöpfen ihre Gesetze erkennen und richtig anwenden zu können« (MEW XX. 453).

Durch ein sorgsameres Management der Ressourcen nach Art kluger Eroberer kann unsere politische Ordnung nicht in Einklang mit der Naturordnung gebracht werden. Leider hat Engels die »Dialektik der Natur« nicht zuende gedacht. Die Marxisten hätten sonst vielleicht gemerkt, daß das menschliche Dasein legitimerweise ebensowenig ein Erobererdasein ist wie die Natur eine Ressource. Welches Naturverständnis aber kann, wenn dies so ist, handlungsleitend für einen unserer Naturzugehörigkeit angemesseneren Umgang mit der natürlichen Mitwelt sein?

6.4 Auf der Suche nach einer naturgemäßen Wirtschaftsordnung

Das faszinierendste und für die neuzeitliche Naturwissenschaft wegweisende Ergebnis von Newtons ›himmelsmechanischer‹ Theorie der Planetenbewegungen war, daß ihre Ordnung sich selbst aufrechterhält. Anders als z. B. in Platons Politikos-Mythos (269 ff.), nach dem der Schöpfer die Ordnung von Zeit zu Zeit erneuern muß, geriet das System im Selbstlauf – zumindest auf sehr lange Sicht – also nicht durcheinander, sondern bewahrte die ihm einmal gegebene Ordnung.

Adam Smith, der Begründer der modernen Nationalökonomie, nahm sich knapp ein Jahrhundert später die Newtonsche Mechanik zum Vorbild, um eine Wirtschaftsordnung zu finden, die sich ebenfalls selbst aufrechterhielt und vor allem keiner staatlichen Lenkung mehr bedurfte. Er suchte also eine ›natürliche Wirtschaftsordnung‹ in demselben Sinn, wie Newton die natürliche Ordnung des Planetensystems beschrieben hatte, nämlich als die Ordnung eines sich selbst regulierenden Systems.

Dabei ging es nicht nur um eine Analogie, sondern Naturordnung und Wirtschaftsordnung sollten bei Smith sogar Teil einer übergreifenden Weltordnung sein:

»Die Regeln, welche die Natur befolgt, sind ihr angemessen, die, welche der Mensch befolgt, dem Menschen; beide aber sind darauf berechnet, denselben großen Zweck zu befördern, die Ordnung der Welt und die Vollkommenheit und Glückseligkeit der Menschheit« (1759/1926, 255).

Ich halte den Grundgedanken, daß die menschliche Wirtschaftsordnung der Ordnung der Natur insgesamt entsprechen soll, auch unabhängig von der besonderen Gestalt, in der Smith sich diese Ordnung vorstellte, für richtig. Gerade die Umweltkrise erinnert uns daran, daß die menschliche Ökonomie sich als die Ökologie der Gattung Homo sapiens in die Ordnung des Ganzen einzufügen hat. Nur unter dieser Voraussetzung gibt es so wenig einen Grund, die Welt als Wildnis zu belassen, wie eine Berechtigung, sie als Ressource zu verwirtschaften.

Was die Einzelheiten der von Smith vorgestellten natürlichen Wirtschaftsordnung angeht, so war ihm selbst schon klar, daß sein System auf Wachstum angewiesen ist und daß dieses Wachstum Grenzen hat. Auch sein Vorbild, Newtons Himmelsmechanik, war noch nicht das letzte Wort zur natürlichen Ordnung des Weltalls und ist inzwischen durch die Allgemeine Relativitätstheorie überholt.

Über die Forderung der Harmonie von Naturordnung und Wirtschaftsordnung hinaus glaube ich, daß dem Marktprinzip bei Smith ebenfalls ein
unverändert richtiger Gedanke zugrunde liegt. Dessen eigentliche Pointe
ist nämlich nach meinem Verständnis, das menschliche Handeln möglichst auf den überschaubaren Bereich zu beschränken. Wir sollen sozusagen möglichst nicht genauer handeln als wir denken und wahrnehmen,
und dies ist doch wohl dem Sokratischen Nichtwissen und der conditio
humana gemäß.

Schließlich sind von Smith aus die Probleme der Industriegesellschaft
auch deshalb relativ unbefangen zu beurteilen, weil der technische Fortschritt für ihn keine Voraussetzung zur natürlichen Ordnung war. Daß die
Industriegesellschaft dieses Fortschritts bedarf, ist ein erst mit der Französischen Revolution aufgekommener Gedanke (Condorcet, Saint-
Simon).

Die Frage nach der natürlichen Wirtschaftsordnung haben sogar die deutschen Romantiker – die Gegenposition zu Smith und der Aufklärung –
mit Adam Smith gemein. Wie in der Auseinandersetzung Platons mit den
materialistischen Naturrechtlern (Abschnitt 5.6) geht es auch hier nicht
darum, ob die gesellschaftliche Ordnung der Naturordnung gemäß sein
soll, sondern nur darum, *welches die Naturordnung ist,* der das menschliche Verhalten angemessen sein soll. Die Frage ist gemeinsam, es geht um
die richtige Antwort: das rechte Naturverständnis.

Demgegenüber gilt heute die Frage nach einer natürlichen Wirtschaftsordnung selbst als überholt, so daß es auf die einander entgegengesetzten
Antworten bei Smith und in der Romantik gar nicht mehr ankommt. Ich
meine, wir haben in der Umweltkrise allen Anlaß, die Frage wiederaufzu-
nehmen, welche Wirtschaftsordnung der Naturordnung des Ganzen gemäß und in diesem Sinn eine natürliche Ordnung wäre.

Hatte Smith sich die Newtonsche Mechanik zum Vorbild genommen, so
wurde in der Romantik gerade bestritten, daß die Natur ein Mechanismus
sei, so daß Natürlichkeit im mechanischen Verhalten erfahren werde. Die
Aufklärung, so urteilte Novalis,

»machte die unendliche schöpferische Musik des Weltalls zum einförmigen Klap-
pern einer ungeheuren Mühle, die vom Strom des Zufalls getrieben und auf ihm
schwimmend, eine Mühle an sich, ohne Baumeister und Müller und eigentlich ein
ächtes Perpetuum mobile, eine sich selbst mahlende Mühle sey. . . ./. . . Die Natur
fing an immer dürftiger auszusehn« (1799, II. 741/747).

Generell wird der Aufklärung »entgegengehalten, ›natürlich‹ seien nicht
die Verhältnisse, die von der Vernunft aus einfachen Prinzipien abgeleitet

werden, sondern umgekehrt: Natürlich ist, was gewachsen und geworden ist, was eine lange Geschichte hat, in der es seine Lebensfähigkeit bewiesen und erprobt hat« (Sieferle 1984, 45).

Adam Müller z.B., der führende Staats- und Wirtschaftstheoretiker der Romantik, verstand unter dem Staat »die innige Verbindung der gesammten physischen und geistigen Bedürfnisse, des gesammten physischen und geistigen Reichthums, des gesammten inneren und äußeren Lebens einer Nation zu einem großen energischen, unendlich bewegten und lebendigen Ganzen« (1809/1922, I. 37). Als natürliche Ordnung dachte er sich die der traditionellen Ständegesellschaft, auch hier aber sind die Frage und die Antwort verschieden zu bewerten.

Wie Smith ist das romantische Naturverständnis ebenfalls nicht grundsätzlich für oder gegen bestimmte technische Entwicklungen festgelegt. Schleiermacher z.B. erhoffte sich von der Vollendung der Wissenschaften und der Künste, daß sie die körperliche Welt »in einen Feenpalast verwandeln werde« (Sieferle aaO 47). Andere Stimmen waren weniger optimistisch. Entscheidend bleibt, daß es primär um eine natürliche Ordnung geht, und daß relativ dazu bestimmte technische Entwicklungen bewertet werden können. In diesem Sinn war auch Goethe nicht gegen ›die Technik‹ festgelegt, sah aber die Gefahren des aufkommenden Maschinenwesens (HA VIII. 429).

Nun möchte ich mir weder Smiths Naturverständnis noch das der Romantik ohne weiteres zu eigen machen. Problematisch hinsichtlich des letzteren finde ich insbesondere den damit verbundenen Subjektivismus. Davon, so meine ich, sollten wir uns genauso fernhalten wie von dem Mechanismus des 17./18. Jahrhunderts und der Ständegesellschaft. Es wäre jedoch ein Fehler, mit diesen Antworten auch die Frage weiterhin außer acht zu lassen, die sogar Smith und der Romantik noch gemeinsam war: die Frage nach einer sozioökonomischen Ordnung, die im Einklang mit der Naturordnung des Ganzen steht.

Ich wende mich dieser Frage im folgenden nur sporadisch von der wirtschaftlichen Seite zu (vgl. Abschnitt 12.1/2) und behandle in diesem Buch zunächst die natur- und rechtsphilosophischen Grundlagen einer Natur und Gesellschaft verbindenden Ordnung. Wenn erst einmal die Frage nach einer natürlichen Wirtschaftsordnung wieder anerkannt ist, wird es einer gemeinsamen ökonomisch-philosophischen Anstrengung bedürfen, sich eine Naturalisierung der industriellen Wirtschaft im einzelnen vorzustellen.

6.5 Natürliches und Unnatürliches im normativen Naturverständnis

Sowohl von der unberührten Natur als auch von der allgemeinen Materialität her ist nach den vorangegangenen Überlegungen der Unterschied nicht zu fassen, auf den es zur Erhaltung der Lebensbedingungen im Naturzusammenhang des menschlichen Lebens ankommt. Einmal bleibt fast nichts Natur, das andere Mal wird alles zur Natur. Demgegenüber liegt dem Alltagsverständnis der Natur als der grünen Welt das sozusagen gesunde Gefühl zugrunde, daß ein kultivierter Garten Natur ist und eine Müllhalde nicht – obwohl beide Menschenwerk sind und gleichermaßen den Gesetzen der Physik genügen. Läßt sich dies Gefühl nicht doch auf einen Begriff bringen, der für den wirtschaftenden Umgang mit der Natur handlungsleitend werden könnte?

Was den Garten auszeichnet, ist, daß die Pflanzen *von sich aus* oder *von alleine* wachsen, wenn ihnen Erde, Wasser, Luft und Licht gegeben werden. ›Wuchs‹ ist auch der ursprüngliche Sinn des griechischen Worts Physis. Damit etwas wachsen kann, muß man ihm Zeit lassen. Wachsenlassen ist auch deshalb das Gegenteil von Machen. Das Machen, so sensibel reagieren wir im Garten, beginnt nicht mit dem Einpflanzen, Düngen und Begießen, wohl aber dort, wo eine Pflanze durch besondere Düngung ›unnatürlich‹ hochgetrieben wird. Der hier gemeinte Unterschied ist etwa der, welcher in der Antwort auf die Kinderfrage: Wollt ihr den Hund großziehen?, gemacht wird: Nein, wir lassen ihn wachsen.

Der Unterschied zwischen dem Wachsenlassen und dem Machen ist uns auch aus dem mitmenschlichen Umgang vertraut. Die Kunst der Kindererziehung z. B. besteht bekanntlich darin, aus ihnen nicht etwas machen zu wollen, sondern dem, was in ihnen liegt – ihren Naturanlagen –, die Chance der Entwicklung zu geben. Gegenüber Mitarbeitern haben Mitsprache und das Prinzip der Delegation denselben Sinn. Und Sokrates unterschied sich dadurch von den Sophisten, daß er seine Gesprächspartner nicht zu etwas überredete, sondern sie durch die richtigen Fragen auf einen Weg der Einsicht brachte, den sie dann von sich aus zu gehen hatten – sieht die Vernunft doch nur das ein, was sie selbst nach ihrem eigenen Entwurf hervorbringt.

Ein ursprünglicher Sinn von Natur ist sprachlich auch dort aufbewahrt, wo ein natürliches Verhalten von einem gezwungenen, verstellten, unsicheren oder manierierten Verhalten unterschieden wird. Natürlichkeit bedeutet hier soviel wie Ungezwungenheit, oder – in Goethes Worten – daß die gesunde Natur des Menschen als ein Ganzes wirkt und das Weltall darüber aufjauchzen möchte. Die Natürlichkeit ist hier aber offenbar nicht eine Frage des jeweiligen Subjekts oder Gegenstands, denn der Mensch gilt nicht schlechthin als natürlich oder unnatürlich, sondern der Einzelne kann sich jeweils so oder so verhalten. Ob ein Verhalten natürlich ist, bemißt sich vielmehr an dem, was *im Menschen wirkt.*

Dies aber ergibt einen ganz anderen Sinn von Natur, als wenn wir sagen: Tiere und Pflanzen gehören zur Natur, Hochhäuser und Industrieprodukte nicht. Als das, *was wirkt,* ist die Natur kein Gegenstandsbereich mehr, sondern Kraft, die auf etwas hinwirkt. So ist es auch bei der Pflanze. *Natürlich* lebt sie, wenn ihre gesunde Natur als ein Ganzes wirkt, so daß, wenn nicht das Weltall unmittelbar, so doch jedenfalls das Herz des Gärtners sich an ihrem Wachstum freut.

Aus dem Gegenstandsbereich der *Dinge der Natur* tritt hier sozusagen die *Natur der Dinge* hervor. Auch dieser Doppelsinn von Natur ist in der Sprache noch lebendig. Wir sagen einerseits: In der Natur gibt es Luft und Wasser, Pflanzen und Tiere, und andererseits z. B.: Es liegt in der Natur – d. h. im triebkräftigen Wesen – eines auf Konkurrenz beruhenden Wirtschaftssystems, daß auf Luft und Wasser, Pflanzen und Tiere nur soweit Rücksicht genommen wird, wie dafür allgemeinverbindliche Sitten oder Gesetze bzw. Verordnungen gelten.

Die wirkende Natur ist die Natur der Dinge der Natur. Sie ist es auch, nach der die Dinge der Natur – also diejenigen Dinge bzw. Lebewesen, welche den Gegenstandsbereich Natur bilden und in diesem Sinn *in* der Natur sind sowie zur Natur *gehören* – letztlich als solche benannt werden. D. h. Wind und Wasser, Licht und Landschaft, Tier und Pflanze werden insoweit zur Natur gerechnet, wie die wirkende Natur ihr Wesen ist. Wenn das in der Natur *Seiende* nach seinem Natur*sein* als »die Natur« zusammengefaßt wird, ist die Naturbedeutung: Natur der Dinge, der Bedeutung: Dinge der Natur, jedoch vorgeordnet. Denn die Dinge und Lebewesen der Natur werden ja nur deshalb zur Natur gerechnet, weil in ihnen die Natur der Dinge und Lebewesen wirkt.

Im neuen Verständnis können die Dinge und Lebewesen der Natur dann freilich auch wieder einfach als ›die Natur‹ bezeichnet werden – solange dabei klar ist, daß nur an der in ihnen *wirkenden* Natur zu bemessen ist, was und was nicht ›zur Natur gehört‹.

Baruch Spinoza hat in demselben Sinn die *natura naturans* als die wirkende oder Schöpferkraft der *natura naturata* als dem durch diese Kraft Bewirkten oder Geschaffenen gegenübergestellt. Diese Unterscheidung stammt aus der scholastischen Aristoteles-Rezeption. Natura naturans ist die hervorbringende Natur (die Schöpferkraft), natura naturata die hervorgebrachte Natur (die Schöpfung). Spinozas Denken (vgl. Abschnitt 4.5) war wegweisend für Goethe und Schelling und ist so auch in der heutigen Naturphilosophie lebendig, in einer subjektivistischen Wendung z. B. bei Ernst Bloch (1959, Kapitel 37).

Die – im wörtlichen Sinn – ursprünglichere der beiden Naturbedeutungen ist die des Hervorbringenden, nicht die des Hervorgebrachten. Charakteristisch dafür ist Philipp von Zesens Vorschlag, das Wort Natur als »Zeugemutter« ins Deutsche zu übersetzen. Zesen war der Gründer der »Deutschgesinnten Genossenschaft« in Hamburg (1642/43), die sich – wie andere Sprachgesellschaften, z. B. der Palmenorden – um die Entwicklung des Deutschen zur Kultursprache bemühte und dazu Fremdworte durch deutsche Ausdrücke ersetzen wollte.

Natura naturans geht auch als das Sein, die Natur der Dinge, dem Seienden, den Dingen der Natur, voraus. Sie ist wie das Licht, das selbst nicht sichtbar ist, dem jedoch alles, was ist, seine Sichtbarkeit und sein Dasein verdankt. »Alles ist, aber das Seyn wird«, unterschied Johann Wilhelm Ritter (1810/1959, § 589).

Die eine, hervorbringende Natur ist Ein-und-Alles (hèn kaì pán) und umfaßt dadurch alles Entgegengesetzte in der Erscheinung. Sie ist es, die überall in der Sinnenwelt erscheint. Wo der Wind weht, weht die Natur, und wo er nicht weht, weht sie nicht. Sie weht also und sie weht nicht, zugleich. Sie gibt allem Raum, Entgegengesetztem zugleich. Sie blüht, in dieser Pflanze, und sie blüht nicht, in jener. Sie weht als Wind, und sie wird geweht als Zweig, zugleich. Sie zeigt sich überall. In uns kommt sie zur Sprache.

6.6 Auch Kunstprodukte können natürlich sein

Verstehen wir unter der Natur primär die in allem Natürlichen wirkende Kraft und erst sekundär den Gegenstandsbereich des durch diese Kraft Bewirkten und deshalb nach ihr Benannten, so sind wir aus dem Dilemma heraus, daß entweder fast nichts mehr oder alles zur Natur gerechnet werden darf, bis hin zur Mülldeponie. Denn nun ist das und nur das ein Ding oder Lebewesen der Natur, worin die lebendige Kraft Natur wirkt und sich ausdrückt. Und wo dies nicht der Fall ist, haben wir es mit etwas ›Unnatürlichem‹ zu tun. Wird das eingangs genannte Problem der Zuordnung von Artefakten auf diese Weise lösbar? Das Alltagsbewußtsein wurde dadurch so verunsichert, daß es sich deswegen von dem gesunden Gefühl abbringen ließ, daß nicht alles in der Welt natürlich heißen darf.

Artefakte oder Kunstprodukte sind alle die Dinge, die ohne den Menschen nicht in der Welt wären. Der Bereich der Artefakte beginnt, strenggenommen, bereits bei den Haustieren und Nutzpflanzen und endet einstweilen bei den Nutzpflanzenschutzmitteln, welche andere Pflanzen und Tiere vergiften. Dazwischen liegen Häuser, allerlei Pflanzenzüchtungen in Gärten, Kleider, Hausgeräte und Nahrungsmittel, Spielzeug, Heizanlagen, Wege und Straßen, Wagen und Autos. Schiffe und Flugzeuge, Post und Telephon, Radio und Fernsehen, Naturheilmittel und Chemotherapeutika, Beton und Spanplatten, Fahrstühle und Kunststoffoberflächen mit Holzmaserung, Holzmöbel und Lampen, Schreibmaschinen, Bücher und Bilder oder Plastiken.

Aristoteles unterschied die Naturdinge dadurch von den Kunstprodukten oder Artefakten, daß die Naturdinge das Prinzip ihrer Bewegung in sich haben, die Kunstprodukte hingegen nicht. Ein Pferd z. B. bewegt sich aus sich heraus und von alleine, ein Wagen nicht. Ein Artefakt aber ist das, was es ist, immer nur in eins mit seinem Nutzer, dem Menschen, und ist in dieser Einheit nicht mehr vom Prinzip seiner Bewegung – der Kraft, die es nutzt – getrennt. Ein Wagen z. B. ist eigentlich nur dann ein Wagen, wenn auch ein Mensch dazugehört, der ein Pferd davorspannen und es lenken kann. Ich möchte deshalb Artefakte nicht grundsätzlich aus dem Bereich der Naturdinge ausschließen.

Wenn wir unter der Natur im eigentlichen Sinn die in den ganzheitlichen Dingen und Lebewesen ›der Natur‹ (als dem Gegenstandsbereich) wirkende lebendige Kraft verstehen, können auch Kunstprodukte natürlich sein, denn der Mensch gehört zur Natur, aber nicht alle Kunstprodukte sind notwendigerweise natürlich. Sie werden natürlich sein, wenn die Natur des Ganzen als unsere eigene Natur in uns wirkt, aber sie können auch unnatürlich ausfallen, denn diese Bedingung ist nicht immer erfüllt.

Wann aber ist sie erfüllt? Wann wirkt in uns die lebendige Kraft der Natur, so daß wir an ihr teilhaben und das, was wir hervorbringen, als Teil ›der Natur‹ gelten darf? Wann hat die Natur sich selber zu dem überwunden, was wir ihr abringen? Meinem persönlichen Gefühl nach würde ich die Grenze zwischen

– traditioneller und industrieller Landwirtschaft,
– Naturheilmitteln und Bioziden,
– Hilfe zur Selbsthilfe leistender und gesundmachender Medizin,
– umweltverbundener und nicht verbundener Architektur,

- Fahrrad und Düsenflugzeug,
- Sonnenenergie in dezentraler Gewinnung und Atomenergie,
- Bücher und Fernsehen,
- Kunst und Konsum,
- Segelschiffe und Großtanker

legen. Was aber hätte Goethe dazu gesagt? Und wäre alles, was Goethe dazu gesagt hätte, auch heute das Richtige?

Es gibt nicht nur wahre und falsche Meinungen, sondern auch wahre und falsche Gefühle. Um hier eine größere Sicherheit in der Unterscheidung zu gewinnen, bedarf es zunächst einer differenzierteren Analyse. Dazu werde ich im folgenden einige Bedingungen und Kriterien vorschlagen, nach denen natürliche und unnatürliche Techniken unterschieden werden könnten (Abschnitte 7.4/5 und 11.6). Darüber hinaus aber wird es auf die gesellschaftliche Erneuerung des ästhetischen Gefühls ankommen, nach dem derartigen Bedingungen und Kriterien Raum gegeben wird, denn Kultur ist letztlich eine Frage der Gemeinsamkeit im Selbstverständlichen.

Unterscheiden zu sollen, wann und wann nicht die gesunde Natur des Menschen als ein Ganzes wirkt, kann in Deutschland auch peinliche Erinnerungen an das ›gesunde Volksempfinden‹ wecken. Der Nationalsozialismus aber hat uns schon genug Unglück gebracht. Es sollte nicht noch hinzukommen, daß er uns im Naturzusammenhang des menschlichen Lebens den Weg der Erneuerung verstellt (vgl. Abschnitt 12.3).

Ich nehme an, daß das Kriterium der Natürlichkeit zur Beurteilung technischer Entwicklungen in der Regel nicht einfach anwendbar sein und oft nicht zu eindeutigen Entscheidungen führen wird. Daran aber haben wir uns auch in ethischen Fragen gewöhnt, die das mitmenschliche Verhalten betreffen, ohne diese Frage deshalb weniger wichtig zu finden. Im Gegenteil, gerade die lebenswichtigen Fragen sind meistens nicht einfach zu entscheiden. Also ist es wohl doch besser, wenigstens die richtigen Fragen zu stellen, auch wenn es bis zu den Antworten noch ein weiter und unsicherer Weg ist, als sich mit Antworten zu begnügen, welche leider nicht die richtigen Fragen beantworten.

Der Weg zu den neuen Antworten sollte dann freilich auch eingeschlagen werden. Einzelne können dazu Anregungen geben, so wie ich es durch das vorliegende Buch versuche. Ein neues Allgemeinbewußtsein aber bildet sich am besten dadurch, daß den erforderlichen Verständigungs- und Selbstverständigungsprozessen auch in der Öffentlichkeit Raum gegeben wird.

Was man im mitmenschlichen Verhalten tut und nicht tut, lernen wir zunächst aus der kulturellen, politischen und religiösen Tradition, die dann freilich in unserem Leben ihre Fortsetzung und Weiterbildung findet. In bezug auf den Umgang mit der natürlichen Mitwelt fällt meines Erachtens der *Kunst* dieselbe Rolle zu (vgl. Kapitel 11). Sowohl in der Malerei und Bildhauerei als auch in der Musik und Dichtung haben wir ein ästhetisch-kulturelles Sensorium dafür entwickelt, welche Gestalt die Dinge annehmen sollten. Dieses Sensorium ist, soviel ich sehe, das einzige, nach dem wir z. B. einen Garten und eine Kulturlandschaft mit einiger Sicherheit von einer zerstörten Industrielandschaft unterscheiden können. Soweit dies zutrifft, sollten wir das ästhetische Gefühl soweit bilden und nutzen, wie es der heutigen Bedrohung der Lebensgrundlagen angemessen wäre.

Ein grundsätzlicher Fortschritt ist mit dem von mir empfohlenen Naturverständnis bereits in aller Deutlichkeit verbunden: die Einsicht, daß unser Naturverständnis handlungsleitend, ›Natur‹ also – wie bei Platon – in jedem Fall ein normativer Begriff ist. Wie ich sie verstehe, ist Natur als das Maß der Natürlichkeit im menschlichen Handeln und im mitweltlichen Geschehen daraufhin gerichtet, was sein *soll,* also die auf das Gute gerichtete Kraft in der Welt. Natur ist dasjenige, kraft dessen etwas *gut* wird, und zugleich dasjenige, kraft dessen etwas *eins* ist. Platon nannte sie die Idee.

Aus der veränderten Blickrichtung zeigt sich um so deutlicher, wie normativ oder handlungsleitend auch das anthropozentrische Naturverständnis ist, wonach alle nichtmenschlichen materiellen und energetischen Systeme Material oder Ressource für menschliche Bedürfnisse sind. Sichtbar wird diese Normativität im Übergang von der Materie zum Material. Bereits in der Physik aber wird die Materie als etwas wahrgenommen, dessen wir uns bemächtigen wollen, und nur deshalb kann sie in der Technik zum Material werden. Normativ also ist auch das bisherige industriewirtschaftliche Naturverständnis (Kapitel 9). Es geht dementsprechend nur darum, welche Norm die richtige ist.

Eine zunächst paradoxe Konsequenz ist freilich, daß nach dem hier vorgeschlagenen Naturverständnis nicht einmal notwendigerweise alles ›natürlich‹ ist, was ›in der Natur‹ entsteht. Denn so wie im Menschen die gesunde Natur nicht immer als ein Ganzes wirkt, ist damit zu rechnen, daß ebendies auch in unserer natürlichen Mitwelt passiert. Andererseits wird der uns im Römerbrief erteilte Auftrag, in der Mitwelt Zeichen der Befreiung zu setzen, vielleicht erst von hier aus verständlich.

Die Natur leidet, und sie leidet gerade darunter, daß nicht alles natürlich, sondern daß vieles nicht gut ist, was in der Sinnenwelt passiert. Vor allem das Verwildern, z. B. von Gärten, sollten wir nicht mehr ohne weiteres als natürlich gelten lassen. Sondern die Natur wirkt durch uns auf ein Ziel hin, das noch nicht erreicht ist. Auf diesem Weg zu einem Neuen Himmel und zu einer Neuen Erde soll auch die Menschheit ihren Beitrag leisten. *Es liegt an uns, ob die Natur die Chance wahrnimmt, die sie in uns hat.* Schon Aristoteles nannte die Natur von etwas diejenige Beschaffenheit, die es erreicht, wenn seine Entwicklung vollendet ist (Politik 1252b32). Die Natur, die sich mit uns forttreibt, ist noch nicht dort, wohin es sie treibt. »Die endgültig manifestierte Natur liegt nicht anders wie die endgültig manifestierte Geschichte im Horizont der Zukunft« (E. Bloch 1959, 807). Wir sagen ja auch nicht, daß alles, was ein Mensch tut, bereits deshalb menschlich sei, weil es von einem Menschen getan wird. Sondern einiges, was Menschen tun, ist menschlich, anderes nicht. So kann auch die Natur ihr Ziel verfehlen, und dann sind Naturprozesse nicht natürlich.

7. Frieden mit der Natur – Voraussetzungen, Bedingungen und Perspektiven

Daß alles, was nicht Mensch ist, im wesentlichen für den Menschen da und nach seinen Bedürfnissen zu bewerten sei, entspricht einem absolutistischen Herrschaftsverhältnis. Dieser Absolutismus ist die eigentliche Ursache der Umweltzerstörung und der normative Kern des in der industriellen Wirtschaft handlungsleitenden Naturverständnisses. Das herrschende Naturverhältnis ist jedoch, wie in den vorangegangenen Kapiteln begründet, unmenschlich und verfehlt den Naturzusammenhang des menschlichen Lebens.

Als ein neues Paradigma für das industriegesellschaftliche Verhältnis zur Natur habe ich den Frieden mit der Natur vorgeschlagen. Ich erläutere in diesem Kapitel zunächst, was darunter zu verstehen ist (Abschnitt 7.1), in welchem Bemächtigungszusammenhang hier ein Frieden geschlossen werden sollte (Abschnitt 7.2) und welche politischen bzw. geistigen Bedingungen meines Erachtens erfüllt sein müssen, damit unser Handeln dem Frieden mit der Natur dient (Abschnitte 7.3/4/5). Der politische Frieden mit der Natur bleibt dann freilich von dem Frieden jenseits der Geschichte zu unterscheiden (Abschnitt 7.6).

7.1 Das Konzept des Friedens mit der Natur

Der Grundgedanke läßt sich am einfachsten erklären, wenn ich mich dabei auf eine Unterscheidung von dreierlei politischem Machtstreben beziehe, die der englische Politiker, Philosoph und Physiker Francis Bacon getroffen hat. Die gewöhnlichste Form des politischen Ehrgeizes, so schrieb Bacon 1620 in seinem »Neuen Organon der Wissenschaften«, sei es, unter seinen Mitbürgern zur Macht kommen zu wollen. Auf der nächsthöheren Stufe – die er selbst 1618 als Lordkanzler erreicht hatte – gehe es darum, die Macht des Vaterlands unter den anderen Nationen zu mehren. Das höchste und vornehmste Machtstreben aber sollte seiner Meinung nach der Herrschaft des Menschen über die Natur gewidmet sein.

»Wir wollen versuchen, hier vorläufig drei verschiedene Stufen und Arten menschlicher Ehrbegierde aufzustellen. Vermöge der ersten sucht Jemand seine eigene Macht in seinem Vaterlande geltend zu machen; dies ist eine niedrige Ehrbegierde. Die zweite will das Ansehn und die Gewalt des Vaterlandes unter andern Nationen erweitern; wohl eine höhere, wenngleich nicht weniger leidenschaftlich als die erstere. Derjenige endlich, welcher die Macht und Herrschaft des menschlichen Geschlechts über die Gesammtnatur zu begründen und zu erweitern strebt, besitzt ohne Zweifel eine Ehrbegierde, die, falls sie ja noch so genannt werden darf, bei weitem naturgemäßer und edler ist als beide vorhergehende Arten« (aaO I. § 129).

Wie aber sollte es zur menschlichen Machtergreifung in der Natur kommen können? Bacons Antwort auf diese Frage war: durch Wissenschaft und Technik, und eben darin sah er die universalgeschichtliche Bedeutung der Naturwissenschaft (vgl. Kapitel 9).

Bacon selbst erreichte diese dritte Stufe der Macht, als er 1621 durch eine Intrige und wegen Bestechlichkeit seines Amts als Lordkanzler enthoben wurde und sich dann für den Rest seines Lebens nur noch mit der Naturwissenschaft beschäftigte. »Über die Menschen zu herrschen, war ihm mißlungen«, schrieb Bert Brecht in einer dies beschreibenden Kalendergeschichte. »Nun widmete er die ihm verbliebenen Kräfte der Untersuchung, wie die Menschheit am besten die Herrschaft über die Naturkräfte gewinnen könnte.«

Der Frieden mit der Natur soll auf der dritten Stufe der Macht derjenige politische Zustand sein, welcher dem inneren und dem äußeren Frieden auf den beiden darunterliegenden Stufen entspricht. So wie wir vom internationalen Frieden bereits dann sprechen, wenn die bestehenden Konflikte ohne Krieg und Waffengewalt ausgetragen werden, ist auch der Friede mit der Natur nicht so gemeint, daß keine Interessengegensätze zwischen der Menschheit und der natürlichen Mitwelt bestehen. Die Grundbedingung des Friedens mit der Natur ist jedoch wiederum, daß gegensätzliche Interessen nicht gewaltsam geltend gemacht werden.

Nennen wir den Frieden diejenige politische Ordnung, in der die – jederzeit bestehenden – Konflikte nicht gewaltförmig ausgetragen werden, so ist leider festzustellen, daß gewaltlose Formen des Konfliktaustrags bisher nur auf der untersten der drei Ebenen gefunden worden sind. Auf der zweiten Stufe, in den internationalen Verhältnissen, ist nach wie vor im wesentlichen die militärische Macht maßgeblich, und Gewalt üben wir auch auf der dritten Stufe, in der Herrschaft über die natürliche Mitwelt. Der Frieden ist bisher also nur innenpolitisch gefunden worden, und auch dies noch lange nicht überall auf der Welt. Außenpolitisch gibt es immerhin ein allgemeines Bewußtsein, wie dringend wünschenswert eine internationale Ordnung ist, in der die Konflikte zwischen Ländern und Ländergruppen nicht mehr gewaltförmig ausgetragen werden. In bezug auf die natürliche Mitwelt aber sind wir noch nicht einmal so weit, sondern stehen in einem Unfrieden, der von den meisten Beteiligten gar nicht als solcher erkannt worden ist.

Innenpolitisch ist der Frieden historisch in sehr verschiedenen Formen gefunden worden. In der Neuzeit war zunächst der Absolutismus eine Form der Befriedung vorangegangener Bürgerkriege. Wir haben aber wohl keinen Anlaß, der bei uns in Gestalt des modernen Rechtsstaats geltenden Ordnung irgendeine andere politische Organisation aus Vergangenheit und Gegenwart vorzuziehen. Ich verstehe darunter wie Hans Peters idealtypisch den Staat, »der sich die Verwirklichung, d. h. die Entwicklung und Sicherung, der Gerechtigkeit zum Ziele setzt und gewillt und fähig ist, den Bürger vor Willkür und Gewalt zu schützen, also seine Macht auf die Seite des Rechts zu stellen« (1969, 196).

Ich halte den modernen Rechtsstaat für eine der größten Errungenschaften der politischen Kultur. Zwar kann trotz des Rechtsstaats auch in der Bundesrepublik und in ähnlich verfaßten Ländern noch lange nicht davon die Rede sein, daß es überall immer nur gerecht zugehe; jedoch ist es gerade der Rechtsstaat, relativ zu dem Ungerechtigkeiten in der Rechtsprechung bzw. in der Gesetzgebung Kritik verdienen und weitgehend korrigierbar sind.

International stehen wir demgegenüber noch auf dem Niveau des Fehderechts. C. F. von Weizsäcker hat vorgeschlagen, den internationalen Frieden nach dem Vorbild des inneren Friedens zu wahren, nämlich durch den Übergang von der bisherigen Außenpolitik zur Weltinnenpolitik im Rahmen eines Weltstaats. Um Kriege zwischen einzelnen Ländern wie zwischen souveränen Nationen heutiger Art verhindern zu können, müßte ein solcher Weltstaat wiederum über ein Gewaltmonopol verfügen. Nach der historischen Analogie wäre hier ein absolutistischer Staat die nächste Stufe jenseits des Fehderechts.

Im industriewirtschaftlichen Verhalten gegenüber der natürlichen Mitwelt stehen wir zwar nicht mehr auf der Stufe des Fehderechts, denn der Kampf gegen die Natur ist durch die Übermacht der Technik längst entschieden, wohl aber auf der des Absolutismus. Ich verstehe darunter idealtypisch die früheste Erscheinungsform des modernen Staats, der durch die Französische Revolution ein Ende gesetzt wurde und die ursprünglich eine Antwort auf die konfessionellen Bürgerkriege des 16. Jahrhunderts gewesen ist: »Eine Staatsordnung, in welcher die unbeschränkte, ungeteilte, unkontrollierte Staatsgewalt einem Herrscher zusteht, der nicht dem Gesetz unterworfen (princeps legibus solutus) und in der Ausübung der Staatsgewalt an keine Mitwirkung sonstiger Organe (Ständevertretung, Parlament usw.) gebunden ist« (Forsthoff 1966, 14).

Absolutistisch verdient das industriewirtschaftliche Verhalten gegenüber der natürlichen Mitwelt insofern genannt zu werden, als wir sie unseren Zwecken unterordnen nach der Maxime: Die Natur – das sind wir, der Rest der Welt ist nichts als für uns da. Wie im Absolutismus hat auch in der Industriegesellschaft die natürliche Mitwelt keine Rechte gegenüber dem Souverän, der Menschheit.

»Es hätte mehr Aussicht gehabt, einem hochmütigen Aristokraten aus der Zeit Ludwigs des Fünfzehnten ein Gefühl für das Volk, die Krapüle, zu wecken, als in einem Bewohner der Neuzeit die Vorstellung, daß die Dinge dieser Welt zu etwas anderem da seien, als von ihm ausgeforscht, verformt und ausgebeutet zu werden« (Erhart Kästner 1982, 161).

Insoweit unsere Macht gegenüber der natürlichen Mitwelt jedoch nicht willkürlich, sondern nach einer bestimmten Ordnung ausgeübt wird, ist die industriegesellschaftliche Herrschaft in der Natur nicht tyrannisch oder despotisch, sondern absolutistisch.

Der Grundgedanke des Friedens mit der Natur, so wie ich ihn mir vorstelle, ist nun, daß dieser Frieden auf Bacons dritter Stufe der Macht in derselben Form gefunden werden könnte wie auf der ersten Stufe in Gestalt des modernen Rechtsstaats. Nachdem wir aus der politischen Geschichte gelernt haben, daß Macht immer nur in einer verfassungsmäßigen Beschränkung ausgeübt werden sollte, und daß dafür der moderne Rechtsstaat vorbildlich ist, müßte dieser Einsicht nun auch im Verhältnis zur natürlichen Mitwelt Raum gegeben werden. *Frieden mit der Natur bedeutet dann, daß das Verhalten der Menschheit gegenüber der natürlichen Mitwelt in einer über die Menschheit hinausgehenden, natürlichen Rechtsgemeinschaft verfassungsmäßig geregelt wird.*

Unbestritten bleibt, daß die Menschheit überhaupt Herrschaft in der Natur ausüben darf. Naturgemäß aber ist nur die Herrschaft des Gesetzes (Platon, Nomoi 690c). Es geht darum, von der absolutistischen zur rechtsstaatlichen Herrschaft überzugehen. Die Anthropokratie – Herrschaft des Menschen in der Natur – muß legitim sein. Dazu gehört, daß sie durch die Verantwortung gegenüber dem Ganzen beschränkt ist.

Daß die Menschheit für sich keine geschlossene Gesellschaft, sondern nur als ein Teil der natürlichen Lebensgemeinschaft sie selber ist, ergibt sich aus dem physiozentrischen Menschenbild, das ich nach den Überlegungen der Kapitel 5 und 6 nunmehr voraussetze. *Es liegt seinem Wesen nach in*

der Bestimmung des Menschen, nicht bereits in der menschlichen Gesell-
schaft, sondern nur in der natürlichen Gemeinschaft mit Tieren und
Pflanzen, Wind und Wasser, Himmel und Erde wahrhaft Mensch sein zu
können.

Aus dem Natur- und Menschenbild, das in den beiden vorangegangenen
Kapiteln entwickelt worden ist, folgt, daß auf die natürliche Mitwelt
in unserem Handeln um ihrer selbst willen Rücksicht zu nehmen und sie
nicht nur um unseretwillen zu berücksichtigen ist. Dies bedeutet aber
noch nicht ohne weiteres, daß die Beziehungen zwischen Mensch und
Mitwelt gerade rechtsförmig geregelt werden sollten. Den Frieden mit der
Natur nach dem Vorbild des rechtsstaatlichen Austrags gesellschaftlicher
Konflikte ebenfalls rechtlich zu regeln, ist ein Gedanke, der sich für mich
auch aus dem historischen Vergleich ergibt.

Historisch war ja der Absolutismus insofern ein Vorläufer des modernen
Rechtsstaats, als in diesem sozusagen nur noch die Gleichheit vor dem
Gesetz an die Stelle der Gleichheit vor dem absolutistischen Herrscher zu
treten brauchte. Nach der Analogie des menschlichen Absolutismus gegenüber der natürlichen Mitwelt mit dem des absolutistischen Staats stelle
ich mir vor, daß auch in der Natur der moderne Rechtsstaat an die Stelle
des Absolutismus treten sollte. So würde sich eine Rechtsgemeinschaft
der Natur ergeben, welche die Menschheit und die natürliche Mitwelt
gleichermaßen umfaßt. Es geht sozusagen um den Übergang von Hobbes
zu Locke auch für die natürliche Mitwelt. Bei Locke haben die Individuen
von sich aus Rechte, bei Hobbes nicht.

Der Eigenwert der natürlichen Mitwelt wäre außer durch die Zuerken-
nung von Rechten auch in einem sozusagen patriarchalischen Verhältnis
zu respektieren. Da es hier nicht auf den Unterschied von Patriarchat und
Matriarchat bzw. von Männer- und Frauenherrschaft ankommt, könnte
dieses Verhältnis anthroparchalisch heißen und brauchte ebensowenig
anthropozentrisch zu sein, wie z. B. ein guter Patriarch alle ihm Nach-
geordneten so behandelt, als seien sie nichts als für ihn da. Ein Anthroparchat – also eine von patriarchalisch/matriarchalischer Fürsorge ge-
prägte Anthropokratie – wäre für unsere natürliche Mitwelt vielleicht
nicht schlechter als die Rechtsgemeinschaft der Natur. Auch die Untertanen eines Patriarchen haben durch die egalitäre Rechtsordnung bei
unverändert großen Machtunterschieden nicht notwendigerweise etwas
gewonnen.

Iring Fetscher hat mit Recht daran erinnert, daß als »eine negative Ne-
benfolge des Emanzipationsprozesses . . . die ›Sittlichkeit von oben nach
unten‹ in Vergessenheit geriet bzw. diskreditiert wurde, obgleich sie auch

in einer egalitären Gesellschaft durchaus / noch ihren Ort hat: im Verhältnis der Erwachsenen gegenüber hilflosen Kindern, der Gesunden gegenüber hilfsbedürftigen Kranken, der starken Jüngeren gegenüber den gebrechlichen Alten, der Menschen insgesamt gegenüber Tieren« (1982, 773 f.). Jedoch muß es heute zunächst darum gehen, die Ordnung der menschlichen Gesellschaft mit der des Ganzen in Einklang zu bringen und unser Verhalten gegenüber Mitmenschen nicht grundsätzlich anders zu regeln als gegenüber der sonstigen Mitwelt. Wenn wir mit der Aufklärung beim Menschen stehen bleiben, bleiben wir überhaupt bei der Aufklärung stehen. Zum modernen Rechtsstaat der Industriegesellschaft paßt dann aber kein Anthroparchat gegenüber der natürlichen Mitwelt, und patriarchalische bzw. matriarchalische Verhältnisse auch in der Gesellschaft werden heute nicht mehr gewollt.

Setzt man voraus, daß die Menschheit in der Natur Verantwortung trägt, so kann der Übergang vom modernen Rechtsstaat, der sich gegenüber der Natur noch absolutistisch verhält, zur Rechtsgemeinschaft der Natur staatstheoretisch von dieser Verantwortlichkeit her vollzogen werden. Peter Saladin hat in seinem neuen Buch (1984) gezeigt, daß Verantwortung gerade auch das Strukturprinzip des modernen Rechtsstaats ist. Er hat damit meines Erachtens einer Staatsphilosophie der Zukunft, in der der moderne Rechtsstaat über die Menschheit hinaus erweitert wird, den Weg gewiesen.

Die menschliche Verantwortung für die natürliche Mitwelt ergibt sich für mich aus dem physiozentrischen Menschenbild. Wie die Rechte der natürlichen Mitwelt gemeint sind und nach welchen Gesichtspunkten hier Recht und Unrecht unterschieden werden können, ist der Gegenstand des folgenden Kapitels.

Die Macht von Menschen über Menschen und die von Staaten über Staaten durch die menschliche Machtergreifung in der Natur zu überhöhen, bedeutet selbstverständlich nicht, daß die politische Macht alter Art durch die wissenschaftlich-technische Macht ersetzt würde. Es handelt sich vielmehr darum, daß die Macht über die natürliche Mitwelt der Macht zwischen Menschen und der zwischen Staaten einen anderen Charakter gibt. Diese Veränderung zeigt sich darin, daß wissenschaftlich-technische Entwicklungen sowohl die Formen des Austrags der bestehenden Konflikte verändern als auch gänzlich neue Konflikte hervorrufen (Abschnitt 9.3).

In der Bemächtigung über die natürliche Mitwelt den Frieden zu suchen, ist meines Erachtens die politische Voraussetzung dafür, daß den technischen und administrativen Möglichkeiten und Erfordernissen des Umweltschutzes überhaupt Raum gegeben wird. Unterhalb des Friedens mit der Natur gibt es kein ›ethisches Minimum‹ (Hartkopf/Bohne), das die Zukunft sichert. Dieses Problem ist in der Kleinen Umweltpolitik der 70er Jahre hoffnungslos unterschätzt worden. Es ist nicht damit getan, relativ zu den bisherigen Drehpunkten der Politik die bestehenden Spielräume zu nutzen sowie hier und da die Gewichte etwas zu verlagern, sondern den Frieden mit der Natur muß selbst zu einem neuen Angelpunkt jeglicher Politik gemacht werden, in der Entscheidungen hinsichtlich des menschlichen Verhaltens zur natürlichen Mitwelt getroffen werden. Die ganze Politik muß sich ändern. Die Erweiterung um einen neuen Teilbereich genügt nicht.

Die Emanzipation des Bürgertums war diejenige politische Veränderung, welche den wissenschaftlich-technischen Möglichkeiten der Unterwerfung unserer natürlichen Mitwelt und damit der heutigen Industriegesellschaft geschichtlich Raum gegeben hat. Nunmehr den Frieden mit der Natur zu suchen, würde die Politik der Industrieländer auf eine ganz neue Grundlage stellen und wäre insofern nicht weniger radikal als die technische und politische Revolution zum Ende des 18. Jahrhunderts. Tatsächlich würde es sich hier sogar um eine der Jahrtausendwende würdige politische Erneuerung handeln, denn die neuzeitliche Machtergreifung in der Natur hat lange vor Bacons Proklamation bereits in den ersten Jahrhunderten dieses Jahrtausends begonnen.

7.2 Neue Träume und ein Drängen über Land und Meer

Im Verlauf des zweiten Jahrtausends ist ein allgemeines Drängen über Land und Meer zum maßgeblichen Bestimmungsfaktor der politischen und gesellschaftlichen Entwicklung in Europa geworden. Es begann mit den Kreuzzügen im 11. bis 13. Jahrhundert. Diese Züge in die Welt hinaus erfolgten noch im Gewand des Glaubens und mit dem Ziel des Heiligen Landes. Später aber gab es neue Ziele sowie neue Gewänder, und was blieb war das Drängen.
Charakteristisch für die weitere Entwicklung war z. B. Francesco Petrarcas dichterische Bergbesteigung des Mont Ventoux, des Windbergs, in Südfrankreich. Einen Berg besteigen zu wollen, war damals höchst ungewöhnlich und kam allenfalls dann vor, wenn man dort oben etwas zu suchen und zu finden hatte. Die von Petrarca 1336 erdachte Bergbesteigung

aber war die erste, die um ihrer selbst willen erfolgen und nicht nur irgendeinem anderen Zweck dienen sollte. Es ging ihm darum, die Landschaft in ihrer Schönheit und Weite überblicken zu wollen. Die expansive Sinnlichkeit, in der dies geschah, läßt den Windberg im Rückblick nun freilich eher wie einen Feldherrnhügel erscheinen, von dem aus der Dichter sich stellvertretend für die moderne Menschheit einen Überblick darüber verschaffte, was dieser Planet seinen Eroberern zu bieten hätte.

Petrarca selbst war die Fragwürdigkeit der Bergbesteigung, die er sich vorstellte, sehr wohl bewußt. Prophetisch für die weitere Entwicklung dachte er sich sogar, oben auf dem Berg die »Bekenntnisse« des philosophischen Kirchenvaters Augustin aufzuschlagen und dabei ausgerechnet auf den folgenden Satz zu stoßen: »Und die Menschen gehen hin und bewundern die Bergesgipfel, die gewaltigen Meeresfluten, die breit daherbrausenden Ströme, des Ozeans Umlauf und das Kreisen der Gestirne und vergessen darüber sich selbst« (X.8.15). Er hätte außerdem an die dritte Versuchung Jesu denken können: Das alles will ich dir geben, so du niederfällst und mich anbetest.

Petrarcas Bergbesteigung ist charakteristisch für das neue Verhältnis zur Natur, das sich im Spätmittelalter entwickelte. Ein halbes Jahrhundert zuvor war Marco Polo in den Diensten des Großchans nach China gefahren. Einhundertfünfzig Jahre später umschiffte Bartolomeu Diaz 1487 erstmalig das Kap der Guten Hoffnung und 1492 entdeckte Christoph Columbus jenseits des Atlantiks Westindien. Charakteristisch für den neuen Geist waren aber nicht nur diese Reisen, sondern ebensosehr die Tatsache, daß die dazu erforderlichen technischen Voraussetzungen nun ebenfalls erfüllt waren.

Wiederentdeckt wurde nämlich auch der Nahbereich der natürlichen Mitwelt. Hier gab es einmal Franz von Assisis brüderliche und christliche Hinwendung in die uns umgebende Welt der Tiere und Pflanzen, Berge und Flüsse, Meere und Wolken im Licht der Sonne, die alle er als Mitgeschöpfe religiös erkannte. Charakteristischer für die weitere Entwicklung war jedoch eine Fülle von energietechnischen, agrartechnischen und verkehrstechnischen Erfindungen, mit denen die – in der Industriegesellschaft vollendete – Unterwerfung der natürlichen Mitwelt unter die von der Menschheit gesetzten Zwecke im 12. und 13. Jahrhundert begonnen hat. Wichtige Beispiele sind Wasser- und Windmühlen, Räderpflug und Kummetgeschirr, Feuerwaffen, Heckruder und Kompaß. »Im 13. Jahrhundert hatte man das Entdecken entdeckt« (Krolzik 1979, 53).

Das Mittelalter war aus der industriegesellschaftlichen Perspektive bei weitem nicht so dunkel, wie man bis heute gelegentlich denkt. Aus ihm sind nicht nur die neuzeitlichen Bedürfnisse hervorgegangen, sondern es hat auch die Grundlagen geschaffen, auf denen sie befriedigt werden konnten. Dabei weist die geistige Entwicklung, vor allem in Gestalt des allmählichen Aufkommens neuer Ziele, über den jeweiligen technikgeschichtlichen Befund weit hinaus. Vor allem ist es sowohl für eine individuelle als auch für eine gesellschaftliche Entwicklung geradezu von maßgeblicher Bedeutung, was für Träume ihr vorausgehen.

Seiner Zeit voraus, für die weitere Entwicklung jedoch beunruhigend charakteristisch waren z. B. die Träume eines spätmittelalterlichen Namensvetters von Francis Bacon, des englischen Franziskanermönchs Roger Bacon. Dieser wünschte sich eine Experimentalwissenschaft (scientia experimentalis), welche nicht nur die Bewegungen der Himmelskörper viel genauer berechnen können sollte, als es nach dem Ptolemäischen, geozentrischen System der Antike möglich war, sondern auch die Grundlage technischer Entwicklungen sein könnte. Er dachte z. B. an die Möglichkeit, Feinde dadurch in die Flucht zu schlagen, daß man ihren Sinn ändert bzw. ihren Willen bricht. Als weitere Erfindungen nannte er Bäder, die nie erneuert werden müssen, und immerbrennende Lampen. Es ging ihm also auch um friedliche Bedürfnisse. Er kehrte von dort aber immer wieder zu den militärischen Entwicklungen zurück.

Natürlich waren Roger Bacons technische Allmachtsphantasien zu seiner Zeit von einer praktischen Verwirklichung weit entfernt. Wären aber seine Träume nicht neuzeitliche Menschheitsträume gewesen, so wäre es schwerlich zu der naturwissenschaftlich-industriewirtschaftlichen Entwicklung der letzten Jahrhunderte gekommen. Denn im Licht unserer Träume erkennen wir das Wünschenswerte, oder wir nehmen diejenigen Wege als die wünschenswerten wahr, von denen wir schon geträumt hatten. »Ich glaube, der Mensch träumt nur, damit er nicht aufhöre zu sehen«, läßt Goethe in den »Wahlverwandtschaften« Ottilie in ihr Tagebuch schreiben (HA VI. 375). Es gibt jedoch sehr verschiedenartige Träume, und so wird dieses oder jenes gesehen. Der Traum der Industriegesellschaft führt auch dazu, daß wir sehr vieles nicht sehen. Demgegenüber erklärte der Indianerhäuptling Seattle dem US-amerikanischen Präsidenten: »Wir sind Wilde – die Träume des weißen Mannes sind uns verborgen« (1855/1982, 35).

Roger Bacons Traum war eine Offenbarung von wissenschaftlicher Wahrheit in militärischer und technischer Macht über die natürliche und geschichtliche Mitwelt. Macht und Gewalt sind uns in der Regel nur als soziale, militärische und politische Phänomene zwischenmenschlicher Beziehungen bewußt, und doch sprechen wir auch vom Siegeszug der modernen Naturwissenschaft und Technik. Ein Vorbild für diesen Siegeszug, den drei Jahrhunderte später Francis Bacon der Menschheit als die höchste Stufe der politischen Machtentfaltung empfohlen hat, waren nun wiederum die Entdeckungsreisen der frühen Neuzeit.

Die Entdeckung der Erde hatte ja im 16. Jahrhundert bereits einen Höhepunkt erreicht und außerdem ihr religiöses Gewand längst verloren. So nimmt es nicht wunder, daß Francis Bacon die von ihm proklamierte Wissenschaftsentwicklung in die Tradition der großen Entdeckungsreisen stellte:

»Wie Vieles ist nicht durch die großen, in unsrer Zeit so häufigen Land- und Seereisen in der Natur entdeckt, was ein großes Licht auf die Philosophie verbreiten kann! Wirklich, es wäre eine Schande für unsre Zeit, welche im Gebiete der Außenwelt – in der Kunde der Erde, des Meeres und des Himmels – so ungeheure Fortschritte gemacht, wenn sie im Gebiete der Geisteswelt sich auf das dürftigere Wissen der Alten beschränken wollte« (Neues Organon I. § 84).

Nicht eben bescheiden, ließ Bacon neben der wissenschaftlich-technischen Unterwerfung der Natur allenfalls noch die Reise des Columbus oder den Eroberungszug Alexanders des Großen als vergleichbare Großtaten aus dem Bereich der (nächstuntergeordneten) Machtentfaltung zweiter Stufe gelten.

Die Entdeckungsreisen durch den wissenschaftlichen Siegeszug noch übertreffen zu wollen, war auch deshalb problematisch, weil der geistigen Unterwerfung der Natur ganz das abenteuerlich Spektakuläre fehlte, durch das Alexander und Columbus auch weniger sublimierte Träume und Machtbedürfnisse erfüllten, als Bacon sie ansprach. Er machte aus dieser Not jedoch die Tugend der Schlichtheit: Alexanders Größe liege »hauptsächlich in dem festen Muthe, womit er den eiteln Prunk verachtete. Etwas Ähnliches wird man wohl einst von uns urtheilen« (aaO I. § 97).

Die großen Entdeckungsreisen der frühen Neuzeit waren danach ein Vorbild für die wissenschaftlich-technische Erforschung, Erschließung und Unterwerfung der Natur. Die Machtergreifung der Menschheit in der Natur ist ein gemeinsamer Nenner für die geschichtlichen Entwicklungen des zweiten Jahrtausends.

So haben die modernen schiffs- und waffentechnischen Entwicklungen des Mittelalters nicht nur die Vorherrschaft Westeuropas über den Rest der Welt bis hin zur Ausbeutung der Kolonien ermöglicht. Vielmehr wurde der durch Handel und Kolonisierung gewonnene Reichtum darüber hinaus die Grundlage für einen noch viel größeren Reichtum, der den Industrieländern nach dem Vorbild der Entdeckungsreisen durch die neuzeitliche Entwicklung von Wissenschaft und Technik ermöglicht wurde. Diese Vorgeschichte bedeutet auch, daß derselbe Weg für die heutigen Entwicklungsländer nicht erneut gangbar ist.

Die Machtförmigkeit von Wissenschaft und Technik, insbesondere der *Wissenschaft* selber, ist das Thema des Kapitels 9. Daß die industrielle *Wirtschaft* eine Form der Bemächtigung und Eroberung der natürlichen Mitwelt ist, bedarf heute wohl keiner weiteren Begründung mehr. Adam Müller (1779-1829) war es, der schon erwähnte Staats- und Wirtschaftstheoretiker der Romantik, der meines Wissens erstmalig den Gedanken faßte, auf dieser Stufe der Machtentfaltung ebenfalls Krieg und Frieden zu unterscheiden.

Müller erkannte, daß eine auf industrieller Produktion beruhende freie Marktwirtschaft, wenn man ihr ihren Lauf ließ, die bestehenden Ordnungen in Politik und Gesellschaft zerstören würde. »Auch ich kann mir den ganzen Haushalt des Menschen als eine Industrie ... denken; aber dann muß es eine Industrie ... sein, ... die, indem sie alles, auf menschliche Weise alles, das ihr Gebührende nämlich erwerben will, zugleich alles und jedes einzelne verteidigt« (1809/1983, 285). Dem Wirtschaftsleben, diesem »bewaffneten Frieden mit der Natur« (aaO), sollten deshalb normative Schranken gesetzt werden. Es ging ihm aber nicht um die Umweltverträglichkeit, sondern um die Sozialverträglichkeit der industriellen Wirtschaft. Heute sollte dem bewaffneten Frieden bzw. der gewaltsamen Machtergreifung des Menschen in der Natur um eines wirklichen Friedens mit der Natur willen und durch einen solchen Frieden ein Ende gesetzt werden. Die industriewirtschaftliche Machtentfaltung ist nun schon viel zu lange »euphemistisch als ›Naturbeherrschung‹ mißverstanden« (Sieferle 1984, 153) worden. In welcher Form aber kann der Frieden mit der Natur gefunden werden?

7.3 Erhaltung des Bestehenden? – Bedingungen eines Waffenstillstands mit der Natur

Angesichts der fortschreitenden Umweltzerstörung sollte der Frieden mit der Natur zunächst einmal darin bestehen, daß der Zerstörung ein Ende gemacht wird. Diese Forderung wäre jedoch nicht nur deshalb schwer zu verwirklichen, weil die derzeitige Wirtschaft – einschließlich vieler Arbeitsplätze – weitgehend von der Umweltzerstörung lebt. Ein Problem liegt auch darin, daß das Ende der Zerstörung nicht einfach durch die Erhaltung des Bestehenden herbeigeführt werden kann.

Die Erhaltung des Bestehenden darf vor allem aus drei Gründen nicht das maßgebliche Ziel der Umweltpolitik sein:

1. Unsere natürliche Mitwelt ist in der jetzigen Situation bereits in einem Ausmaß in Mitleidenschaft gezogen, dessen Beibehaltung nicht vertretbar wäre.

2. Es kommt nach den Überlegungen des Kapitels 6 grundsätzlich nicht darauf an, daß wir uns der Veränderung der natürlichen Mitwelt enthalten, denn diese Veränderung ist für uns lebensnotwendig. Die einzig interessante Frage ist vielmehr, welche Art des Umgangs zu rechtfertigen ist und welche nicht.

3. Die Christenheit ist sogar dazu aufgerufen, nicht nur für sich selber, sondern auch für die natürliche Mitwelt Sorge zu tragen und ihrem Leiden Zeichen der Freiheit entgegenzusetzen.

Wir werden und dürfen durch unser Handeln also auch weiterhin auf die natürliche Mitwelt einwirken.

Sowie wir aber in die Mitwelt eingreifen, können wir in der Regel nicht mehr allen Interessen gleichermaßen gerecht werden.

»Auf tausend Arten steht meine Existenz mit anderen in Konflikt. Die Notwendigkeit, Leben zu vernichten und Leben zu schädigen, ist mir auferlegt. Wenn ich auf einsamem Pfade wandle, bringt mein Fuß Vernichtung und Weh über die kleinen Lebewesen, die ihn bevölkern. Um mein Dasein zu erhalten, muß ich mich des Daseins, das es schädigt, erwehren. Ich werde zum Verfolger des Mäuschens, das in meinem Hause wohnt, zum Mörder des Insekts, das darin nisten will, zum Massenmörder der Bakterien, die mein Leben gefährden können. Meine Nahrung gewinne ich durch Vernichtung von Pflanzen und Tieren« (A. Schweitzer 1923/1974, II. 387).

So ist es. Auch Albert Schweitzer hat keine Möglichkeit gesehen, wie wir grundsätzlich darum herumkommen könnten, auf Kosten anderen Lebens zu leben. Unstrittig sein dürfte insbesondere, daß wir Pflanzen oder wenigstens ihre Früchte zum Leben brauchen und daß wir uns gegen Krankheiten zu schützen haben, sei es durch Stärkung der Widerstandsfähigkeit des menschlichen Körpers oder durch Bekämpfung von Krankheitserregern.

Der Frieden mit der Natur darf also z. B. die Bekämpfung des Pockenerregers nicht ausschließen. Ich glaube sogar, um ein ganz extremes Beispiel zu nennen, daß Tierversuche zu human- und tiermedizinischen Zwecken *nicht grundsätzlich* ausgeschlossen werden sollten, soweit sie nicht durch andere Methoden ersetzbar oder mit schweren Leiden verbunden sind

(Abschnitt 8.4). Wieweit aber dürfen wir damit gehen, unsere Interessen auf Kosten anderen Lebens geltend zu machen?

Eine elementare und – besonders zu Legitimationszwecken – weit verbreitete Antwort ist: erlaubt sei alles, wofür es Parallelen in der natürlichen Mitwelt gibt. Ein harmloses Beispiel entnehme ich der Autobiographie von William Franklin, der als Junge eine Zeitlang Vegetarier war:

»Indessen hatte ich früher außerordentlich gern Fische gegessen, und sooft ein Fisch aus der Pfanne genommen wurde, roch er mir köstlich. Eine Weile schwankte ich zwischen Grundsatz und Lust, bis mir endlich einfiel, daß man beim Öffnen eines Kabeljaus kleinere Fische in dessen Bauch gefunden habe, worauf ich dachte: ›Wenn ihr einander verzehrt, so sehe ich keinen Grund, dich nicht auch zu verspeisen‹« (1983, 48).

Es liegt auf der Hand, daß diese Argumentationsform außerordentlich leicht mißbraucht werden kann. Ein gängiges Beispiel ist: ›Die meisten Arten, welche im Verlauf der Naturgeschichte entstanden sind, gibt es heute nicht mehr; also dürfen auch wir dazu beitragen, daß Arten sterben.‹

Ein eher kurioses Beispiel erinnere ich aus der Kernenergiedebatte. Hier sind Kernkraftwerke gelegentlich dadurch gerechtfertigt worden, daß Plutonium ›natürlich‹ sei. Der Schluß lautete sinngemäß: Alles Natürliche ist gut. Was in der Natur vorkommt, ist natürlich. Plutonium ist (im Verlauf der Erdgeschichte, an einem Ort in Afrika) einmal in der Natur vorgekommen. Die Bewertung des Plutoniums ist entscheidend für die Kernenergienutzung. Also sind Kernkraftwerke gut.

Nun ist es für die Beurteilung der Kernenergienutzung ganz belanglos, ob es zu einer Zeit, als es noch keine Industriegesellschaft gab, einmal punktuell etwas Plutonium gegeben hat. Und durch das naturgeschichtliche Artensterben sind wir ebensowenig berechtigt, es unsererseits zu beschleunigen, wie die menschliche Sterblichkeit einen Grund dafür abgeben kann, einen Mitmenschen vorzeitig umbringen zu dürfen. In Franklins Beispiel schließlich wäre zu berücksichtigen, daß die Fische, die der Kabeljau frißt, für ihn so lebenswichtig sind wie für uns die Pflanzen, nicht aber Fische. Denn ein Kabeljau ist, wie mir der Hamburger Hydrobiologe Hubert Caspers versichert, auch zwangsweise nicht mit vegetarischer Ernährung am Leben zu halten.

Wieweit wir damit gehen dürfen, unsere Interessen auf Kosten anderen Lebens geltend zu machen, ist der Anschauung unserer natürlichen Mitwelt aber auch bereits deshalb grundsätzlich nicht zu entnehmen, weil – wie wir aus dem Römerbrief des Paulus wissen sollten – nicht alles gut ist, was in der Natur passiert. Die Antwort kann dann aber nur lauten: *Wir*

müssen die menschlichen Interessen gegen die der betroffenen Mitwelt ab-
wägen und unsere Interessen dort durchsetzen, wo wir *rechtfertigen* zu
können glauben, daß sie die überwiegenden sind.

Zuzugeben, daß es umweltpolitisch nicht einfach auf die Erhaltung der
Mitwelt ankommt, sondern daß von Fall zu Fall unsere Interessen, etwas
zu tun oder nicht zu unterlassen, gegen die der Mitwelt abgewogen werden müssen, birgt politisch ein enormes Problem. An dieser Stelle atmen
nämlich alle diejenigen auf, welche den menschlichen Interessen grundsätzlich den Vorrang geben, indem sie z. B. industriewirtschaftliche Interessen möglichst auf Kosten der Mitwelt erfüllen, und denken: *Solange der*
Frieden mit der Natur die Abwägung gegensätzlicher Interessen zwischen
Menschheit und Mitwelt zuläßt, werden wir schon dafür sorgen, daß die
Abwägung in der Regel nicht zu Lasten der Wirtschaft ausgeht.

Angst haben diejenigen, welche die alten Drehpunkte der Politik bewa-
chen, in der Regel nur vor denen, welche kompromißlos einen bestimmten Naturzustand nicht preiszugeben bereit sind. Ich kann ein so striktes
Erhaltungsgebot nicht generell vertreten, zumal dabei auch die Konsequenz nicht auszuschließen ist, um der Schonung der Mitwelt willen Menschen zugrunde gehen zu lassen. Ich werde mich dem strikten Erhaltungsgebot durch meine Auslegung des Abwägungsprinzips jedoch annähern.
Insbesondere empfehle ich, die Politik des Friedens mit der Natur durch
eine Art *Waffenstillstand* einzuleiten, in dem die folgenden Bedingungen
gelten:

1. Nachdem die Zerstörung der natürlichen Mitwelt inzwischen bereits
   ein sehr fortgeschrittenes Stadium erreicht hat, sollte die Abwägung
   zwischen menschlichen Interessen einerseits und denen der natürlichen Mitwelt andererseits bis auf weiteres in der Regel so getroffen
   werden, daß ›natürliche‹ Verhältnisse erhalten und wiederhergestellt
   werden. Als ›natürlich‹ kann dabei einstweilen der Zustand der natürlichen Mitwelt vor einem Jahrhundert und außerhalb der industriellen
   Ballungsräume gelten, denn die allgemeine Umweltzerstörung war
   erst ein Werk des 20. Jahrhunderts. Dem Waldsterben könnte nach
   dieser Regel bereits ein Ende gesetzt werden.

2. Man soll nach einem Gleichnis von Rousseau dem Lahmen nicht die
   Krücken wegnehmen und dem Verletzten das Messer nicht aus der
   Wunde ziehen, damit er nicht verblutet (Brief an Voltaire vom
   7.IX.1755). Die industriegesellschaftliche Umweltzerstörung wird in
   einigen Bereichen noch auf Jahre hinaus das kleinere Übel sein. Die
   Linderung der Not in der Dritten Welt, die Erhaltung von Arbeitsplätzen etc. können dadurch aber nur dann gerechtfertigt werden, wenn

gleichzeitig ein wirklich glaubwürdiger Anfang gemacht wird, um der Umweltzerstörung ein Ende zu setzen. Die Kleine Umweltpolitik der 70er Jahre genügt dafür nicht, sondern der Frieden mit der Natur muß zu einem Hauptziel der Politik werden.

3. Bei der Beurteilung der Umweltverträglichkeit industriewirtschaftlicher Prozesse soll nicht mehr nur das verboten sein, was nachgewiesenermaßen schädlich ist, sondern nur noch erlaubt sein, was nach bestem Wissen unschädlich ist (Umkehr der Beweislast). Dieses Prinzip gilt bereits bei der Zulassung von Heilmitteln. Dabei kann der heutige Stand der Wissenschaft in der Regel nicht als ›bestes‹ Wissen gelten, weil das Erhaltungswissen gegenüber dem Zerstörungswissen zurückgeblieben ist. Dieser Rückstand kann jedoch aufgeholt werden (vgl. Kapitel 10). Ein heuristisches Prinzip zur positiven Beurteilung der Umweltverträglichkeit bzw. Unschädlichkeit von Technologien und Verhaltensweisen ist einstweilen, daß die in der Umwelt unabhängig von uns ablaufenden Prozesse sozusagen naturgeschichtlich bewährt sind und insoweit als vorbildlich gelten dürfen. In diesem eingeschränkten Sinn möchte ich auch Barry Commoners Drittes ökologisches Gesetz: Die Natur weiß es am besten (Nature knows Best. 1971, 41), gelten lassen.

4. Vergegenwärtigen wir uns heute, in welchem Umfang Landschaften allein in der Nachkriegszeit verschandelt und zerstört worden sind, so erscheint es als ein Fehler, daß die von diesen Maßnahmen nachteilig Betroffenen sich dagegen nicht wirksamer zur Wehr setzen konnten. Ein von den Besitzverhältnissen unabhängiges Recht auf Heimat hätte verhindern können, daß die Freude am Wirtschaftswunder der Nachkriegszeit in dem Maß durch die Zerstörung gewachsener Verhältnisse getrübt wird, wie es jetzt der Fall ist. Zu den Bedingungen des Waffenstillstands mit der natürlichen Mitwelt sollte gehören, daß ein solches Grundrecht auf Heimat nun in die Verfassung der Bundesrepublik Deutschland aufgenommen wird (vgl. Abschnitt 12.4).

Ein Recht auf Heimat gibt es in der Bundesrepublik nur in der Verfassung des Landes Baden-Württemberg (Art. 2 Abs. 2). Ich kann nicht beurteilen, ob dies einen Einfluß auf die Umweltsituation in diesem Land gehabt hat. Zu bedenken bleibt in jedem Fall, daß ein Recht auf Heimat nur soviel wert ist, wie (a) das Heimatgefühl der Betroffenen reicht und (b) dieses Recht auch vor Gericht wahrgenommen werden kann. Demgegenüber halte ich den Einwand, daß Umwelten in der Regel gerade von den dort Beheimateten zerstört werden, nicht für tragfähig, weil ein Recht auf

Heimat vor allem diejenigen, die keine Verfügungsrechte haben, gegenüber den Besitzenden stärken sollte.

Für die langfristige Entwicklung kann das Erhaltungsgebot (1) gelockert werden. Natürlichkeit braucht auf die Dauer nicht gerade die der ländlichen Gebiete vor hundert Jahren zu sein. Dafür muß jedoch der in (2) noch konzedierten Fortsetzung des ausbeutenden Erobererlebens der Menschheit ein Ende gesetzt werden. Die Bedingungen (3) und (4) bedürfen der näheren Bestimmung durch neue Orientierungen des menschlichen Verhaltens zur natürlichen Mitwelt. Davon handelt der folgende Abschnitt.

7.4 Längerfristige Bedingungen des Friedens mit der Natur in Recht und Wirtschaft

Festzuhalten sind zunächst das Abwägungsprinzip und das Rechtfertigungsgebot aus dem vorangegangenen Abschnitt:

1. Abwägungsprinzip:
Im Verhalten gegenüber der natürlichen Mitwelt sind nicht nur verschiedene menschliche Interessen gegeneinander abzuwägen (z. B. Erholungsinteressen und Verkehrsinteressen, vgl. Abschnitt 2.6), sondern die Abwägung muß zwischen den menschlichen Interessen und denen der natürlichen Mitwelt, soweit wir sie erkennen können, erfolgen. In dieser Abwägung darf den Interessen des Menschen keine grundsätzliche Priorität gegeben werden. Die Abwägung darf aber auch nicht so erfolgen, daß unsere Interessen denen der natürlichen Mitwelt grundsätzlich nachgeordnet werden (zur relativen Gewichtung vgl. Abschnitt 8.3).

2. Rechtfertigungspflicht:
Das Abwägungsgebot wird in der Regel zu keinen eindeutigen Entscheidungen führen, wieweit wir unsere Interessen auf Kosten der natürlichen Mitwelt durchsetzen dürfen. Die politische Situation ändert sich jedoch bereits dadurch wesentlich, daß überhaupt darüber nachgedacht und Rechenschaft abgelegt werden muß, wie die Durchsetzung eines menschlichen Interesses gegenüber der natürlichen Mitwelt gerechtfertigt werden könnte. Sowie im öffentlichen Bewußtsein eine solche Rechenschaftspflicht anerkannt ist, ergibt sich eine Schärfung der Sensibilität für die

Unnatürlichkeit oder Frevelhaftigkeit von Prozessen, über die man bisher gar nicht weiter nachgedacht hat. Diese Schärfung der Wahrnehmungsfähigkeit würde das industriegesellschaftliche Verhalten ebenso maßgeblich beeinflussen, wie die heutige Umweltzerstörung uns eigentlich nur durch eine gleichzeitige Verkümmerung unseres Wahrnehmungsvermögens erträglich sein kann.

Auch im mitmenschlichen Verhalten ist meistens nicht eindeutig entscheidbar, wie die Bedürfnisse und Interessen verschiedener Menschen richtig gegeneinander abzuwägen sind. So wie hier die Festlegung von Rechten und Pflichten der Verhaltenssicherheit dient, schlage ich weiterhin vor, nach dem Vorbild des modernen Rechtsstaats auch unsere Beziehungen mit der über die Menschheit hinausgehenden natürlichen Gemeinschaft rechtsförmig zu regeln (vgl. Kapitel 8):

3. Rechtsgemeinschaft von Menschheit und natürlicher Mitwelt:
Unser Verhalten zu Tier und Blume, Baum und Stein ist bisher nur insoweit rechtlich geregelt, als wir im Umgang mit ihnen auf Rechte der Mitmenschen – insbesondere auf Besitzrechte – Rücksicht zu nehmen haben. Der natürlichen Mitwelt nunmehr eigene Rechte zuzuerkennen, würde bedeuten, sie um ihrer selbst willen soweit zu schützen, wie die Rechte reichen. Daß wir auf die natürliche Mitwelt um ihrer selbst willen und nicht nur um unseretwillen Rücksicht nehmen sollten, ergibt sich aus dem Menschenbild des Kapitels 5. Der Übergang in die Rechtsgemeinschaft zwischen Menschheit und natürlicher Mitwelt bedeutet das Ende unseres Erobererstatus in der Natur und die Anerkennung unserer Verwandtschaft mit der natürlichen Mitwelt. Rechtliche Konsequenzen hat diese Verwandtschaft nach dem Gleichheitsprinzip, zweierlei gleich zu behandeln, soweit die Gleichheit reicht, und verschieden, soweit die Verschiedenheit reicht. Nähere Überlegungen hierzu enthält das folgende Kapitel.

4. Wirtschaftsfrieden:
Zum Frieden mit der Natur gehört auch, daß ungehemmte Zunahmen, sei es des Sozialprodukts oder der Bevölkerungszahl, nicht mehr als gesundes, sondern nur noch als pathologisches Wachstum gelten dürfen. Der Grund dafür ist, daß derartige Zunahmen einseitig auf Kosten der Mitwelt gehen und diese durch ihr – in einer endlichen Welt unvermeidliches und dann katastrophales – Ende erneut in Mitleidenschaft ziehen.
Der zerstörerische Charakter des herkömmlichen Wirtschaftswachstums wird auch im öffentlichen Bewußtsein schon lange nicht mehr bezweifelt.

In einer Allensbacher Umfrage des Jahrs 1981 z. B. dachten 77 % der Befragten »bei Wachstum« an Umweltverschmutzung, 75 % an Übermacht der Technik und 73 % an Streß bzw. Überanstrengung, 82 % aber auch an neue Arbeitsplätze. Letzteres mag der Grund dafür sein, daß 70 % das Wirtschaftswachstum trotz seiner zerstörerischen Wirkungen dennoch befürworteten, obwohl gleichzeitig die Frage:

»Wenn Ihre wirtschaftliche Lage, z. B. die Größe Ihrer Wohnung, die Einrichtung und was Sie sonst darin besitzen in den nächsten zehn Jahren genauso bliebe, wie sie jetzt ist: Wären Sie damit zufrieden oder nicht zufrieden?«

von 77 % der Befragten mit »zufrieden« beantwortet wurde (Klipstein/Strümpel 1984, 191). In der Verbindung grüner Gefühle und technokratischer Argumente (aaO 107) gilt das Wachstum also nur noch als ein Übel, aus dem man keinen Ausweg weiß.

Ich empfehle als Ausweg eine Naturalisierung der industriellen Wirtschaft durch eine kulturelle Rückbindung im Rahmen eines neuen Wirtschaftsstils (Abschnitte 6.4/12.1/2). In der Natur und so auch im Frieden mit der Natur ist ein gesundes Wachstum immer nur der selbstorganisierte, ganzheitliche Aufbau offener Systeme in einer Umwelt, nicht aber die bloße Zunahme oder Häufung von etwas. Eduard Pestel und Mihailo Mesarovic haben dementsprechend das gesunde und zulässige Wachstum als »organisches Wachstum« bezeichnet. »Wir stehen vor der Entscheidung, solange wie möglich den Weg krebsartigen, undifferenzierten Wachstums weiterzuverfolgen oder den Weg organischen Wachstums einzuschlagen« (1974, 17).

Wachstum ist überhaupt das elementarste Charakteristikum des Lebens. Man spricht deshalb von altersher sowohl bei Pflanzen und Tieren als auch bei Städten, Handelshäusern, Familien und politischen Imperien gleichermaßen von Wachstum. Jede natürliche Wachstumsentwicklung kommt aber durch innere Regulative oder durch die zunehmend fühlbar werdenden Umweltbegrenzungen in Gestalt einer Sättigungskurve an ein Ende. Als Umwelt wirkt dabei jeweils der Zusammenhang der übergeordneten Strukturen, relativ zu denen das betreffende System ›offen‹ ist, also z. B. der Organismus, dem eine Zelle angehört. »Denn Umwelt haben bedeutet im Lebendigen nie etwas anderes als eben dieses Selber-wieder-Glied-sein in einer übergeordneten Ganzheit« (A. Meyer-Abich 1950, 53).

Führen also die Bevölkerungsvermehrung und das Wirtschaftsverhalten von Individuen und Völkern zu krisenhaften Zunahmen von Teilen auf Kosten anderer Teile und des Ganzen, so sollte der Frieden mit der Natur die umfassende Ordnung dritter Stufe sein, welche den Wucherungen der ersten und zweiten Stufe Grenzen setzt oder ein Wachstum gar nicht erst zu einer Wucherung entarten läßt. Den Frieden mit der Natur zu suchen, ist danach die politische Voraussetzung dafür, daß Lösungen für die durch die Weltmodelle des Club of Rome aufgewiesenen Probleme gefunden werden. Man sollte dabei allerdings eigentlich nicht mehr von den Grenzen des Wachstums sprechen, sondern von den Grenzen ungehemmter, pathologischer Zunahmen.

So wie das Wort Natur ursprünglich ›Wuchs‹ bedeutet, *gehören zum Frieden mit der Natur Wirtschaftsentwicklungen nach Art des organischen Wachstums, die auf Sättigungskurven verlaufen und im Interesse des Ganzen ihre Grenzen finden.* Gleichgewichte brauchen also nicht ein für allemal aufrechterhalten zu werden, aber es muß immer wieder neu zu Gleichgewichten kommen. Die Bewertungskrise, auf der die Umweltprobleme beruhen (Abschnitt 2.5), erweist sich in diesem Sinn als eine Begrenzungskrise.

Ein regulatives Prinzip, um der Eigendynamik des Wirtschaftsprozesses nicht wieder auf Kosten der Natur ihren Lauf zu lassen, ist das Gleichgewicht von Geben und Nehmen. Wir sollten uns bemühen, der natürlichen Mitwelt im Großen und Ganzen nicht mehr zu nehmen als wir ihr unsererseits geben.

Daß Wirtschaftsentwicklungen im Interesse des Ganzen ihre Grenze finden und dadurch im organischen Sinn wachstumsförmig wie gleichgewichtig sein sollen, dürfte sowohl vielen Freunden als auch den meisten Kritikern der heutigen Wirtschaftsverfassung so klingen, als solle damit das Ende der Marktwirtschaft eingeläutet werden. Ich halte diese Konsequenz keineswegs für unausweichlich, sondern verstehe meinen Vorschlag viel eher als eine zeitgemäße Erinnerung an den ursprünglichen Sinn des Marktprinzips, das menschliche Handeln möglichst auf den überschaubaren Bereich zu beschränken (vgl. Abschnitt 6.4).

»Weil wir alle nur das Beste aller wollen, wird alles schlimmer«, heißt es in einem Gedicht von Günter Kunert (1977, 48). Daß jedermann jederzeit im Interesse des Allgemeinwohls handeln soll, wäre nicht nur eine Überforderung und schon deshalb nicht verallgemeinerungsfähig, sondern dem Gemeinwohl ist sogar mehr gedient, wenn jedermann zunächst einmal ›das Seine‹ tut. Dies war nach meinem Verständnis der moralphilosophische Grundgedanke von Adam Smith, der die seitherige Banalisierung zur Gemeinnützigkeit des Eigennutzes nicht verdient hat.

Die Qualität der Überschaubarkeit wird heute in der Regel eher von denen geschätzt, welche die jetzige Wirtschaft kritisch beurteilen, aber bei den heutigen Verteidigern der Marktwirtschaft scheint sie mir erst recht schlecht aufgehoben zu sein, denn diese verteidigen meistens nur einen Besitzstand. Ich halte es demgegenüber für unverändert richtig, »jeden einzelnen die eigenen Interessen auf seine Weise verfolgen zu lassen, wie es den liberalen Vorstellungen über Gleichheit, Freiheit und Gerechtigkeit entspricht« (Smith 1776/1978, 560). Diese Grundsätze müssen heute freilich anders ausgelegt werden als vor zweihundert Jahren.

Im überschaubaren Lebensbereich gibt es für die Bürger der Bundesrepublik überall die natürliche Mitwelt, nicht aber die Dritte Welt oder gar die Nachwelt jenseits der eigenen Kinder oder Enkel. Es ist also eigentlich viel näherliegend, die natürliche Mitwelt zu schützen, was dann auch den Interessen der Nachgeborenen dient, als um der Nachgeborenen willen, die wir nicht sehen, die Pflanzen und Tiere schützen zu sollen, die wir sehen. Sich dem Naheliegenden gegenüber richtig zu verhalten, ist außerdem die Bewährungsprobe dafür, wie man es mit dem Fernerliegenden wirklich hält. »So jemand spricht: ›Ich liebe Gott‹, und haßt seinen Bruder, der ist ein Lügner. Denn wer seinen Bruder nicht liebt, den er sieht, wie kann er Gott lieben, den er nicht sieht?« (1. Joh. 4, 20) Was hier über den Bruder gesagt ist, gilt auch für die natürliche Mitwelt.

7.5 Bedingungen des neuen Bewußtseins

Solange wir wie Eroberer annehmen, was um uns ist sei nichts als für uns da, kann uns allenfalls die Rücksicht auf künftige Generationen zum Umweltschutz veranlassen. Dieser etwas umwegigen und in sich sehr problematischen Konstruktion bedürfen wir nicht, wenn wir uns nach dem Menschenbild des Kapitels 5 als diejenigen verstehen, in denen die Natur zur Sprache kommt und mit denen sie sich forttreibt. Wie aber finden wir den Übergang vom anthropozentrischen zum physiozentrischen Verhalten im Naturzusammenhang des menschlichen Lebens?

Rousseau hat einmal gesagt, eine Mutter sorge zuerst aus einem eigenen Bedürfnis für ihre Kinder, später jedoch aus Liebe und um der Kinder willen (1755/1955, 64). Liebe zur natürlichen Mitwelt ist diejenige Haltung, für die es niemals ein Problem sein kann, ob wir auf sie um ihrer selbst willen oder nur um unseretwillen Rücksicht nehmen sollen. Das Problem ist so wenig wahrnehmbar wie Kreide auf der weißen Wand. Was man liebt, das läßt man von selbst um seiner selbst willen gelten.

Liebe zur natürlichen Mitwelt ist jedoch eine sehr weitgehende Forderung. Franz von Assisi hat sie geübt. Ein mythisches Bild für die Liebe zur Natur ist der Jäger Aktaion, der im Anblick der Göttin selber zum gejagten Naturwesen wird. Giordano Bruno hat sich in einem Gedicht mit diesem Schicksal identifiziert: »So trieb ich an zum Hochziel die Gedanken, die, rückgewendet, nun mich selbst umstellen: sie werden mich zerfetzen und zerreißen.« Günter Altner hat dieser Erfahrung »Gleichniswert für das, was wir heute auf anderem Wege leisten müssen« (1982, 438) zugesprochen. Wir aber sind davon noch so weit entfernt, daß für den politischen Frieden mit der Natur zuerst näherliegende und erfüllbare Bedingungen gestellt werden müssen.

Eine Bedingung wäre, das technisch-instrumentelle Naturverhältnis, welches ich im Abschnitt (4.3) ›monologisch‹ genannt habe, durch ein dialogisches zu überwinden. Monologisch verhält sich ein Mensch, der nur spricht und nichts hört. Dialogisch wäre ein Verhältnis zur natürlichen Mitwelt, in dem die Natur in uns so zur Sprache kommt, daß sie in ein Gespräch mit sich selber eintritt, also zum Beispiel in die naturphilosophische Selbsterfahrung oder in ein Gespräch zwischen einem Menschen und einer Pflanze oder einem Tier. Man braucht sich dazu nur in die Pflanze oder das Tier hineinzuversetzen, daß ihre Natur in uns vernehmbar wird – sind wir Menschen doch diejenigen, in denen die Natur zur Sprache kommt.

Hilfreich für ein dialogisches Verhältnis zur natürlichen Mitwelt sind persönliche Beziehungen zu einzelnen Individuen wie z. B. dem Bambus vor dem Fenster oder der Schildkröte Cäsar. Und soweit die Verständigung nicht recht gelingt, kann das Problem »ebensogut bei uns wie bei ihnen zu suchen sein . . .; denn wir verstehen sie auch nicht besser als sie uns: aus diesem Grunde können sie uns ebensogut für dumme Tiere halten wie wir sie« (Montaigne 1953, 194 = II. Kap. 12).

Ist die Liebe zu allem, was um uns ist, eine das dialogische Verhältnis zwar umfassende, jedoch nicht generell erfüllbare Forderung, wenn die Industriegesellschaft aufrechterhalten werden soll, so ist die herkömmliche Ethik zwar erfüllbar, jedoch nicht hinreichend. Ich meine damit alle diejenigen Verhaltensregeln, die von dem Grundsatz abhängen: Was du nicht willst, das man dir tu, das füg' auch keinem andern zu. Mich gegen andere so zu verhalten, wie es unter Menschen verallgemeinerungsfähig ist, so daß ich von ihnen mir gegenüber dasselbe erwarten kann, ist ja im Grunde nur eine aufgeklärte Egozentrik. Denn dieses Verhalten beruht auf dem Eigeninteresse, mit bestimmten Verhaltensweisen der Mitmenschen rechnen zu können.

Zwischen der mitmenschlichen Verallgemeinerungsfähigkeit und der Liebe zur Natur ist das *Mitleid* ein Gefühl, das uns in ein Gegenüber hineinversetzt und es um seiner selbst willen gelten läßt, jedoch nicht – wie bei Aktaion – auf Liebe beruhen muß. Rousseau war sogar der Meinung, daß das Mitleid ein »natürliches« (aaO 76), dem Menschen von Natur eigenes Gefühl ist, und Schopenhauer hat diesen Gedanken im 19. Jahrhundert wiederaufgenommen. Mitleid ist eine besondere Form des *Mitgefühls,* wie es die natürliche Mitwelt um ihres von Paulus in seinem Brief an die Römer geschilderten Leidens willen verdient. Im weiteren Sinn sollte die Basis eines dialogischen Verhältnisses zur Mitwelt und die fünfte Bedingung des Friedens mit der Natur deshalb das Mitgefühl sein.

5. Mitgefühl:
Mitgefühl versetzt uns in die Lage dessen, was mit uns ist. Eine Ethik ist erst dann über jeden Egoismus hinaus, wenn sie auf Mitgefühl beruht. Im Mitgefühl zur natürlichen Mitwelt lassen wir sie um ihrer selbst willen gelten. Mitgefühl ist eine Voraussetzung dafür, daß Menschen Rechte der natürlichen Mitwelt in einer Rechtsgemeinschaft der Natur anerkennen und bei der Abwägung gegensätzlicher Interessen berücksichtigen. Ziehen wir bisher nur unsererseits die übrige Welt in Mitleidenschaft, so geschieht dies im Mitgefühl umgekehrt auch uns. Der Homo oeconomicus, der sein Handeln vom Eigennutz leiten läßt, wird sich diese eigene Mitleidenschaft verbitten. Soviel ich sehe, gibt es heute jedoch ein starkes Bedürfnis, nicht immer nur alles für sich selber zu tun, sondern – wiederum im überschaubaren Bereich – auch für andere und anderes dazusein. Es gehört zur Menschenwürde, sich dieses Bedürfnis nicht bestreiten zu lassen (Abschnitt 3.5).
Eine Voraussetzung des Mitgefühls und damit eine weitere Bedingung für den Frieden mit der Natur ist die Gewaltlosigkeit. Denn wo Gewalt geübt wird, stirbt das Gefühl.

6. Gewaltlosigkeit:
Ist der Frieden politisch jeweils diejenige Ordnung, in der die bestehenden Konflikte nicht mehr gewaltförmig ausgetragen werden, so darf im Frieden mit der Natur keine Gewalt gegenüber der natürlichen Mitwelt mehr geübt werden. Nun gibt es Kriege mit und ohne Waffen. Die Gewalt *ist* in der Welt. Wir leben sogar davon, daß wir unserer Mitwelt immer wieder Gewalt antun. Gerade dies spricht aber nicht dagegen, den Frieden mit der Natur zu suchen, sondern dafür. *Weil* die Welt in Natur und Geschichte voller Gewalttat ist, suchen wir den Frieden. Zur Wirklichkeit

der *Suche* nach dem wahren Frieden gehört der politische Frieden, der noch nicht der wahre Frieden ist.

Genauso unterscheidet sich die endzeitliche Gewaltlosigkeit von der unvollkommenen Gewaltlosigkeit, die wir zustande bringen können, indem wir Zeichen der Freiheit an die Stelle von Gewalt setzen, soweit wir es vermögen. Diese unvollkommene Gewaltlosigkeit ist die Daseinsform unserer Suche nach der vollkommenen, und wir werden nicht daran gemessen, ob wir die vollkommene Gewaltlosigkeit gefunden haben, sondern daran, ob wir sie nach besten Kräften gesucht haben.

»Vor dem Ende sprach Rabbi Sussja: »In der kommenden Welt wird man mich nicht fragen: ›Warum bist du nicht Mose gewesen?‹ Man wird mich fragen: ›Warum bist du nicht Sussja gewesen?‹«« (Buber 1949, 394).

Weil es, wenn man fern vom Ziel ist, auf die Wirklichkeit der Suche und nicht auf das Erreichen des Ziels ankommt, heißt auch die Philosophie nicht Sophia (Weisheit), sondern Philo-Sophie (Liebe zur Weisheit).

Wenn wir unser Handeln auf der Suche nach Gewaltlosigkeit nun obendrein von dem ästhetischen Gefühl für *Schönheit* leiten ließen, wären die meines Erachtens wichtigsten Grundbedingungen für den Frieden mit der Natur im neuen Bewußtsein des Naturzusammenhangs des menschlichen Lebens erfüllt.

7. Schönheit:
Die sensibelste Kritik an der Zerstörung der Sinnenwelt vermitteln uns die Sinne, wenn wir sie zu gebrauchen wissen.

»Eine sinnlicher reagierende Gesellschaft wäre nie imstande gewesen, die verödeten Städte, die abstoßenden, schmutzigen Häuser, die ausgesucht häßlichen Kirchen, die Abraumhalden, die stinkenden Flüsse, die Schrotthaufen zu ertragen, die das Erscheinungsbild des nachindustriellen Westens prägen und schließlich auch in den Osten exportiert wurden. Nur wenn die Menschen erst einmal lernen, die Welt sinnlich anzusehen, werden sie lernen, sich ihrer anzunehmen (only if men can first learn to look sensuously at the world will they learn to care for it (Passmore 1974, 189/1980, 232).

Warum es gerade in der Umweltkrise entscheidend auf die Bildung unserer Sinne ankommt, ergibt sich aus Jakob von Uexkülls Umweltlehre. Uexkülls Umwelten sind gleichermaßen Handlungs- wie Beobachtungswelten, oder – wie er es nennt – Wirkwelten und Merkwelten. Erinnern wir uns daran, daß der Begriff Wahrnehmung über die bloße Beobachtung hinaus auch die Wahrnehmung einer Verantwortung oder einer Gelegenheit bedeuten, also die mit einer Beobachtung zusammenhängende

Praxis umfassen kann, so erweisen sich Uexkülls Umwelten als Wahrnehmungswelten in diesem weiteren Sinn. Sie sind – im ursprünglichen Sinn von prâgma: das, womit man es zu tun hat – pragmatische Zusammenhänge von Beobachten und Handeln. Zusammengefaßt: Umwelten sind Wahrnehmungszusammenhänge und Umweltprobleme sind Wahrnehmungsprobleme.

Meine These ist, daß Wissenschaft und Technik zu einer Deformation des menschlichen Wahrnehmungsvermögens geführt haben und daß diese nur nach Kriterien der ästhetischen Bildung unserer Sinne als solche erkannt werden kann. Ich komme darauf im Kapitel 11 zurück.

7.6 Geschichte der Natur

Die Natur hat eine Geschichte. Soviel wir davon wissen, ist diese Geschichte ausgespannt zwischen einem Goldenen Zeitalter, das nicht mehr ist, und einem Neuen Himmel über einer Neuen Erde, die noch nicht sind. Wir aber leben dazwischen, vom paradiesischen Urzustand im biblischen Verständnis getrennt durch den Sündenfall und durch den Turmbau zu Babel, jedoch in der Verheißung der Wiederkunft Christi.

Der paradiesische Urzustand taucht in zahlreichen Überlieferungen immer wieder auf. Bei dem Vorsokratiker Empedokles z.B. heißt es: »Da waren alle (Geschöpfe) zahm und den Menschen zutunlich, die wilden Tiere wie die Vögel, und die Flamme der freundlichen Gesinnung glühte« (Diels-Kranz B130). So ähnlich schildert Jesaja auch den endzeitlichen Frieden durch das Bild von den Wölfen bei den Lämmern: »Die Wölfe werden bei den Lämmern wohnen und die Parder bei den Böcken liegen. Ein kleiner Knabe wird Kälber und junge Löwen und Mastvieh miteinander treiben« (Jes. 11.6).

Dazwischen liegt die Geschichte, in der wir leben. Der Friede mit der Natur, um den es heute geht, kann nicht der endzeitliche Friede auf einer Neuen Erde unter einem Neuen Himmel sein. Jedoch können wir uns diesen Frieden wiederum suchend vergegenwärtigen, so wie in der Suche nach Gewaltlosigkeit oder nach dem Vorbild der Essener am Toten Meer (peace with nature, Szekely 1978, 72).

»Je tiefer wir die Natur ergründen«, schrieb der Naturphilosoph Henrich Steffens, »desto mehr dringt sich uns eine Anschauung des ewigen Friedens auf, in welchem Alles in und mit einander ist, auf eine unvergängliche Weise; ... Dieses Ewige in der Natur, welches nie erscheint, und dennoch das Göttliche in aller Erscheinung ist, tritt uns durch das innige Naturgefühl unmittelbar entgegen, und nähert sich dem durch den Glauben veredelten Erkennen, daß« (= damit, KMA) »wir erblikken, wie in einem Spiegel, was uns werden soll von Angesicht zu Angesicht. Aber hier, in dem irdischen Leben, ist dieses Göttliche verhüllt, hineingerissen in die trübe Finsterniß eines in sich zertrümmerten Daseyns. . . ./. . . Können wir die Grausamkeit der Natur abläugnen? . . ./. . . Die verzehrende Kraft, die in dem All der Natur verborgen liegt, muß unser Herz untergraben, daß sie nichts gebildet hat, das nicht seinen Nachbar, nicht sich selbst zerstörte« (1822, II. 178-180).

Der größte Fehler wäre es, die Natur zu idyllisieren. Die Natur ist so wenig idyllisch wie Gott lieb ist. »Sind die wütenden Stürme«, hielt der junge Goethe dem ästhetisierenden Philosophen Johann Georg Sulzer entgegen, »Wasserfluten, Feuerregen, unterirdische Glut, und Tod in allen Elementen nicht ebenso wahre Zeugen ihres ewigen Lebens als die herrlich aufgehende Sonne über volle Weinberge und duftende Orangenhaine? . . ./. . . Was wir von Natur sehn, ist Kraft, die Kraft verschlingt« (1772, HA XII. 17 f.). Für Werther wird die Natur im Unglück »ein ewig verschlingendes, ewig wiederkäuendes Ungeheuer« (HA VI. 53). Goethe aber war es auch, der später in der »Novelle« (1826/27) die Zähmung der Naturgewalt durch die Liebe beschrieb und das Aufjauchzen des Weltalls empfinden konnte, »wenn die gesunde Natur des Menschen als ein Ganzes wirkt« (1805, HA XII. 98).

Was »Frieden mit der Natur« bedeutet, versteht nur, wer weiß, wie wenig dieser Frieden besteht, und doch nicht ohne Hoffnung ist. Gerade weil er nicht besteht, müssen wir ihn suchen. Der Frieden mit der Natur ist ein Frieden, den wir nicht haben, unter dessen Ferne wir *mit* unserer natürlichen Mitwelt leiden und den wir *deshalb* suchen. In dieser Suche wird, was wir nicht erleben und nicht herbeiführen werden, dennoch gegenwärtig: der wahre Frieden mit der Natur. Ihn suchend zu vergegenwärtigen und dies nicht zu unterlassen ist diejenige Verwirklichung des Friedens, die wir vermögen. Dies ist unsere Aufgabe, *denn* (nicht: obwohl)

»die Welt ist das grausige Schauspiel der Selbstentzweiung des Willens zum Leben. Ein Dasein setzt sich auf Kosten des anderen durch, eines zerstört das andere. Ein Wille zum Leben ist nur wollend gegen den andern, nicht wissend von ihm. In mir aber ist der Wille zum Leben wissend von anderm Willen zum Leben geworden« (Schweitzer II. 381).

Wer freilich sieht, wie es in unserer natürlichen Mitwelt zugeht, hat es um so schwerer, in der Tiefe noch den Frieden zu sehen, von dem Henrich Steffens schrieb.

Gottfried Benn bewunderte Goethe dafür, daß er das Elend der Natur wahrnehmen und doch noch an sie glauben konnte. »Das ist es wohl: das niedrige Material anzuerkennen, das Gebundene, das Massenhafte des Lebens zu sehn und *es doch nicht niedrig zu sehn*«, schrieb er am 21. Oktober 1935 an seinen Brieffreund, den Kaufmann Friedrich Wilhelm Oelze in Bremen. Er hat Goethe dabei aber nicht folgen können und auf die »Novelle« in wütender Verzweiflung reagiert:

»Der springende Punkt, der eigentlich Goethesche Trick, seine infernalische Greisenbeschwörung, die er uns aufschwatzen möchte, ist der Satz vom Löwen zum Schluss: ›Zwar nicht wie der Überwundene . . ., aber doch wie der Gezähmte, wie der dem eigenen friedlichen Willen Anheimgegebene‹! ! Da haben Sie es: der Löwe ist ein friedliches Tier, *im Grunde!*, alles ist friedlich: *im Grunde!* Es muß nur ein Knabe mit der Flöte kommen! Sehr richtig! Aber er kommt eben nicht. Wir sehn ihn nicht kommen. Geschwätz! Narrheit! Geheimratsbehaglichkeit (Haus am frauenplan)« (Benn an Oelze 27. 1. 1936).

Wie auch soll man daran glauben können, daß der Knabe kommt und den Löwen zähmt, wenn man das Leben und den Geist als zwei nur »sehr fern verknüpfte Äusserungsformen« . . ./. . . »der gleichen unheimlichen, unguten, zurückgezogenen, dem Blick ausweichenden, selbst wahrscheinlich unter Zwang lebenden ›Natura naturans‹« (aaO 28. II. 1938/7. VI. 1936) versteht?

Und doch sollten wir nicht Benn, Nietzsche, den Darwinismus oder die moderne Naturwissenschaft gegen Goethe ausspielen, denn es gibt eine Geschichte der Natur, in der sie alle stehen, und auch der Gedanke des Friedens mit der Natur. Dies ist eine geistige Naturgeschichte, in der die Natur durch das menschliche Denken, das selbst ein naturgeschichtlicher Prozeß ist, zu einem Bewußtsein ihrer selbst kommt. Als eine »kosmische . . . Entspannung« hat auch Benn das Denken schließlich empfunden (aaO 9. III. 1941).

Da wir nicht das Subjekt der Geschichte sind, steht der Frieden mit der Natur nicht in unserer Macht. Wir entsprechen, wie Martin Heidegger einmal sagte, nicht durch eigenmächtige Weltveränderung, sondern nur in der Erwartung des Erscheinens eines Gottes dem kaum zu denkenden Sein des gegenwärtigen Zeitalters. Woran aber zeigt sich, ob wir tatsächlich in dieser Erwartung stehen und den naturgeschichtlichen Frieden, der nicht in unserer Macht liegt, *wirklich* suchen? Jenseits der Eigenmächtigkeit haben wir uns im Namen jenes Subjekts zu fragen, was *wir* tun sollen. Was ist heute das kleine Licht, das vorweisen zu können – wie bei den biblischen Jungfrauen – die Bedingung dafür ist, einmal in das große Licht hineingenommen zu werden?

Kant hat die Naturgeschichte unter die Frage nach einer Naturabsicht in der Menschengeschichte gestellt. Könnte hinter der politischen, gesellschaftlichen und kulturellen Entwicklung, so verworren sie dem menschlichen Betrachter normalerweise vorkommt, nicht doch ein verborgener Plan der Natur stecken, sich mit uns fortzutreiben und mit uns letztlich ein bestimmtes Ziel zu erreichen? Gibt es eine solche Mission des Menschengeschlechts in der Geschichte der Natur?

Kants Antwort auf die Frage nach der Naturabsicht in der Menschengeschichte lautete:

»Man kann die Geschichte der Menschengattung im großen als die Vollziehung eines verborgenen Plans der Natur ansehen, um eine innerlich – und, zu diesem Zwecke, auch äußerlich – vollkommene Staatsverfassung zu Stande zu bringen, als den einzigen Zustand, in welchem sie alle ihre Anlagen in der Menschheit völlig entwickeln kann« (Idee zu einer allgemeinen Geschichte in weltbürgerlicher Absicht A403 = VI. 45).

Die größte Schwierigkeit auf dem Weg zur vollkommenen Staatsverfassung und zugleich diejenige, welche erst »am spätesten aufgelöset wird», zu deren Auflösung aber »die Natur ... (den Menschen) zwingt, ist die Erreichung einer allgemein das Recht verwaltenden bürgerlichen Gesellschaft« (aaO 396, 394 = VI. 39f).

Kant dachte hier nur an die Rechtsgemeinschaft der Menschheit, also an die verfassungsmäßige Regelung der Herrschaft von Menschen über Menschen und von Völkern über Völker. Der Gedanke einer rechtsstaatlich vollkommenen Staatsverfassung kann aber nach seinem Ansatz ohne weiteres auf die menschliche Herrschaft in der Natur erweitert werden. Auch für Aristoteles ist der Mensch *von Natur* (phýsei, Politik 1253 a 3) ein politisches Lebewesen (politikòn zôon, aaO), was ich in der heutigen Situation so lese, daß die Natur in uns politisch wird, oder politisch zur Sprache kommt.

In der Umweltkrise ist die Frage nach der Naturabsicht in der Menschengeschichte meines Erachtens nun so zu beantworten, daß die Natur sich mit uns zu einer verfassungsmäßig geordneten Rechtsgemeinschaft aller Dinge forttreiben will. Die historische Wahrheit und Lehre aus der Umweltzerstörung mag dann darin liegen, daß wir in der rechtsstaatlichen Entwicklung durch die Einbeziehung der natürlichen Mitwelt nunmehr zum Frieden mit der Natur fortschreiten sollen. Der Frieden mit der Natur wäre dann die Lebensform einer naturgeschichtlich erwachsen gewordenen Menschheit.

8. Vom bürgerlichen Rechtsstaat zur Rechtsgemeinschaft der Natur

Als die Welt noch »voll von Göttern« war, wie der Milesische Philosoph Thales im 6. Jahrhundert v. Chr. lehrte (Diels-Kranz A22), verstand es sich von selbst, daß die natürliche Mitwelt nicht nur für den Menschen da ist. Was auch geschah oder sich zeigte: das Rauschen des Bachs und die Macht der Winde, die Farbe des Himmels und der Geist einer Landschaft – »alles wies den eingeweihten Blicken, alles eines Gottes Spur« (Schiller in seinem Gedicht »Die Götter Griechenlands«). Die natürliche Mitwelt gehörte den Göttern. Einen Bach aber, der einem Gott gehört, wird kein Mensch, der dies weiß, ausbetonieren oder verrohren.

Dies soll nicht heißen, daß es in der Antike keine Umweltprobleme gegeben habe. Es hat sie gegeben und man war sich ihrer bewußt. So berichtet Platon, die damals wie jetzt verkarsteten Mittelgebirge Griechenlands seien einmal bewaldete Hügel und fruchtbare Täler gewesen, bewirtschaftet von »wahrhaften Landleuten«, die nämlich für Schönheit sorgten (Kritias 112 f.). Auch damals also sind Wälder gestorben. Denen, die für die Verkarstung der Mittelmeerländer verantwortlich sind, waren leider immer nur bestimmte Bäume oder Haine heilig. In unserer Verantwortung aber liegen die Gründe, aus denen die Wälder heute sterben.

Unser Problem, die natürliche Mitwelt nicht in ihrem Eigenwert zu achten, war allerdings auch in der Antike ein Gegenstand der Auseinandersetzung. Der Sophist und Rhetor Thrasymachos z. B. mußte sich von Platon vorwerfen lassen, nach seiner Lehre hüte ein Hirt die Schafe »nicht auf das Beste der Schafe sehend, sondern wie ein Gastgeber, der ein Mahl ausrichten will, auf den Schmaus (sehend), oder wie ein Handelsmann, auf den Kaufpreis (sehend), nicht wie ein Hirt« (Politeia 345cd). Ein guter Hirt aber hüte die Schafe nicht um des Mahls oder um des Gelderlöses willen, sondern zum Besten der Schafe. Sogar in der Landwirtschaft also sollten wir, wenn es nach Platon geht, Pflanzen und Tiere grundsätzlich um ihrer selbst willen aufziehen und versorgen, nicht aber unseres Vorteils und Nutzens wegen.

Ich erläutere in diesem Kapitel zunächst, inwiefern Rechte der Natur einen neuen Angelpunkt der Umweltpolitik ergeben würden (Abschnitt 8.1) und welche naturphilosophischen Perspektiven in der Wiederverbindung von Natur- und Rechtsordnung liegen (Abschnitt 8.2). Als Grundlage der natürlichen Rechtsgemeinschaft schlage ich danach ein

Gleichheitsprinzip vor (Abschnitt 8.3) und erörtere seine Konkretisierung für Tiere und Pflanzen bis hin zu den Elementen (Abschnitte 8.4/5). Das Kapitel schließt mit einer vorläufigen Deklaration der Rechte der Natur und der Frage, was wir der natürlichen Mitwelt schuldig sind (Abschnitt 8.6).

8.1 Rechte der natürlichen Mitwelt in der Umweltpolitik

Eigentlich soll auch heute »das Tier des Tieres wegen geschützt werden«, wie es in der Begründung zum Reichstierschutzgesetz hieß und sinngemäß ebenso für das Tierschutzgesetz von 1972 gilt (Lorz 1979, 31 f). Dabei handelt es sich aber schon rechtlich um eine Ausnahme von der sonst dominierenden Anthropozentrik (vgl. Kapitel 3), und die Praxis der Tierhaltung, der Tierversuche etc. ist erst recht weit davon entfernt, Tiere um ihrer selbst willen zu achten.

Gäbe es das anthropozentrische Weltbild nicht als die herrschende Geisteshaltung gegenüber der natürlichen Mitwelt, so wäre es denkbar, die gesamte Umweltgesetzgebung nach dem Vorbild des Tierschutzgesetzes so zu novellieren, daß die Mitwelt in ihrem Eigenwert geachtet wird, und diese Haltung auch in der Praxis durchzusetzen. Besondere Rechte der natürlichen Mitwelt, wie ich sie vorschlage, brauchten in diesem Fall nicht eigens eingeführt zu werden. Alle Gesetze würden dann, soweit sie die natürliche Mitwelt betreffen, wie das Tierschutzgesetz ›dem Schutz ihres Lebens und Wohlbefindens‹ dienen.

Das anthropozentrische Weltbild aber *ist* die herrschende Geisteshaltung. Unter diesen Umständen kommt es darauf an, ihm etwas entgegenzusetzen, was der industriegesellschaftlichen Umweltpolitik einen Halt gegen die zerstörerischen Kräfte gibt. Ein solcher Halt wäre es, Eigenwerte der natürlichen Mitwelt sowohl im handlungsleitenden Bewußtsein als auch rechtspolitisch-institutionell dadurch zu achten, daß sie durch Eigenrechte anerkannt werden. Wie sich dieser Vorschlag aus dem Konzept des Friedens mit der Natur ergibt, habe ich im vorangegangenen Kapitel erläutert.

Rechte der Tiere anzuerkennen, ist bereits um die Zeit der Französischen Revolution von dem Philosophen Jeremy Bentham vorgeschlagen worden. Im Hinblick auf die Umweltzerstörung war dieser Gedanke vor allem in der Tradition des Naturschutzes lebendig. In neuerer Zeit ist er meines

Wissens zuerst von Christopher Stone (1972/1974) wiederaufgenommen und zugleich auf die gesamte natürliche Mitwelt einschließlich landschaftlicher Gegebenheiten erweitert worden. Anlaß dazu war der Plan, das Mineral King Valley, ein bisher ziemlich unberührtes Gebirgstal in der kalifornischen Sierra Nevada, durch Motels, Restaurants und Freizeitangebote zu ›erschließen‹.

Der Sierra Club, eine amerikanische Naturschutzvereinigung, klagte gegen die zuständigen Behörden auf Unterlassung des Projekts und unterlag in zweiter Instanz. Das Gericht begründete seine Entscheidung jedoch nicht damit, daß die Genehmigung, das Tal zu erschließen, zu Recht erteilt worden sei, sondern nur damit, daß der Sierra Club mangels hinreichender Betroffenheit kein Klagerecht habe.

Stone zog daraus den Schluß, daß dann eben das Tal selbst als eine juristische Person anerkannt werden müsse. Tatsächlich war ja der eigentliche Betroffene nicht der Sierra Club, sondern das Mineral King Valley selbst. Daraus ergab sich der Vorschlag, »Wäldern, Meeren, Flüssen und anderen ›Naturgegenständen‹ in der Umwelt und sogar der natürlichen Umwelt insgesamt Rechte zu geben« (Stone 1974, 9) sowie sie selbst – nicht ihre Besitzer – in geeigneter Form zu entschädigen, wenn menschlichen Interessen gegenüber den ihren der Vorzug gegeben wird (aaO 28f).

Der Sierra Club und das Mineral King Valley unterlagen in dritter Instanz zwar auch mit dieser Argumentation, jedoch nur mit einer sehr knappen Mehrheit von 4:3. Innerhalb der Minderheit sprach sich der Richter Douglas ausdrücklich dafür aus, daß derartige Prozesse »im Namen des unbeseelten Gegenstands«, um dessen Beeinträchtigung es gehe, geführt werden können sollten (Stone aaO 73). Die anderen beiden Richter empfahlen, die Voraussetzungen der Klagebefugnis zu lockern.

Das Mineral King Valley war – im Sinn des 1799 von Alexander von Humboldt geprägten Ausdrucks – ein »Naturdenkmal«, also eine ungewöhnliche Naturgegebenheit, die wie Kunst oder wie ein Denkmal bewahrt werden sollte. Rechte wären der natürlichen Mitwelt aber nicht nur in derart besonderen Fällen, sondern generell zuzuerkennen, also z.B. auch den Bäumen, die einer Straße weichen sollen (Abschnitt 2.5).

Was hätte es im Rechtswesen praktisch zu bedeuten, die Eigenwerte der natürlichen Mitwelt in Gestalt von Rechten anzuerkennen? Ich hebe zunächst drei Grundsätze hervor, welche den Vorschlag erläutern und veranschaulichen.

1. Landschaften, Tiere und Pflanzen, Licht und Wind und Wasser können ihre Rechte und Interessen vor Gericht offenbar nicht persönlich ver-

treten, sondern bedürfen hierzu eines Stellvertreters. Dies gilt auch für Minderjährige und Schwerkranke sowie vor allem für juristische Personen, die keine »natürlichen Personen« (Menschen) sind, z. B. für Körperschaften des Öffentlichen Rechts (Staaten, Kirchen, Gemeinden, öffentlich rechtliche Genossenschaften, Rundfunkanstalten etc.) und für die körperschaftlich organisierten Vereinigungen des Privatrechts (eingetragene Vereine, Aktiengesellschaften, Gesellschaften mit beschränkter Haftung etc.). Alle diese juristischen, fiktiven »Personen« können im eigenen Namen klagen und verklagt werden, und für die privatrechlichen Körperschaften gelten nach Art. 19 Abs. 3 GG sogar die Grundrechte, soweit sie ihrem Wesen nach auf diese anwendbar sind. Durch Sondernormen vermittelt, findet Art. 19 Abs. 3 GG auch auf Körperschaften und Anstalten des öffentlichen Rechts Anwendung (z. B. Gemeinden über Art. 28 Abs. 2; Rundfunkanstalten über Art. 5 Abs. 1 Satz 2; Hochschulen über Art. 5 Abs. 3 Satz 1).

Zu meinen, daß nur Menschen Rechte haben können, ist dementsprechend ein Mißverständnis der heutigen Rechtslage. Diesem Mißverständnis ist unter vielen anderen auch Passmore erlegen. Seine These: »Der Rechtsbegriff ist auf Nicht-Menschliches einfach nicht anwendbar« (1974, 116), kam ihm auch selber bereits etwas dogmatisch vor (aaO). Oder soll, wenn nicht nur Menschen Menschliches sind, eine Aktiengesellschaft menschlicher als ein Menschenaffe sein?

So wie nun ein Wirtschaftsunternehmen – unabhängig von seinen Inhabern und Beschäftigten – in eigener Sache durch eine natürliche Person als ihr Organ eine Klage vor Gericht führen kann, sollte meines Erachtens auch der Fluß, in den es seine Abwässer leitet, in eigener Sache klagen und sich vertreten lassen dürfen. Unter den bundesrepublikanischen Juristen ist dieser Gedanke von Albin Eser aufgenommen worden (1983). Die Vertretung könnte durch Naturschutzverbände, Naturanwälte als Pflichtverteidiger oder diejenigen erfolgen, die in dem betreffenden Fall ein Recht auf Heimat geltend machen (Abschnitt 12.4).

Man kann freilich niemals sicher sein, daß ein Mensch die Interessen einer bloß ›juristischen‹ Person angemessen und in ›ihrem‹ Sinn vertritt, aber das gilt auch für die Vertretung von Körperschaften und letztlich sogar dann, wenn ein Mensch seine eigenen Interessen – derer man sich ja ebenfalls niemals ganz sicher sein kann – wahrnimmt. So werden wir auch niemals sicher sein können, die Interessen unserer natürlichen Mitwelt angemessen zu vertreten. Was auch immer wir tun, bleibt Menschenwerk. Worauf es ankommt, ist aber wiederum (vgl. Abschnitt 3.5) nicht, unser Menschsein zu überwinden, sondern gerade wahrhaft menschlich zu handeln, d. h. nicht nur aus Eigennutz (anthropozentrisch). So wie die Natur in uns zur Sprache kommt, sollen und können wir vom Ganzen her (physiozentrisch) denkend das Unsere tun.

2. Die Interessen der natürlichen Mitwelt zu vertreten, kann nicht dem Staat überlassen werden. Denn der soll jederzeit das Allgemeininteresse vertreten, dies also z. B. auch bei Interessenkonflikten zwischen Menschen und Tieren oder einer Landschaft. Im Fall des Mineral King Valley mag das Allgemeininteresse mit dem Eigeninteresse dieses Teils übereingestimmt haben, aber das braucht nicht immer so zu sein, sondern mitweltliche Interessen sind grundsätzlich geradesogut Einzelinteressen wie menschliche Interessen. So wie der Staat nicht die Interessen jedes einzelnen Menschen vertreten kann, sollte auch nicht von ihm erwartet werden, daß er die Interessen jedes Teils der natürlichen Mitwelt vertritt.

3. Eigenrechte der natürlichen Mitwelt anzuerkennen, kann selbstverständlich nicht bedeuten, allen Wesen alle denkbaren Rechte oder auch nur dieselben Rechte zuzuerkennen, die ein Mensch hat. Ein Recht auf Leben und körperliche Unversehrtheit z. B. können wir jedenfalls denjenigen Lebewesen nicht erkennen, auf deren Verzehr wir Menschen angewiesen sind, und dasselbe gilt für die verschiedenen Nahrungsketten in der übrigen Biosphäre. Rechte unterscheiden sich ja dadurch von moralischen Geboten, daß sie prinzipiell einhaltbar sein müssen.
Ein heuristischer Grundsatz, der mir den richtigen Weg für die Bestimmung von Rechten der natürlichen Mitwelt zu weisen scheint, ist: Rechte der natürlichen Mitwelt sollten zumindest überall dort anerkannt werden, wo es bei den Griechen – oder in anderen naturbezogeneren Religionen als der unseren – Götter gab. Für die Pflanzen wird zusätzlich Sorge getragen werden müssen. Im Christentum sind Rechte der natürlichen Mitwelt eine säkularisierte Form der Anerkennung ihrer Geschöpflichkeit. Sie treten funktional an die Stelle der Naturgötter in früheren Religionen, solange nicht wieder ein religiöses Verhältnis zur natürlichen Mitwelt gefunden wird.

8.2 Naturwissenschaft und Recht in der Wahrnehmung der Natur

Die natürliche Mitwelt unter Gesichtspunkten des Rechts wahrzunehmen, fällt uns in der Regel auch deshalb schwer, weil wir die Natur den Natur- und Ingenieurwissenschaften überlassen haben. Daß es sich dabei um eine Entwicklung erst der allerneuesten Zeit handelt, ist dem heutigen Bewußtsein in der Regel nicht klar.

»Nach den deutschen Stammesrechten des Mittelalters war/für das zu Unrecht erschlagene Tier ein Wergeld (»wer« = Mensch) zu zahlen. . . . Dabei handelt es sich um ein Bußgeld, nicht um Wert- oder Schadenersatz. Hier wird also in gewisser Weise eine Rechtspersönlichkeit des Tieres sichtbar. Das gilt auch für die in jener Zeit auf weltlicher und kirchlicher Seite gar nicht seltenen Tierverträge und Tierprozesse mit ihren Tierstrafen. . . . Bei diesen wurde etwa einem Schwein, das ein Kind verletzt hatte, in solemner Form der Prozeß gemacht, das angeklagte Tier auch zum Tode verurteilt und hingerichtet, wobei dann andere Schweine zusehen mußten. Derartiges hat sich erstaunlicherweise in England bis zum Beginn des 19. Jahrhunderts erhalten« (Lorz 1979, 4 f).

Auch Platon empfahl in seinem Gesetzeswerk, Tiere und sogar unbelebte Gegenstände, wenn ein Mensch durch sie zu Tode kommt, zur Entsühnung zu richten und im Fall eines Schuldspruchs außer Landes zu schaffen, das Tier nach vorheriger Tötung (Nomoi 873e-874a). Eine ähnliche Regel steht im 2. Buch Mose 21, 28.

Inzwischen ist anstelle des Menschenschutzes vor den Tieren der Tierschutz vor den Menschen zum eigentlichen Problem geworden. Rechte der natürlichen Mitwelt anzuerkennen, wird schon deshalb nicht wieder dahin führen, daß wieder Urteile gegen Tiere gesprochen werden. Ich möchte aber darauf aufmerksam machen, daß auch ein Element von Achtung darin liegt, wenn andere Lebewesen überhaupt als strafwürdig angesehen werden, und daß die Achtung zugleich mit den Tierprozessen verschwunden ist.

Darüber hinaus erweist es sich als zunehmend problematisch, die natürliche Mitwelt einfach nur in den Begriffen der Natur- bzw. Ingenieurwissenschaften und der Wirtschaft wahrzunehmen, also z. B. in der Landwirtschaft von der »Produktion« und »Nutzungsdauer« der Tiere zu sprechen. Denn solange wir nicht zu einer normativ erneuerten Naturwahrnehmung zurückfinden, in der der Rest der Welt nicht nur als Materie und Material angesehen und behandelt wird, sind die Lebensbedingungen nicht zu retten.

Die heute so viel beklagte Diskrepanz zwischen Ökonomie und Ökologie besteht letztlich darin, daß die für das menschliche Handeln jetzt maßgeblichen Gesetze unverträglich mit den Naturgesetzen sind, nach denen die natürliche Mitwelt lebt. Deshalb bedarf es der natürlichen Wirtschaftsordnung, für die ich im Abschnitt 6.4 bereits plädiert habe. Die Naturalisierung der Wirtschaft aber hat eine entsprechende Rechtsordnung zur Voraussetzung. Soweit in der heutigen Rechtsordnung »ökologisches und juristisches Denken ... unvereinbar« sind, wie der Jurist Eckard Rehbinder aus dem Scheitern der Kleinen Umweltpolitik schließt (1978, 105), ist diese Rechtsordnung nicht die richtige. Die bisherige Rechtsordnung des menschlichen Handelns nimmt offenbar zu wenig Rücksicht auf die Naturordnung der Mitwelt. Beide Ordnungen sollten so aufeinander abgestimmt werden, daß die industriegesellschaftliche Zerstörung der Lebensbedingungen ein Ende nimmt.

Diese Abstimmung kann nicht nur darin bestehen, daß die Rechtsordnung der Industriegesellschaft der heutigen Naturwissenschaft angepaßt wird, denn diese beschreibt, wie die Mitwelt auf bestimmte Tätigkeitsformen des Menschen reagiert, die ihrerseits normativ geprägt sind. Naturwissenschaftliche und rechtliche Tatbestände sind gleichermaßen Tat-Bestände (Abschnitt 4.5). Rechtsordnung *und* Naturordnung haben jeweils eine normative Grundlage. Der Konflikt zwischen Ökonomie und Ökologie besteht nicht darin, daß eine Normenordnung einer nicht normativen Faktenordnung angepaßt werden muß, sondern darin, daß die beiderseitigen Normen unvereinbar sind. *Beide* Ordnungen müssen in Einklang miteinander gebracht werden. Dazu bedarf es auch einer Erneuerung der Wissenschaft (Kapitel 10).

Zur Wiederverbindung von Natur- und Rechtsordnung sollte sich die erstere der letzteren also meines Erachtens genauso annähern wie umgekehrt die letztere der ersteren. Dies ist die naturphilosophische Begründung dafür, daß wir Rechte der natürlichen Mitwelt gelten lassen sollten. Kants Kategorischer Imperativ bietet in der Formulierung: *Handle so, als ob die Maxime deiner Handlung durch deinen Willen zum allgemeinen Naturgesetz werden sollte,* bereits eine Grundlage, die beide Arten von Gesetzen verbindet.

Es darf dann allerdings nicht dabei bleiben, daß die Gesetzgebung der menschlichen Vernunft, wie sonst bei Kant und entgegen seinem eigenen Anspruch (KrV B868), das Naturgesetz und das Sittengesetz wie zwei ganz verschiedene Gesetze enthält. Die weitergehende Perspektive ist, die Natur unter Bestimmungen der Freiheit zu denken. Ich meine: »Dasselbe (in der letzten Instanz), welches Wesen der sittlichen Welt ist, sey auch Wesen der Natur« (Schelling IV. 234). In einer Praktischen Philosophie der Natur bedeutet dies, daß in der politischen Kultur auf dem Niveau des modernen Rechtsstaats auch der natürlichen Mitwelt Rechte zuerkannt werden sollten.

Ich erinnere daran, daß Natur- und Rechtsordnung – die meines Erachtens in einen künftigen Zusammenhang gebracht werden sollten – auch gemeinsame Ursprünge haben, so daß ihr heutiges Auseinanderfallen nur eine Phase einer längeren Entwicklung ist.

Der naturwissenschaftliche Begriff der Ursache und damit der der Kausalität gehen nämlich historisch zurück auf den moralisch-rechtlichen Begriff der Schuld, so wie der des Naturgesetzes auf den des Gesetzes im Sinn der Rechtsordnung (Kelsen 1941). Wir pflegen heute zu sagen, dieser Zusammenhang sei bloß historisch und ein Naturgesetz sei in einem ganz anderen Sinn Gesetz als ein Gesetz im Rahmen der Rechtsordnung. Angesichts der Umweltzerstörung ist die Frage nun aber gerade, ob das Auseinandertreten von Schuld und Ursache bzw. das der beiden Bedeutungen von Gesetz nicht auf einen Zusammenhang hindeutet, den wir durch die strikte Unterscheidung gerade verfehlen.

Obwohl es bis in die Neuzeit hinein nur erstaunlich wenig Umweltprobleme gegeben hat, die Natur also relativ ordentlich – wenn auch weitgehend nach unausdrücklichen Ordnungen – behandelt worden ist, muß man bis in die Antike zurückgehen, um einen ausdrücklich normativen Begriff von Natur bzw. das Konzept einer Ordnung in der Natur zu finden, die eine Ordnung des menschlichen Verhaltens umfaßt.

Platon versprach sich von der Einsicht in die Ordnung der Natur wie der Gesellschaft in eins eine Emanzipation vom Regime der Schattenkämpfe (Politeia VII) in Politik und Gesellschaft. Die Welt ist ein ›Kosmos‹, und danach haben auch wir uns zu richten. Im X. Buch der Nomoi (Gesetze) setzte er sich detailliert mit einer (materialistischen) Naturauffassung auseinander, die nach seinen Überlegungen nicht nur eine falsche Grundlage der Physik wäre, sondern die außerdem zur Legitimation einer gleichermaßen falschen Rechtsordnung ins Feld geführt wurde (vgl. Abschnitt 5.6). Das seines Erachtens richtige Naturverständnis sollte für die Physik und für die Rechtsordnung gleichermaßen gelten. Später beruhten die stoischen Ausläufer der griechischen Philosophie wieder auf dem Grundgedanken, daß dieselben Naturgesetze für das menschliche Verhalten wie für das der natürlichen Mitwelt maßgeblich sind.

Auch für das Alte Testament gilt: »Der uns geläufige Dualismus von menschlicher Gesellschaftsordnung einerseits und von Naturordnung anderseits war . . . den Alten unbekannt. Die Weltordnung herrscht ebenso in der Natur wie durch das Sittengesetz (wie wir sagen würden) über die Menschen« (von Rad 1970, 208).

Besonders prägnant ist der Zusammenhang der beiden Ordnungen in den allerersten Anfängen der Philosophie – als noch alle Philosophie Naturphilosophie war – zum Ausdruck gebracht worden, nämlich bei den Vorsokratikern, und hier gleich in dem frühesten Fragment eines philosophischen Texts, das uns überliefert ist, nämlich in dem Satz des Anaximander von Milet. Der einzige von ihm überlieferte und zugleich älteste Satz der abendländischen Philosophie lautet:

»Aus welchen (Dingen) aber die Genesis ist für die seienden Dinge, in diese hinein geschieht auch das Vergehen nach der Schuldigkeit. Denn es geben die Dinge einander Strafe und Buße für ihre Ungerechtigkeit nach der Anordnung der Zeit« (Diels-Kranz B1, in der Übersetzung von Schadewaldt 1978, 240).

Hier scheint sich, wie Werner Jaeger bemerkt, »der ungeheure Gedanke einer durchgängigen Gesetzmäßigkeit in der Natur anzukündigen« (1954, I. 218), und zwar die Entdeckung des Kosmos als einer »Rechtsgemeinschaft der Dinge« (aaO 219), wohingegen z. B. Hesiod noch ausdrücklich erklärt hatte, in der Natur gäbe es keine Rechtsordnung – eben deshalb fräßen die Tiere einander auf (Werke und Tage 276-280).

Der große Gedanke des Anaximander ist, mit anderen Worten, die Wahrheit vor Gericht sei auch die Wahrheit in der Natur. Eben dies haben wohl auch die Juden damit gemeint, daß der Gott, der sie aus Ägypten in die politische Freiheit geführt hat, in eins der Schöpfer der Welt sei. Heute nun sehen wir, daß die Einrichtung von Rechtsordnungen für den mitmenschlichen Umgang – also die friedliche Regelung des Austrags der bestehenden Konflikte – eine der größten Errungenschaften in der Geschichte der Menschheit gewesen ist und daß wir eben dieser Errungenschaft im Naturzusammenhang des menschlichen Lebens noch ermangeln.

Ein an Anaximander wie an Bacons drei Herrschaftsformen orientierter Neuansatz relativ zum herrschenden Naturverständnis liegt dementsprechend darin, nicht nur von seiten des Menschen Rechte in bezug auf den Rest der Welt anzuerkennen, sondern den Kreis der Rechtssubjekte über die Menschheit hinaus zu erweitern. So käme es zu einer kosmischen Rechtsgemeinschaft aller Dinge. Der neuzeitlichen Subjektivitätsphilosophie ist dieser Gedanke allerdings fremd.

8.3 Nach den Frauen nun die Tiere und die Pflanzen? Das Gleichheitsprinzip in der Rechtsgemeinschaft der Natur

Unter der Fragestellung, welchem Selbstverständnis unser Handeln entsprechen sollte, habe ich im Kapitel 5 bereits auf das typische Erobererschicksal hingewiesen: Nachdem die Eroberer eines Landes und Gemeinwesens sich zunächst wie Ausbeuter verhalten haben, entdecken sie, daß es ihnen und ihren Kindern nur dann längerfristig eine Lebensgrundlage sein kann, wenn sie ein klügeres Management der Ressourcen betreiben. In einem dritten Schritt aber überfällt sie die Einsicht, daß man sich gegenüber einigen Menschen, den Unterworfenen, konsistenterweise nicht grundsätzlich anders verhalten kann als gegenüber anderen Menschen, den eigenen Mitbürgern und Miteroberern.

Intelligente Eroberer werden sich also – soweit ihre Vernunft reicht, die nach Kant wiederum die Natur unserem Willen zur Regiererin beigegeben hat – letztlich zur Sklavenbefreiung gezwungen sehen. Historisch kommt in der Regel ein Befreiungskampf hinzu. Die Einsicht läßt sich dadurch hinausschieben, daß Sklaven keine Landsleute sind und ihre eigene Sprache sprechen (vgl. Platon, Nomoi 777cd).

Die Abschaffung der menschlichen Sklaverei war auch das Vorbild, nach dem eine Ausdehnung des neuzeitlichen Rechtsstaats auf das Tierreich erstmals konkret ins Auge gefaßt worden ist. Der Gedanke stammt – überraschenderweise – von dem Utilitaristen Jeremy Bentham, der ›das größte Glück der größten Zahl‹ somit nicht auf die Menschheit beschränkt wissen wollte.

»Warum sollte das Gesetz«, heißt es in seinen »Principles of Penal Law« (1780), »irgend einem empfindungsfähigen Wesen (sensitive being) seinen Schutz versagen? Es wird so weit kommen, daß der Mantel der Menschlichkeit alles umfängt, was atmet. Den Anfang haben wir damit gemacht, uns die Lebensbedingungen der Sklaven angelegen sein zu lassen. Letzlich aber werden wir auch das Los der Tiere erleichtern, die uns bei der Arbeit helfen oder unsere Bedürfnisse decken« (1962, I.562 = Teil III, Kap. 16).

Der Gedanke einer rechtlichen Regelung der menschlichen Machtausübung im Tierreich ist danach – soweit diese Macht reicht, also zunächst für die zivilisierten Tiere – so alt wie die Französische Revolution bzw. wie ihre Beweggründe. Allerdings steht dieser Teil der bürgerlichen Revolution immer noch aus, so daß die alten Forderungen hier die Form des Postulats behalten haben. »Es ist unsere Überzeugung, daß *wir jetzt* die Grundsätze der Freiheit, Gleichheit und Brüderlichkeit auf das Leben der

Tiere auszudehnen haben. Begraben wir neben der menschlichen Sklaverei nun auch die der Tiere auf dem Friedhof der Geschichte!« (Corbett 1971, 238), heißt es dementsprechend noch heute.

Die hier angestrebte Befreiung der Tiere kann in einer historischen Kontinuität mit dem Fortgang der bürgerlichen Emanizpation von weißen Männern auf Juden, Neger, Frauen und Zigeuner gesehen werden, die ja nach der Französischen Revolution auch noch eine Weile gedauert hat bzw. noch andauert.

»Es geht dabei um eine Erweiterung der Werte, so daß das Reich der Natur jenseits privater Aneignung zu einer Lebensgemeinschaft wird. . . . Um den Begriff der Person zu verallgemeinern, möge man sich vergegenwärtigen, wie lange es gedauert hat, bis Ausländer, Fremde, Säuglinge, Kinder, Neger, Juden, Sklaven, Frauen, Indianer, Gefangene, Alte, Kranke und Behinderte uneingeschränkt als Personen akzeptiert worden sind. Und heute ist immer noch strittig, als was ein Fötus gelten soll. In der ökologischen Ethik geht es nun darum, ob wir durch die Anerkennung des Eigenwerts aller Elemente des Lebens zu einer weiteren Verallgemeinerung fortschreiten sollten« (Rolston 1975, 101).

Daß Männer und Frauen gleiche Rechte haben, Ausländer als Menschen genausoviel wert sind wie die Bewohner des Gastlands und niemand wegen seiner Rasse diskriminiert werden darf, ist mittlerweile der Stand des aufgeklärten Bewußtseins – wenn auch noch lange nicht der politischen Realität, nicht einmal in der Demokratie. Warum aber sollte die Befreiungsbewegung zu Ende sein, wenn diese Ziele erreicht sein werden? Der Gedanke, welcher ihr ihre Kraft und Richtung gibt, weist meines Erachtens über die Menschheit – und über diese Bewegung – hinaus.

Dieser Grundgedanke ist der der Gleichheit. Alle Menschen sind zwar weder gleich noch gleich geboren, sondern haben verschiedene Anlagen unter verschiedenen Bedingungen verschieden entwickelt, aber sie sind doch alle gleichermaßen Menschen. Verschiedenheiten nach Besitz, Macht und Ansehen können also nur aus den Verschiedenheiten der Menschen gerechtfertigt werden, und widersprechen der Gleichheit, wo sie es nicht können.

Zum Beispiel ist es aus den jedermann und jederfrau bekannten Verschiedenheiten zwischen Frauen und Männern nicht zu rechtfertigen, daß die einen das politische Wahlrecht haben und die anderen nicht, oder daß die einen beruflich bessere Chancen haben als die anderen. Und durch keine menschliche Verschiedenheit wird gerechtfertigt, daß der Wohlstand einer Bevölkerungsgruppe durch das Elend einer anderen erkauft wird.

Historisch scheint die Berufung auf fundamentale Gleichheiten im sozialen Kampf gegen die Ausbeutung der Industriearbeiter politisch keine besondere Rolle gespielt zu haben. Trotzdem beruhte die soziale Frage letztlich nicht allein darauf, daß es den Arbeitern absolut schlecht ging, sondern auf der Ungerechtigkeit ihrer Ausbeutung, also auf einem Appell an Gleichheit. Denn jede Ungerechtigkeit ist als Unausgewogenheit eine Verletzung bestehender Gleichheiten.

Das Gleichheitsprinzip, daß zweierlei gemäß seiner Gleichheit gleich und gemäß seiner Verschiedenheit verschieden behandelt werden soll, ist wohl der elementarste Grundsatz der Gerechtigkeit. Auch der Kategorische Imperativ bzw. das Sittengesetz beruht auf dem Gleichheitsprinzip. Denn die Forderung, daß die Gründe, aus denen eine Handlung gerechtfertigt wird, *verallgemeinerungsfähig* sein, d. h. »zum allgemeinen Naturgesetze werden« können sollen (Grundlegung A52 = Kant IV. 51), bedeutet ja gerade, daß andere unter *gleichen* Umständen genauso handeln dürften.

Im Grundgesetz bedeutet der Gleichheitssatz: Alle Menschen sind vor dem Gesetz gleich (Art. 3 Abs. 1), für den Gesetzgeber die allgemeine Weisung, »bei steter Orientierung am Gerechtigkeitsgedanken Gleiches gleich, Ungleiches seiner Eigenart entsprechend verschieden zu behandeln (BVerfGE 3, 135 f.; ...)« (Leibholz/Rinck/Hesselberger 1979, 101). Das Bundesverfassungsgericht deutet den Gleichheitssatz in ständiger Rechtsprechung als Willkürverbot, »weder wesentlich Gleiches willkürlich ungleich, noch wesentlich Ungleiches willkürlich gleich« zu behandeln (BVerfGE 4, 155 etc., Leibholz et al. aaO 102). Das Kernproblem des Gleichheitsprinzips für die Rechtsprechung ist in der Tat, welche sachlich einleuchtenden, also nicht willkürlichen Gründe es jeweils gibt, zwei Fälle eher nach ihren Gleichheiten oder nach ihren Ungleichheiten vergleichend zu beurteilen.

Lassen wir also das Gleichheitsprinzip auch für das Verhältnis des Menschen zur natürlichen Mitwelt gelten, so ist die entscheidende Frage: Welche Gemeinsamkeiten gibt es zwischen uns und den Tieren und Pflanzen? Descartes und der subjektivistische Idealismus sind an dieser Frage gescheitert, die cartesische Wissenschaft aber hat sich längst auch des Menschen bemächtigt. Die Einsicht, daß der Mensch ein Naturwesen ist wie andere auch und daß für ihn dieselben Naturgesetze gelten wie in der übrigen Biosphäre, ist für uns unausweichlich. Die Naturgeschichtlichkeit der menschlichen Existenz verdient dementsprechend ein Ausgangspunkt der heutigen Naturphilosophie zu sein (Kapitel 5). Kant hat dazu den Blick freigemacht. Goethe und Schelling haben im Anschluß an Spinoza den Weg gewiesen.

Die Menschheit ist mit den Tieren und Pflanzen, mit Erde, Wasser, Luft und Feuer aus der Naturgeschichte hervorgegangen als eine unter Millionen Gattungen am Baum des Lebens insgesamt. Wir sind dementsprechend mit ›Tieren, Pflanzen, und anderen Sachen‹, wie es im Bundesimmissionsschutzgesetz heißt, naturgeschichtlich verwandt. Mit dieser Verwandtschaft aber sind Übereinstimmungen verbunden, nach denen das Gleichheitsprinzip auf das Verhältnis zwischen der Menschheit und unserer natürlichen Mitwelt grundsätzlich anwendbar wird.

Die naturgeschichtliche Verwandtschaft des Menschen z. B. mit den Blumen besagt nicht, daß Menschen Blumen oder Blumen Menschen seien. Dementsprechend wäre es verfehlt, Blumen wie Menschen zu behandeln, sondern Blumen sind Blumen und keine Menschen. Insofern aber Blumen und Menschen naturgeschichtlich verwandt sind, sind sie doch dasselbe, nämlich Lebewesen (zum Unterschied von den Steinen) und darüber hinaus sogar gemeinsam etwas anderes als andere Lebewesen, nämlich (mit den Tieren) Eukarionten und keine Prokarionten (Bakterien).

Nicht von ungefähr ist in der menschlichen Seele ein vegetativer Teil von anderen Teilen zu unterscheiden. Diese Verwandtschaft ist im Umgang mit Pflanzen auch erfahrbar. Pflanzen und Menschen haben eine je besondere Existenz, aber der Strom des Lebens ist in beiden und kann sich in Gestalt von Gärten aufs Neue verbinden, so wie sich auch menschliche Individuen zu gemeinsamen Taten verbinden.

Näherliegend ist uns die Verwandtschaft des Menschen mit Pferden, Hunden, Katzen und anderen Säugetieren, denn mit den Säugetieren ist der Mensch als solcher naturgeschichtlich erstmals in Erscheinung getreten. Im Grunde aber gilt hier dasselbe wie bei den Pflanzen: Hunde sind keine Menschen, sondern Hunde, und es ist verfehlt, Hunde wie Menschen zu behandeln. Insoweit aber Hunde und Menschen naturgeschichtlich verwandt sind, sind sie doch dasselbe, nämlich Säugetiere, und soweit diese Gleichheit reicht, sollten Hunde und Menschen auch entsprechend gleich behandelt werden.

Es gehört zu den unergründlichen Sonderbarkeiten der Industriegesellschaft, die Naturzugehörigkeit des Menschen hemmungslos zu bejahen, wenn es um die medizinische Gesundheit geht, und sie ebenso hemmungslos zu verdrängen, wenn es um das handlungsleitende Selbstverständnis geht. So meinen manche: Wenn wir mit Insekten verwandt sind, dann sind wir wie Insekten; wenn wir aber zugeben, daß wir wie Insekten sind, dann werden wir bald selber wie Insekten behandelt.

Ich kann diese Befürchtung nur für den Fall teilen, daß wir auch in Zukunft kein natürliches Verhältnis zum Menschen und kein menschliches

Verhältnis zur Natur finden. Was aber vergeben wir uns, wenn wir, die wir Herrschaft in der Natur wahrnehmen, einem Insekt als einem verwandten Wesen begegnen? Die einzige Alternative zum Chauvinismus kann doch nicht sein, daß gar keine Unterschiede mehr gemacht werden.

Ein anderer Einwand gegen das Gleichheitsprinzip kleidet sich in die Frage, ob die Pflanzen und Tiere dieses Prinzip denn auch uns gegenüber einhalten werden, wenn wir uns fortan danach richten. So ist Günther Patzig dem Prinzip schon sehr nahe gekommen (1983, 14), dann aber aus Sorge vor »romantischer Übertreibung« (aaO) und wegen der Gegenseitigkeitsfrage wieder davor zurückgeschreckt. Hier muß aber wohl doch die Sorge den Ausschlag gegeben haben, denn als ein Zug-um-Zug-Geschäft ist die Moral ja wohl nicht zu begründen.

Die Grenzen der Gemeinschaft, der man sich zugehörig fühlt und in der man seine Identität findet, zu erweitern, ist im Zug der neuzeitlichen Befreiungsbewegung immer wieder auf große Widerstände gestoßen. Noch heute reagieren viele Männer latent oder manifest beleidigt auf die Gleichberechtigung der Frau, besonders in Witzen. An Spott über die Tierschutzbewegung hat es bis heute ebensowenig gefehlt wie an dem über die Frauenbewegung.

Auch Gemeinsamkeiten sind gesehen worden. Z. B. unternimmt es Taylors »Verteidigung der Rechte der unvernünftigen Tiere« (1792) – als eine Parodie von Mary Wollstonecrafts »Verteidigung der Rechte der Frauen« – »mit zwingenden Gründen die vollkommene Gleichheit der sogenannten unvernünftigen Art mit der menschlichen zu beweisen« (aaO III). Am ehesten Anlaß zur Belustigung geben in beiden Fällen in der Regel die behaupteten Gleichheiten, deretwegen die jeweilige Gleichberechtigung gefordert wird. Tatsächlich gibt es hier bisweilen Überschwänglichkeiten bzw. diejenige Art von Irrtümern, ohne die eine politische Auseinandersetzung manchmal nicht den richtigen Weg nimmt.

Ein Beispiel ist, daß der Vegetarier Henry Salt – der in der englischen Tierschutzbewegung um die Jahrhundertwende eine führende Rolle gespielt hat – nach den Menschen nun auch den Tieren die freie Entfaltung der Persönlichkeit zugestanden wissen wollte. »Sein eigenes Leben zu leben, sein wahres Selbst zu verwirklichen, ist der höchste sittliche Zweck von Mensch und Tier« (1907, 12), meinte er, dies freilich nur »unter den Einschränkungen, welche die dauernden Bedürfnisse der Gesellschaft auferlegen« (aaO 24). Hier ist der Eindruck wohl kaum von der Hand zu weisen, daß Tiere auch dort wie Menschen behandelt werden sollen, wo sie nicht wie Menschen sind.

Gerade der Tierfreund kann es mit gutem Recht für eine ziemlich absurde Schreibtischphantasie halten, z. B. einer Schildkröte oder einem Huhn die personalen Selbstverwirklichungsideale des 19. Jahrhunderts zuzumuten. Denn dabei kommt nun doch wohl die Anerkennung der Verschiedenheit von Menschen und Schildkröten wie Hühnern zu kurz.

Das richtige Verhältnis zu Tieren hat meines Erachtens, wer sie zwar, insoweit sie sind wie wir, auch wie Mitmenschen behandelt, sich zu ihnen aber, insoweit sie anders als Menschen sind, auch entsprechend anders als zu Menschen verhält. Eine Schildkröte z. B. hat einen Charakter und hat Interessen sowie das Bedürfnis nach gelegentlicher konvivialer Zuwendung und ist dementsprechend zu behandeln. Die Gleichheit aber bis zur Verbrüderung in der freien Entfaltung der Persönlichkeit zu treiben, scheint mir denn doch die Eigenständigkeit der Schildkrötenexistenz nicht nur zu übersehen, sondern eigentlich sogar zu mißachten. So scheiterte denn auch die Verleihung von Bürgerrechten an die Molche in einem Roman des Juristen Karel Capek »hauptsächlich weil die Molche nie und nirgends bürgerliche Rechte begehrten« (1964/1970, 123).

Die Kernfrage der Anwendung des Gleichheitsprinzips auf die Bestimmung von Rechten der natürlichen Mitwelt ist also, welche Gleichheiten mit dem naturgeschichtlichen Verwandtschaftszusammenhang verbunden sind und welche Rechte aus ihnen folgen. Welche Gleichheiten für die Rechtsbegründung meines Erachtens maßgeblich sind, ist das Thema des folgenden Abschnitts.

Ich möchte abschließend hervorheben, daß das klassische Eroberproblem, vor dem wir stehen, nach der vorangegangenen Überlegung nicht nur in die Befreiungsbewegung hinein, sondern durch die Einbettung in die Naturgeschichte auch über deren bisherigen Subjektivismus hinaus geführt hat. Zumindest der der Caballeros del Espiritu verschwindet in einem Himmel, unter dem keine Erde mehr ist, wenn wir mit der modernen Naturwissenschaft und mit der Griechischen Philosophie endlich ernst nehmen, daß der Mensch ein »zahmes Tier« ist (Platon, Sophistes 222b7).

8.4 Leidensfähigkeit und Interessen – Zur Konkretisierung des Gleichheitsprinzips

Eine sehr elementare Eigenschaft, die wir mit unserer natürlichen Mitwelt gemeinsam haben, ist das Schmerzempfinden. Schon Rousseau folgerte aus dieser Übereinstimmung ein Recht auf die entsprechende Gleichbehandlung und war damit vielleicht der erste, der überhaupt an Rechte der Tiere gedacht hat.

»Wenn ich verpflichtet bin, meinen Mitmenschen kein Leid zuzufügen, so geschieht das weniger, weil sie vernünftige Wesen, sondern vielmehr, weil sie empfindende Wesen sind. Da nun Menschen und Tiere das gleiche Empfindungsvermögen haben, kommt ihnen auch das Recht zu, sich vom anderen nicht unnütz mißhandeln und quälen zu lassen« (1755/1955, 41).

Ein allgemeineres Kriterium als die Schmerzempfindlichkeit ist das Empfindungsvermögen überhaupt. In diesem Sinn wollte Bentham (1780) an der im vorangegangenen Abschnitt bereits zitierten Stelle den Kreis der Rechtssubjekte erweitert wissen. Die Forderung ist dann, daß wir uns gegenüber allem, was Empfindung hat, insoweit gleich verhalten, wie unser Verhalten das Empfindungsvermögen betrifft, und daß entsprechend verallgemeinerte Normen rechtlich kodifiziert werden.
In seinem späteren Buch: An Introduction to the Principles of Morals and Legislation (1789), hat Bentham das Kriterium der Empfindungsfähigkeit ebenfalls auf das der Leidensfähigkeit zugespitzt, sprach dabei aber unverändert von empfindenden Wesen schlechthin, was also auch die Pflanzen umfaßt (über die er sich allerdings keine besonderen Gedanken gemacht zu haben scheint). Der Text knüpft wiederum an die Abschaffung der Sklaverei an:

»In der Vergangenheit – und mancherorts ist dies noch nicht vorbei – sind die meisten Menschen als Sklaven genauso behandelt worden, wie es den uns unterlegenen Tierrassen, zumindest in England, auch heute noch geschieht. Vielleicht kommt es einmal dahin, daß auch das übrige Tierreich die Rechte erhält, die ihm nur durch Tyrannei vorenthalten werden konnten. Die Franzosen haben bereits entdeckt, daß die Schwärze der Haut kein Grund ist, dessentwegen ein menschliches Wesen rücksichtslos den Launen eines Peinigers überlassen werden darf. Vielleicht erkennt man eines Tages auch, daß die Zahl der Beine, die Behaarung der Haut und der Auslauf des Os sacrum gleichermaßen keine hinreichenden Gründe sind, um ein empfindungsfähiges Wesen (sensitive being) demselben Schicksal auszusetzen. Oder wo sonst sollte die unüberschreitbare Grenze verlaufen? Ist es etwa das

Denk- oder Sprachvermögen? Aber ein ausgewachsenes Pferd oder ein ausgewachsener Hund sind unvergleichlich viel vernünftiger – und übrigens auch unterhaltsamer – als ein eintägiges, einwöchiges oder einmonatiges Menschenbaby. Und wenn es anders wäre, was wäre damit geholfen? Die Frage ist weder: können sie *denken?*, noch: können sie *sprechen?*, sondern: können sie *leiden?*« (aaO I. 143 = Kap. XIX, § 4. Oder 1970, Kap. XVII, § 4).

Menschen und die natürliche Mitwelt insoweit gleich zu behandeln, wie es um die Zufügung gleichen Leidens geht, hätte relativ zur heutigen Rechtslage weitreichende Konsequenzen. Ich zeige dies an einem Beispiel.
Das geltende Tierschutzgesetz verbietet zwar, »einem Tier ohne vernünftigen Grund Schmerzen, Leiden oder Schäden« zuzufügen (§ 1), erlaubt aber Tierversuche auch dann, wenn sie mit Schmerzen, Leiden oder Schäden verbunden sind, »soweit sie für den verfolgten Zweck unvermeidlich sind« (§ 9 Abs. 1 Ziff. 3). Bei Wirbeltieren bedarf es hierzu einer Genehmigung, die erteilt werden darf, wenn »dargelegt wird«, daß die Versuchsergebnisse entweder medizinisch nützlich sind oder »*sonst wissenschaftlichen Zwecken dienen*« und »nicht durch andere zumutbare Methoden« gewonnen werden können (§ 8 Abs. 4 Ziff. 1). Bei dieser Rechtslage ist praktisch jede Tierquälerei erlaubt, soweit sie nur einer wissenschaftlichen Karriere dient.
Ein Novellierungsentwurf des Bonner Arbeitskreises für Tierschutzrecht (1983), den ich sonst unterstütze, sucht den Nutzen, um dessentwillen es zulässig sein soll, Tieren Leiden zuzufügen, stärker einzugrenzen und dadurch den wissenschaftlichen Mißbrauch zu unterbinden. Nach diesem Entwurf »dürfen länger anhaltende oder sich wiederholende erhebliche Schmerzen oder Leiden nur dann als vertretbar angesehen werden, wenn sie für das Versuchsziel unvermeidbar sind und das Versuchsvorhaben dem Zweck dient, im Interesse der Allgemeinheit schwere Schmerzen, Leiden oder Schäden bei Mensch oder Tier zu verhindern oder erheblich zu vermindern« (§ 8 Abs. 4 Ziff. 1a).
In abgeschwächter Form tendiert auch der »Entwurf für ein Europäisches Übereinkommen zum Schutz von Wirbeltieren, die für Versuchs- und andere wissenschaftliche Zwecke verwendet werden« (Europarat Doc. 5049 vom 31. III. 1983) zu einer stärkeren Gewichtung des Leidens der Versuchstiere gegen den Nutzen des Tierversuchs (Art. 9). Die weitergehende Frage ist aber, ob es überhaupt durch irgendeine Art von Nutzen gerechtfertigt werden kann, Tieren Leiden zuzufügen, welche Menschen sich nicht gefallen lassen würden. Nach dem von mir vorgeschlagenen Gleichheitsprinzip ist diese Frage zu verneinen. Eine gemeinsame Kommission der Schweizerischen Akademie der Medizinischen Wissenschaft

und der Schweizerischen Naturforschenden Gesellschaft kommt für schwere Leiden zu demselben Ergebnis:

»Versuche, die dem Tier schwere Leiden verursachen, müssen vermieden werden, indem durch Änderung der zu prüfenden Aussage andere Erfolgskriterien gewählt werden, oder indem auf den erhofften Erkenntnisgewinn verzichtet wird. Als schwere Leiden gelten Zustände, welche beim Menschen ohne lindernde Maßnahmen als unerträglich zu bezeichnen wären« (Absatz 4.6, abgedruckt im Anhang II zum Novellierungsentwurf des Bonner Arbeitskreises für Tierschutzrecht 1983).

Nach der Empfehlung der Schweizer Kommission sind Versuche, welche dem Tier Leiden zufügen, die für uns unerträglich wären, also *zu unterlassen.* Unter den vier verschiedenen Regelungen, die ich aufgeführt habe, entspricht nur diese Leidensbegrenzung dem Gleichheitsprinzip. Das Beispiel möge genügen, um die Tragweite des Prinzips gegenüber der heutigen Rechtslage deutlich zu machen.

Von denen, die das Kriterium der Leidensfähigkeit isoliert vertreten, also nicht in der Begründung durch das Gleichheitsprinzip oder einen entsprechend allgemeinen Grundsatz, wird es häufig so gemeint, daß die ethische Rücksichtnahme der Menschheit auf die natürliche Mitwelt nun aber auch nur gerade so weit und nicht weiter gehen solle. Dies ist also eine Variante zur Stufe 6 der Tabelle 1 im Kapitel 1, wonach im menschlichen Handeln nur auf die ›bewußt empfindenden Lebewesen‹ ethisch Rücksicht zu nehmen ist.

Frankena (1979) z.B. spricht sich gefühlsmäßig für diese Abgrenzung aus, gibt aber keine Gründe an, warum unsere Rücksicht gerade bei den »consciously sentient beings« enden sollte. Mir ist auch sonst keine Begründung bekannt geworden oder eingefallen, warum wir noch weiter hinter Benthams ersten Ansatz zurückfallen sollten, in dem ja immerhin allen »sensitive beings« Rechte zuerkannt werden sollten. Oder ist es denkbar, daß das richtige Verhalten z.B. gegenüber Regenwürmern nur davon abhängt, ob diese – wie es nach neueren Untersuchungen der Fall zu sein scheint (Alumets et al. 1979, 805) – Schmerzen haben können? Wollten wir uns auf das Kriterium der Zufügung von Leiden *beschränken,* wäre möglicherweise sogar die Massentierhaltung von Hühnern, Kälbern und Schweinen ethisch unbedenklich, soweit dabei akute Schmerzen vermieden werden (im Extremfall durch Drogen). Dies aber kann ja wohl nicht wahr sein. Und nach dem Gleichheitsprinzip kommt es auch nicht so heraus, denn unsere Verwandtschaft mit der natürlichen Mitwelt reicht über die Leidensfähigkeit hinaus, so daß weitergehende Kriterien zum Tragen gebracht werden können. Ich komme im folgenden Abschnitt bei den Pflanzen auf das Kriterium der *Empfindungsfähigkeit* zurück und wende mich zunächst dem noch allgemeineren des *Interesses* zu.

Interessengleichheit

Unter Gesichtspunkten der Erhaltung von Lebensbedingungen ist es der vielleicht sogar nächstliegende Gedanke, die naturgeschichtliche Verwandtschaft von Menschheit und natürlicher Mitwelt nach dem Gleichheitsprinzip daraufhin zu überprüfen, welche beiderseitigen Interessen es gibt und wieweit sie einander entgegenstehen. Die rechtspolitische Frage ist dann darauf gerichtet, welche verschiedenen Interessen naturgeschichtlich anerkannt werden müssen, so daß eine Vergleichbarkeit entsteht, welche die Grundlage rechtlicher Regelungen abgeben kann.

Interessen sind die Grundbestimmungen, aus denen im Sinn des Göttinger Philosophen Leonard Nelson folgt, wie wir uns gegenüber der natürlichen Mitwelt zu verhalten haben. »Als praktische Naturlehre macht die Ethik ihre Anforderungen geltend für unser Handeln in der Natur« (Nelson V. 65). Unter dem Vermögen des Interesses versteht Nelson »das Vermögen, den Dingen einen Wert oder Unwert zu erteilen« (V. 115), und dieses Vermögen haben Menschen und Tiere, wenn auch in unterschiedlicher Weise.

Wo Interessen sind, da müssen nach Nelson auch Rechte anerkannt werden, denn »Subjekte von Rechten sind gemäß dem/Inhalt des Sittengesetzes alle Wesen, die Interessen haben« (V. 162 f). Subjekte von Rechten sind danach Menschen und Tiere gleichermaßen – die einen mit, die anderen ohne das Vermögen zur Vernunft. In einem eigenen Interesse betroffen zu sein, ist auch im amerikanischen Recht, wie der Sierra Club im Prozeß um das Mineral King Valley erfahren mußte, die entscheidende Bedingung für eine Klagebefugnis (standing).

Der Begriff des Interesses ist viel weiter als der der Leidensfähigkeit und mag deshalb so besonders gut universalisierbar sein, weil er auch denjenigen Verschiedenheiten – als Verschiedenheiten von Interessen – besonders leicht Raum gibt. Eine Schildkröte z. B. hat naturgemäß im wesentlichen – u. a. bis auf Bananen, Spaziergänge und Sonnenwärme – andere Interessen als ein Mensch. Beide aber entfalten in der Wahrnehmung ihrer Umwelt gleichermaßen – und insofern offen für das Gleichheitsprinzip – das Vermögen, den Dingen einen Wert oder Unwert beizulegen und sich entsprechend zu verhalten.

Zwar sind Menschenwünsche – wiederum naturgemäß – andere Wünsche als Schildkrötenwünsche, denn Schildkröten und Menschen haben verschiedene Bedürfnisse und Charaktere, die Intentionalität selbst aber unterscheidet sich nicht. Zumindest sind hiergegen keine spezifischen Einwände bekannt geworden, denn die Interessen von Verstorbenen, Ungeborenen, künftigen Generationen, Bewußtlosen und Säuglingen sind jedenfalls nicht leichter zu definieren als die unserer Zeitgenossen im Tierreich (Feinberg 1974, 57ff).

Die Rechtsgleichheit von menschlichen und nichtmenschlichen Lebewesen unter dem Gesichtspunkt des Interesses zu bestimmen, erlaubt einen unmittelbaren Übergang zu der für unser praktisches Verhalten entscheidenden Frage, wie wir es mit den Interessenkonflikten halten wollen. Derartige Konflikte werden manchmal, jedoch keineswegs immer schwer zu entscheiden sein. Ich nenne ein Beispiel, in dem die Entscheidung zugunsten des Tiers wohl eindeutig wäre, wenn die Abwägung stattfinden würde: die Massentierhaltung von Hühnern.

Ein Huhn hat, wie jedes Tier, ein Interesse daran, daß sein artgemäßes Bewegungsbedürfnis erfüllt wird. Diese Bedingung ist in der Batteriehaltung von Legehennen nicht erfüllt, denn hier müssen sich zehn Hühner mit dem Raum der Doppelseite einer Zeitung begnügen. Dem Interesse des Huhns an Bewegung steht das Interesse des Menschen entgegen, Hühnereier möglichst billig kaufen zu können. In diesem Fall handelt es sich um eine Preisdifferenz von vier bis fünf Pfennigen, d.h. Eier von Hühnern in Bodenhaltung sind vier bis fünf Pfennige teurer als Eier aus der Legehennenhaltung in Batterien.

Wie ist der Interessenkonflikt zu lösen? Die Antwort lautet hier meines Erachtens ganz eindeutig: Das Interesse des Bürgers (auch bei unterdurchschnittlichem Einkommen) an fünf Pfennigen Ersparnis pro Ei ist ungleich geringer als das Interesse des Huhns, sich artgemäß bewegen zu dürfen.

Ich habe noch niemand gefunden, der mir die Frage bejaht hätte: Dürfen wir uns um einer Ersparnis von fünf Pfennigen pro Ei willen mitschuldig an der Tierquälerei machen? Nicht alle Interessenkonflikte werden so eindeutig lösbar sein, aber es wäre schon ein großer Fortschritt, wenn die nach dem Gleichheitsprinzip so leicht lösbaren Konflikte gelöst würden. Falls ein Verbot der Legehennenhaltung in Batterien politisch nicht durchsetzbar ist, sollten Eier aus Legebatterien wenigstens durch die Aufschrift gekennzeichnet werden: *Durch den Kauf dieses Eis machen Sie sich mitschuldig an der Tierquälerei.*

Der allgemeine Fall ist: »In jedem Fall einer Kollision zwischen unserem Interesse und dem eines Tieres müssen wir ... nach gerechter Abwägung entscheiden, welches Interesse den Vorzug verdient« (Nelson V. 169). Diese Abwägung wird von Fall zu Fall schwer genug sein. Die Antwort auf die richtige Frage bewußt nicht geben zu können, ist jedoch auch hier immer noch besser, als Antworten auf die falschen Fragen zu haben. Wer z. B. aus dem Vernunftvermögen des Menschen

»für sich das Recht ableiten will, das eigene Leben unter allen Umständen dem widerstreitenden In/teresse eines Tieres vorzuziehen, unabhängig also von der Abwägung der jeweils vorliegenden Interessen, der soll bedenken, wie weit die Konsequenzen eines solchen Standpunktes reichen. Sie verlangen von ihm, daß er auch den eigenen Interessen gegenüber Ernst macht mit der Überordnung der vernünftigen über die sinnlichen Interessen« (aaO V. 171 f).

Ich möchte hier sogar noch etwas weiter gehen und – wie Platon in bezug auf die Behandlung der Sklaven – empfehlen, daß wir der natürlichen Mitwelt möglichst »noch weniger ein Unrecht zufüg(en) als den Gleichgestellten. Denn ob einer von Natur und nicht nur zum Schein das Recht ehrt . . ., zeigt sich besonders gegenüber den Menschen, denen Unrecht zu tun ihm leicht wäre« (Platon, Nomoi 777d). Das Recht *von Natur* zu ehren, bekommt bei Platon einen ähnlichen Klang wie im vorliegenden Kapitel, da es im X. Buch der Nomoi ebenfalls um ein die Rechtsordnung und die Sinnenwelt verbindendes Naturverständnis geht. (vgl. Abs. 5.6). Das Gleichheitsprinzip und seine Konsequenzen können freilich nur dem einleuchten, der außer der Verschiedenheit von Mensch und Tier auch ihre Selbigkeit wahrnimmt. Denn »die vermeinte Rechtlosigkeit der Thiere . . . beruht«, wie Schopenhauer richtig bemerkte, »auf der aller Evidenz zum Trotz angenommenen gänzlichen Verschiedenheit zwischen Mensch und Thier, welche bekanntlich am entschiedensten und grellsten von Cartesius ausgesprochen ward, als eine nothwendige Konsequenz seiner Irrtümer« (IV. 2, 238). Descartes (Cartesius) hielt die Tiere für mechanische Automaten. Spätestens die Einsicht in die Abstammungsgeschichte des Menschen hat das Cartesische Menschenbild mittlerweile ad absurdum geführt.

8.5 Rechte der Pflanzen, Landschaften, Elemente und Artefakte

Wenn man die den Tieren zuzuerkennenden Rechte, wie ich es vorschlage, aus dem Gleichheitsprinzip begründet, liegt auf der Hand, daß nach demselben Argument auch Rechte der Pflanzen abgeleitet werden können. Denn es gibt Selbigkeiten zwischen Menschen, Tieren und Pflanzen, so daß auch hier zweierlei gleich behandelt werden sollte, woweit die Selbigkeit reicht, und verschieden, soweit Verschiedenheit besteht. Eine dieser Selbigkeiten ist die allen gemeinsame Empfindungsfähigkeit, eine andere das Vermögen des Interesses.

Nachdem Thomas Paine (1791) bereits »Tausende von der Gleichheit der Menschen untereinander« überzeugt und Mary Wollstonecraft (1792) »unwiderleglich bewiesen hatte, daß Frauen natürlicherweise in jeder Hinsicht gleich Männern sind«, stellte sich auch Thomas Taylor schon darauf ein, daß sein Essay über die Gleichheit von Mensch und Tier »alsbald von Abhandlungen über die Rechte von Pflanzen und Mineralien gefolgt sein« würde (1792, 10 f/19).

Nelson scheint die Konsequenz, unter dem Gesichtspunkt des Interesses auch den Pflanzen Rechte nicht vorenthalten zu können, vor Augen gehabt zu haben, wenngleich er sie nicht ausdrücklich gezogen hat. Er begegnete nämlich dem Einwand, Rechte der Tiere deshalb nicht anerkennen zu sollen, weil die Grenze zwischen Tieren und Pflanzen fließend sei, so daß dann auch den Pflanzen Rechte zuerkannt werden müßten, mit dem Argument: die Grenze zwischen Menschen und Tieren sei ebenfalls fließend, so daß mit demselben Einwand auch den Menschen die Rechte abzuerkennen wären (V. 166 f).

Den Pflanzen gerecht zu werden, scheint sowohl politisch als auch philosophisch ein noch viel größeres Problem zu sein als den Tieren. Den Grund sehe ich darin, daß die Tradition der Französischen Revolution, also die Befreiungsbewegung, immer in Gefahr ist, einen großen Chauvinismus durch einen weniger großen zu ersetzen, nicht aber den Chauvinismus selbst zu überwinden. D. h. der Kreis der Privilegierten wird nur erweitert – z. B. von Kapitalisten auf Kapitalisten und Arbeiter, von Weißen auf Weiße und Farbige, von Männern auf Männer und Frauen oder von Menschen auf Menschen und Säugetiere – dann aber erneut so begrenzt, daß dies den auch jetzt noch Ausgeschlossenen wiederum nicht gerecht wird, z. B. den Pflanzen.

Wer sich im Handeln gegenüber der natürlichen Mitwelt, wie ich es tue, statt der Befreiungsbewegung auf die naturgeschichtliche Verwandtschaft beruft, kennt dies Problem nicht. Um so mehr fällt auf, daß einige von denen, die hinsichtlich der Rechte der Tiere fortschrittlich denken, in bezug auf die Pflanzen in einen ganz fabelhaften Chauvinismus zurückfallen. Ein zeitgenössisch repräsentatives Beispiel ist die Analyse des amerikanischen Rechtsphilosophen Joel Feinberg, in der er – wie Nelson, jedoch ohne sich auf ihn zu beziehen – begründet, daß all denjenigen Wesen, welche Interessen haben, auch Rechte zuzusprechen seien, damit dann aber vor den Pflanzen haltzumachen versucht. Seine Begründung lautet:

»Bäume haben ihre biologischen Verhaltensweisen, aber ihnen kann nichts mehr oder weniger gerecht werden. Da sie selbst keine bewußten Wünsche oder Ziele haben, kennen Bäume auch weder Befriedigung noch Versagung, weder Lust noch Leid. Somit kann man Bäume überhaupt gar nicht freundlich oder grausam behandeln. Sie unterscheiden sich in moralischer Hinsicht hier ganz grundsätzlich von den höheren Lebewesen« (1954, 52. Der erste Satz lautet im Original: Trees are not the sorts of beings who have their ›own sakes‹, despite the fact that they have biological propensities).

Nun gibt es Menschen, die kein Verhältnis zu Tieren oder zu bestimmten Tieren haben, und so gibt es offenbar auch Menschen, die kein Verhältnis zu Pflanzen oder insbesondere zu Bäumen haben. Wer aber ein Sensorium für Pflanzen hat, weiß aus Erfahrung,

– daß Pflanzen ihr eigenes Wohlergehen – their own sake – haben, also gesund und krank sein können, wie andere Lebewesen auch; daß es ihnen an einem Standort gut oder schlecht gehen kann (nicht nur daß sie uns dort mehr oder weniger Früchte und Blüten bringen); daß sie Blüten und Blätter hängen lassen, wenn es ihnen nicht gut geht, und daß der Gärtner ihre Sache (sake) zu der seinen macht, wenn er ihnen Hilfe gibt;

– daß man mit einer Pflanze fühlen kann, wenn sie leidet, z. B. mit einem einzelnen Rhododendron bei trockenem Boden in praller Sonne, mit Nadelgehölzen unter Buchen oder mit Eichen und Erlen, wenn sich durch den Bau eines Hauses das Grundwasser unter ihnen gesenkt hat;

– daß Pflanzen, wenn nicht behutsam und lenkend oder heilend, sondern gewalttätig an ihnen herumgeschnippelt oder gehackt wird, so verletzt werden können, daß sie nicht mehr wachsen, und daß Bäume ›bluten‹, wenn sie verletzt werden.

Es ist freilich kein Kunststück, dem Pflanzenfreund an dieser Stelle entgegenzuhalten, diese Mitgefühle seien nur seine eigenen Gefühle und sowohl das Leiden als auch die angesprochenen Interessen der Pflanzen existierten nur in seiner Vorstellung. Wenn es nicht bei derlei dogmatischen Versicherungen bleiben soll, ist die weitere Frage jedoch, wie denn sonst – wenn nicht kraft unseres Vorstellungsvermögens – wir uns über die Gefühle und Interessen der Pflanzen klar werden könnten.

»Warum soll es«, fragte der Physiker und Philosoph Gustav Theodor Fechner in seinem Buch: Nanna, oder über das Seelenleben der Pflanzen (1848), »zu den Seelen, die da laufen, schreien und fressen, nicht auch Seelen geben, die still blühen, duften, im Schlürfen des Thaues ihren Durst, im Knospentriebe ihren Drang, im Wenden gegen das Licht noch eine höhere Sehnsucht befriedigen? Ich wüßte doch nicht, was an sich das

Laufen und Schreien vor dem Blühen und Duften für ein Vorrecht voraus hätte, Träger einer Seelenthätigkeit und Empfindung zu sein; nicht, wiefern die zierlich gebaute und geschmückte Gestalt der reinlichen Pflanze minder würdig sein sollte, eine Seele zu hegen, als die unförmliche Gestalt eines schmutzigen Wurmes? Sieht ein Regenwurm uns seelenvoller an als ein Vergißmeinnicht?« (1899, 10).

Die sensibelste Erfahrung mit dem Empfindungsvermögen der Pflanzen ist ihre Ansprechbarkeit. Pflanzen gedeihen besser, wenn ihnen von Zeit zu Zeit gut zugeredet wird, wobei – viel mehr als bei Menschen – nichts auf die Worte und alles auf das Gesagte ankommt. Dazu gehört auch, daß man Pflanzen grüßen soll, die man kennt oder kennenlernt, so wie Franz von Assisi die Schafe und andere Tiere zu grüßen pflegte. Denn der Gruß bedeutet: Hier bin ich und da bist du, Schwester Pflanze, laß uns einander wahrnehmen.

Daß es für das Ergehen der Pflanze einen Unterschied macht, in welchem Geist für sie gesorgt wird, ist neuerdings durch verschiedene Experimente wiederentdeckt und in der Öffentlichkeit als sensationell registriert worden (Tompkins/Bird 1973, Backster 1968). So sehr wir diese Befunde zum Anlaß nehmen sollten, über die natürliche Kultur der Animisten nicht mehr hochmütig hinwegzugehen, weiß aber doch eigentlich jeder, der mit Pflanzen umgehen kann, daß sie in ihrer Stille viel sensibler sind als Tiere.

Nun kann, wer nicht musikalisch ist, dennoch ein guter Philosoph sein, sollte sich dann aber nicht ausgerechnet zu musikalischen Fragen äußern. Hinsichtlich der Pflanzen tun sich selbst diejenigen Philosophen außerordentlich schwer, die immerhin Rechte der Tiere anerkennen wollen und damit über die herkömmlich herrschenden Vorstellungen bereits weit hinausgehen. Was Albert Schweitzer über das Verhältnis der europäischen Denker zu den Tieren gesagt hat, gilt (Amerika inbegriffen) für die Tiere zwar nur noch in abgeschwächter Form, für die Pflanzen jedoch ohne jede Einschränkung, so daß es heute heißen könnte:

Wie die Hausfrau, die die Stube gescheuert hat, Sorge trägt, daß die Türe zu ist, damit ja keine Blätter hineingeweht werden und das getane Werk wieder entstellen, also wachen die europäischen Denker darüber, daß ihnen keine Pflanzen in die Ethik hineinwachsen. (Bei Schweitzer sollte die Tür zu sein, »damit ja der Hund nicht herein / komme und das getane Werk durch die Spuren seiner Pfoten entstelle«, und die Philosophen wachten »darüber, daß ihnen keine Tiere in der Ethik herumlaufen« (II. 362 f.).

Eine Rolle spielt dabei vielleicht, daß die Sensibilität für Tiere sich beim Menschen häufig nicht mit der für Pflanzen verbindet, so wie auch umgekehrt Pflanzenkenner oft keine Tierfreunde sind. Goethe z. B. hatte eine starke Beziehung zu Pflanzen und nur ein verhältnismäßig geringes Interesse an Tieren.

Zur unbelebten Natur hin setzen diese Gegensätze sich in der erstaunlichen Verschiedenheit der Gemütslage von Gärtnern oder Tischlern einerseits gegenüber Maurern oder Klempnern andererseits fort. Differenzierungen dieser Art mögen über das Chauvinismusproblem hinaus ein weiterer Grund dafür sein, daß Philosophen, die hinsichtlich der Tiere durchaus unkonventionell denken, in bezug auf die Pflanzen in den finstersten Cartesianismus zurückfallen, so z. B. Feinberg in den folgenden Sätzen:

»Ein Auto braucht Benzin und Öl um zu funktionieren, aber es ist keine Tragödie für das Auto, wenn beides alle ist – ein leerer Tank tut seinen Interessen keinen Abbruch. Daß ein Baum Sonne und Wasser braucht, bedeutet so ähnlich (similarly!), daß er ohne beides nicht wachsen und überleben kann. Solange aber das Wachstum und Überleben von Bäumen uns nicht dadurch betrifft, daß menschliche Interessen – praktische oder ästhetische – beeinträchtigt werden, können die Bedürfnisse der Bäume selber nicht den Anspruch rechtfertigen, ihnen stünde irgendetwas aus eigenem Recht zu. Was Pflanzen brauchen, brauchen sie um zu funktionieren (to discharge their functions), ihre Funktionen aber haben sie nicht aufgrund eigener, sondern aufgrund menschlicher Interessen« (aaO 54).

Auch wenn wir übersehen, daß in dem ersten Satz die Voraussetzung steckt, Situationen könnten für ein Kraftfahrzeug tragisch sein und seine Interessen (!) gefährden – so daß Feinberg dem Auto zugesteht, was er der Pflanze abspricht –, ist es schon eine grausame Behauptung, daß ein Auto ohne Benzin und ein Baum ohne Licht und Wasser in einer »ähnlichen« Situation seien. Dies wäre noch nicht einmal richtig, wenn es tatsächlich nur auf die menschlichen Interessen ankäme, denn das Auto bleibt benutzbar, bis wieder Kraftstoff da ist, wohingegen der Baum stirbt, wenn er kein Wasser bekommt, so daß er also nach einer Weile weder wirtschaftliche noch ästhetische Funktionen mehr erfüllen kann.

Das wirklich Ungeheuerliche und Barbarische an dem hier angestellten Vergleich ist aber, daß *das Sterben des Baums gar nicht wahrgenommen wird,* so als sei dieser Tod einfach nichts. Wenn wir so denken, brauchen wir uns über das Waldsterben nicht zu wundern. Dabei war es ein Baum, inmitten des Paradieses, mit dem einmal alles angefangen hat. Und Luther sagt, der Herr habe den Jüngsten Tag auch in die Bäume hineingeschrieben (Schloemann 1976). Wie kommen wir dazu, in bezug auf das Töten von Bäumen nicht dieselbe ethische Urteilskraft und Sorgfalt gelten zu lassen wie in bezug auf den Mord an Mitmenschen?

Ich sage nicht, daß der Tod einer Pflanze dasselbe sei wie der Tod eines Menschen. Pflanzen sind Pflanzen und Menschen sind Menschen, so daß Pflanzen einen Pflanzentod und Menschen einen Menschentod sterben. Aber man darf über der Verschiedenheit nun doch auch nicht die Selbigkeit übersehen, die darin liegt, daß in beiden Fällen ein Lebewesen stirbt und wieder zu Erde wird. Außerdem gibt es Übergangsformen, in denen das pflanzliche und das menschliche Leben gar nicht so verschieden sind wie normalerweise, nämlich die – wie man ja auch sagt – dahinvegetierenden Menschen. Die Kommunikation mit Schwerkranken kann der mit Pflanzen ähnlich werden. Mit dem Mut zur absurden Konsequenz, der auch eine Philosophentugend ist, kommt Feinberg hier zu dem Schluß: »So anstößig dies klingt: Wenn Mammutbäume und Rosensträucher keine Rechte haben können, dann auch keine unheilbar dahinvegetierenden Menschen« (aaO 61).

Im Tod geht dahin, was wir nicht halten können. Wer also an einer Pflanze nur das gelten läßt, was wir halten können, kann ihren Tod nicht erfahren. Wer nur gelten läßt, was wir halten können, wird aber auch den fundamentalen Naturzusammenhang des menschlichen Lebens und allen Lebens überhaupt verfehlen, nämlich die Beseeltheit der Welt. Denn »nicht, was ich von ihr habe, sondern was ich von ihr *nicht* habe, macht sie zur Seele« (Fechner aaO 17). Fechners Wahrnehmung des »Seelenleuchtens der Blumen« (aaO 294) dürfte all den Philosophen, die heute noch nichts von Rechten der Pflanzen wissen wollen, alsbald zur Rechtfertigung dienen, daß die Philosophie die Pflanzen doch nicht ganz außer acht gelassen habe.

Feinbergs Denkweise ist ja kein Einzelfall. Frankena z.B. fragt genauso ungeschlacht: »Warum . . . soll ich denn kein Blatt von einem Baum abreißen? Warum soll ich sein Dortsein mehr respektieren als das eines Steins in meiner Autozufahrt?« (1979, 11). Und wenn die Industriegesellschaft einmal mit dem Finger auf diese Philosophen zeigt, weisen wiederum die anderen Finger auf sie selbst zurück, denn es ist die Ungeschlachtheit unserer Gesellschaft, die in solchen Sätzen zum Ausdruck kommt. Pflanzen sind nicht nur die sensibelsten Indikatoren auf Umweltverschmutzungen (z.B. Flechten auf Schwefeldioxid). Hier erweisen sie sich als gleichermaßen sensible Indikatoren auf den Verlust von Menschlichkeit.

Landschaften und Elemente

Außer den Menschen, denen die Mitwelt in den Tieren am nächsten steht, und denen, die sich vor allem von den Pflanzen angesprochen fühlen, gibt es noch eine dritte Gruppe. Dies sind diejenigen, die den Zugang am unmittelbarsten über die Elemente finden. So geht es auch mir. Als Elemente des Ganzen erfahren wir die Erde, das Wasser, die Luft und das Feuer (die Energie) zunächst in der Landschaft.

Wie kämen wir dazu, den Fisch in seinem Eigenwert zu respektieren, und ebenso die Wasserpflanzen, unter denen er lebt, nicht aber den Fluß, der beiderlei Leben umfaßt? Flüsse sind eigentlich sogar immer schon in ihrem eigenen Charakter respektiert worden. Die Elbe und der Rhein z. B. haben von sich aus eine grundverschiedene Natur, und der Mississippi, die Wolga, der Jordan, der Nil und der Amazonas sind ja auch nicht nur Be- und Entwässerungssysteme. Flüsse haben ihre je eigene Persönlichkeit oder Seele, mehr noch als ›Interessen‹.

Dasselbe gilt für die Berge. Haben nicht die Zugspitze, die Rocky Mountains, der Osorno und der Fudschijama ihre je eigene Seele? Flüsse, Berge, Täler und dann auch ganze Landschaften – das Wattenmeer, das Tessin, die Wüste in Arizona – erschließen sich freilich nur mehr oder weniger leicht in ihrem je besonderen Wesen. Der Grund dafür ist nicht nur die größere oder geringere Sensibilität der Menschen, sondern vor allem, daß die Landschaften so unterschiedlich *sind*. Deshalb gibt es für verschiedene Landschaften auch verschiedene Schöpfungsmythen.

Von welcher Landschaft man sich angesprochen fühlt, so daß ihre Erfahrung möglich wird, hängt wohl in erster Linie davon ab, wo man beheimatet ist. Ich bin am Wasser aufgewachsen, an der Elbe in Blankenese und an der Nordsee auf der Insel Spiekeroog. Für mich ist es am unbegreiflichsten, wenn jemand keinen Respekt – genauer gesagt: keine Ehr-Furcht – vor dem Meer hat. Wer kann es vor Augen haben und meinen, es sei nur für den Menschen da, nicht aber aus eigenem Recht? Wer immer nur die oberbayerisch domestizierte oder die rheinisch zerstörte Natur vor Augen hat, kann am Meer und auf dem Meer erleben, daß die Menschengeschichte ein Teil der Naturgeschichte ist und nicht umgekehrt.

Daß »mit grimmgem Unverstand Wellen sich bewegen«, wie es in einem Schleswig-Holsteinischen Kirchenlied heißt, gilt auch heute noch, und sogar die Meeresstille kann fürchterlich sein (Goethe HA I.242). Auch des Menschen Seele gleicht dem Wasser (aaO 143). Ohne Furcht und Ehrfurcht gibt es kein angemessenes Verhältnis zum Meer. Wie könnten wir ihm gerecht werden, ohne es aus eigenem Recht zu achten?

Sicher ist auch richtig, was im Psalm 93 über das Meer steht: Die Wasserwogen im Meer sind groß und brausen mächtig; der Herr aber ist noch größer in der Höhe. Doch wer wollte dies erfahren, ohne auch zu wissen wie mächtig bereits das Meer selber ist?

Auf dem Weg zum Rechtsfrieden mit der Natur mag uns nach einem Wort des Gesetzgebers Solon gerade das Meer als das Urbild der Gerechtigkeit gelten, nämlich in seiner Ausgeglichenheit als ein Bild der Dike, des gerechten Ausgleichs. »Von den Winden wird das Meer aufgerührt. Wenn es aber keiner bewegt, dann ist es von allen Dingen das Gerechteste« (Fr. 11, nach Schadewaldt 1978, 118).

Sollen wir nach alledem also obendrein den Elementen, wie sie sich zu Landschaften und im Wachstum der Pflanzen verbinden, Rechte zuerkennen? Erde, Wasser, Luft und Feuer – haben sie ebenfalls einen Eigenwert im Ganzen der Natur? Nach dem Gleichheitsprinzip führt kein Weg daran vorbei, dies zuguterletzt auch zuzugeben. Bei den Griechen spielten die Götter der Elemente sogar eine bedeutende Rolle.

Die vier Elemente der Antike sind wie die Buchstaben der Worte, in denen die Natur zu uns spricht. Am weitesten für sich erfahren wir sie am Meer: als Sand, Meer, Wind und Licht, oder im Hochgebirge: als Stein, Bach, Luft und Licht. Nähert man sich von dorther wieder der Vegetation, so verbinden sich die Elemente allmählich zu Pflanzen und aus diesen zu Tieren. Schließlich kehren sie nach antiker Tradition auch in den Säften des Körpers und in den Temperamenten der menschlichen Seele wieder. So sind sie die Elemente des Lebens, und mehr als diese vier gibt es nicht.

Artefakte

Wie aber steht es mit den Artefakten? Für alles, was nicht ohne Zutun des Menschen entsteht, ergibt sich nach dem Vorausgegangenen, daß nicht nur die Menschen ein Recht daran haben, sondern auch die natürliche Mitwelt. Das Material eines technischen Produkts z. B. gehört der Erde, ist also kein Müll, sondern sollte ihr ordnungsgemäß zurückerstattet oder wiederaufbereitet werden. Dasselbe gilt für organische Abfälle, wobei insbesondere die Kompostierung eine ordnungsgemäße Form der Rückgabe sein dürfte.

Ein Recht an dem Produkt aber hat auch das Wasser, mit dem es gereinigt oder gekühlt worden ist, die Luft, die dafür genutzt wurde, und die Sonne, die bei seiner Herstellung geschienen hat. Sie alle haben das ihre dazu beigetragen, daß es entstehen konnte.

Mit den Teilhabe-Rechten der natürlichen Mitwelt verbinden sich die Eigentums- und Nutzungsrechte der Menschen. Die Dinge gehören uns aber nur insoweit, wie wir im Umgang respektieren, was nicht uns, sondern sich gehört.

8.6 Eine Erklärung der Rechte der Natur?
Rechte und Pflichten

Die Einzelbeispiele der Leidensbegrenzung bei Tierversuchen und der Batteriehaltung von Legehennen haben bereits gezeigt, daß zwischen dem Grundgedanken einer natürlichen Rechtsgemeinschaft und der Formulierung einzelner Rechte ein weiter Weg liegt. Ich kann hier im wesentlichen nur die Grundgedanken entwickeln. Der weiteren Arbeit an einer in sich stimmigen Rechtsordnung für eine legitime Anthropokratie im Naturzusammenhang des menschlichen Lebens könnte jedoch als eine Zusammenfassung des bisher Gesagten etwa die folgende Charta oder Erklärung der Rechte der Natur vorangestellt werden.

1. Menschen, Tiere, Pflanzen und die Elemente sind naturgeschichtlich verwandt und bilden eine Rechtsgemeinschaft der Natur. In ihr verbinden sich die Ordnung der Natur und die des Menschenrechts.

2. Der Mensch vermag die Natur, zu der er selbst gehört, in besonderem Maß zu erkennen und zu verändern. Dadurch fällt ihm eine besondere Verantwortung zu, das Interesse des Ganzen stellvertretend zu wahren.

3. Tiere, Pflanzen und die Elemente sind unsere natürliche Mitwelt. Auf sie ist in unserem Handeln um ihrer selbst willen (in ihrem Eigenwert) und nicht nur um unseretwillen Rücksicht zu nehmen.

4. Die Naturabsicht in der Menschengeschichte ist auf eine verfassungsmäßige Ordnung der natürlichen Rechtsgemeinschaft gerichtet. Der Eigenwert der natürlichen Mitwelt wird durch die Menschheit in Gestalt von Rechten zum Ausdruck gebracht.

5. Die Rechte der natürlichen Mitwelt werden von Menschen stellvertretend wahrgenommen und durch Gesetze zuerkannt. Diese sollen sich an den folgenden Grundsätzen orientieren:

6. Alle Rechte in der natürlichen Rechtsgemeinschaft bemessen sich nach dem Gleichheitsprinzip, daß zweierlei gemäß seiner Gleichheit gleich und gemäß seiner Verschiedenheit verschieden behandelt werden soll.

7. Fundamentale Gleichheiten, an denen sich in der natürlichen Rechtsgemeinschaft Rechte bemessen, sind die der Empfindungsfähigkeit und der Interessiertheit (Interessen zu haben).

8. Die spezifischen Lebensinteressen in der natürlichen Mitwelt werden unsererseits geachtet wie unsere eigenen. Die natürlichen Nahrungsketten sind Ausdruck spezifischer Lebensinteressen.

9. Menschliche Interessen sind nicht nur untereinander, sondern gegen die der natürlichen Mitwelt abzuwägen. Interessen sind immer Interessen *von* x *an* y und dementsprechend zweistellig zu gewichten.

10. Menschlichen Interessen darf nur jenseits der spezifischen Lebensinteressen der Vorzug gegeben werden. Soweit dies geschieht, ist die betroffene Mitwelt selbst entsprechend zu entschädigen.

Die Verwirklichung dieser Charta sollte wohl mit einer Notstandserklärung begonnen werden. Insbesondere halte ich es für erforderlich, Abwägungen zwischen menschlichen Interessen und denen der natürlichen Mitwelt bis auf weiteres in der Regel so zu treffen, daß relativ ›natürliche‹ Verhältnisse erhalten und wiederhergestellt werden (vgl. Abschnitt 7.3).

Den *Rechten* der natürlichen Mitwelt entspricht auf seiten des Menschen die *Pflicht,* so zu handeln, als ob die Maxime jeder Handlung zum allgemeinen Naturgesetz werden sollte. Diese Kantsche Formulierung des Sittengesetzes bleibt auch dann gültig, wenn dabei an ein Naturgesetz im Rahmen der natürlichen Rechtsgemeinschaft gedacht wird. In Kants Sprechweise haben wir die Pflicht, nach dem Sittengesetz zu handeln, *gegenüber* der Vernunft und *in Ansehung* der Mitwelt. Wenn dabei die Menschheit und die sonstige natürliche Mitwelt gleichermaßen als Mitwelt angesehen werden (Abschnitt 4.1), bleibt diese Unterscheidung ebenfalls sinnvoll.

Eine weitere Frage ist jedoch, ob nach den Rechten der natürlichen Mitwelt nun auch Pflichten von Tieren, Pflanzen und Elementen angenommen werden sollten. Zwar sind Pflichten im herkömmlichen Verständnis eine Form, in der nur wir Menschen wissen, was wir sollen, aber die natürliche Mitwelt ist auf andere Weise – insbesondere durch Angepaßtheit – auch in der Wahrheit einer Ordnung (nach Naturgesetzen), der sie folgen soll. Ich sehe jedoch keinen praktisch-naturphilosophischen Zusammenhang, in dem die Annahme von Pflichten der natürlichen Mitwelt irgendeinen Unterschied ergibt, und möchte deshalb auf diese Annahme verzichten.

Hartmut Bossel hat vorgeschlagen, unsere Pflicht gegenüber der natürlichen Mitwelt als das Gebot zu verstehen: *Handele so, daß das gleiche Recht auf Erhaltung und Entfaltung aller hinreichend einmaligen heutigen und zukünftigen Systeme und Akteure gewährleistet bleibt* (1978, 181). Nach meinem Verständnis der Naturgeschichte und der menschlichen Möglichkeiten würden wir uns durch diese Verpflichtung übernehmen. Es gibt kein Recht auf Erhaltung und Entfaltung und der Mensch kann einen entsprechenden Zustand auch nicht herbeiführen. Keine Species hat ein

Recht darauf, nicht irreversibel geschädigt zu werden. Es ist nicht einmal auszuschließen, daß die Menschheit selber aus relativ guten Gründen für das Aussterben einer Art verantwortlich wird, z. B. der Malariamücke, oder selbst ausstirbt.

Ein Recht auf Arterhaltung in der Naturgeschichte ist also meines Erachtens nicht begründbar, ebensowenig wie ein Recht einzelner Individuen aller Arten, nicht von ihrem jeweiligen Vorgesetzten in der Nahrungskette verspeist zu werden. Dadurch, daß hier keine *Rechte* übertreten werden, sind wir aber noch lange nicht *moralisch* gerechtfertigt, den Tod anderer Wesen zu leben und diese unser Leben sterben zu lassen, wie Heraklit sagt (Diels-Kranz B62). Rechte müssen eingehalten werden können, und es darf nicht grundsätzlich gegen Rechte verstoßen, ein anderes Lebewesen aufzuessen, denn nur davon können die meisten Lebewesen leben. *Schuldig* aber wird allemal, wer für sein Leben ein anderes Wesen sterben läßt.

Die Frage, ob wir andere Lebewesen aufessen dürfen, trifft die empfindlichste Stelle im Verhältnis der Menschheit zur natürlichen Mitwelt. Der Vegetarismus ist vermutlich das älteste Kriterium für das richtige Verhalten in dieser Frage, und schon bei den Pythagoreern zeigt sich auch, daß das handlungsleitende Naturverständnis nur das Komplement des geltenden Menschenbilds ist. Wer nämlich an die Unsterblichkeit der Seele glaubt, was Menschen seit Urzeiten immer wieder getan haben, hat einmal Grund, für eine Missetat nicht nur die justiziable Strafe zu fürchten (die ja manchmal ausbleibt), und wird zum anderen zu Vorstellungen über den Zusammenhang der überlebenden Seele mit dem Leben im Ganzen gedrängt.

So waren die Pythagoreer, die im Sinn der orientalischen Tradition an die Seelenwanderung glaubten, zugleich Vegetarier, und von Pythagoras, der im 6. Jahrhundert v. Chr. lebte, ist uns das vielleicht älteste Argument für die Anerkennung von Rechten der Tiere überliefert. Sein Zeitgenosse Xenophanes nämlich berichtete: »Sie sagen, er (Pythagoras) habe einmal im Vorübergehen gehört, wie ein Hündchen geprügelt wurde. Da habe er Mitleid empfunden und folgendes Wort gesagt: Höre auf und schlage nicht mehr! Denn wirklich, es ist die Seele eines mir/befreundeten Mannes, die ich erkannte, wie ich die Stimme hörte« (Diels-Kranz B7, Übers. Schadewaldt 1978, 274 f).

Wenn es so ist, daß das außermenschliche Leben in der Natur den Seelen der Verstorbenen oder einigen von ihnen Raum gibt, wofür ja auch nach Platon vieles spricht, gibt es offenbar noch ganz andere Argumente gegen die Tierquälerei etc., als sie in neuerer Zeit geltend gemacht worden sind.

Das Alte Testament macht es sich mit dem Essen anderer Lebewesen ebenfalls nicht leicht. In den beiden Schöpfungsgeschichten werden den Menschen und den Tieren zunächst nur die Pflanzen zur Nahrung gegeben (Gen. 1,29/2,9). Der Grund dafür war wohl, daß nach Meinung der Juden das Blut das Kennzeichen des Lebens war, Pflanzen aber kein Blut haben und somit als unbelebt galten. Dies ergibt sich nach Steck bereits aus der Anordnung der Schöpfungsgeschichte, in der die Pflanzen mit der Erde bei den Elementen vorkommen und nicht in der Aufzählung der Lebewesen (Gestirne, Tiere und Menschen). Es hätte ja sonst noch die weitergehende Forderung gegeben, sich nur von den Früchten der Pflanzen zu ernähren, diese selbst aber nicht zu essen.

Erst dem Stamm Noahs, den Überlebenden der Sintflut, wird das Schlachten von Tieren erlaubt (Gen. 9,2 - 4), nachdem nun einmal Gewalttat in die Welt gekommen war (Gen. 6,11 f; vgl. Liedke 1979, 141 ff). Unabhängig von den Begründungen ist bereits an der ungeheuren Spannweite der Urgeschichte – Genesis 1–11 – zu erkennen, wie weit voneinander entfernt der vegetarische und der fleischessende Mensch nach dem hier zum Ausdruck gebrachten Selbstverständnis sind.

Für uns kann der Vegetarismus keine unproblematische Lösung mehr sein, denn auch Pflanzen sind Lebewesen. Ob wir nur Pflanzen oder Tiere und Pflanzen essen, macht in der Schuldfrage allerdings einen Mengenunterschied, denn Tiere leben von mehr Pflanzen, als wir sonst essen würden – *leben* freilich auch davon, solange wir sie nicht verzehren. Selbstverständlich gibt es jedoch gute Gründe zur Einschränkung des Fleischessens, vor allem mit Rücksicht auf den Hunger in den Ländern der Dritten Welt.

Schuld gegenüber den Pflanzen oder Pflanzen und Tieren, von denen wir leben, indem wir sie aufessen, ist wohl nur zu erfahren, wenn ein Mitgefühl (vgl. Abschnitt 7.5) ihnen gegenüber besteht. Dazu gehört das Bewußtsein, daß die natürliche Mitwelt nicht nur um unseretwillen da ist, denn sonst würden wir sie ja, indem wir sie aufessen, lediglich ihrer natürlichen Bestimmung zuführen.

Wer den Rest der Welt als Ressource für die Selbstverwirklichung des Menschen versteht, wird, wenn er ihn dann auch so behandelt, dafür nichts schuldig zu sein glauben. Wer aber Mitgefühl und Schuld empfindet, wird in seinem Gewissen die Kraft zu einer größeren Gewissenhaftigkeit im Handeln finden, so wie durch die Entschuldigung gegenüber dem zu fällenden Baum. Und je größer die Gewissenhaftigkeit im Handeln, desto eher ist wohl auch eine Vergebung dessen, was wir schuldig geworden sind, zu erhoffen.

Im Bewußtsein der Schuld, in die wir der natürlichen Mitwelt gegenüber auch bei gewissenhaftem Handeln noch geraten, ist zu erfahren, daß wir dieses Leben nicht verantworten können, und zwar in dem Sinn, daß nicht wir es sind, die es verantworten können. Die Naturgeschichte ist eine kosmische Leidensgeschichte, in der wir als Sünder nur durch Christus gerechtfertigt sind, wie Luther sagt (simul justus et peccator), und deshalb *in Stärke* sündigen dürfen (pecca fortiter). Das heißt: Wo es denn trotz größter Gewissenhaftigkeit sein muß, daß wir unser Leben anderem Leben schulden, brauchen wir im Bewußtsein unserer Schuld dennoch nicht zu verzagen und uns durch sie erdrücken zu lassen (Altner 1982). Diese Sünde bringt nicht notwendigerweide die Verdammnis.

Die Gewissenhaftigkeit, in der sich zeigt, ob wir wissen, was wir für unser Leben schuldig sind, hat man früher und in anderen Kulturen oft dadurch gepflegt, daß Dankbarkeit für unseren Lebensunterhalt geübt wurde. Tischgebete werden in vielen Häusern auch in der Industriegesellschaft noch heute gesprochen und können die Frage wachhalten, wieweit wir Gott für das, was wir uns *genommen* haben, als von ihm *gegeben* danken dürfen. Vielleicht ist Dankbarkeit sogar die Hauptsache, die wir den Pflanzen und Tieren schuldig sind, wenn unser Leben das ihre kostet, also ein Stück der Ent-Schuldigung, der wir bedürfen.

Daß wir an den Tieren und Pflanzen, die wir aufessen, schuldig werden, bedeutet dennoch nicht, daß sie ein *Recht* darauf hätten, nicht aufgegessen zu werden. Aus dem Schuldigsein durch Lieblosigkeit gegenüber Mitmenschen folgt ja auch nicht, daß die Mitmenschen ein Recht auf Liebe haben. Der Unterschied zwischen dem, was von Rechts wegen sein soll, und dem, was außerdem sein sollte, ist der zwischen Gegenwart und Zukunft. Rechte sind zunächst für die Gegenwart. Sie sind gut, wenn sie uns in eine bessere Zukunft hineinleiten.

III. Auf dem Weg zu einer gewaltloseren Wahrnehmung der Natur

9. Auf der dritten Stufe der Macht – Die politische Tragweite von Wissenschaft und Technik

Die Unterwerfung der Natur ist von Francis Bacon nicht nur an die Spitze des menschlichen Machtstrebens gestellt worden, sondern er hat auch einen Weg gewiesen, wie es zu dieser Machtergreifung kommen sollte. »Die menschliche Gewalt über die Körperwelt« nämlich, so lehrte er, »beruht ... einzig auf Kunst und Wissenschaft« (Neues Organon I. § 129). Den Weg, auf dem wir uns der Natur bemächtigen könnten, sollte Bacons *neues* Organon als methodisches Instrumentarium weisen und damit an die Stelle des alten Organon treten, der logischen Schriften des Aristoteles. Was Bacon noch Kunst nannte, heißt heute Technik.

Der Frieden mit der Natur, den wir nunmehr suchen, nachdem der von Bacon empfohlene Weg zurückgelegt ist und an die heute sichtbaren Grenzen geführt hat, betrifft also auch die Wissenschaft und die Technik. Die notwendige Reorientierung hat nicht nur wirtschaftliche und rechtspolitische Konsequenzen, sondern muß gleichermaßen in der wissenschaftlichen und technischen Entwicklung einsetzen.

Wissenschaft und Technik sind im 20. Jahrhundert zu einer Lebensbedingung der Menschheit geworden. Nicht nur die Industrieländer, sondern auch die der Dritten Welt sind heute auf sie angewiesen. In ihrer für die Industriegesellschaft charakteristischen Verbindung hat die industrielle Wirtschaft denen, die daran teilhaben, einerseits einen – in der Geschichte der Menschheit zuvor nicht gekannten – großen materiellen Wohlstand beschert. Mit dem industriegesellschaftlichen Wohlstand verbinden sich andererseits Gefährdungen der natürlichen Lebensgrundlagen sowie der gesellschaftlichen Ordnung und Entwicklung, die waffentechnische Bedrohung des internationalen Friedens und Armut in der Dritten Welt. In dieser Situation stehen wir vor der Frage, wie wir in Zukunft leben möchten.

Ich schildere in diesem Kapitel zunächst, unter welchen Voraussetzungen es in der Neuzeit – anders als in der Antike – zu derjenigen wissenschaftlich-technischen Bemächtigung über die natürliche Mitwelt gekommen ist, in der wir nun den Frieden suchen (Abschnitt 9.1). Die entscheidenden Bedingungen waren ein grundlegender Wandel im menschlichen Selbstverständnis und die Entgötterung der Natur (Abschnitt 9.2).

Die Entwicklung hat dazu geführt, daß Wissenschaft und Technik den im herkömmlichen Sinn politischen Machtformen noch viel stärker den Rang abgelaufen haben, als selbst die beiden Bacons sich dies vorgestellt hatten. Auch die reine Wissenschaft ist dafür mitverantwortlich (Abschnitte 9.3/4). Es sieht allerdings nicht so aus, als ob auf diesem Weg die eigentlichen Ziele erreicht worden wären (Abschnitt 9.5). Wissenschaft und Technik erfahren dementsprechend eine zunehmend kritische Beurteilung in Politik und Öffentlichkeit (Abschnitt 9.6).

9.1 Der Wille zur Macht im wissenschaftlichen Denken

Den Lebensstandard der Industriegesellschaften zu wahren und den damit verbundenen Problemen zu begegnen, beschäftigt heute in aller Welt ein Heer sowohl von Natur- und Ingenieurwissenschaftlern als auch von Geistes- und Sozialwissenschaftlern, sei es in der Wissenschaft oder in den verschiedenen Anwendungsfeldern. In den heranwachsenden Jahrgängen erhält mittlerweile jeder Fünfte oder jeder Vierte eine Hochschulausbildung, um diesen Anforderungen gerecht werden zu können. Wissenschaftlich oder wissenschaftsorientiert zu arbeiten, ist in der Industriegesellschaft eine dominierende Art der Tätigkeit.
Wissenschaft und Technik haben ihre jetzige Bedeutung aber erst in einem ganz bestimmten geistesgeschichtlichen und gesellschaftlichen Zusammenhang erhalten, nämlich in dem des christlichen Abendlands, und auch hier erst in der Neuzeit. Wissenschaft ist ein gesellschaftlicher Akt. Es hat viele Gesellschaften gegeben, welche keine Wissenschaft betrieben haben, darunter mindestens eine, welche nicht nur deshalb keine Industriegesellschaft geworden ist, weil sie keine Wissenschaft gekannt hat. Ich meine die der Griechen, oder jedenfalls die der Athener.
Viele große Physiker, von Galileo Galilei bis Werner Heisenberg, haben sich immer wieder auf Platon als ihr großes Vorbild berufen. Tatsächlich enthält Platons Dialog »Timaios« im Kern bereits den begrifflichen Entwurf der modernen Elementarteilchenphysik, nämlich den Grundgedanken, daß materielle Körper nicht aus Körperchen, sondern aus immateriellen mathematischen Strukturen bestehen. Und Archimedes von Syrakus war nicht nur einer der ersten Physiker des Abendlands, sondern hat der Menschheit als »Nebenprodukte einer sich spielerisch betätigenden Mathematik«, wie der Schriftsteller Plutarch berichtet (III. 317), auch erstmalig die Macht des Physikers und Ingenieurs in Krieg und Frieden vor Augen geführt.

So heißt es, daß Archimedes bei der Belagerung seiner Vaterstadt Syrakus im II. Punischen Krieg, bei deren Fall er von einem römischen Soldaten ermordet wurde, »mit eisernen Händen« Schiffe aus dem Wasser heben und die Mannschaft herunterschütteln konnte. Unabhängig davon, wieweit derartige Geschichten zutreffen, steht doch jedenfalls fest, daß die Griechen derlei Techniken hätten entwickeln können und daß die römischen Soldaten große Angst vor Archimedes hatten. Plutarch berichtet, die Römer seien so verängstigt gewesen, »daß sie, wenn man nur ein Stück Tau oder einen kurzen Balken sich über die Mauer vorstrecken sah, gleich schrien, da habe man es, Archimedes lasse wieder eine Maschine gegen sie spielen, sich wandten und davonliefen« (aaO 319, 321).

Die Griechen haben außer der Philosophie und der Physik auch die wissenschaftliche Mathematik, die Biologie und die Geschichtswissenschaft begründet. Zu anderen Wissenschaften wie der Medizin, der Psychotherapie und der Geographie haben sie bedeutende Beiträge geleistet. Eine Industriegesellschaft aber sind sie nicht geworden.

Zu technischen Entwicklungen kommt es nämlich nur, wenn Menschen überhaupt wünschen, sich ihrer natürlichen Mitwelt in bestimmter Weise zu bemächtigen, und dazu dann eine entsprechende Phantasie entwickeln. In der Antike war diese Phantasie durchaus vorhanden, aber man hat ihr so gut wie keinen Raum gegeben. Dies zeigt sich bereits in der Mythologie. Prometheus hat den Menschen das Feuer bzw. die Energie gebracht, aber er hat es den Göttern *gestohlen,* weshalb er auch dafür büßen mußte, und der Schmied Hephaistos war ein mehrfach des Himmels verwiesener Hinkefuß.

Dieselben Bedenken richteten sich gegen Experimentalphysik und Technik. Archimedes hat durch seine waffentechnischen Konstruktionen auch die Griechen mehr erschreckt als begeistert, und Heron von Alexandria, einer der bekanntesten Ingenieure der Antike, der um die Wende des 1. Jahrhunderts n. Chr. lebte, ist nur durch sein pneumatisches *Spielzeug,* nicht durch nützliche Erfindungen berühmt geworden. Technische Vorstellungen fanden demgegenüber im Spätmittelalter und in der Neuzeit eine ganz und gar andere Resonanz.

Die wissenschaftlich-technische Welt, in der wir heute leben, hatte also eine nicht selbstverständliche oder naturwüchsige öffentliche Bereitschaft zur Entwicklung der Wissenschaft, insbesondere der Naturwissenschaft, und zur Technisierung von Lebensformen zur Voraussetzung. Im neuzeitlichen Abendland hat diese Bereitschaft bestanden, in der Antike nicht. Was war geschehen? Wodurch unterschieden sich die nördlicheren Europäer der beginnenden Neuzeit, welche die Industriegesellschaft entwikkelt haben, von den Griechen und Römern, den Kulturvölkern der Antike? Meine Antwort wird sein: Sie waren andere Menschen und sie hatten ein anderes Naturbild. Der zentrale Unterschied ist der Wille zur Macht auf Francis Bacons dritter Stufe.

Francis Bacon hatte mit seinem mittelalterlichen Namensvetter Roger (Abschnitt 7.2) die Rolle des Wegweisers in die wissenschaftlich-technische Welt gemein. Er hat den Durchbruch der modernen Naturwissenschaft im 17. Jahrhundert nicht mehr erlebt, jedoch mehr als andere dafür getan, daß es in der Neuzeit auch danach nicht bei bloß wissenschaftlichen Entdeckungen geblieben ist. Sein Denken und die Resonanz, die er dafür gefunden hat, so daß es zu einem Ausdruck seiner Zeit wurde, unterscheidet die Neuzeit wirklich von der Antike. Gute Physiker und Astronomen hingegen hatte es eigentlich auch damals schon gegeben.

Von Francis Bacon stammt der berühmte Satz: Wissen ist Macht. Er bedeutet nicht nur, daß mit dem gesuchten Wissen Macht einhergeht, so daß dem Wissenden vermöge seines Wissens auch Macht zufallen wird, sondern daß das gesuchte Wissen selbst von vornherein machtförmig, also ein Herrschaftswissen sein soll. Gemeint ist ein Wissen über die Natur. Nur ein Herrschaftswissen über die Natur soll danach als Naturwissenschaft gelten dürfen. So wie diese Herrschaft bisher verstanden wurde, ist das Resultat: »Unsere bisherige Technik steht in der Natur wie eine Besatzungsarmee in Feindesland« (Bloch 1959, 814; vgl. Ullrich 1979).

Führten die Entdeckungsreisen der frühen Neuzeit zur politischen Herrschaft in der Weite der Welt, so sollten Wissenschaft und Technik die Natur nun auch noch von innen her unterwerfen. Um den »Sieg der (Ingenieurs)Kunst über die Natur« zu erringen aber braucht man – dies war Francis Bacons Gedanke – nur zu »wissen, wie die Natur es macht« (Neues Organon I. § 117, II. § 10). Denn die Natur verhält sich vorhersehbar nach ihrer eigenen Notwendigkeit, und wer sie kennt, kann sie dazu bringen, alles zu tun, was ihr überhaupt möglich ist. Nach dieser Notwendigkeit allerdings muß man sich richten. In dem Sinn beruht alle Technik auf dem Baconschen Prinzip: »Der Natur bemächtigt man sich nur, indem man ihr nachgibt, und was in der Betrachtung als Ursache erscheint, das dient in der Ausübung zur Regel« (aaO I. § 3).

Die höchste Macht ist immer diejenige, welche sich am wenigsten bemerkbar macht. Das wußte Bacon aus der Politik. So sollte nun auch die menschliche Herrschaft über die Natur nur »mit sanftem Hauch« (in aura leni, Werke III. 223) ergriffen werden. Wozu aber dieser neuerliche Eroberungszug? Oder ging es nur um den Ehrgeiz, jenseits des gewöhnlichen Politikerehrgeizes eine noch höhere Form des Ehrgeizes zu befriedigen?

»Das wahre Ziel der Wissenschaften«, erklärte Bacon, »ist nun die Bereicherung des menschlichen Geschlechts mit neuen Kräften und Erfindungen. . . . Erfindungen . . . verbreiten Glück und Heil, ohne Jemand zu beeinträchtigen oder zu betrüben. Auch ist ja Erfinden gleichsam ein neues Schaffen und eine Nachahmung der göttlichen Urkraft« (Neues Organon I. §§ 81, 129).

Bacon hatte allerdings keinerlei Anlaß anzunehmen, daß seine Zeitgenossen irgendein Bedürfnis nach dem von ihm angepriesenen Glück hatten. Im Gegenteil, er beklagte die allgemeine Zufriedenheit als ein Hindernis für die Entwicklung der Wissenschaft und plädierte für technische Entwicklungen auch nicht zur Linderung von Not, sondern nur zur allgemeinen Bereicherung (aaO § 85). Dieses Bedürfnis aber mußte erst einmal geweckt werden. Danach ging es ihm wohl letztlich doch mehr um die Macht als um die technischen Errungenschaften.
So ist es bis heute geblieben. Wo es um die Förderung der Wissenschaft geht, z. B. bei der Verteilung öffentlicher Mittel, wird auf ihre Nützlichkeit hingewiesen. In Wirklichkeit aber soll sich die Wahrheit der Wissenschaft an der Macht erweisen und nicht am Nutzen.

»Das Denken unserer Wissenschaft bewährt sich erst im Handeln, im geglückten Experiment. Experimentieren heißt Macht über die Natur ausüben. Der Besitz der Macht ist dann der letzte Beweis der Richtigkeit des wissenschaftlichen Denkens« (C. F. von Weizsäcker 1960, 172).

Mit anderen Worten: »Wir *erkennen* einen Gegenstand, soweit wir ihn *machen* können« (Habermas 1963, 32). Diese Macht kann dann freilich in Gestalt von Erfindungen ausgeübt werden.
Sogar die Schüler gelten heutzutage nur noch als erfolgreich und gut, wenn sie ihre Lerngebiete ›beherrschen‹.
Welche Macht darin liegen kann, durch technische Erfindungen etwas machen zu können, war um die Wende vom 16. zum 17. Jahrhundert bereits bekannt. Das Schießpulver z. B. (im 13. Jahrhundert in Europa aufgetaucht) ermöglichte die Artillerie und machte damit die mittelalterlichen Befestigungen der Städte obsolet, was wiederum von großer Bedeutung für die Stadtentwicklung war. Der magnetische Kompaß (ebenfalls seit dem 13. Jahrhundert in Europa) war in seiner damaligen Bedeutung mindestens dem heutigen Radar vergleichbar, und der Buchdruck war bis heute die historisch revolutionärste Informationstechnologie. Diese Beispiele waren auch Bacon vor Augen:

Allein »die *Buchdruckerkunst,* das *Schießpulver* und die *Magnetnadel* . . . haben den ganzen Zustand der Dinge in der Welt durchaus umgewandelt. Sie haben den Wissenschaften, der Kriegskunst und der Schiffahrt eine ganz neue Gestalt verliehen, und hieraus ist eine solche Umänderung in unzähligen anderen Dingen erfolgt, daß keine Staatsumwälzung, keine Religion, keine Constellation einen durchgreifenderen Einfluß in die menschlichen Angelegenheiten hätte haben können als diese drei mechanischen Erfindungen« (Neues Organon I. § 129).

Die historische Entwicklung der von Bacon propagierten Wissenschaft hat inzwischen gezeigt, daß diese auch über die drei genannten Erfindungen hinaus an die Spitze der Machthierarchie gehört. Wissenschaft und Technik können sogar die Macht von Menschen über Menschen und die von Staaten über Staaten in einer erheblich zuverlässigeren Weise garantieren als alle bloß politischen Bestrebungen im herkömmlichen Sinn. Darüber hinaus haben technische Erfindungen – politisch in der Regel ungewollt – die Lebensbedingungen stärker geprägt als alle politischen Revolutionen.

Spätere Philosophen haben die Machtförmigkeit des wissenschaftlichen Wissens betont, ohne ihre politische Tragweite zu sehen, und so entspricht es bis heute dem Bewußtsein der meisten Wissenschaftler und Ingenieure, soweit sie überhaupt wahrnehmen, daß ihre Tätigkeit ein Umgang mit Macht ist. René Descartes z. B. erklärte, daß wir uns vermöge der Physik zu »Meistern und Besitzern der Natur« machen können (Abhandlung über die Methode VI. § 3), und bei Immanuel Kant heißt es, die Vernunft solle sich der Natur zuwenden

»nicht in der Qualität eines Schülers, der sich alles vorsagen läßt, was der Lehrer will, sondern eines bestallten Richters, der die Zeugen nötigt, auf die Fragen zu antworten, die er ihnen vorlegt« (Kritik der reinen Vernunft B XIII). Dabei läßt der Naturforscher »nur solche Wirkungen gelten, die er vermittelst des Experiments jederzeit unter Augen stellen kann, indem er den Gegenstand gänzlich unter seine Gewalt bringt« (Über Schwärmerei, 1790; Hervorhebung hinzugefügt).

Die politische Wirklichkeit von Wissenschaft und Technik wurde wissenschaftlich erst im 20. Jahrhundert entdeckt. Inzwischen ist der wissenschaftlich-technische Fortschritt zum maßgeblichen Produktionsfaktor der industriellen Wirtschaft geworden.

In neuerer Zeit zeigt sich die politische Tragweite der industriegesellschaftlichen Wissensmacht auch daran, daß die Verträglichkeit wissenschaftlich-technischer Entdeckungen mit der gesellschaftlichen Ordnung und Entwicklung (Sozialverträglichkeit) nicht mehr ohne weiteres gewährleistet ist. Konnte Bacon noch meinen, jeder wissenschaftliche Fortschritt werde auch ein gesellschaftlicher Fortschritt sein, so ist diese Hoffnung spätestens seit der Atombombe nicht mehr zu rechtfertigen. Viele wissenschaftlich-technische Fortschritte aber waren auch gesellschaftliche Fortschritte.

Die beiden Bacons waren die Vorträumer der Industriegesellschaft. Besonders deutlich wird dies in Francis Bacons utopischem Staatsentwurf »Neu-Atlantis«. In seinem Mittelpunkt steht nicht die Regierung, sondern ein Wissenschaftszentrum, »Das Haus Salomons«. Es ist dazu da, um »die Ursachen des Naturgeschehens zu ergründen, die Veränderungen in der Natur und die Naturkräfte zu erforschen und die Grenzen der menschlichen Macht so weit wie möglich auszudehnen«. Im »Haus Salomons« sollten Energiesysteme, größere, schönere und fruchtbarere Tier- und Pflanzenarten, neue Heilmittel, Schußwaffen mit großer Reichweite, Napalm, Flugzeuge, Unterseeboote und Vorwarndienste für Unwetter, Seuchen und Ungeziefer entwickelt werden. Nicht zuletzt aber war dieses Forschungs- und Entwicklungszentrum auch an die Stelle der Kirche getreten.

9.2 Die kopernikanische Wende zu einem neuen Menschen- und Naturbild

Die Wissenschaft ist in der Neuzeit von vornherein nicht in die Hände der bisherigen Machthaber geraten. Wissenschaft und Technik wurden vielmehr von Gelehrten, Handwerkern und Künstlern entwickelt (Zilsel 1942). Dies verbesserte die Chancen des aufkommenden Bürgertums gegenüber den traditionellen Mächten des Adels und der Kirchen, vor allem der katholischen. Die Auseinandersetzung mit den Kirchen wurde geistesgeschichtlich im Inquisitionsprozeß gegen Galilei gewonnen. Der Prozeß endete zwar 1633 damit, daß Galilei der Lehre von Nikolaus Kopernikus – daß die Erde ein Planet ist und sich wie die anderen Planeten um die Sonne dreht – abschwor, aber diese Lehre hat sich trotzdem durchgesetzt.

Durch den im Galileiprozeß gewonnenen Makel der Rückständigkeit sind die Kirchen so eingeschüchtert worden, daß sie hinsichtlich der Tragweite der Wissenschaft für die Lebensbedingungen der heutigen Welt bis heute kaum ein kritisches Wort zu sagen wagen. Anders als in der Auseinandersetzung mit den Kirchen ging es in der mit dem Adel nicht um die Wahrheit der Wissenschaft, aber das Bürgertum hat die Französische Revolution letztlich doch nur deshalb gewonnen, weil es durch die Macht der Wissenschaft und Technik die wirtschaftliche Überlegenheit erringen konnte. Seitdem das Bürgertum mit der Entwicklung von Wissenschaft und Technik auch sich selber von der Bevormundung durch die Kirchen und durch den Adel befreit hat, ist die Freiheit der Wissenschaft zu einem Inbegriff der bürgerlichen Freiheit geworden. Und weil die bürgerliche Freiheit zum guten Teil der von Wissenschaft und Technik geschuldet ist, hat sich die bürgerliche Gesellschaft zur Industriegesellschaft entwickelt. Das neuzeitliche Naturverständnis ist in eins mit dem bürgerlichen Selbstverständnis des Menschen entstanden.

Die Zusammengehörigkeit von Natur- und Menschenbild (Kapitel 5) gilt zu jeder Zeit. Im Alten Testament ist sie zunächst durch die Aufeinanderfolge der Sätze Gen. 1.27/28 ausgesagt: Derjenige Mensch, dessen Menschsein sich an der Ebenbildlichkeit zum Schöpfer bemißt, darf in der Schöpfung über die natürliche Mitwelt Herrschaft ausüben. Nach dem Menschenbild der Ebenbildlichkeit kann dies also nur eine Herrschaft sein, die der des Schöpfers angemessen ist. Etwas später entsprechen den beiden Formen des Menschseins ›vor‹ und ›nach‹ dem Sündenfall wiederum zweierlei Verhältnisse zur natürlichen Mitwelt. Im einen Fall geht es um das Bauen und Bewahren des Gartens, im anderen um den Kampf mit den Dornen und Disteln.

Das jüdisch-christliche Naturbild unterscheidet sich von dem der griechischen Antike dadurch, daß die Welt nicht mehr »voll von Göttern« ist, wie Thales lehrte. Wenn es nur einen Gott gibt, kann die Natur nur von ihm, nicht aber von Naturgöttern außer ihm beherrscht sein. Deshalb mußten die Juden annehmen, daß der Gott der Freiheit, der sie aus Ägypten in das gelobte Land geführt hatte, auch in der Natur herrscht – soweit sie überhaupt göttlich beherrscht ist, was traditionell von allen Völkern angenommen wurde.

Das neuzeitliche Naturbild ist jedoch nicht mehr das der Schöpfung, so daß die Natur nun gänzlich entgöttert ist und sogar der Polytheismus heute vielleicht wieder ein Fortschritt wäre. Denn einer bekanntermaßen von Göttern erfüllten Natur würden wir wohl nicht so rücksichtslos begegnen, wie es heute geschieht.

»Die Tatsache, daß die Natur bei den Griechen nicht zum Objekt wurde, sondern lebendiges Gegenüber des Menschen blieb, und zwar, da sie ihn bedingte, etwas Höheres als der Mensch und damit göttlich und heilig, das ist der Hauptunterschied zwischen der ganzen antiken Naturauffassung und der neuen, die mit der Renaissance aufkommt und in der diese Vorstellung langsam verschwindet, bis wir heute vor der Natur stehen als reinem Materialbereich oder etwas Gespenstischem, beherrscht von Größen, für die man Ausdrücke hat und der Meinung ist, damit auch die Erscheinungen verstanden zu haben. Das alles war bei den Griechen anders und wahrscheinlich richtiger« (Schadewaldt 1978, 229).

Wir aber haben entdeckt, wie Descartes lakonisch meinte, daß die Regeln der Natur dieselben sind wie die der Mechanik (Abhandlung über die Methode V. § 14), und so ist die natürliche Mitwelt für uns nur noch ein Ingenieursgebilde, wie wir es aus der technischen Mechanik kennen. In diesem Naturverständnis verhalten wir uns zur natürlichen Mitwelt nicht mehr wie das nach Gottes Ebenbild geschaffene Geschöpf zu seinen Mitgeschöpfen. Die Frage ist also, welches Menschenbild nunmehr das Maß unserer Menschlichkeit ist.

Die entscheidende Veränderung liegt in der ›Kopernikanischen Wende‹: Im Weltbild der griechischen Antike war die Erde die Mitte der Welt. Wir Menschen waren nicht die Mitte, aber wir hatten – gemeinsam mit der natürlichen Mitwelt – unseren Platz auf der Erde, um die sich ihrerseits alles drehte. Durch die Kopernikanische Lehre hat das Weltall seinen Mittelpunkt verloren. Nunmehr drehen sich die Planeten um die Sonne und mit ihnen die Erde.

Die Kopernikanische Wende hat in der Bewußtseinsgeschichte zunächst dazu geführt, daß die Menschheit die Welt nicht mehr von der Erde aus – die nun ja auch nur ein Stern ist, einer von vielen –, sondern von sich aus sieht. Dieses ist die neuzeitliche Anthropozentrik. Die Philosophie wurde dadurch zur Subjektivitätsphilosophie. In ihrem ersten Entwurf, bei René Descartes, steht der Mensch als bloßer Denker (res cogitans) der Mitwelt als bloßem Material (res extensa) gegenüber. So wird das Natürliche nicht mehr menschlich und das Menschliche nicht mehr natürlich erfahren.

Die Natur und der Mensch also sind in der Neuzeit gleichermaßen andere als in der Antike. Der Übergang kann so beschrieben werden, daß die Griechen und die Juden zu erkennen suchten, wie die Welt von Gott geschaffen ist, wie sie also Schöpfung ist. So war es zu Beginn der Neuzeit auch noch bei Johannes Kepler, der in den Bewegungsgesetzen der Gestirne die Gedanken Gottes bei der Schöpfung erkannte.

Demgegenüber erkennen wir nach dem Erkenntnisideal der modernen Naturwissenschaft einen Gegenstand nur in dem Maß, in dem wir ihn selbst hervorbringen können. Hier aber gibt es einen fließenden Übergang zwischen Naturwissenschaft und Technik, nämlich zwischen der gedanklichen Produktion zur Reproduktion von Erscheinungen, die sowieso oder natürlicherweise stattfinden, und der technischen Produktion von Erscheinungen, die nicht so stattfinden.

Die wissenschaftlich-technische Welt wird zur Zweiten Schöpfung. In eben diesem Selbstverständnis erklärte Francis Bacon, »daß wir es einstweilen nur auf *lichtbringende,* nicht auf *fruchtbringende* Versuche abgesehen haben, nach dem Beispiele der Schöpfung, welche den ersten Tag einzig der Erschaffung des Lichtes weihete, ohne irgend etwas weiteres Materielles hervorzubringen« (Neues Organon I. § 121). Tatsächlich war Bacons große Leistung für die Wissenschaft im wesentlichen die eines Wegweisers. Andere sind dann diesen Weg gegangen.

Der Wandel des Menschenbilds mit dem Naturbild erhält bei Bacon dadurch eine besonders bizarre Form, daß er sich vorstellte, mit der Erneuerung der Schöpfung auch den Sündenfall rückgängig machen zu können. Auf dem wahren Weg der Naturforschung, den er verkündete, nämlich sollte auch »die Reinigung und Entsündigung des menschlichen Verstandes« (aaO I. § 69) vollbracht werden!

»Das wahre Ziel der Erkenntnis . . . ist eine Wiedereinsetzung des Menschen in die Souveränität und Macht . . ., die er in seinem ersten Schöpfungszustand hatte. Und um dies ganz einfach und klar zu sagen: Es geht um die Entdeckung aller Verfahren und Verfahrensmöglichkeiten von der Unsterblichkeit (wenn sie möglich wäre) bis zur gewöhnlichsten Mechanik« (III. 222).

Der Gedanke ist also, daß wir uns durch technische Erfindungen der Mühsal mit den Dornen und Disteln wieder entheben können, in die wir durch den Sündenfall geraten sind.

Durch Wissenschaft und Technik in der Industriegesellschaft sozusagen einen Schleichweg zurück ins Paradies zu finden, ist zweifellos eine ungewöhnliche Idee. In ihr drückt sich der Unterschied des neuzeitlichen Denkens sowohl vom jüdisch-christlichen als auch vom Denken der griechischen Antike besonders plastisch aus. Der neue Mensch sieht alles von sich aus und gewinnt aus der anthropozentrischen Sicht eine neue Auffassung vom Naturzusammenhang des Lebens. Der Schöpfer wird bestenfalls verinnerlicht, die natürliche Mitwelt entgöttert. Durch diese Veränderung ist es in der Neuzeit zur Industriegesellschaft gekommen, die nach dem Natur- und Menschenbild der Antike nicht möglich gewesen wäre. Dadurch ist aber auch der Tod so in die Welt eingezogen, wie wir ihn heute erfahren.

9.3 Neue Formen des Konfliktaustrags durch Wissenschaft und Technik

Jede technische Erfindung kann mißbraucht, d. h. in einer nicht verallgemeinerungsfähigen Weise genutzt werden. Das Motiv zum Mißbrauch liegt darin, daß sie die Möglichkeiten des Austrags der jeweils bestehenden internationalen, gesellschaftlichen oder persönlichen Konflikte so verändert, wie wenn während eines Spiels unversehens neue Züge erlaubt werden. Eine solche Veränderung begünstigt oder benachteiligt, nachdem bereits ein bestimmter Stand des Spiels erreicht ist, die beteiligten Spieler in der Regel nicht gleichmäßig, so daß der Spielverlauf durch die neuen Möglichkeiten zugunsten einer Seite beeinflußt wird. Die jeweils begünstigte Seite wird zum Einsatz der neuen Mittel auch dann neigen, wenn dies nicht zur Regel werden dürfte, dem aber noch keine Regel entgegensteht.

Wie durch technische Erfindungen neue Formen des Konfliktaustrags in die Welt gesetzt werden, zeigt am unmittelbarsten die Entwicklung der Waffentechnik. Jede neue Möglichkeit des Konfliktaustrags aber verändert die politische Situation. Ein innenpolitisches und vor allem individuelle Konflikte betreffendes Beispiel ist die Verfügbarkeit von Schußwaffen.

Wenn die Befürworter der allgemeinen Schußwaffenverbreitung in den USA die Wertneutralität von Pistolen durch die triviale Feststellung: Pistolen töten keine Menschen – Menschen töten Menschen! (Guns do not kill people – people kill people), belegen zu können meinen, ist dies offenbar zu einfach gedacht. Denn Menschen mit Pistolen töten leichter als Menschen ohne Pistolen, und wenn es keine Pistolen gäbe, könnten Menschen gar nicht mit Pistolen töten. Jedenfalls also würden die bestehenden Konflikte ohne Pistolen anders ausgetragen als mit ihnen, und Schußwaffen wären allenfalls insoweit zu rechtfertigen, wie sie nicht wertneutral sind, sondern positiv dem Frieden dienten.

Das bedeutendste Beispiel für die Veränderung einer politischen Situation durch eine technische Erfindung ist die Atombombe. Die politische Tragweite der Atomwaffen ist, daß diese den Weltfrieden – wie man sagt – erzwingen, nämlich im Sinn einer unabweisbaren Forderung. Denn der Atomkrieg darf nicht stattfinden. In der Vergangenheit aber war der Frieden, soweit er überhaupt gehalten werden konnte (und das war viel zu oft nicht der Fall), in der Regel eine politisch-kulturelle Leistung.

Was also ist davon zu halten, wenn Kulturvölker, in denen jahrtausendelang zwischen den Kriegen auf weithin hohem politischem Niveau doch auch immer wieder Formen des nichtkriegerischen Austrags der bestehenden Konflikte gefunden worden sind, nun unversehens bloß aufgrund einer wissenschaftlich-technischen Entwicklung ›gezwungen‹ sind, auf ihre Souveränität weitgehend zu verzichten und vielleicht sogar den Weltstaat einzurichten? Was spricht dafür, daß die politischen Formen, in die wir auf diese Weise hineinstolpern würden, besser sind als die, welche in einer jahrtausendelangen Kulturgeschichte Gegenstand der philosophischen Reflexion und der politischen Praxis gewesen sind? Und was passiert, wenn die Menschheit diesem ›Sachzwang‹ politisch nicht zu folgen vermag?

Die Atombombe ist auch das klassische Beispiel dafür, daß die politische Tragweite der Technik bereits in der Wissenschaft beginnt, weil nämlich die technischen ›Anwendungen‹ immer schon in der Wissenschaft, und hier sogar in der sogenannten Grundlagenforschung, angelegt sind, soweit es überhaupt zu Anwendungen kommen kann. Zwar haben an der Bombe selbstverständlich auch die Ingenieure ihren Anteil, welche sie technisch konstruiert haben, sowie im übrigen natürlich die Politiker und Behörden, welche die für die Arbeit der Ingenieure erforderlichen Voraussetzungen geschaffen haben. Jedoch hatten sie kaum noch eine andere Wahl, nachdem – unmittelbar vor dem Ausbruch des II. Weltkriegs – in Deutschland die Möglichkeit der Atombombe in der Grundlagenforschung entdeckt worden war.

Hahns und Straßmanns »Nachweis . . . der bei der Bestrahlung des Urans mittels Neutronen entstehenden Erdalkalimetalle« (1939) war zwar in dem Sinn, in dem dieser Begriff bis heute gebraucht wird, reine Grundlagenforschung. Und doch war aufgrund dieses Nachweises sofort klar, daß durch die Spaltung von Uran Vernichtungswaffen einer nie gekannten Größe möglich sind. Bereits die rein wissenschaftliche Entdeckung veränderte die politische Situation in der Weise, daß der Präsident der USA, als er durch die aus Europa emigrierten Physiker Leo Szilard und Albert Einstein davon erfuhr, so gut wie gezwungen war, die Bombe auch bauen zu lassen. Denn er mußte damit rechnen, daß die Deutschen dies tun würden. Nur sechs Jahre lagen dann zwischen der wissenschaftlichen Entdeckung der Kernspaltung und dem größten Schrecken, den je ein Wissen über die Menschheit gebracht hat.

Daß nicht die internationale Politik herkömmlicher Art, sondern die waffentechnische Nutzung der Atomenergie nun schon seit Jahrzehnten die wichtigste Determinante der internationalen Beziehungen ist, bedeutet, daß der Chemiker Otto Hahn – wie der Erfinder des Schießpulvers – sozusagen als einer der erfolgreichsten Außen- und Verteidigungspolitiker in die Weltgeschichte eingegangen ist. Andere als waffentechnische Beispiele für die politische Tragweite wissenschaftlich-technischer Entwicklungen sind,

– daß die Folgewirkungen der Mikroelektronik jeder Wirtschafts- und Beschäftigungspolitik den Rang ablaufen, so daß die Politiker im wesentlichen nur auf die Anpassungsfähigkeit der Gesellschaft hoffen können, sich unter den neuen technischen Gegebenheiten auf eine erträgliche Weise zu arrangieren;

– daß zwanzig Jahre Fernsehen, wiederum ein niemals primär und zuvor politisch bewerteter Fortschritt der technischen Erfindungskunst, die heutige Studentengeneration vermutlich stärker geprägt haben als alle bildungspolitischen Großtaten – und Experimente – der Nachkriegszeit;

– daß die Kernenergie sich nun auch noch innenpolitisch zum Paradigma für ein Mißverhältnis von Staat und Gesellschaft entwickelt, nachdem sie durch die waffentechnische Entwicklung bereits zum maßgeblichen Bestimmungsfaktor der Außenpolitik geworden ist.

Wissenschaftlich-technische Entwicklungen sind also nicht politisch neutral, sondern haben eine Tragweite für die gesellschaftliche Ordnung und Entwicklung und sind dementsprechend mehr oder weniger »sozialverträglich«.

Die Beeinflussung der Chancen und der Form des Austrags der in einer bestimmten historischen Situation herrschenden Konflikte durch die wissenschaftlich-technische Entwicklung läßt sich an den genannten ziviltechnischen Beispielen leicht nachweisen.

– Der Ersatz von Arbeit durch Technisches Wissen in Gestalt der Mikroelektronik dient in der Auseinandersetzung zwischen Arbeit und Kapital dem Kapital und auf dem Markt den Konsumenten.

– Das Fernsehen ist ein bedeutender Machtfaktor in allen innenpolitischen Auseinandersetzungen. In jedem Fall nützt es denen, die sich seiner zu ihrem Vorteil zu bedienen wissen, und schadet den anderen.

– Die Kernenergiekontroverse ist selbst eine neue Form des Konfliktaustrags über die Orientierung, wie wir in Zukunft leben möchten (Meyer-Abich/Schefold 1981). Kerntechnische Anlagen erfordern außerdem ein Sicherungssystem, das die bürgerliche Freiheit gefährdet (Roßnagel 1983/84). Diese Gefährdung beruht darauf, daß zur Regulierung der neuen Formen des Konfliktaustrags, die durch kerntechnische Systeme ermöglicht werden, neue Gesetze und Verordnungen erforderlich sind, die ihrerseits entweder die Freiheit einschränken oder zu Freiheitseinschränkungen mißbraucht werden können.

Weitere Beispiele sind leicht zu finden. Wie die wissenschaftlich-technische Entwicklung nicht nur den Austrag der bestehenden Konflikte beeinflußt, sondern auch neue Konflikte erzeugt, zeigen etwa die Probleme der Betroffenheit durch Industrieansiedlungen (Ueberhorst 1983, Meyer-Abich 1984). Wissenschaft und Technik sind kein Segen für ›die Menschheit‹, wohl aber – zumindest zeitweise – für bestimmte Menschen oder Teile der Menschheit.

9.4 Die Mitverantwortung der Wissenschaftler

Wer ist dafür verantwortlich zu machen, wenn eine wissenschaftliche Entdeckung in der industriellen Wirtschaft oder in der Waffentechnik unerwünschte Folgen hat? Der Wissenschaftler kann die Verantwortung zunächst einmal dem Techniker zuschieben, der ja die betreffenden Anwendungen der in der Wissenschaft nur um der theoretischen Wahrheit willen gesuchten Erkenntnis nicht hätte zu entwickeln brauchen. Der Techniker aber kann wiederum sagen, daß die Entwicklung der Technik dem gesellschaftlichen, insbesondere dem ökonomischen Interesse folge, so wie es in seinem Arbeitsfeld geltend gemacht werde, und daß er unter den gegebenen Bedingungen nicht anders hätte handeln können.
Geht es nun z. B. um eine industriewirtschaftliche Anwendung, so wird der zuständige Vertreter des ökonomischen Interesses das Argument des Technikers wohl zugeben und sich der Verantwortung nicht entziehen können. Er mag aber seinerseits geltend machen, man dürfe nicht von einer einzelnen Wirtschaftseinheit verlangen, daß sie sich systemwidrig verhalte – es handele sich also letztlich um ein politisches Problem. So ergibt es sich, ohne den Umweg über die Ökonomie, auch bei waffentechnischen Entwicklungen.
Nun blicken sie alle auf den Politiker. Der aber kann sich darauf berufen, daß er unter den Bedingungen der internationalen Auseinandersetzung zu entscheiden habe, in der kein Subjekt einer zentralen Verantwortung angerufen werden könne, im übrigen aber den Vorwurf auch zurückgeben und sagen: Was bleibt mir denn noch zu ändern, nachdem ihr alle bereits das getan habt, was ihr getan habt? Dann wenden sich die Köpfe, und zuletzt blicken sie alle wieder auf den Wissenschaftler, womit die erste Runde beendet wäre.
Zwischen der wissenschaftlichen Grundlagenforschung und den indu-

striegesellschaftlichen Anwendungen besteht also ein kontinuierlicher Übergang. Zwar kommt es nicht in jedem Fall zu Anwendungen, aber diese sind auch niemals grundsätzlich auszuschließen. Denn jede wissenschaftliche Erkenntnis zeigt, wie etwas hervorgebracht werden kann, und wenn eine neue Möglichkeit, etwas hervorzubringen, einmal in der Welt ist, kann sie nicht mehr aus der Welt geschafft werden. Zwischen dem ersten Schritt in der Wissenschaft und den gesellschaftlichen Folgewirkungen liegt dann nur noch ein fließender Übergang etwa so wie in der Aristotelischen Antwort auf die Frage, von wann an es für einen Kranken die Möglichkeit gibt, wieder gesund zu werden (Metaphysik IX. 7).

Kann er wieder gesund werden, wenn seine Krankheit nach dem Stand der Medizin prinzipiell heilbar ist? Dies würde ihm vielleicht nicht helfen, wenn er gerade irgendwo im Urwald krank wird. Kann er also erst dann wieder gesund werden, wenn es in seiner Nähe einen entsprechend ausgebildeten Arzt gibt? Dieser Arzt könnte ja auch selber krank und somit zur Hilfe gar nicht in der Lage sein. Kann er also wieder gesund werden, nachdem der Arzt sich zu ihm auf den Weg gemacht hat? Er könnte unterwegs immer noch einen Unfall haben. Besteht die Möglichkeit, wieder gesund zu werden, also dann, wenn der Arzt das Krankenzimmer betritt und alle notwendigen Instrumente und Medikamente bei sich hat? Auch jetzt könnte die Heilung z. B. noch durch ein Erdbeben verhindert werden. Von wann an also existiert die Möglichkeit, daß der Patient wieder gesund wird?

Die Möglichkeit besteht offenbar von Anfang an oder gar nicht und verdichtet sich im Lauf der Zeit. Dasselbe gilt für die Wissenschaft im Verhältnis zu ihren ›Anwendungen‹. Es gibt keine bestimmte Stelle, an der die Wissenschaft als Grundlagenforschung aufhört und als angewandte Forschung erneut begonnen wird. Besonders deutlich kann man sich dies zur Zeit an der biotechnologischen DNA-Rekombinationsforschung vor Augen führen. Grundlagenforschung heißt letztlich nur derjenige Bereich, in dem die Wissenschaftler sich für die Folgen ihrer Arbeit noch nicht interessieren *wollen*. Zur Begründung heißt es in der Regel, die Folgen seien nicht absehbar, was auch zutrifft. Wenn die Folgen einer Tätigkeit nicht absehbar sind, ist es jedoch normalerweise nicht selbstverständlich, darin dennoch unbekümmert fortzufahren.

Die Veränderung der politischen Situation durch wissenschaftlich-technische Entwicklungen ergibt sich daraus, daß sie von Anfang an in eine Sozialgeschichte und in die gegebenen Konflikte eingebettet sind, so daß immer schon feststeht, in welchen politischen Kontext sie gehören. In welchem Spielraum mehr oder weniger segensreiche Anwendungen möglich sind, hängt dementsprechend von der Tragweite einer Entdeckung bzw. Entwicklung in bezug auf die politischen und gesellschaftlichen Ziele sowie das Wertsystem einer bestimmten Gesellschaft in ihrer jeweiligen historischen Situation ab.

Obwohl Verhältnisse denkbar sind, in denen der Spielraum wertneutral ausbalanciert ist, wird dies im allgemeinen doch nicht der Fall sein. Daß wissenschaftliche Aussagen unter entgegengesetzten Zielen gültig sind, gewährleistet also noch keine ›Wertneutralität‹ der Wissenschaft, denn die Realisierungschancen der entgegengesetzten Ziele werden durch wissenschaftlich-technische Entwicklungen im allgemeinen ungleichgewichtig verändert.

Nun sagen manche, die Technik – mit oder ohne ihren wissenschaftlichen Kern – sei doch nur insoweit problematisch, wie wir nicht richtig mit ihr umgehen, nämlich zum Wohl des Ganzen und aller Beteiligten gleichermaßen. Dies ist trivialerweise richtig. Wir müßten eben lernen, aus technischen Neuerungen niemals einen Vorteil zu Lasten des Ganzen zu ziehen, also z. B. Atomwaffen nicht einzusetzen oder gar nicht erst zu entwickeln, jedermann auch beim Einsatz der Mikroelektronik unverändert an der volkswirtschaftlichen Wertschöpfung teilhaben zu lassen, das Fernsehen als mündige Bürger zu nutzen und das Kernenergiesystem nicht zu einer Bedrohung der bürgerlichen Freiheit werden zu lassen.

Dies alles und somit den rechten Umgang mit den neuen Techniken lernen zu sollen, ist aber doch gerade das Problem, um das die betreffenden Entwicklungen die politische Situation verändern. Viele Menschen – auch Politiker – sind moralisch (und manchmal überdies intellektuell) überfordert, wenn von ihnen verlangt wird, mit jeglichen Ausgeburten der technischen Erfindungskunst immer nur verantwortungsvoll umzugehen, solange die mißbräuchlichen Verwendungen noch nicht ausdrücklich verboten sind. Die Gefahr, daß sie es nicht tun, ist die Konflikträchtigkeit, von der im vorangegangenen Abschnitt die Rede war.

Rechtspolitisch ist dieser Gefahr durch neue Gesetze und Verordnungen zu begegnen. Wenn durch die moralische Kraft einer Gesellschaft jedoch nicht von alleine gewährleistet ist, daß eine technische Neuerung nur zum Wohl des Ganzen genutzt wird, ist in der Regel jedoch auch nicht damit zu rechnen, daß diese Kraft ausreicht, um die erforderlichen Gesetze und Verordnungen rechtzeitig zustande zu bringen. Zumindest eine Zeitlang werden immer einige Beteiligte so, wie es nicht erlaubt sein dürfte, zu Lasten anderer von technischen Innovationen profitieren, und dies wiederum ist eine soziale Voraussetzung dafür, daß es zu solchen Innovationen kommt.

Wer eine Tat ermöglicht, ist dafür mitverantwortlich. Verantwortlich ist nicht nur der, welcher sie begeht. Das so oft berufene menschliche Versagen und der Mißbrauch von Erkenntnissen sind deshalb auch denen anzulasten, deren Wahrheitssuche, spielerische Phantasie und Tüftelei allererst die Gelegenheit zum Versagen und zum Mißbrauch geschaffen haben. Denn wir sollen unsern Nächsten nicht in Versuchung führen.

Die wissenschaftlich-technischen Urheber von Mißbrauch und Versagen dürfen sich deshalb nicht wie unbeteiligt zurücklehnen und erklären: Wir haben doch nur die Kernspaltung, die Halbleiter und die Möglichkeit zur Lenkung biologischer Entwicklungsprozesse erfunden. Wenn unsere Mitmenschen und die politischen Verhältnisse so sind, daß unsere Entdeckungen zur Herstellung und obendrein sogar noch zur Anwendung von Atomwaffen, zu Waffenleitsystemen und zu Manipulationen des Erbguts mißbraucht werden, dann ist dies nicht unsere Sache, dafür können *wir nichts.*

Atomwaffen etc. wissenschaftlich zu ermöglichen, ist nicht weniger schuldhaft als sie zu entwickeln, und sie zu entwickeln ist nicht weniger schuldhaft als mit ihnen zu drohen, und mit ihnen zu drohen ist nicht weniger schuldhaft als sie einzusetzen.

9.5 Waffentechnik, Nebenwirkungen und der Traum der Kantschen Taube – Das nicht gefundene Paradies

Seit den 70er Jahren zeigt sich in den westlichen Industriegesellschaften zunehmend, daß mit jeder technischen Innovation Lebensfragen beantwortet werden, die eigentlich nicht als technische Fragen, sondern als politische Fragen, wie wir in Zukunft leben möchten, behandelt werden sollten. Die politische Tragweite von Wissenschaft und Technik, kraft derer Francis Bacon zur Rückeroberung des Paradieses aufrief, steht heute also ganz außer Frage. Es sieht aber nicht so aus, als ob wir auf diese Weise dem Paradies näher gekommen wären. Dies beweist bereits die Entwicklung der *Waffentechnik.*

Platons Entwurf der Naturwissenschaft war darauf angelegt, uns die Welt »im Logos« (Timaios 27a8) vorzustellen, im Gang des Denkens, so wie sie kraft der Ideen gebildet und letztlich eins ist. Seine Dialoge finden auf dem Marktplatz, einem Spaziergang oder wo sonst freie Bürger in Muße zusammenkommen, statt. Galilei aber ließ sein mechanisches Hauptwerk, die »Discorsi« (1638), ausgerechnet im venezianischen Zeughaus beginnen. Es führte ein gerader Weg von Galilei bis zur Atombombe, sagte C. F. von Weizsäcker einmal.

Die katholische Kirche hatte gegen Galilei bereits in dem Inquisitionsprozeß eine ziemlich starke Position, da er das Kopernikanische System nicht wissenschaftlich (mechanisch), sondern nur rhetorisch-politisch verteidigen konnte (C. F. von Weizsäcker 1964). Erstaunlicherweise wird gerade jetzt, wo die Problematik der Folgen unübersehbar geworden ist, auch noch an seine Rehabilitation gedacht.

Etwa die Hälfte aller Wissenschaftler und Techniker arbeitet mittlerweile in der Waffentechnik oder in ihrem Umkreis, aber auch die friedlich gemeinte Technik hält nicht mehr so recht, was man sich einst von ihr versprochen hat. Da sind zunächst die sogenannten *Nebenwirkungen,* besonders augenfällig in Gestalt der Umwelt- und Ressourcenprobleme, mit denen sich die Annäherung an die Grenzen des herkömmlichen Wirtschaftswachstums ankündigt. Zunehmend problematisch wird außerdem, wieweit die heutige Wirtschaft den menschlichen Bedürfnissen entspricht.

Wissenschaft und Technik haben zwar die von Malthus wahrgenommene Grenze des Wachstums weit hinausgeschoben, aber nun ist sie doch beinahe wieder erreicht. Jedenfalls dient der technische Fortschritt von heute in zunehmendem Maß nur noch dazu, die unerwünschten Nebenwirkungen des technischen Fortschritts von gestern wieder auszugleichen. Werden wir in absehbarer Zeit im wesentlichen dafür zu arbeiten haben, daß die Lawine der sogenannten Nebenwirkungen, der wir heute noch frohgemut vorauseilen, nicht schneller wird als unser Fortschritt, und wird sie uns nicht schließlich doch einholen?

Unerwünschte ›Nebenwirkungen‹ technischer Innovationen gibt es wie in der natürlichen Mitwelt gleichermaßen im sozialen Bereich. An die Stelle der Umweltverträglichkeitsprobleme treten hier die der Sozialverträglichkeit, d. h. die der Verträglichkeit mit der gesellschaftlichen Ordnung und Entwicklung (Meyer-Abich/Schefold 1981). Beispiele sind die im vorangegangenen Abschnitt bereits angesprochenen sozialen Voraussetzungen und Folgen der Mikroelektronik, der Kernenergienutzung, der Biotechnik etc.

Das aufkommende Unbehagen wird wohl auch damit zusammenhängen, daß die jeweils neuen Möglichkeiten, die mit dem wirtschaftlichen Aufstieg verbunden sind, den Bedürfnissen und Träumen der Menschen viel weniger entsprechen, als sie sich dies vorgestellt hatten. Sogar das Auto und das Fernsehen – unstrittige Konsumziele der Nachkriegszeit – müssen sich mittlerweile die Frage gefallen lassen, wieweit wir mit diesen Techniken wirklich besser leben als ohne sie.

Mir scheint, daß der Baconische Traum von der technologischen Rückeroberung des Paradieses in der Nachkriegszeit der Industrieländer die Form des Traums der Kantschen Taube angenommen hat: »Die leichte Taube, indem sie im freien Fluge die Luft teilt, deren Widerstand sie fühlt, könnte die Vorstellung fassen, daß es ihr im luftleeren Raum noch viel besser gelingen werde« (Kritik der reinen Vernunft A5). Wird nicht tatsächlich der Luftwiderstand um so spürbarer, je schneller der Flug ist, wirkt also der Schnelligkeit des Flugs entgegen? Sollte dann nicht ein noch leichterer und schnellerer Flug möglich sein, wenn kein Luftwiderstand mehr da wäre? Der Gedanke ist so plausibel wie falsch, denn Vögel sind keine Raketen und können dementsprechend nicht im Vakuum fliegen.

Zweifellos gibt es auch in der heutigen Industriegesellschaft für jedermann und überall genug Widerstände, gegen die man sich durchzusetzen hat. Die Frage ist jedoch, ob dies die Widerstände desjenigen Mediums sind, das uns im Lauf des Lebens trägt und den erforderlichen Halt gibt. Der Widerstand, ohne den die Taube nicht fliegen kann, ist für sie das Gegenbild ihres eigenen Flugs, und sie fühlt in ihm sich selber (vgl. Abschnitt 11.3). Das Bedürfnis, es im Lauf des Lebens so mit den ›richtigen Problemen‹ zu tun zu haben, daß in ihnen dasselbe Medium zu erleben ist, welches ihm zugrunde liegt und uns trägt, kann nicht schon dadurch erfüllt sein, daß kein Mangel an Widerständen ist. Dort aber, wo wir das Leben suchen, ist die heutige Welt manchmal erstaunlich glatt und abwaschbar. So geben uns die Widerstände kein Gefühl unserer selbst. »Sich aber nicht zu fühlen ist der Tod« (Hölderlin, Hyperion I. 507).

9.6 Kritik von Wissenschaft und Technik in der Öffentlichkeit

Ob die Industriegesellschaften sich auf dem Rückweg ins Paradies befinden, ist angesichts der immer bedrohlicheren Waffentechnik, der mangelnden Umwelt- und Sozialverträglichkeit der industriellen Wirtschaft und der zunehmenden Bedenken gegen die Bedürfnisgerechtigkeit ihrer Produkte durchaus zweifelhaft. Die Öffentlichkeit hat heute allen Grund, dem schlichten Glauben an die Fortschrittlichkeit aller wissenschaftlich-technischen Entwicklungen definitiv zu entsagen. Neuere Umfragen deuten darauf hin, daß dies in der Tat zunehmend geschieht.

In der Europäischen Gemeinschaft war der Grad der Beunruhigung bereits vor einigen Jahren, im Oktober 1978, so groß, daß die eher rückwärts gewandte Aussage: »Es wäre schön, wenn man mit der Konstruktion so vieler Maschinen aufhören und zur Natur zurückkehren könnte« (EG 1979, Aussage 138), in Westeuropa mit einer Mehrheit von 44 : 39 % gebilligt wurde. Dabei handelte es sich um eine repräsentative Befragung. Die zustimmenden Mehrheiten schwankten zwischen 59 : 30 % in Italien und 43 : 36 % in der Bundesrepublik. Den größten Widerstand gegen die Rückkehr zur Natur gab es in Dänemark, wo die Aussage nur von 22 % der Befragten akzeptiert und von 57 % zurückgewiesen wurde. Allerdings ist die Rückkehr zur Natur in Dänemark, soviel ich sehe, kein vordringliches Problem, so daß die Dänen den Preis der Industrialisierung vielleicht noch nicht so recht vor Augen haben.

Wieweit diejenigen, die gern »zur Natur zurückkehren« möchten, dazu auch wirklich bereit wären und sich über die Konsequenzen klar sind, ist für die Beurteilung des Befragungsergebnisses belanglos, denn erfüllbare und unerfüllbare Sehnsüchte sind politisch gleichermaßen ernst zu nehmen. Eine interessante Frage ist jedoch, wieweit die Beunruhigung über die *Folge*wirkungen von Wissenschaft und Technik auf die Einstellung zur Wissenschaft zurückschlägt.

Hier zeigt sich, daß die traditionelle Schutzbehauptung der Wissenschaftler, wissenschaftliche Erkenntnisse seien an sich gut und problematisch sei allenfalls ihre Anwendung, zwar noch verbal akzeptiert wird (Aussage 135), im Umfeld jedoch bereits starken Zweifeln ausgesetzt ist, denn die Aussage: »Wie in der Vergangenheit, so wird die Wissenschaft weiterhin auch zukünftig einer der wesentlichen Faktoren zur Verbesserung der Lebensbedingungen sein« (Aussage 133), findet nur etwa ebensoviel Zustimmung wie ihre Einschränkung: »Die Entwicklung in Wissenschaft und Technik bringt zuweilen Risiken für die Gesellschaft mit sich, die immer bedeutender werden und die nur mit Schwierigkeiten zu meistern sind« (Aussage 136).

Die heutige Einstellung der Öffentlichkeit zu Wissenschaft und Technik hat sich erst im Lauf der Nachkriegszeit aus den Erfahrungen der Industriegesellschaft ergeben. Eine bemerkenswerte Zeitreihe des Allensbacher Instituts für Demoskopie entnehme ich dem neuen Buch von Strümpel und Klipstein:

Frage: »Glauben Sie, daß die Technik alles in allem eher ein Segen oder ein Fluch für die Menschheit ist?«

| | 1966 | | 1976 | | 1981 | |
	Alle Befragten in %	16–20-jährige in %	Alle Befragten in %	16–20-jährige in %	Alle Befragten in %	16–20-jährige in %
Segen	72	83	50	53	30	23
Fluch	3	2	10	8	13	19
Teils/teils	17	8	35	33	53	54
Kein Urteil	8	7	5	6	4	4
	100	100	100	100	100	100

Tabelle 2: Die Entwicklung der Einstellungen zum technischen Wandel in der Bundesrepublik (Gesamtbevölkerung). Quelle: IfD Allensbach, Klipstein/Strümpel 1984, 183.

Besonders eindrucksvoll ist, daß der Anteil der Jugendlichen, welche die Technik als Segen für die Menschheit bewerten, 1966–81 von 83 % auf 23 % zurückgegangen ist. Über die mit dieser Entwicklung einhergehende Bewertung des Wirtschaftswachstums habe ich oben im Abschnitt 7.4 berichtet.

Gänzlich verfehlt wäre es, nunmehr eine allgemeine Technikfeindlichkeit zu beklagen. Wer dies tut, desavouiert die Kritiker und verteidigt in Wirklichkeit nicht ›die Technik‹, sondern nur die *heutige* Technik, der ja auch die in den Umfragen zum Ausdruck kommende Bewertung gilt. Diese aber muß sich die Kritik gefallen lassen, daß sie die Lebensbedingungen zerstört und deshalb von Grund auf revidiert werden muß.

Es wäre verwunderlich, wenn der zunehmenden Wissenschafts- und Technikkritik in der öffentlichen Meinung nicht auch entsprechende Stimmen aus der Politik zur Seite gestellt werden könnten. Hier gibt es einmal die Gruppe derjenigen, die von Amts wegen gehalten sind, etwas gegen die zerstörerischen Wirkungen der industriewirtschaftlichen Entwicklung zu tun. Ihre Kritik richtet sich darauf, daß die Wissenschaften es daran fehlen lassen, den Problemen, für die auch sie Verantwortung tragen, wiederum wissenschaftlich zu begegnen. So heißt es bei Hartkopf und Bohne:

»Bisher hat sich die Forschung vor allem auf die einzeldisziplinäre Bearbeitung naturwissenschaftlich-technischer Fragen konzentriert. Vernachlässigt wurden interdisziplinäre Forschungsansätze und die Kooperation zwischen naturwissenschaftlich-technischen Disziplinen, zwischen sozialwissenschaftlichen Disziplinen und erst recht zwischen naturwissenschaftlich-technischen und sozialwissenschaftlichen Disziplinen, da die Fakultäts- bzw. Fachbereichsgrenzen an den Universitäten wie eh und je kaum übersteigbar sind« (1983, I. 135).

217

Besonders frustrierend aber muß es für die *Politiker* sein, die wissenschaftlich-technische Macht der Industriegesellschaft an den liberal-demokratischen Institutionen vorbei, in denen eigentlich die politischen Entscheidungen fallen sollten, immer wieder so zur Geltung gebracht zu sehen, daß vollendete Tatsachen geschaffen werden und die Politik darauf nur noch reagieren kann. Auch die aufwendigste Forschungspolitik hat die wissenschaftlich-technische Entwicklung bisher niemals ganz eingeholt, so daß die Politiker letztlich nur hinter der Entwicklung herlaufen und ihre Folgen, so gut es geht, aufzufangen haben. Eine repräsentative Äußerung hierzu entnehme ich einer Rede des früheren Bundespräsidenten Walter Scheel vor der Fraunhofer-Gesellschaft:

»Wir haben erkannt, daß Wissenschaft und Technik auch ungeheure Gefahren bergen, die man nicht länger als unangenehme Nebenwirkungen verharmlosen darf.« Wissenschaft und Technik müssen »von der Vorstellung Abschied nehmen, das, was sie machen, sei in sich wertvoll und für die Folgen hätten andere die Vorkehrungen zu treffen. . . . Die Politiker laufen hinter der wissenschaftlich-technischen Entwicklung her und versuchen, ihre Folgen aufzufangen. Und die Wissenschaftler? Sie sitzen weitgehend noch in ihren Labors und forschen. Und die Ingenieure sitzen in ihren Konstruktionsbüros und arbeiten. Und die Politik geht sie, von sich mehrenden Ausnahmen abgesehen, immer noch nichts an. Sie ›dienen dem Fortschritt‹ wie eh und je. . . . / . . . Die Menschen sind nicht dazu da, um Opfer des abstrakten Wahrheitsdranges der Wissenschaft zu sein . . . Kann man wirklich eine ganze gesellschaftliche Gruppe von der Verantwortung für die Folgen ihres Tuns freisprechen? . . . Die bisherigen Rechtfertigungen der Wissenschaft reichen nicht mehr aus« (1977, 838 f.).

So also darf es wohl nicht weitergehen.
Der wissenschafts- und technikkritische Umschwung der 70er und 80er Jahre wird von Wissenschaftlern und Ingenieuren manchmal bedauert. Ich meine demgegenüber, wir Wissenschaftler sollten froh darüber sein, nur noch in abnehmendem Maß Erwartungen ausgesetzt zu sein, die wir nicht erfüllen werden. Und die Ingenieure sollten ein ihnen entgegengebrachtes Vertrauen der Form: »Was technisch in Ordnung ist, wird auch gesellschaftlich akzeptabel sein«, ebenfalls weit von sich weisen, denn unter der Last gerade dieses – enttäuschten – Vertrauens könnte demnächst die gesamte moderne Technik und damit die Industriegesellschaft politisch zusammenbrechen.
Eine andere Frage ist, wie es weitergehen könnte. Ich nehme an, daß zur Lösung der Probleme, in die wir durch die wissenschaftlich-technische Entwicklung geraten sind, wiederum eine Weiterentwicklung von Wissenschaft und Technik gehört. Unter welchen Voraussetzungen die auch

von den Kritikern des jetzigen Industriesystems für möglich gehaltenen Fortschritte gesucht werden können, ist das Thema der beiden folgenden Kapitel.

10. Vom rechten Gebrauch der Wissenschaftsfreiheit

Wissenschaft und Technik sind in ihrer heutigen Form aus der abendländischen Geistesgeschichte hervorgegangen. In den vorangegangenen Kapiteln dieses Buchs hat sich gezeigt, daß durch den Frieden mit der Natur in derselben Tradition auch Korrektive gegen die zerstörerischen Entwicklungen zu finden sind, welche die Menschheit und unsere natürliche Mitwelt gegenwärtig bedrohen. Die in der europäischen Geistesgeschichte stehenden Länder sind dadurch in einer besseren Lage als die, deren eigener Kultur die Industriegesellschaft fremd ist.

Die heutige Fehlentwicklung ergibt sich nach den Überlegungen des vorangegangenen Kapitels daraus, daß die wissenschaftlich-technische Macht der Industriegesellschaft an den politischen Entscheidungsinstanzen vorbei so geltend gemacht wird, daß die Politiker im wesentlichen nur noch hinter dieser Entwicklung herlaufen und ihre Folgen auffangen können. Die gesetzliche Grundlage dafür, daß dies geschehen kann, ist das Grundrecht der Wissenschaftsfreiheit: »Kunst und Wissenschaft, Forschung und Lehre sind frei« (Art. 5 Abs. 3 Satz 1 GG).

Ich schildere in diesem Kapitel zunächst, inwiefern die heutige Wissenschaft von ihrer grundrechtlichen Freiheit weitgehend nicht den rechten Gebrauch macht (Abschnitt 10.1). Sie ist weder hinreichend unparteiisch noch selbstkritisch genug und in vieler Hinsicht nicht einmal wissenswert. Dabei ist die Parteilichkeit auch ohne böse Absicht leicht erklärbar (Abschnitt 10.2) und eine stärkere Selbstkritik setzt nur voraus, daß die Fachvertreter sich weniger als jetzt gegen kritische Ansätze abschirmen (Abschnitt 10.3). Zur problemorientierten Wiederverbindung der Einzelwissenschaften kann die Philosophie einen wichtigen Beitrag leisten (Abschnitt 10.4), vor allem wenn interdisziplinäre Kristallisationspunkte geschaffen werden (Abschnitt 10.5) und es zu einer gründlichen Neubesinnung kommt, was wissenschaftlich wissenswert ist (Abschnitt 10.6).

10.1 Ist die Wissenschaft ihre Freiheit noch wert?

Von den Wissenschaftlern wird die Freiheit der Wissenschaft normalerweise so verstanden, daß sie unabhängig von äußeren, insbesondere von staatlichen Einreden erforschen dürfen, was sie für wissenswert halten und wozu ihnen im Rahmen unserer politischen bzw. bürokratischen und wirtschaftlichen Ordnung die Mittel gegeben werden. Das Bewußtsein, daß Freiheiten nur eingedenk der Verantwortung für die Folgen des Handelns wahrgenommen werden dürfen, ist mit diesem Verständnis der Wissenschaftsfreiheit in der Regel nicht verbunden.

Tun zu dürfen, was einem gerade so paßt, ist zwar nach einigen tausend Jahren Kulturgeschichte keine so recht vorzeigbare Vorstellung von Freiheit, aber es wäre unwahrhaftig, den meisten heutigen Wissenschaftlern ein differenzierteres Verständnis des ihnen gewährten Grundrechts der Wissenschaftsfreiheit zuzuschreiben als eben dieses: im Rahmen einer gewissen Selbstkontrolle (Gutachterwesen) und ansonsten des gegebenen Interessengefüges erforschen zu dürfen, was wissenschaftlich interessant zu sein verspricht, und dafür auch noch honoriert zu werden.

Daß die Wissenschaftsfreiheit von viel zu vielen Wissenschaftlern in erster Linie als ein Privileg und nicht als eine Verantwortung verstanden wird, ist z. B. daran erkennbar, wie oft von dieser Freiheit nur zur Abschirmung von Forschungszielen gegen bürokratische oder sonstige Einreden die Rede ist und nicht zur Legitimation dieser Ziele. Ein typisches Beispiel ist, daß die im Abschnitt 8.4 erörterte Leidensbegrenzung bei Tierversuchen in der Europäischen Tierschutzkonvention von deutscher Seite unter Berufung auf das Grundrecht der Wissenschaftsfreiheit hintertrieben worden ist. Ich entnehme dies der Jahresansprache 1983 des Präsidenten der britischen Royal Society:

»Die Vertreter der Bundesrepublik Deutschland machten geltend, daß ihr Land / die (Europäische Tierschutz-) Konvention nicht ratifizieren können würde, wenn Tierexperimente, die mit schweren und fortdauernden Leiden verbunden sind, darin gänzlich verboten würden. Dies würde nämlich gegen einen Artikel in ihrer (deutschen) Verfassung verstoßen, welcher die Freiheit der Wissenschaft garantiert« (A. Huxley 1983, III f).

An die Wissenschaftsfreiheit also wird appelliert, um zu rechtfertigen, daß Wissenschaftler Tieren schwere Leiden zufügen. Unter Berufung auf dasselbe Grundrecht haben Wissenschaftler sich konsequenterweise auch dagegen gewehrt, die Folgen ihrer Tätigkeit mitbedenken zu sollen. Das Bundesverfassungsgericht hat diese Klage 1978 zurückgewiesen.

Nach der Rechtsprechung des Bundesverfassungsgerichts wird die Freiheit der Wissenschaft um der Wahrheit willen garantiert:. »Damit sich Forschung und Lehre ungehindert an dem Bemühen um Wahrheit ... ausrichten können, ist die Wissenschaft zu einem von staatlicher Fremdbestimmung freien Bereich persönlicher und autonomer Verantwortung des einzelnen Wissenschaftlers erklärt worden« (1973, 113; vgl. 1978, 367). Dabei wird die gesuchte Wahrheit, wie es einige Jahre später in einem anderen Urteil hieß, jedoch von vornherein pragmatisch so verstanden, »daß gerade eine von gesellschaftlichen Nützlichkeits- und politischen Zweckmäßigkeitsvorstellungen befreite Wissenschaft dem Staat und der Gesellschaft im Ergebnis am besten dient« (1978, 370).

Der Allgemeinheit dienen also soll die Wissenschaft. Dieses Ziel ist ihr gesetzt und *dazu* ist sie frei.

»Die Distanz, die der Wissenschaft um ihrer Freiheit willen zu Gesellschaft und Staat zugebilligt werden muß, enthebt sie auch nicht von vornherein jeglicher Auseinandersetzung mit gesellschaftlichen Problemen. Dieser Freiraum ist nach der Wertung des Grundgesetzes nicht für eine von Staat und Gesellschaft isolierte, sondern für eine letztlich dem Wohle des Einzelnen und der Gemeinschaft dienende Wissenschaft verfassungsrechtlich garantiert« (aaO 1978, 370).

Das Grundrecht der Wissenschaftsfreiheit wird dementsprechend nur dann verantwortlich wahrgenommen, wenn der Wissenschaftler die Tragweite seiner Arbeit für die Allgemeinheit mitbedenkt und verantworten zu können glaubt. In diesem Sinn verpflichtet z.B. das Hessische Universitätsgesetz von 1974 die Wissenschaftler sogar ausdrücklich, »die gesellschaftlichen Folgen wissenschaftlicher Erkenntnis mitzubedenken« (§ 6 HUG).

Das Bundesverfassungsgericht hat 1978 – durch das schon zitierte Urteil – eine Klage gegen diese Verpflichtung abgewiesen, obwohl sie anerkanntermaßen in den grundrechtlich geschützten Freiraum eingreift, der von jeder »Ingerenz« (Einmischung) öffentlicher Gewalt grundsätzlich freizuhalten ist. Denn »Ziel und Zweck dieser Verpflichtung ist es, die Wissenschaftler an ihre Verantwortung gegenüber der Allgemeinheit zu erinnern und die Allgemeinheit vor gefährlichen Auswirkungen der Wissenschaft zu schützen« (aaO 378). Das Gericht hat daran nichts finden können, »was man angesichts der schweren Gefahren, welche die Entwicklung der modernen Wissenschaften in sich birgt, von ihnen vernünftigerweise nicht ohnehin erwarten darf« (aaO 384).

Das Grundrecht der Wissenschaftsfreiheit wird danach mißbraucht, wo die Tragweite einer wissenschaftlichen Arbeit für die Allgemeinheit nicht mitbedacht wird. Dies bedeutet, daß die heutige Wissenschaft zu einer grundlegenden Selbstkritik aufgerufen ist, wieweit die derzeitige Praxis der wissenschaftlichen Arbeit von dem Grundrecht des Art. 5 Abs. 3 GG den rechten Gebrauch macht und insoweit verfassungsgemäß ist. Tatsächlich ist »die Allgemeinheit vor gefährlichen Auswirkungen der Wissenschaft« ja keineswegs geschützt, sondern sie ist ihnen beständig ausgesetzt.

Soweit das Grundrecht mißbraucht wird, geschieht dies in der Regel ohne Unrechtsbewußtsein. Es gibt jedoch auch Fälle, in denen die Wissenschaft das Bedenken ihrer gesellschaftlichen Tragweite ausdrücklich verweigert, so z. B. durch die Schließung des Arbeitsbereichs »Lebensbedingungen der wissenschaftlich-technischen Welt« in der Max-Planck-Gesellschaft im Jahr 1980.

Die Wissenschaftsfreiheit ist zu einem Inbegriff der bürgerlichen Freiheit geworden, weil das Bürgertum sich jenseits der politischen Auseinandersetzungen gerade auch mit ihrer Hilfe von der Bevormundung durch die Kirchen und durch den Adel befreit hat. Wissenschaft und Technik haben früher tatsächlich den Weg zur Freiheit gebahnt. Angesichts der Bedrohung der natürlichen und sozialen Lebensbedingungen durch das heutige Industriesystem müssen wir nun jedoch von der Vorstellung Abschied nehmen, wissenschaftlich-technische Fortschritte seien jederzeit gleichermaßen Fortschritte in der Freiheit. Nicht von ungefähr verbindet sich heute auch im Bewußtsein der Öffentlichkeit die Technik eher mit Macht als mit Freiheit (IfD Allensbach nach Klipstein/Strümpel 1984, 75).

Ich sehe danach zwei Möglichkeiten für die weitere Entwicklung. Die eine ist ein staatlich-bürokratisches Reglement und das Ende der Wissenschaftsfreiheit, dann aber wohl auch der Wissenschaft, wie ich sie mir wünsche. Die andere Möglichkeit – und der meines Erachtens einzige Weg zur Rettung des Grundrechts – ist, anzuerkennen, daß eine Freiheit ohne Verantwortung auch hier nicht den Namen Freiheit verdient. Welche Wissenschaft aber ist ihre Freiheit noch wert?

Wissen*schaft* ist die gesellschaftliche Verfassung eines Wissens. Ich kann die Inhalte einer künftigen Wissenschaft nicht vorwegnehmen, wohl aber einige Charaktere der gesellschaftlichen Verfassung näher bezeichnen, in der die Wissenschaft meines Erachtens auch in Zukunft das Grundrecht der Wissenschaftsfreiheit verdienen würde. Diese Charaktere sind, daß sie *unparteilich, selbstkritisch* und im Allgemeininteresse – oder jedenfalls nicht gegen dieses – *wissenswert* sein soll.

10.2 Warum Sachverständige einander widersprechen – Parteiische Wissenschaft

Die Wissenschaft ist parteiisch geworden und wird so auch in der Öffentlichkeit wahrgenommen. In der politischen Auseinandersetzung über die Bewertung technischer Entwicklungen haben die Widersprüche zwischen verschiedenen Sachverständigen sogar dazu geführt, daß in vielen Fällen von vornherein sozusagen ein Pro-Wissenschaftler und ein Contra-Wissenschaftler bestellt werden, damit das Publikum sich an einem Schaukampf wechselseitiger Voreingenommenheiten delektieren kann. In demselben Sinn kommt es auch zur Bestellung so oder so voreingenommener Gutachten. Helmut Schmidt hat einmal mit Recht darauf hingewiesen, wie sehr die Bestellbarkeit von Meinungen sowohl die Wissenschaftler, welche sich darauf einlassen, als auch die Besteller diskreditiert.

Das Ansehen der Wissenschaft ist in der Öffentlichkeit teilweise schon so weit heruntergekommen, daß es gar nicht mehr verstanden wird, wenn man sich als Wissenschaftler – wie ich es tue – über die eingetretene Prostitution der Meinungen erregt. Vor allem Politiker, deren Lebensraum ja in besonderem Maß durch Gegensätze geprägt ist, nehmen bereitwillig hin, daß die ihnen bekannten Interessengegensätze und Voreingenommenheiten eben auch die Wissenschaft bestimmen.

Und doch ist eine wissenschaftliche Aussage, wenn sie wahr ist, dadurch charakterisiert, daß die entgegengesetzte Aussage falsch ist. Eine Aussage, die sich von ihrer entgegengesetzten nicht nach Wahrheit und Falschheit unterscheidet, ist keine wissenschaftliche Aussage. Der Grund dafür ist wissenschaftstheoretisch, daß in den Wissenschaften die klassische Logik gilt und daß nach dieser Logik aus einem Widerspruch – wenn zwei einander widersprechende Aussagen gleichermaßen wahr wären – jede beliebige Aussage gefolgert werden kann (ex falso quodlibet). Wäre die Wissenschaft nicht widerspruchsfrei, so würde daraus also die Beliebigkeit jeder wissenschaftlichen Aussage folgen. Eine Anhäufung beliebiger Behauptungen aber kann keine Wissenschaft sein.

Wie sind dann die vielen Widersprüche zwischen wissenschaftlichen Sachverständigen zu erklären? Die Antwort lautet, daß diese Widersprüche nicht *in der Wissenschaft,* sondern nur zwischen den beteiligten Wissenschaft*lern* bestehen. Widersprüche zwischen Wissenschaft*lern* sind auch dann möglich, wenn die Wissenschaft selber widerspruchsfrei ist, dadurch nämlich, daß Wissenschaftler mehr behaupten, als sie wissenschaftlich beweisen oder begründen können.

Wenn zwei Wissenschaftler das, was wissenschaftlich beweisbar oder begründbar ist und worauf sie sich somit – soweit sie ihr Fach verstehen – einigen können, um einander entgegengesetzte Vorurteile über das, was beide noch nicht begründen oder beweisen können, ergänzen, entsteht ein Widerspruch. Es genügt auch, daß nur einer von beiden mehr behauptet als er beweisen oder begründen kann und der andere diese Zugabe bestreitet.

Und wie kommt es dazu, daß Wissenschaftler mehr behaupten, als sie wissenschaftlich begründen oder beweisen können? Innerhalb der einzelnen Fächer ist dieser Fall – zumindest in den entwickelteren Wissenschaften – selten, sondern hier werden bloße Hypothesen normalerweise auch als solche dargestellt. Die in den öffentlichen Begutachtungsverfahren anstehenden Sachfragen sind aber in der Regel nicht so eingeteilt wie die wissenschaftlichen Fachfragen, und dann erweist es sich als ein Problem, daß Wissenschaftler nur ihr Fach verstehen, jedoch nicht zu unterscheiden gelernt haben, was sie wissen und was sie nicht wissen.

Zwar merkt z. B. ein Physiker noch, wann eine Frage lieber von einem Biologen beantwortet werden sollte, aber ein Natur- oder Ingenieurwissenschaftler erkennt meistens nicht, welche Fragen nur aus der Kompetenz eines Sozialwissenschaftlers beantwortet werden könnten. Die Unkenntnis der Grenzen des eigenen Wissens und die Überschätzung der eigenen Kompetenz werden hier noch obendrein dadurch stabilisiert, daß besonders Ingenieure zynischerweise dazu neigen, alles, was nicht Naturwissenschaft oder Technik ist, von vornherein für beliebig – oder für Politik – zu halten, ausgenommen die Rechtswissenschaft. Sich so zu verhalten, als wüßte man etwas, was man aber nicht weiß, gehört im politischen Bereich von jeher zu den größten Übeln (Platon, Nomoi 863c).

Selbstverständlich will ich nicht in Abrede stellen, daß es auch wissenschaftlich strittige Fragen gibt. Zumindest innerhalb der Wissenschaft aber kann man sich unter vernünftigen Leuten immer darauf einigen, daß der Streit sich nur auf das bezieht, was die Beteiligten nicht *wissen,* sondern was sie vermuten, hoffen oder für plausibel halten. Dies gilt auch für die Sozialwissenschaften, soweit sie es als Wissenschaften bisher gebracht haben.

Darüber hinaus gibt es sowohl in den Naturwissenschaften als auch in den Sozialwissenschaften fundamentale Auseinandersetzungen über das richtige Erkenntnisideal (Paradigma), die in der Art der Fragestellung vorweggenommene Form des Ergebnisses oder dessen, was für wissenswert gehalten wird. Aber auch ein derartiger Streit ist als solcher identifizierbar, so daß Aussagen unter entgegengesetzten Erkenntnisidealen einander nicht widersprechen, sondern auf diese relativierbar sind.

Welches Erkenntnisideal das richtige ist, bleibt in der Wissenschaftsentwicklung manchmal ziemlich lange offen. Eine prominente Auseinandersetzung war z. B. die zwischen Mechanismus, Vitalismus und Holismus in
der Biologie. Die Mechanisten wollten das Verhalten der Lebewesen auf
Gesetze der klassischen Physik, ursprünglich sogar nur auf Mechanik (daher der Name) zurückführen und haben dieses Ziel zum Teil auch erreicht. Die Vitalisten nahmen an, daß die Lebensprozesse nur durch eine
eigene Gruppe von Gesetzen zu beschreiben seien. Die Holisten folgten
ihnen darin, erwarteten aber im übrigen, daß die physikalischen Gesetze
sich als Spezialfälle der ganzheitlichen biologischen Gesetze erweisen
würden. Solange eine derartige Auseinandersetzung andauert, werden
die in dieser oder jener Richtung arbeitenden Biologen von den jeweils
anderen finden, sie seien auf dem falschen Weg, einander dies aber nicht
beweisen können.

10.3 Selbstkritik: Wissenschaft in der Verantwortung vor der Allgemeinheit

Daß Wissenschaftler ihre Kompetenzen überschreiten, weil sie nicht wissen, was sie wissen und was sie nicht wissen, und dann durch Widersprüche zwischen scheinbar wissenschaftlichen Aussagen die Wissenschaft in
Verruf bringen, wird durch die politische Einbindung von Gutachtern
bisher noch gefördert. Wer einen Gutachter um einer bestimmten Parteilichkeit willen wünscht, bestärkt ihn ja gerade in einer wissenschaftlich
schärfstens zu mißbilligenden Untugend. Was ist zu tun, um die Wissenschaft von dieser Art Prostitution wieder zu reinigen?
Die erste Enquête-Kommission »Energiepolitik« des Deutschen Bundestags hat hierzu einen Versuch unternommen, der faktisch gescheitert ist,
der vom Grundgedanken her aber dennoch ein Vorbild sein kann. Die
Kommission hatte zur Urteilsbildung über die Brutreaktortechnik der
Kernenergienutzung eine risikoorientierte Studie über das Demonstra-
tionskraftwerk, das in Kalkar gebaut wird, gewünscht. Diese Studie sollte
nicht nur inhaltlich offene Fragen klären, sondern dies auch in einer neuen
Verfahrensform tun, indem nämlich die zu beteiligenden Wissenschaftler
politisch keine einheitlich positive oder negative Bewertung der Brütertechnik teilen sollten.
Zwischen dem von der Kommission vorgeschlagenen Verfahren und der

üblichen Bestellung zweier entgegengesetzt parteilicher Gutachten besteht ein fundamentaler Unterschied. Wenn nämlich Wissenschaftler mit entgegengesetzten Ausgangserwartungen und Bewertungen zusammenarbeiten, so müßte dies – solange beide Seiten noch ein wissenschaftliches Gewissen verbindet – dazu führen, daß alle Vorurteile und Kompetenzüberschreitungen von den jeweiligen Gegnern scharfsichtig erkannt werden und die Beteiligten sich letztlich auf das einigen, was wirklich wissenschaftlich begründbar ist.

Durch das wechselseitige Abreiben von Vorurteilen im diskursiven Prozeß wird im Idealfall getrennt,
– was wissenschaftlich richtig ist und dementsprechend keiner politischen Erörterung bedarf, und
– was nicht wissenschaftlich richtig oder falsch ist, sondern einer politischen Bewertung bedarf, in der dann freilich die Wissenschaftler keine ausgezeichnete Rolle mehr spielen dürfen.

Ich halte es für die eigentliche Aufgabe der wissenschaftlichen Politikberatung, eben diese Unterscheidung zu vollziehen.

Soweit wissenschaftliche Untersuchungen den politischen Entscheidungsprozeß verbessern können, sollte dies in Zukunft meines Erachtens nach dem beschriebenen Modell geschehen, um die wissenschaftlichen von den politischen Widersprüchen zu unterscheiden. Dabei wird sich wahrscheinlich zeigen, daß wir wissenschaftlich – z. B. hinsichtlich der Absehbarkeit von Folgen – erheblich weniger wissen, als manchmal angenommen wird. Besser zu wissen, was alles wir nicht wissen, wenn wir uns auf diese oder jene Entwicklung einlassen, kann für eine Entscheidung jedoch viel wichtiger sein als manches positive Wissen.

Die Gegensätze zwischen Wissenschaftlern erst nach Abschluß ihrer Arbeit auszutragen, hat – abgesehen von der Schädigung des Ansehens der Wissenschaft – für die Politikberatung den Nachteil, daß diese Gegensätze in ihrem politischen Teil zu ernst und in ihrem wissenschaftlichen Teil nicht ernst genug genommen werden. Bloß politische Gegensätze zwischen Wissenschaftlern sind ja für die politischen Entscheidungsträger vergleichsweise uninteressant, wohingegen durch das Offenbleiben derjenigen Gegensätze, die in einem längeren Prozeß wissenschaftlich entscheidbar wären, wichtige Informationen im politischen Prozeß unberücksichtigt bleiben.

Von der Enquête-Kommission erwünscht war *eine* risikoorientierte Studie zur Brutreaktortechnik, in der das Unstrittige von allen Beteiligten gemeinsam festgehalten und das Strittige einer politischen Bewertung zugeführt werden sollte. Eine solche Studie ist leider nicht zustandegekommen. Der zweiten Enquête-Kommission wurden statt dessen wieder nur *zwei* Gutachten vorgelegt, ein positives von den kerntechnischen Fachvertretern und ein negatives von einer kritischen Physikergruppe außerhalb der kerntechnischen Zunft (Gesellschaft für Reaktorsicherheit 1982; Forschungsgruppe Schneller Brüter 1982).

In der Zusammenarbeit mit der brüterkritischen Gruppe lag für die Fachvertreter die Chance, ihre politische Glaubwürdigkeit zurückzugewinnen, wenn es ihnen nämlich gelungen wäre, mit den kritischen Physikern zu einer gemeinsamen Stellungnahme zu kommen. Leider hat die kerntechnische Zunft im wesentlichen nur beleidigt auf die Einmischung reagiert und somit ihre Chance verpaßt. Die kritischen Physiker haben sich demgegenüber rückhaltlos und mit großem Eifer auf die Argumente der Techniker eingelassen.

Einer Minderheit in der zweiten Enquête-Kommission ist es in ihrem Votum (1982) durch eigene Arbeit immerhin gelungen, sich aus den beiden wechselseitig strittigen Gutachten eine Meinung zu bilden, wie weit in diesem Fall das wissenschaftliche Wissen reichte und was einer politischen Bewertung zuzuführen war. Dabei hat sich bestätigt, daß die beiden Gutachten in denjenigen Aussagen, die wissenschaftlich begründet waren, einander in der Tat nicht widersprachen.

Demgegenüber hat sich die Mehrheit der Kommission einfach das ihr passende Gutachten zu eigen gemacht. Da in diesem Zusammenhang keine kritische Auseinandersetzung stattgefunden hat, ist der Verdacht nicht von der Hand zu weisen, daß es nicht um seiner wissenschaftlichen Qualität (die es unbestrittenermaßen hat), sondern um der damit vermengten unwissenschaftlichen Vorurteile willen akzeptiert worden ist, weil diese Vorurteile nämlich denen der Kommissionsmehrheit entsprachen. Von politisch interessierter Seite wird die Parteilichkeit viel zu oft gefördert. Die Wissenschaft kann dadurch nur zugrunde gerichtet werden.

Einsichtigen Politikern ist freilich klar, daß sie auf die Wissenschaft angewiesen sind und daß eine parteiliche Wissenschaft ihnen nichts nützt. So erklärte der Hamburger Energiesenator Jörg Kuhbier 1983 auf der Jahrestagung der Vereinigung Deutscher Wissenschaftler auf die Frage, welche Erwartungen er an die Wissenschaft habe, sinngemäß: 1. Unabhängigkeit – nicht jede Wirtschaftsposition darf Wissenschaftler finden, welche sie legitimieren. 2. Effektivität – Wissenschaftler sollen nicht fachorientiert, sondern sachorientiert arbeiten und ihre Tätigkeit nicht als Selbstzweck ansehen. 3. Einmütigkeit dort und nur dort, wo sie wissenschaftlich begründbar ist.

An der Qualität der wissenschaftlichen Politikberatung zeigt sich, wieweit die Wissenschaftler »angesichts der schweren Gefahren, welche die Entwicklung der modernen Wissenschaften in sich birgt« (Bundesverfassungsgericht 1978, 384), ihrer Verantwortung gegenüber der Allgemeinheit gerecht werden. Die geschilderten Probleme, politische Entscheidungen durch wissenschaftlich-technische Sachkenntnisse zu verbessern, fallen deshalb auf die gesamte Wissenschaft einschließlich der sogenannten Grundlagenforschung zurück.

Dabei überlagert sich dem allgemeinen Problem der Parteilichkeit, wie sie an den Widersprüchen zwischen Sachverständigen sichtbar wird, noch ein besonderes Problem der Einseitigkeit in der herrschenden Wissenschaft. Den in der öffentlichen Diskussion, mit welchen Techniken wir in Zukunft besser leben als ohne sie, vertretenen Positionen sollte auch in der Wissenschaft soweit Raum gegeben werden, daß es zu einer einigermaßen ausgewogenen Diskussion kommt.

Davon kann leider keine Rede sein, wenn z. B. – wie heute – mehr als die Hälfte der Bevölkerung kritische Fragen hinsichtlich der Kernenergie hat, der entsprechende Einsatz wissenschaftlicher Kapazitäten sich aber etwa wie 1 : 1000 verhält und sich dabei – in Deutschland – die Fachvertreter oft nur gegen kritische Diplomanden verteidigen.

Worauf es letztlich ankommt, ist, daß mit der Wissenschaft etwas nicht stimmt, wenn öffentliche Kontroversen über den Fortgang der wissenschaftlich-technischen Entwicklung nicht auch in dieser Entwicklung selbst mit ausgetragen werden. Eine kritische Wissenschaftsberichterstattung kann dazu beitragen, daß es hier zu einer Öffnung kommt. Leider begnügt sich die Öffentlichkeit hier bisher im wesentlichen mit einer Art Hofberichterstattung, welche ein staunendes Publikum am wissenschaftlichen Fortschritt in einer geeignet verdünnten Form teilhaben lassen möchte. Es gibt freilich ermutigende Gegenbeispiele.

Bis zur Überwindung der Einseitigkeit in der Wissenschaft ist es wohl noch ein weiter Weg. Wer in einem etablierten Forschungsinstitut ›alternative‹ Wissenschaft treiben möchte, findet einstweilen erheblich schwerer eine Stellung, als wer sich der herrschenden Lehre und Vorurteilsstruktur fügt. Dementsprechend fühlen sich heute auch viele Bürger von der herrschenden Wissenschaft alleingelassen:

»Jahre, Jahrzehnte der wissenschaftlich-technischen Vorbereitung mit einer Vielzahl von höchstqualifizierten Fachleuten und einem erheblichen finanziellen Budget, verstärkt durch die Rückendeckung der wirtschaftlichen Interessen des Antragstellers durch zahlreiche andere Wirtschaftszweige und Unternehmen sowie eine entsprechende Unterstützung dieser Interessen durch die Mehrheit der Politiker – dies ist die Ausgangsposition des Antragstellers.

Die betroffenen Bürger der nahen und weiteren Umgebung haben dem fast ausschließlich Defizite entgegenzusetzen: Mangel an finanziellen Mitteln, Mangel an eigenem und einsetzbarem fremden wissenschaftlich-technischen Sachverstand, Defizite in der Unterstützung durch wirtschaftliche Interessengruppen« (Ueberhorst 1983, 33).

Der etablierten Wissenschaft wird neuerdings in bürgernahen, meistens privat finanzierten Forschungsinstituten zunehmend eine ›kritische Wissenschaft‹ gegenübergestellt (Altner 1983). Auch die in der wissenschaftlichen Politikberatung als Korrektiv für die Kompetenzüberschreitungen der bisher allein anerkannten Fachleute neu hinzuzuziehenden Wissenschaftler werden nach den ihnen vertrauenden Bürgern oft ›kritisch‹ genannt. Dies ist nicht so zu verstehen, daß die anderen Wissenschaftler schlechterdings unkritisch seien. Zumindest ein guter Wissenschaftler kann nicht absolut unkritisch sein.

Dennoch verdient es die herrschende Wissenschaft, daß ihr eine ›kritische Wissenschaft‹ entgegengestellt wird, weil sie nicht genügend *selbst*kritisch und außerdem einseitig geworden ist. Die Beteiligung ›kritischer Wissenschaftler‹, die ihrerseits auch nicht notwendigerweise selbstkritisch sind, soll dazu führen, daß beide Seiten sich gegenseitig zu der erforderlichen Selbstkritik verhelfen. Durch die Herausforderung der ›alternativen Wissenschaft‹ werden diejenigen, die ihre eigenen Voraussetzungen sonst nicht in Frage stellen, nun auf ein Terrain geführt, wo sich das, was sie wissenschaftlich begründen können, von dem scheidet, was sie zwar auch behaupten, jedoch nicht wissenschaftlich begründen können.

Auf längere Sicht wäre uns mit einem Zweiparteiensystem in der Wissenschaft freilich nicht gedient. Die Unzulänglichkeiten in der etablierten Wissenschaft, deretwegen es zu ›alternativen‹ Ansätzen kommt, müssen eben verschwinden, dann bedarf es keiner Sezession kritischer Wissenschaftler mehr. Die geltend gemachte Kritik ist meines Erachtens klar und berechtigt genug, damit entsprechende Konsequenzen gezogen werden. Entscheidend sind insbesondere die Ausbildungsanforderungen für die künftigen Wissenschaftler und Ingenieure.

Als ein Beispiel dafür, wie bereits kleine Schritte (über die die Politik ja selten hinauskommt) große Wirkungen haben können, nenne ich den genialen Vorschlag des Hamburger Chemikers und früheren Wissenschaftssenators Hansjörg Sinn, die Abzüge in den chemischen Labors stillzulegen. Wenn ein Chemiker bereits während seiner Ausbildung oder während der Entwicklung eines Produkts so arbeitet, daß er die Umwelt nicht belastet, werden auch die Ergebnisse seiner Arbeit so ausfallen, daß es jenseits der Produktion und des Konsums keiner Deponien mehr bedarf.

10.4 Die cartesische Spaltung und die interdisziplinäre Aufgabe der Philosophie

Die von Francis Bacon in seiner dreistufigen Hierarchie der politischen Macht nicht bedachte Grundstruktur der menschlichen Naturbefindlichkeit ist, daß unser Verhalten zur Natur immer auch uns selber trifft. Wer demgegenüber unter seinen Mitmenschen zur Macht kommt, herrscht damit über sie und nicht über sich. Dasselbe gilt für ein Land in internationalen Machtverhältnissen. Wenn aber Menschen Herrschaft in der Natur ausüben, erfahren sie sich als ihre eigenen Untertanen, sobald die Wirkungen ihres Herrschaftshandelns sie selbst leiblich erreichen. Dies ist anders als in der herkömmlichen Politik.

Bacons Programm der Bemächtigung über die Natur setzt – wie es bei politischen Programmen auch in anderer Hinsicht vorkommt – voraus, daß das Problem der Selbstbeherrschung außer acht gelassen wird. Denn wer sich bewußt ist, in einem Eroberungszug zugleich Eroberer und Eroberter zu sein, wird die Herrschaft nur so suchen, wie sie auch als Selbstbeherrschung akzeptabel ist. Die in der Industriegesellschaft vollendete Machtergreifung setzte also ein menschliches Selbstverständnis voraus, in dem unsere Naturzugehörigkeit nicht vorkommt. Im industriegesellschaftlichen Naturbild gibt es gar keine Menschen.

Das dazu passende philosophische System der Vergessenheit der menschlichen Naturzugehörigkeit stammt von René Descartes. Ohne das cartesische Natur- und Menschenbild hätte es weder zur modernen Industriegesellschaft noch zu den heutigen Bedrohungen der Lebensgrundlagen kommen können. Descartes hat uns gelehrt, wie Menschen sich selbst verstehen, welche die Welt so wahrnehmen, daß Bacons Träume Wirklichkeit werden konnten und können.

Descartes hatte sich 1628 nach Holland begeben, in das Land, »wo es vielleicht nicht so viel Honig gibt wie in dem Land, das Gott den Israeliten verheißen hatte, aber vermutlich mehr Milch« (Adam-Tannery V. 349/Specht 1966, 7), wo außerdem die Wissenschaften blühten und eine vorbildliche Geistesfreiheit herrschte. Dort zog er sich, wie er in seinen »Meditationen« berichtet, auf sich selbst zurück, um endlich eine sichere Grundlage der Wissenschaft zu finden. Der Sinneswahrnehmung mochte er nicht trauen, weil die Sinne uns oft täuschen. So zweifelte er an der Wirklichkeit der Sinnenwelt einschließlich seiner eigenen Leiblichkeit. Was ihm dann als unbezweifelbar zurückblieb, war sein eigenes zweifelndes Denken.

So entstand das Menschenbild des sozusagen naturfreien denkenden Wesens: »Ich bin also – genau genommen – nur ein denkendes Etwas (res cogitans)« (2. Meditation § 6). Der Rest der Welt erschien diesem körperlosen Ich nur noch als ausgedehnter Stoff (res extensa) oder als Materie, die dann auch zum Material werden konnte. Die geistige Grundlage der Industriegesellschaft, die Natur als Ressource (Kapitel 6) und den Menschen so zu verstehen, »als ob die Angeln der Welt sich in ihm drehten« (Nietzsche KSA I. 875), war damit geschaffen.

Das cartesische Natur- und Menschenbild war nun aber nicht nur handlungsleitend für die industriewirtschaftliche Eroberung der natürlichen Mitwelt, sondern auch erkenntnisleitend für ihre wissenschaftliche Wahrnehmung. Eingedenk der Uexküllschen Einheit von Merkwelt und Wirkwelt (Abschnitt 11.1) ist dies nicht sehr überraschend. Die Wissenschaften haben sich also ebenfalls so konstituiert, daß die einen es nur mit dem menschlichen Geist und die anderen es nur mit der Natur zu tun hatten. Die ersteren heißen Geistes- und Sozialwissenschaften und gelten als geschichtliche, die letzteren Natur- und Ingenieurwissenschaften und verstehen sich als ungeschichtliche Wissenschaften.

Die modernen Geistes- und Sozialwissenschaften sind erst in der zweiten Hälfte des 18. Jahrhunderts entstanden, ein bis zwei Jahrhunderte nach den Naturwissenschaften. Der Philosoph Wilhelm Dilthey beschrieb die Arbeitsteilung zwischen den beiden Wissenschaftsgruppen zu Anfang unseres Jahrhunderts so, daß in den Naturwissenschaften

»der Mensch sich selbst ausschaltet, um aus seinen Eindrücken diesen großen Gegenstand Natur als eine Ordnung nach Gesetzen zu konstruieren. Sie wird dann dem Menschen zum Zentrum der Wirklichkeit.

Aber derselbe Mensch wendet sich dann von ihr rückwärts zum Leben, zu sich selbst. Dieser Rückgang des Menschen in das Erlebnis, durch welches für ihn erst die Natur da ist, in das Leben, in dem allein Bedeutung, Wert und Zweck auftritt, ist die andere große Tendenz, welche die wissenschaftliche Arbeit bestimmt. Ein zweites Zentrum entsteht« (VII. 83).

Dieses zweite Zentrum ist das der Geisteswissenschaften. Darum kreisen, wie Ortega sagte, die Caballeros del Espíritu, die »Ritter des Geistes« (Abschnitt 4.3). Dem Naturwissenschaftler erschienen diese Geisteswissenschaftler (wie in Ostwalds Gegenüberstellung von Naturwissenschaften und Papierwissenschaften) als diejenigen, die »Notizen . . . sammeln von dem, was Andere schon über denselben Gegenstand gefunden haben« (Helmholtz 1869, 184). Wieweit es sich empfiehlt, das Leben gerade in der Abwendung von der Natur zu suchen, ist heute auch sonst problematisch geworden.

Die Trennung von Natur- und Geisteswissenschaften entspricht einer unnatürlichen Erfahrung des Menschen und einer unmenschlichen Erfahrung der Natur. Natur und Gesellschaft stehen einander unvermittelt gegenüber. Die Naturwissenschaften verstehen zwar mehr von der Natur, als die Menschheit je von der Natur gewußt hat, aber sie sind blind für die Triebkräfte der Gesellschaft. Die Geistes- und Sozialwissenschaften wiederum verstehen zwar etwas von diesen Triebkräften, aber sie sind blind für die Natur.

Demgegenüber ergibt sich die heutige Bedrohung der Lebensgrundlagen daraus, daß die gesellschaftlichen Triebkräfte zur Zerstörung in der Natur führen. Umgekehrt wird die gesellschaftliche Ordnung und Entwicklung dadurch gefährdet, daß die gesellschaftliche Wirklichkeit der Natur sozialwissenschaftlich nur unzureichend wahrgenommen wird. Die Probleme sowohl der Umweltverträglichkeit als auch der Sozialverträglichkeit ergeben sich also aus dem *Zusammenhang* von Natur und Gesellschaft. Dieser aber fällt in den blinden Fleck des heutigen Wissenschaftssystems. Diltheys ›zwei Zentren‹ sind deshalb ein Zentrum zuviel.

Der Handlungskreis des wissenschaftlich-technisch-industriellen Bezugs unserer Gesellschaft auf die Sinnenwelt ist mit dem Handlungskreis ihres zwischenmenschlich-politischen Bezugs auf sich selber, wie die Umweltkrise zeigt, eng verflochten. Das humanökologische Ziel, uns in der Natur als ein Teil im Ganzen so einzurichten, daß wir uns dem Ganzen gemäß verhalten, ist also nicht unabhängig von dem politischen Ziel, miteinander im inneren und äußeren Frieden zu leben. Ist es denkbar, die Wissenschaften im Interesse einer adäquaten Wahrnehmung der Umweltprobleme dafür zu sensibilisieren, daß die menschlichen Gesellschaften auch zur Natur gehören?

Eine Chance der Sensibilisierung sehe ich darin, daß ein und dieselbe Veränderung der Sinnenwelt im System der Wissenschaften wie durch ein Prisma gebrochen und spektral so zerlegt wird, daß sie grundsätzlich von allen Natur- und Geisteswissenschaften gleichermaßen wahrgenommen werden *kann*. Ein und dieselbe Klimaänderung z.B. ist

– klimatologisch eine Änderung in den Häufigkeitsverteilungen der für die atmosphärische Zirkulation maßgeblichen Variablen (Druck, Temperatur, Feuchte etc.);
– ökologisch eine Änderung der Lebensbedingungen von Pflanzen und Tieren, vor allem ein Eingriff in Kreisläufe und Gleichgewichte;
– ökonomisch eine Änderung der landwirtschaftlichen Produktivität, der relativen Standortbewertungen und ein Impuls für bestimmte Zweige der Bauwirtschaft, Touristik etc.;

- politikwissenschaftlich eine Gewichtsverschiebung in den bestehenden Spannungsfeldern, national und international.

Die Pointe dieser Spektralzerlegung ist, daß ein Faktum, welches naturwissenschaftlich beschreibbar ist, auch als ein politisches Faktum wahrgenommen werden kann, wenn es die politische Situation verändert und sich somit in der Sprache der Politik beschreiben läßt.

Nicht jedes naturwissenschaftliche Faktum braucht zugleich als ein politisches Faktum manifest zu sein. Daß wir von wissenschaftlich-technischen Entwicklungen politisch so häufig überrascht werden, deutet jedoch darauf hin, daß die sozialwissenschaftliche Sensibilität gegenüber Entwicklungen, die in der cartesischen Wahrnehmung nur naturwissenschaftlich beschrieben werden, zu wünschen übrig läßt. Es gibt aber, soviel ich sehe, keinen systematischen Grund dafür, daß diese Sensibilität nicht durch ein verändertes Selbstverständnis gesteigert werden könnte.

Umgekehrt braucht nicht jedes politische Faktum zugleich als ein naturwissenschaftliches Faktum manifest zu sein. Jedoch gibt es politische Fakten, die zugleich in der natürlichen Mitwelt bemerkbar sind. Z. B. kann der Austrag von Verteilungskonflikten durch wirtschaftliches Wachstum naturwissenschaftlich unter den heutigen Bedingungen als Umweltveränderung und Eingriff in die Biosphäre beschrieben werden.

Der blinde Fleck des heutigen Wissenschaftssystems liegt also nicht in den einzelnen Natur- und Sozialwissenschaften, sondern in der Art ihrer Gesamtorganisation und Verbindung. Wenn dies aber so ist, fehlt es sozusagen nur an der richtigen ›Farbenlehre‹, um aus der Spektralzerlegung durch die vielen Wissenschaften eine zusammenhängende Wahrnehmung zu bilden. Das System der Wissenschaften müßte so verändert werden, daß eine solche ›Farbenlehre‹ ihm in Zukunft diejenige Einheit gibt, in der Natur und Gesellschaft gemeinsam wahrgenommen werden.

Die vielen Einzelwissenschaften, die heute in einen neuen, nichtcartesischen Zusammenhang gestellt werden sollten, sind historisch fast durchweg aus der Philosophie hervorgegangen. Die ursprünglichen Fakultäten waren ja die theologische, die juristische, die medizinische und die philosophische, wobei der letzteren alles zugewiesen wurde, was nicht Theologie, Jura oder Medizin war. Insbesondere gehörten an unseren Universitäten sowohl die Naturwissenschaften als auch die Geistes- und Sozialwissenschaften noch bis zur Mitte dieses Jahrhunderts in der Regel gemeinsam zur Philosophischen Fakultät.

Die beiden Wissenschaftsgruppen haben also in der Philosophie, welche dieser Fakultät den Namen gegeben hat, eine geistesgeschichtliche Einheit, so daß die Philosophie sich heute auch in besonderem Maß dazu aufgerufen fühlen sollte, ihren Beitrag zur Vergegenwärtigung dieser Einheit in der Umweltkrise zu leisten. Hartkopf und Bohne bemängeln deshalb meines Erachtens zu Recht, daß »die herkömmliche Philosophie bislang die Umweltpolitik ... weitgehend im Stich gelassen« (1983, I. 64) hat.

Die Geistes- und Sozialwissenschaften sind hinsichtlich der heutigen Gefährdung der Lebensbedingungen in einer gänzlich anderen Situation als die Naturwissenschaften. Ihnen ist nicht vorzuwerfen, daß sie dieselben Probleme hätten wie diese. Vorzuwerfen ist ihnen allerdings, daß die gesellschaftliche Tragweite der Natur- und Ingenieurwissenschaften, die Lebensbedingungen zu gefährden, ihrerseits bisher viel zu wenig zum Problem für die Sozialwissenschaften geworden ist, d. h., daß sie kein zureichendes Verständnis der gesellschaftlichen Wirklichkeit der Natur entwickelt haben und daß eine technologieorientierte Sozialforschung allenfalls in Ansätzen existiert.

Es geht darum, die Ergebnisse der vielen Natur- und Sozialwissenschaften in einen neuen und sogar interfakultativen, die alten Fakultäten übergreifenden Zusammenhang zu stellen. Die Naturwissenschaftler und Ingenieure sollten sich genauso wie die Geistes- und Sozialwissenschaftler eingeladen und aufgerufen fühlen, jeweils das ihre dazu beizutragen, daß dieser Zusammenhang entsteht. Außer der fachwissenschaftlichen Ergebnisse bedarf es dabei auch der Bereitschaft zur selbstkritischen Unterscheidung dessen, was man weiß, von dem, was man nicht weiß, also zum wechselseitigen Abreiben von Vorurteilen im Sinn des oben entwickelten Modells zur wissenschaftlichen Politikberatung. Eine solche Erneuerung der Wissenschaft hat freilich institutionelle Voraussetzungen.

10.5 Eine Institution zur Erforschung der Lebensbedingungen der wissenschaftlich-technischen Welt

Ist die Wissenschaft die ihr gewährte Freiheit wert, um dem Staat und der Gesellschaft zu nützen, so ist es kein verantwortlicher Gebrauch dieser Freiheit, die politische Tragweite der wissenschaftlichen Erkenntnis nicht mitzubedenken oder sogar institutionell auszublenden. Tatsächlich aber ist das Wissen unserer Zeit insgesamt nicht so verfaßt, wie es die Probleme erfordern, deren Bearbeitung die Wissenschaft öffentlich – wieder – legitimieren würde.

Die Gliederung der *Universitäten* in Fachbereiche war meines Erachtens ein großer Fehler, denn sie dient weder der Lehre noch der Forschung. Fachbereiche sind in der Regel keine Sachbereiche. Im Interesse der neuen ›Farbenlehre‹, der interfakultativen und problemorientierten Verbindung fachwissenschaftlicher Ergebnisse, wäre eine netzartige Organisation einerseits nach Studiengängen, andererseits nach Forschungsbereichen die bessere Lösung. Heute verfestigen sich die Fachbereichsgrenzen in der Forschung zu Scheuklappen, deretwegen die Universitäten mit tausend Augen oft nur noch tausend Tausendstel des Ganzen sehen und die Zusammenhänge verfehlen.

Die *Max-Planck-Gesellschaft* hat dreieinhalb Jahrhunderte nach der Begründung der modernen Naturwissenschaft erkannt, daß man nicht immer nur wissenschaftliche Ergebnisse in die Welt setzen, sondern sich auch für ihre gesellschaftliche Einbettung interessieren sollte. Sie hat daraufhin das »Max-Planck-Institut zur Erforschung der Lebensbedingungen der wissenschaftlich-technischen Welt« unter der Leitung von Carl Friedrich von Weizsäcker in Starnberg gegründet. Die Schließung dieses Arbeitsbereichs im Jahr 1980 hat leider gezeigt, daß die Max-Planck-Gesellschaft dadurch wohl überfordert gewesen ist, und war in der jetzigen Situation nach meinem Urteil außerdem ein Mißbrauch der Wissenschaftsfreiheit.

Die *Deutsche Forschungsgemeinschaft* versucht nun auch schon seit Jahren, sich Beiträge zur Technologie-Folgenabschätzung und zur technologieorientierten Sozialforschung abzuringen, dazu gedrängt vor allem von politischer Seite. Das Ergebnis ist, meinem Eindruck nach, daß interdisziplinäre Forschung in diesem Rahmen im wesentlichen unmöglich, interdisziplinäre und politiknahe Forschung hingegen geradezu ein Wunder wäre. Insbesondere versagt das Gutachtersystem der bisherigen Wissenschaftsförderung in der politiknahen Forschung.

Eine institutionelle Voraussetzung dafür, im Sinn des Bundesverfassungsgerichts »die Wissenschaftler an ihre Verantwortung gegenüber der Allgemeinheit zu erinnern und die Allgemeinheit vor gefährlichen Auswirkungen der Wissenschaft zu schützen« (1978, 378), ist unter diesen Umständen meines Erachtens die Einrichtung interdisziplinärer und interfakultativer Kristallisationspunkte in der Wissenschaft. Ich habe dazu 1982 in der Weizsäcker-Festschrift den folgenden Vorschlag gemacht, dem einstweilen nichts weiter hinzuzufügen ist:

1. Wenn die Max-Planck-Gesellschaft und die Deutsche Forschungsgemeinschaft zur Förderung der heute erforderlichen interfakultativen Erforschung der Lebensbedingungen der wissenschaftlich-technischen Welt einstweilen nicht imstande sind, werden ihre Etats (nach Art eines Sozialplans) so lange jeweils um 1 % pro

Jahr gekürzt, wie sie nicht ihrerseits jährlich mindestens 1 % ihrer Kapazität entsprechend umwidmen. Dasselbe gilt für die Kernforschungszentren, nachdem das derzeit bereits laufende Kürzungsprogramm realisiert ist.

2. Mit einem Teil der frei werdenden (sowie ggf. der Hälfte aller zusätzlichen) Forschungsmittel wird eine Deutsche Akademie zur Erforschung und Darstellung der Lebensbedingungen der wissenschaftlich-technischen Welt gegründet. Zwei Drittel der Mitglieder der Akademie sind Wissenschaftler und Künstler, die nicht nur fachlich ausgewiesen, sondern auch zur interfakultativen Zusammenarbeit an Problemen von öffentlichem Interesse fähig und bereit sind. Ein Drittel sind Anwälte der Öffentlichkeit, insbesondere aus Politik und Wirtschaft sowie aus den durch die wissenschaftlich-technische Entwicklung sonst kritisch betroffenen Bereichen. Die Akademie sollte dementsprechend auch paritätisch geleitet werden. Die Arbeit der Akademie erfolgt (nach dem Vorbild z. B. der Vereinigung Deutscher Wissenschaftler [VDW]) in Studiengruppen zu den verschiedenen Themen. Diese Studiengruppen sind in der Regel interdisziplinär und arbeiten eine begrenzte Zeit an einer begrenzten Aufgabe. Zur problemorientierten Wiederverbindung der einzelnen Disziplinen kann die Philosophie einen besonderen Beitrag leisten, da die vielen Fächer in ihr einen geistesgeschichtlichen Zusammenhalt haben. Die Studiengruppen werden unterstützt

– einerseits durch Projekt-Mitarbeiter eines neu zu gründenden Akademieinstituts zur Erforschung der Lebensbedingungen der wissenschaftlich-technischen Welt. Dieses Institut würde im engeren Sinn die Konzeption des Starnberger Instituts aufnehmen;

– andererseits durch Mitarbeiter in den Heimatinstituten ihrer wissenschaftlichen Mitglieder, ggf. auch durch »Gastforscher« aus diesen Instituten oder z. B. aus Wirtschaft und Politik im Akademieinstitut.

Entscheidend ist, daß die Akademie gegenüber dem bestehenden Wissenschaftssystem einladend offen ist und sich zu einem Kristallisations- und Knotenpunkt entwickelt, in dem auch das bereits vorhandene Forschungspotential an der Lösung der Aufgaben beteiligt wird, welche der Akademie im öffentlichen Interesse gestellt sind. Die Akademie soll darüber hinaus ein zentraler Ort der Verständigung zwischen Wissenschaft und Öffentlichkeit und dementsprechend nach beiden Seiten gleichermaßen offen sein.

3. Der Rest der nach (1) freiwerdenden (sowie ggf. die Hälfte aller zusätzlichen) Forschungsmittel dient der Förderung der Erforschung der Lebensbedingungen der wissenschaftlich-technischen Welt

– in den bereits bestehenden interdisziplinären bzw. interfakultativen Instituten;

– in den Universitäten, jedoch nur unter der Bedingung, daß für die fraglichen Forschungsvorhaben zusätzlich eine gleich große ›Eigenleistung‹ aufgebracht und auf diese Weise ein struktureller Wandel eingeleitet wird;

– in ›Parallelforschungs‹-Projekten politisch kontroverser Wissenschaftlergruppen (im Interesse der Trennung wissenschaftlich begründbarer Aussagen von politisch gegensätzlichen Hoffnungen und Erwartungen).

Was im übrigen zu tun und was besser anders zu regeln wäre, als ich es mir hier vorstelle, sollte selbst zum Thema eines kooperativen Planungsprozesses gemacht werden.

10.6 Wissenswerte Wissenschaft

Sowohl die Waffentechnik als auch die mangelnde Umwelt- und Sozialverträglichkeit der industriellen Wirtschaft ziviler Art zeigen, daß die Entwicklung von Wissenschaft und Technik eine größere politische Tragweite hat als das meiste, womit die Politiker sich sonst beschäftigen und was in den Zeitungen steht. Nun laufen aber die bisherigen Rechtfertigungen der Wissenschaft, insbesondere des für die wissenschaftliche Tätigkeit erforderlichen Aufwands an öffentlichen Mitteln, letztlich darauf hinaus, daß die Wissenschaft im öffentlichen Interesse ist. Diese Rechtfertigung ist heute nur noch bedingt akzeptabel. Was folgt daraus für den Fortgang der Wissenschaft?

Max Webers These von der Wertfreiheit der Wissenschaft wird manchmal so verstanden, daß Wertgesichtspunkte und Nützlichkeitserwägungen in der Wissenschaft nicht zur Geltung gebracht werden können. Träfe dies zu, so könnte die Konsequenz meines Erachtens nur lauten: Eine Tätigkeit, welche die politischen und sozialen Verhältnisse immer wieder in einer gleichsam vom Himmel fallenden Weise durcheinanderbringt, so daß die Politiker, wie der frühere Bundespräsident Scheel in der schon erwähnten Rede sagte, immer nur hinter der wissenschaftlich-technischen Entwicklung herlaufen und versuchen können, ihre Folgen aufzufangen – eine solche Tätigkeit sollte man im Interesse des Friedens und des Gemeinwohls tunlichst einstellen. Tatsächlich aber ist die Wissenschaft weder wertfrei noch ist dies von Weber so gemeint gewesen.

Sind nun aber Technik und Wissenschaft gleichermaßen nicht politisch neutral (Abschnitte 9.4/5), so muß politisch – für die Bundesrepublik also demokratisch und liberal im Rahmen des Grundgesetzes – entschieden werden, nicht nur welche *Anwendungen,* sondern sogar welche wissenschaftlichen *Erkenntnisse* in Zukunft noch als ein Fortschritt angesehen werden können. Mit Recht wird deshalb die Steuerung der wissenschaftlichen Entwicklung zunehmend als eine Aufgabe von größter politischer Bedeutung angesehen. Die parlamentarische Demokratie muß sich heute daran bewähren, eine dem öffentlichen Interesse dienende Wissenschafts- und Technologiepolitik zu verwirklichen. Muß aber das Setzen neuer Ziele nicht als sozusagen Innere Führung des Denkens bereits in der Wissenschaft selbst beginnen?

Jede Wissenschaft hängt in ihrer Entwicklung nicht nur von äußeren Bedingungen wie Institutionen und Forschungsmitteln ab, sondern unterliegt immer auch einer inneren Führung durch ein bestimmtes Erkenntnisideal oder Paradigma. Dieses Erkenntnisideal bestimmt, was als wissenswert gelten soll, und bestimmt dadurch die Auswahl der Themen sowie die Art der Fragen, mit denen Wissenschaftler sich beschäftigen.

Wissenschaft ist nicht nur Kontemplation, sondern eine bestimmte Art der Tätigkeit, die in der Industriegesellschaft – anders als in der Antike – öffentliche Praxis geworden ist. Sie ist ein gesellschaftlicher Akt und somit eine *Tat-Sache*. Das hat sich auch in der Quantentheorie gezeigt. Wir stehen somit im wissenschaftlichen Handeln, d. h. in der Erkenntnistätigkeit des Wissenschaftlers, vor derselben Frage, was und was nicht wir tun sollen, wie in allem anderen Handeln auch. Und wir haben diese Frage nicht nur für die Wissenschaft schlechthin zu stellen, sondern sie betrifft jeden Fortgang und jede Alternative in der wissenschaftlichen Entwicklung, also jede besondere wissenschaftliche Tätigkeit immer wieder neu.

Umgekehrt ist die wissenschaftliche Erkenntnistätigkeit – wie jedes andere Handeln auch – nicht unbedingt von ausdrücklichen Zielen geleitet. Die meisten Wissenschaftler haben sich nicht bewußt für das Erkenntnisideal entschieden, dem sie innerlich folgen, sondern haben es durch ihre wissenschaftliche Sozialisation übernommen und darüber nicht weiter nachgedacht, geschweige denn Alternativen erwogen. Dem durchschnittlichen Physiker ist z. B. die Machtförmigkeit seines Wissens nicht bewußt. Wie überall ist es auch hier die Aufgabe der Philosophie, das im normalen Gang der Wissenschaft als selbstverständlich Vorausgesetzte bewußtzumachen und zu überdenken.

Die Ziele, die wir im Handeln geltend machen, heißen Werte. Es gibt kein Handeln ohne – ausdrückliche oder verborgene – Ziele. Wie jede Tätigkeit, ist auch die Suche nach wissenschaftlicher Erkenntnis wertgeleitet. In der Naturwissenschaft ist die Machtförmigkeit des Wissens ein solcher Wert. Auch Max Weber hat nie bestritten, daß der Wissenschaft Wertsetzungen zugrundeliegen, die in ihr zur Geltung gebracht werden. »Keine Wissenschaft ist absolut voraussetzungslos«, heißt es in seiner Rede über »Wissenschaft als Beruf«, »und keine kann für den, der diese Voraussetzungen ablehnt, ihren eigenen Wert begründen« (1919/1968, 552). Vorausgesetzt wird insbesondere, »daß das, was bei wissenschaftlicher Arbeit herauskommt, *wichtig* im Sinn von ›wissenswert‹ sei. Und da stecken nun offenbar alle unsere Probleme darin« (aaO 541).

Wissenschaft – Natur- oder Sozialwissenschaft, setzt eine Wertentscheidung darüber voraus, *was zu wissen gut ist.* In diesem Sinn ist sie nicht wertfrei. Diese Wertentscheidung geht jedoch der wissenschaftlichen Arbeit voraus, liegt in ihrem Rücken und ist an den Gegenständen der Wissenschaft nur als ihnen allen gemeinsames Interesse zu finden. Die Gegenstände der Wissenschaft zeigen sich im Licht von vorgängigen Interessen, die ihrerseits kein Thema der Wissenschaft sind. Nur in diesem Sinn ist sie wertfrei, oder besser: wertblind.

Der Kern der Weberschen Botschaft ist: Es gibt viele Götter, und Wissenschaft kann im Gefolge dieses oder jenes Gottes betrieben werden. Je nach dieser Vorentscheidung wird Verschiedenes für wissenswert gelten. Die Wissenschaft ist dementsprechend niemals und überhaupt nicht wertfrei, aber die vorgängigen Interessen und Erkenntnisideale sind nicht *wissenschaftlich richtig oder falsch.* »Über diesen Göttern und in ihrem Kampf waltet das Schicksal, aber ganz gewiß keine ›Wissenschaft‹« (Weber aaO 546).

Wenn Christus die Wahrheit ist, so ist er auch die Wahrheit der Physik. Umgekehrt kann eine Physik, welche sich nicht als die Wahrheit und der Weg des Lebens bewährt, für den Christen nicht wahr sein.

Der Inhalt der Wissenschaft hängt davon ab, ›im Gefolge welchen Gottes‹, unter welcher Inneren Führung, unter welchen vorgängigen Wertsetzungen oder in welchem Interesse sie betrieben wird. Der heutigen Wissenschaft liegt ein Wille zur Macht voraus (Abschnitt 9.1). Das Erkenntnisideal, was zu wissen gut und wissenswert sei, entscheidet darüber, welche Art von Wissenschaft wir haben. Wissenschaften sind auch in diesem Sinn »historische Ganzheiten« (A. Meyer-Abich 1963, 1). Solange wir uns nicht über die inneren Beweggründe (auch des Unfriedens) Rechenschaft geben, denen der gesellschaftliche Akt Wissenschaft folgt und die also der Wissenschaft vorausliegen, kommt jede bloß wissenschaftspolitische Steuerung immer wieder zu spät.

Wie wissenswert also ist die heutige Wissenschaft? Wissen wir nicht zu vieles, was die Lebensgrundlagen zerstört? Ein Atombombenwissen ist nicht nur nicht wissenswert, sondern geradezu unvernünftig. Wäre nicht wissenswerter, was den Naturzusammenhang des menschlichen Lebens erhält, ein Erhaltungswissen anstelle des Zerstörungswissens? Welche Wissenschaft zu wissen gut und somit ihre Freiheit wert ist, läßt sich zwar nicht wissenschaftlich beweisen, wohl aber philosophisch abwägen und politisch geltend machen.

Die Grundbedingung dafür, daß Wissenschaft ihre Freiheit wert ist, kann nur sein, daß sie selbst der Freiheit dient, also wirklich nach der Wahrheit fragt, denn die Wahrheit wird uns frei machen (Joh. 8,32). Ein Wissen ist nur dann wahr, wenn es befreiend ist. Tatsächlich hat die Menschheit sich von der Wissenschaft in der Neuzeit immer auch Befreiung versprochen: Befreiung von autoritär gewordenen Autoritäten, von Unmündigkeit, von Not und Notwendigkeiten des Alltags.

Die von der Wissenschaft erhoffte Befreiung ist aber nur sehr beschränkt gelungen, und sie wurde dadurch erkauft, daß um so mehr Not und Unfreiheit über viele Mitmenschen wie über unsere natürliche Mitwelt gebracht wurde. Darauf kann kein Segen liegen, und darauf liegt nun auch kein Segen. Fragen wir also erneut, welches Wissen wirklich befreiend und somit wissenswert wäre.

In Platons Dialog »Gorgias« zeigt sich, daß die Tyrannen nicht tun, was sie wollen, denn sie wollen eigentlich das Gute, das unser aller Handeln Einheit gibt, und tun es doch am wenigsten. Insofern sie nicht tun, was sie wollen, sind sie nicht frei, sondern frei handelt nur, wer das Gute tut. In bezug auf das Tun des Wissenschaftlers, die wissenschaftliche Erkenntnistätigkeit, heißt das: . . . wer das Gute erkennt. *Freie und befreiende Wissenschaft ist Erkenntnis des Guten.*

Wenn die Wissenschaften immer schon auf Voraussetzungen darüber beruhen, was zu wissen gut ist, beurteilen sie ihre Gegenstände im Licht dieser Voraussetzungen tatsächlich als mehr oder weniger gut oder nützlich in den alltäglichen Handlungszusammenhängen. Bewußt geschieht dies unter den heutigen Wissenschaften aber bloß noch in der Medizin und in der Jurisprudenz, insofern jede medizinische Aussage auf die Norm Gesundheit und jede rechtswissenschaftliche Aussage auf die Norm Gerechtigkeit bezogen ist. Alle anderen Wissenschaften fragen nur unausdrücklich nach dem Guten, an dem sich bemißt, was gut zu wissen wäre. Auf die Frage, ob das, was in der wissenschaftlichen Erkenntnistätigkeit als gut vorausgesetzt ist, auch *wirklich gut ist,* werden Mediziner und Juristen also jederzeit gefaßt sein, denn beide sind sich der Normativität ihres Wissens bewußt. Demgegenüber reagieren z. B. Naturwissenschaftler auf dieselbe Frage oft geradezu beleidigt, weil sie sich nicht darüber klar sind, ebenfalls ›im Gefolge eines Gottes‹ zu gehen. Daß es heute immer fraglicher wird, ob der Gott, dem sie folgen, ein wahrer Gott ist, verstärkt den Verdrängungsprozeß. Dies kann so weit gehen, daß bereits die Frage nach dem, was wissenswert ist, mit einer Assoziation zur ›entarteten Kunst‹ abgewiesen wird.

In einem erweiterten Verständnis von *Gesundheit* und *Recht* können Medizin und Jurisprudenz einer künftigen Wissenschaft in dem Sinn zum Vorbild dienen, daß sie heute die einzigen Wissenschaften sind, welche alle ihre Aussagen ausdrücklich auf Normen beziehen. Darüber hinaus sind die Normen Recht und Gesundheit gerade diejenigen, welche nach den Überlegungen dieses Buchs auf die natürliche Mitwelt erweitert werden sollten. Diese Erweiterung müßte sich freilich auch in der Medizin und im Recht mit einer Kritik der bisher leitenden Normen verbinden. In beiden Fällen bedarf es einer Umkehr zum Leben, die das Leben im Ganzen wahrnimmt, die Beseeltheit der Welt. Wir sollten nicht in den Animismus zurückfallen, im Umgang mit der natürlichen Mitwelt nun aber aus Einsicht erneuern, was die Animisten aus dem religiösen Gefühl natürlicherweise richtig gemacht haben. Mit der Beseeltheit der Welt tut sich die Medizin schon beim Menschen sehr schwer. Darin liegt aber immerhin die Chance, mit der Erneuerung hier gleich zu beginnen und dann – anders als die Juristerei – gar nicht erst zu einer Erweiterung auf die natürliche Mitwelt gedrängt werden zu müssen.

Die Beseeltheit der Welt in einer erweiterten Rechts- und Gesundheitswissenschaft wahrzunehmen, hängt eng damit zusammen, daß die Natur (wie im Recht) unter Bestimmungen der Freiheit gedacht werden soll (Abschnitt 4.5). Platon unterscheidet Sklavenärzte und freie Ärzte. Der Sklavenarzt »verordnet . . . (seinem Patienten) das, was ihm aufgrund seiner Erfahrung gut scheint, als wüßte er genau Bescheid, eigenmächtig wie ein Tyrann; dann springt er auf und begibt zu einem andern erkrankten Sklaven« (Gesetze 720c). Der freie Arzt dagegen verhält sich mehr wie ein guter Erzieher, der einem Menschen so auf den rechten Weg verhilft, daß er ihn dann von sich aus weitergehen kann (Gesetze 720d, 757d).Er ›macht‹ ihn nicht gesund, sondern unterstützt die Selbstheilungskräfte.

Worin liegt der Unterschied? Als Freier von Freien behandelt zu werden, läuft darauf hinaus, die Selbstheilungskräfte des menschlichen Körpers und der menschlichen Seele so anzuregen und zu unterstützen, daß wir unser irdisches Dasein nicht nur körperlich, sondern leiblich empfinden. Während die verordnende Medizin nur repariert, ist aus einem anderen Naturverständnis, wenn es dem sonstigen Stand des Wissens gemäß entwickelt ist, jedenfalls eine den Kranken nicht zum Material objektivierende, sondern ihn selbst ansprechende Behandlung zu erwarten. Dieser Unterschied gilt auch für den Arzt, der sich selbst heilt. Der ›Sklavenarzt‹ nämlich behandelt seinen eigenen Körper nicht weniger objektiv und materialmäßig als den eines anderen Menschen, also eigentlich nicht als seinen eigenen, als etwas, das er selber ist, das also auch schöpferisch an der Behandlung zu beteiligen ist. Der Arzt sollte sich zum Anderen wie zu sich selber verhalten; statt dessen verhält er sich sogar zu sich selber wie zu einem Anderen.

Wie Platon eine solche ›freie‹ Medizin gemeint hat, läßt er in seinem Dialog ›Charmides‹ den Sokrates von einem Thrakier erzählen:

Dieser Thrakier sagte, »so wie man nicht versuchen solle, die Augen zu heilen ohne den Kopf, noch den Kopf ohne den ganzen Leib, so auch nicht den Leib ohne die Seele; sondern dieses eben wäre auch die Ursache, weshalb bei den Hellenen die Ärzte den meisten Krankheiten noch nicht gewachsen wären, weil sie nämlich das Ganze verkennten, auf welches man seine Sorgfalt richten müßte, und bei dessen Übelbefinden sich unmöglich irgendein Teil wohlbefinden könnte. Denn alles, sagte er, entspränge aus der Seele, Böses und Gutes dem Leib und dem ganzen Menschen, und ströme ihm von dorther zu, wie aus dem Kopf den Augen. Jenes (das Ganze) also müsse man zuerst und am sorgfältigsten behandeln, wenn es um den Kopf und auch um den ganzen Leib gut stehen solle. Die Seele aber, sagte er, werde behandelt durch gewisse Besprechungen, und . . . durch solche Reden entstehe in der Seele Besonnenheit, und wenn diese entstanden und da wäre, würde es leicht, Gesundheit auch dem Kopf und dem übrigen Körper mitzuteilen« (Charmides 156e-157a).

Sowohl für die menschliche Gesundheit als auch für die der Natur insgesamt gilt es wahrzunehmen, wo das Leben und wo die Krankheit herkommt.

Der Frieden mit der Natur sollte die in der Seele erkenntnisleitende Norm einer solchen wissenswerten Rechts- und Gesundheitswissenschaft sein, deren ausgleichend heilender Besprechung die industrielle Welt auszusetzen ist. *In bezug auf die Natur wissenswert und gut zu wissen wäre, was dem Frieden mit der Natur dient.*

Was die Inhalte einer Wissenschaft sein werden, in der als wissenswert gilt, was dem Frieden mit der Natur dient, kann ich nicht wissen. Die näherliegende Frage ist jedoch, welche Art der Naturerfahrung gesucht werden sollte, damit das für den Frieden Wissenswerte überhaupt gefunden werden kann. Es bedarf dazu einer Reorientierung in der Wahrnehmung der Natur. Davon handelt das folgende Kapitel. Ich nenne hier zusammenfassend einige Merkmale, die eine solche, zum Leben umgekehrte Wissenschaft des Friedens mit der Natur nach den vorangegangenen Überlegungen jedenfalls haben sollte.

– Ein *erstes* Unterscheidungsmerkmal ist, daß der Wissenschaftler eine Begründung dafür gibt, warum das, was er wissen möchte, für den Frieden mit der Natur wissenswert ist. Eine solche Begründung könnte ich an den Bedingungen des Kapitels 7 orientieren. Die Wissenschaft wird sich bereits dadurch ändern, daß über die in ihr zur Geltung gebrachten Wertsetzungen überhaupt ausdrücklich nachgedacht wird.

- Das für den Frieden mit der Natur nötige Wissen bedarf *zweitens* einer gemeinsamen Anstrengung von Natur- und Sozial- bzw. Geisteswissenschaften. Solange diese Gemeinsamkeit fehlt, z. B. weil die letzteren Wissenschaften sich noch gar nicht für die Natur interessieren, haben wir noch nicht die richtige Wissenschaft.
- Obwohl ein generelles Erhaltungsgebot für irgendeinen Zustand der natürlichen Mitwelt nicht begründbar ist, wird in den kommenden Jahrzehnten *drittens* noch am ehesten diejenige Wissenschaft dem Frieden mit der Natur dienen, welche das zur Erhaltung dessen, was noch gerettet werden kann, nötige Wissen umfaßt.
- Ein *viertes* Kriterium ist das der Gewaltlosigkeit. Was in bezug auf die natürliche Mitwelt zu wissen gut ist, kann nur dasjenige Herrschaftswissen sein, welches einer freiheitlichen Herrschaft der Menschheit in der Rechtsgemeinschaft der Natur dient. Wie der Mitwelt auch künftighin Gewalt angetan werden kann, ist hingegen nicht wissenswert, wenn der Frieden mit der Natur gesucht wird.

In der heutigen Naturwissenschaft kann vor allem das Bohrsche Prinzip, die Einheit der Erfahrung in der Form der Komplementarität zu denken, der Schlüssel zu einem neuen Denken in der Wissenschaft sein. Denn diejenige Qualität von Einheit, welche Bohr als Komplementarität gedacht hat, ergibt sich daraus, daß wir selbst ein Teil der Natur sind, die wir erkennen und verändern. Gerade dieser Zusammenhang ist in den cartesischen Wissenschaften mit dem Auseinanderfallen von Natur und Gesellschaft verlorengegangen.

Wenn sich das Erkenntnisideal des Friedens mit der Natur nach den vier Kriterien mit den Charakteren der Unparteilichkeit, Selbstkritik und problemorientierten Verantwortung vor der Allgemeinheit verbindet, könnte sich eine in der Umweltkrise wissenswerte Wissenschaft entwikkeln. Eine solche Wissenschaft würde sich nicht nur durch ihre Inhalte, sondern auch durch die für sie charakteristische Einheit des Ausdrucks und der Haltung, also durch ihren *Stil*, von der heutigen Wissenschaft unterscheiden.

11. Wahrnehmung der natürlichen Mitwelt – Chancen der sinnlichen Bildung und einer natürlicheren Technik

Verschiedene Menschen sehen selten dasselbe, wenn sie sich in derselben Situation befinden oder denselben Gegenstand vor Augen haben. Vor allem Bildung und Sozialisation sind von ausschlaggebender Bedeutung dafür, ob und wie etwas wahrgenommen wird. Wer z. B. nach Griechenland fährt und die Kunstgeschichte nicht kennt, sieht nicht dasselbe wie einer, der sie kennt. Für den Kunsthistoriker ist die Erfahrung: Man sieht nur, was man weiß, von geradezu existenzieller Bedeutung. Ein anschauliches Beispiel dafür, wie die Erfahrung von der Wahrnehmungsfähigkeit abhängt, berichtet Jakob von Uexküll, der Begründer der Umweltlehre.

»Es war ein Mann in den besten Jahren, der durch dreißigjährige angestrengte rastlose Arbeit sich in durchaus ehrlicher Weise von einem kleinen Bankbeamten zum Multimillionär aufgeschwungen hatte. Auf dem Gipfel seines Reichtums angelangt beschloß er, von nun ab nicht mehr an das Geschäft zu denken, sondern sein Leben zu genießen. Da er noch nichts gesehen / hatte, wollte er reisen. Wohin? An den schönsten Ort der Welt. Also Neapel. Als er ankam, war er furchtbar enttäuscht. Meer – Berge – Himmel kannte er schon. Die waren doch nichts besonderes. Etwas Interessantes wollte er sehen: *Pompeji* – lauter zerbrochene Häuser: *Pästum* – dasselbe. Nach einigen verzweifelten Anstrengungen, die Schönheit zu finden, wandte er sich dem einzigen soliden Genuß zu – dem Schnaps. Nach einigen Wochen brachte man ihn am Delirium tremens leidend wieder nach Hause. Sein Milieu war während seiner einseitigen Berufstätigkeit langsam degeneriert« (1907, 660 f. Aus dem »Milieu« wurde später die »Umwelt«).

In diesem Fall war das Wahrnehmungsvermögen eines einzelnen Menschen nicht hinreichend gepflegt oder kultiviert worden und dadurch während seines einseitigen Lebens allmählich ausgetrocknet. Es gab aber immer noch andere, die sehen konnten und zu schätzen wußten, was ihm entging. Schlimmer wäre es, wenn eine solche Degeneration der Wahrnehmung eine ganze Gesellschaft oder ein ganzes Volk befallen würde. Wir sind heute in der Gefahr, die Wahrnehmungsfähigkeit für unsere natürliche Mitwelt zu verlieren, und zwar gesellschaftlich, nicht nur als ein Problem einzelner Menschen. Ich beschreibe in diesem Kapitel zunächst, wie der industriegesellschaftlich lebende Mensch es – im Sinn von Uexkülls Umweltverständnis – immer weniger mit der natürlichen Mitwelt zu tun hat und wie infolgedessen die Wahrnehmungsfähigkeit für die Natur verkümmert (Abschnitt 11.1/2). Eine Umkehr zum Leben kann mit der

Wiederbelebung der Sinne beginnen, in der wir die eigene Naturzugehörigkeit wiederentdecken (Abschnitt 11.3). Dieser Wiederbelebung steht allerdings das heutige Energiesystem entgegen (Abschnitt 11.4), auch durch die Abschirmung vom Raumerleben (Abschnitt 11.5). Die Erfahrung der natürlichen Mitwelt kann jedoch durch sinnliche Bildung und eine natürlichere Technik erneuert werden (Abschnitt 11.6).

11.1 Deformation der Wahrnehmung und Anpassung an Fehlentwicklungen

Der Naturferne der Industriegesellschaft ist die der Verstädterung vorangegangen. Uexküll sah bereits mit dem Stadtleben das Problem verbunden, daß wir aufhören zu beobachten und uns hinsichtlich der natürlichen Mitwelt mit dem Wiedererkennen begnügen, soweit die Kenntnisse dann noch reichen. »Schließlich sind die Leute noch froh, wenn sie einen Baum von einem Strauch unterscheiden können. Die Welt, die sie auf einem Spaziergang zu sehen bekommen, besteht nur noch aus drei bis vier Gegenständen: Weg – Baum – Haus – Hund. Das ist alles« (1907, 660). Der Gegensatz zum bloßen Wiedererkennen ist ein lebendiger Umgang, in dem wir es mit der Mitwelt wirklich ›zu tun haben‹. Der Bauer z. B. bemerkt nicht nur das Dasein eines Kornfelds, sondern auch ob das Korn gedeiht und ob es bald geerntet werden sollte. Das deutsche Wort Wahrnehmung umfaßt sowohl das bloße Beobachten als auch den aktiven Umgang mit etwas. Im letzteren Sinn sprechen wir z. B. von der Wahrnehmung einer Verantwortung, einer Aufgabe, einer Gelegenheit oder einer Pflicht.
Uexkülls Grundgedanke war, daß das, was ein Lebewesen bemerkt oder beobachtet, seine ›Merkwelt‹, mit dem, womit es zu tun hat, seiner ›Wirkwelt‹, zu seiner Umwelt verschränkt ist, und daß verschiedene Gattungen in verschiedenen Umwelten leben. Die Umwelt eines Lebewesens besteht einerseits daraus, was es feststellen kann oder was ihm nicht entgeht, andererseits daraus, was ihm zustoßen und was es selber tun kann. »So viele Leistungen ein Tier ausführen kann, so viele Gegenstände vermag es in seiner Umwelt zu unterscheiden« (1934/1956, 68).
Umwelten sind danach Wahrnehmungszusammenhänge im vollen Sinn des Worts. Bohr und Uexküll gemeinsam ist die Einsicht, daß unser Erkennen handlungsförmig ist, oder von *Tat-Sachen* handelt.

Die Zecke z. B. kann Buttersäure riechen – ein Charakteristikum der Säugetiere – und Hell-dunkel-Unterschiede sowie Wärme und Weichheit wahrnehmen, und sie kann auf Bäume krabbeln, sich fallen lassen, wenn ein Säugetier unter ihr vorbeigeht (was sie am Buttersäuregeruch bemerkt), und Blut saugen, wenn sie die warme Haut spürt.

Andere Lebewesen haben ebenfalls ihre je besondere Umwelt. »In der Welt des Regenwurmes gibt es nur Regenwurmdinge, in der Welt der Libelle gibt es nur Libellendinge usw.« (1921, 45). Jedes Lebewesen lebt, wie man ja auch sagt, in seiner eigenen Welt – in einer anderen Welt als der Mensch und die übrigen Lebewesen. Diese Welt ist seine Umwelt, aber auch die Welt des Menschen ist nur seine Umwelt, nicht *die* Welt schlechthin. »Das menschliche Milieu« (seine Umwelt) »paßt zum Menschen genau so gut, wie der Fluß zur Forelle, der Kastanienbaum zum Maikäfer und die Ackerkrume zum Regenwurm« (1907, 651).

Im anthropozentrischen Weltbild ist die Uexküllsche Botschaft sozusagen nur zur Hälfte angekommen, insoweit nämlich, daß ›die Welt‹, in der wir leben, nur unsere menschliche Umwelt im Kosmos oder im Ganzen ist, aber die andere Hälfte fehlt: daß die menschliche Umwelt ihrerseits nur eine von vielen Umwel*ten* ist, die alle gleichermaßen Lebewelten sind. Uexkülls Umweltlehre sollte deshalb eigentlich stets die Umwel*ten*lehre heißen. Die Umwelt des Menschen ist nicht *die* Welt, in der alle Lebewesen leben, sondern eine solche Einheitswelt gibt es zunächst einmal gar nicht.

Die Pluralität der Umwelten geht nun sogar so weit, daß nicht nur die Umwelt des Menschen eine andere als die übrigen Umwelten ist, sondern der Mensch kann seinerseits gesellschaftlich in sehr verschiedenen Welten leben. Eine von ihnen ist die der modernen Industriegesellschaft, andere sind die Umwelten des Städters und des Bauern in der Vergangenheit. Die industriegesellschaftliche Umwelt unterscheidet sich insbesondere dadurch von den anderen, daß die natürliche Mitwelt in ihr kaum noch vorkommt. Wir sind der übrigen Biosphäre und den Elementen nicht nur nicht mehr ausgesetzt, sondern sind – wie ich im folgenden noch näher erläutere (Abschnitt 11.4) – so gegen sie abgeschirmt, daß sie für uns in keinem Wahrnehmungszusammenhang mehr stehen.

Es gibt z. B. kaum noch praktische Gründe, sich in der Ernährung an den Erntezeiten zu orientieren. Sogar am Hof des Ancien Régime lebte man geradezu ländlich, verglichen mit einem Etagenbewohner in der Industriegesellschaft.

Viel stärker noch als Uexküll dies bereits zu Anfang des Jahrhunderts feststellte, erkennen wir allenfalls noch hier und da eine Pflanze oder einen Vogel wieder, aber selbst daran hapert es meistens, weil aus dem Erkennen nichts folgen würde. Wir haben es mit der Mitwelt nicht mehr ›zu tun‹, und die gelegentliche Feststellung, daß es noch Pflanzen und Tiere gibt, genügt nicht, um sie auch in unsere Wirkwelt einzubeziehen. Dadurch verschwinden sie allmählich aus der Umwelt des industriegesellschaftlich lebenden Menschen, so daß die Wahrnehmung der natürlichen Mitwelt schließlich ganz verkümmert. Man sieht nur, womit man es unmittelbar zu tun hat.

Die Frage ist also, ob Umwelten mit oder ohne natürliche Mitwelt gleichermaßen gut zum Menschen passen wie der Fluß zur Forelle, der Kastanienbaum zum Maikäfer und die Ackerkrume zum Regenwurm. Der Mensch ist ganz außerordentlich anpassungsfähig und kann deshalb sehr verschiedene Umwelten haben. Während aber diese Anpassung*fähigkeit* zweifellos ein Überlebensvorteil ist, braucht es nicht gleichermaßen günstig zu sein, von ihr unter allen Umständen Gebrauch zu machen. Es gibt nämlich auch eine *Anpassung an Fehlentwicklungen.*

Die menschliche Anpassungsfähigkeit zu nutzen ist jedenfalls ein Überlebensvorteil, wenn sich die Lebensbedingungen ohne unser Zutun ändern, also z. B. beim Eintreten einer neuen Eiszeit. Die Lebensbedingungen ändern sich heute jedoch viel häufiger durch menschliches Handeln als von alleine, und diese Änderungen können – wie die Umweltzerstörung beweist – durchaus Fehlentwicklungen sein. *Wenn wir uns aber einer selbstverschuldeten Fehlentwicklung anpassen, unterstützen wir diese Entwicklung, statt ihr entgegenzuwirken.* In diesem Fall wäre es ein Vorteil, etwas weniger anpassungsfähig zu sein, um die eigenen Fehler als solche zu erkennen und zu korrigieren.

Wie sich im Rahmen einer politischen Fehlentwicklung durch Anpassung doch wieder eine neue Art von Normalität herausbildet, ist in Deutschland zuletzt im Dritten Reich erfahren worden. Ilona Karmel hat in ihrem großen Roman »An Estate of Memory« (1969) geschildert, wie sogar in Konzentrationslagern nicht ein permanentes Leiden erfahren, sondern ein mittlerer Alltag schließlich erneut als normal empfunden wurde. Freud und Leid ergaben sich dann wieder durch Abweichungen von der Normalität einer an sich völlig unnormalen Situation, z. B. durch irgend einen kleinen persönlichen Erfolg oder Mißerfolg im Lagerleben.

Mir geht es hier um die Anpassung an Fehlentwicklungen im Verhältnis zur *natürlichen* Mitwelt. In der Industriegesellschaft sind sowohl die Entwicklung des Verhältnisses zwischen Mensch und Mitwelt als auch die damit verbundenen Anpassungsleistungen in erster Linie technologisch bestimmt. Ein Beispiel für eine – bisher nicht erfolgte, jedoch in der Diskussion befindliche – Anpassungsleistung, die ich für eine Anpassung an eine Fehlentwicklung halten würde, entnehme ich einem Bericht von Frank Herzfeld (1984) in der Vereinigung Deutscher Wissenschaftler.

11.2 Von herbizidresistenten Kulturpflanzen zur menschlichen Resistenz gegen die Umweltzerstörung?

Unkraut zu jäten, können sich die heutigen Landwirte in der Regel nicht mehr leisten. Um Nutzpflanzen vor Wildpflanzen zu schützen, werden statt dessen Pflanzenschutzmittel eingesetzt, die in Wirklichkeit Pflanzentötungsmittel sind und auf Lateinisch auch so heißen (Herbizide). Töten sollen sie allerdings nur die Wildpflanzen, nicht das Korn oder das Gemüse, zu dessen Schutz vor ›Unkraut‹ sie eingesetzt werden. Diese Begrenzung der Tödlichkeit gelingt nur, wenn das Herbizid ausschließlich in bestimmten Wachstumsphasen (besonders vor oder nach der Keimung) der Nutzpflanze angewendet wird, und auch dies nur so, daß für jede Nutzpflanze besondere Herbizide entwickelt werden, die ihr möglichst wenig schaden. Ein begrenzter Schaden ist dennoch nicht zu vermeiden. Eine landbetriebswirtschaftlich optimale Lösung wäre der Einsatz von Totalherbiziden, welche alle Wildpflanzen töten, den Kulturpflanzen aber nicht schaden. Gelänge es, allen Nutzpflanzen ein Gen beizugeben, das sie gegen ein bestimmtes Totalherbizid resistent macht, so wäre
– auch ein begrenzter Schaden von der Nutzpflanze abgewendet;
– in Zukunft nur noch ein einziges Pflanzenschutzmittel gegen alle Wildpflanzen erforderlich, was für die Bauern die Handhabung vereinfachen und den Preis vermindern würde;
– prinzipiell sogar eine Verminderung des Herbizideinsatzes möglich, weil dann nicht mehr bestimmte Wachstumsphasen ausgenutzt werden müßten, um vorbeugend zu spritzen, sondern abgewartet werden könnte, ob das Mittel tatsächlich gebraucht wird.
Die Resistenz könnte sich dadurch ergeben, daß den Nutzpflanzen auf einem chromosomalen Träger ein Gen eingesetzt wird, mit dessen Hilfe die Pflanze ein Enzym entwickelt, welches das Herbizid abbaut. Wenn das Gen auf einem chromosomalen Träger eingesetzt wird, ist nicht damit zu rechnen, daß alsbald auch die Unkräuter resistent werden. Die Realisierungschancen des Verfahrens sind gut, weil vermutlich nur ein Gen verändert werden müßte.

Das wirtschaftliche Interesse an einer solchen Entwicklung ist enorm, weil die Herbizidproduzenten auf diese Weise auch den Saatgutmarkt an sich ziehen würden. Der Aufkauf der Saatgutherstellerfirmen – in der Bundesrepublik vorwiegend mittelständische Betriebe – durch die Chemiekonzerne ist bereits voll im Gang.

Die Entwicklung herbizidresistenter Nutzpflanzen hätte also ökonomisch und unter bestimmten Voraussetzungen sogar ökologisch bedeutende Vorteile relativ zur heutigen Praxis. Dennoch wäre dies wahrscheinlich ein weiterer Schritt in der Richtung einer großen Umweltkatastrophe. Die Gefahr besteht darin, daß die Landwirte mit schärferen Herbiziden oder höheren Dosen arbeiten, wenn sie – anders als heute – die Gewißheit haben, ihre Kulturpflanzen dadurch nicht zu schädigen. Man könnte dann sozusagen vorbeugend jede Kategorie von Wildpflanzen auf den Feldern und an ihren Grenzen beseitigen, so daß selbst die an den Wegrändern bislang nicht ausgerotteten Feldpflanzen allmählich ganz verschwinden würden.

Eine Folgewirkung wäre, daß auch Tiere wie z. B. Hasen und Rebhühner, zu deren Umwelt die verschwindenden Wildpflanzen gehören, von den ackerbaulich genutzten Flächen noch weiter vertrieben würden, als sie es bisher schon sind. Darüber hinaus würde wohl das Mikroleben im Boden zusätzlich geschädigt. Paradoxerweise könnte es sich schließlich ergeben, daß einige Wildpflanzen ihre letzte Zuflucht ausgerechnet in den Städten finden. Diese Entwicklung zeichnet sich heute bereits ab.

Die Züchtung herbizidresistenter Nutzpflanzen wäre ein Schritt zur Lösung der mit dem Einsatz von Herbiziden bisher für den Menschen verbundenen Probleme, aber es liegt auf der Hand, daß hier nach der falschen Logik gedacht wird. Denn die Entgiftung der menschlichen Nahrungsmittel würde ja – verbunden mit einer erhöhten landwirtschaftlichen Produktivität – dadurch erkauft, daß die nicht nützliche natürliche Mitwelt noch weiter gefährdet und zerstört wird als bisher. Das Resultat wäre also eine Verstärkung der bisher schon stattfindenden Fehlentwicklung, d. h. hier muß falsch gedacht worden sein.

Der Fehler liegt darin, daß wir von unserer fabelhaften Anpassungsfähigkeit durch die Züchtung herbizidresistenter Nutzpflanzen in der falschen Richtung Gebrauch machen würden. Nachdem wir uns bereits an eine Umwelt angepaßt haben, in der die natürliche Mitwelt nur noch insoweit eine Rolle spielt, wie sie eßbar oder jedenfalls Ressource ist, wäre es ein konsequenter nächster Schritt, uns nun auch noch an eine Umwelt anzupassen, in der das Nicht-Brauchbare vollends umgebracht wird. Wir würden dadurch unser Verhältnis zur natürlichen Mitwelt den Bedürfnissen einer bestimmten Art von chemischer Industrie anpassen, so wie ja auch die Landschaft bereits weitgehend landmaschinengerecht gestaltet worden ist. Dies aber wäre eine Anpassung an eine anthropogene, selbst herbeigeführte Fehlentwicklung.

Die Züchtung herbizidresistenter Nutzpflanzen folgt derselben Logik wie der ebenso fatale Gedanke, dem Waldsterben – statt die Umweltbelastung zu vermindern – durch die Züchtung von Bäumen zu begegnen, welche gegen die industriewirtschaftliche Schädigung resistent sind. In demselben Sinn kann man sich stadthygienisch zwischen Impfen und Kläranlagen auch für das Impfen entscheiden. Am Ende dieser Entwicklung stünde ein Mensch, der sich und das, was er zum Leben braucht, dadurch an die Entwicklung der industriellen Wirtschaft angepaßt hat, daß er selber resistent gegen die Umweltzerstörung geworden ist. Insbesondere würde die Vergiftung der natürlichen Mitwelt uns und die anderen dann nicht mehr treffen, weil wir alle Umweltgifte aufgrund gentechnologischer Anpassungen abzubauen gelernt hätten.

Den gegen die Umweltzerstörung resistenten Menschen gibt es glücklicherweise einstweilen nicht. Es ist aber doch schon so weit gekommen, daß der technische Fortschritt herkömmlicher Art durch die Veränderung der Wirkwelt und die ihr folgende Verlagerung der Merkwelt zu einer Verkümmerung der industriegesellschaftlichen Wahrnehmungsfähigkeit in bezug auf die natürliche Mitwelt geführt hat. Es ist eigentlich unser Glück, in dieser Entwicklung noch nicht so weit fortgeschritten zu sein, daß die Umweltzerstörung von uns gar nicht mehr bemerkt wird. Diese Zerstörung wahrzunehmen heißt immerhin, die Stimme der Natur noch hören zu können.

Um dieser Stimme zu folgen, bedarf es nun aber einer Umkehr zum Leben. Sonst verlieren wir, wie es in einem Gedicht von Günter Kunert heißt, langsam das Bewußtsein von unseren Verlusten und leiden an dem, was fehlt, keinen Mangel mehr (1978, 11). Um das Bewußtsein der Verluste zu bewahren, sollten wir an dem, was verlorenzugehen droht, in der natürlichen Mitwelt also, einen Halt suchen. Halten wir z. B. an den Rainpflanzen fest, die durch die neuen Herbizide verlorenzugehen drohten! Wir können an ihnen festhalten, indem wir uns zunächst in sie hineinversetzen. Dies geschieht am weitestgehenden so, wie der Jäger Aktaion selber zum Verfolgten geworden ist, also in der liebenden Hingabe. Eine Vorstufe dazu ist, die Selbsterfahrung in der Naturerfahrung zu üben und dadurch ein *Mitgefühl* zu gewinnen.

Das dialogische Verhältnis, durch das die Natur im Menschen in ein Gespräch mit sich selber eintritt (Abschnitt 7.5), kann dadurch entstehen,

daß wir uns mit Pflanzen, Tieren oder Elementen identifizieren, auf diese
Weise das Naturerleben in uns wecken und so der eigenen Identität bewußt werden. Wir erfahren dann die Natur als unsere eigene Natur. Hätten wir stets die Selbsterfahrung in der Naturerfahrung geübt, so hätten
wir immer schon miterlebt, was der natürlichen Mitwelt durch die industrielle Wirtschaft zugefügt worden ist. Wir hätten nicht nur mitgespielt,
sondern wären auch bei denen, welchen mitgespielt worden ist.

Daß wir selbst zu der Natur gehören, die wir erfahren, kann sinnlich wahrgenommen werden. Es dient der Umkehr zum Leben, diese Wahrnehmung zu üben. Eine Schlüsselstellung dafür hat der Tastsinn.

11.3 Selbsterfahrung in der Naturerfahrung

In Caspar David Friedrichs Rückenfigurbildern sieht der Betrachter nicht
nur sein jeweils Gesehenes (die Mitwelt), sondern auch sich selber (Röhring 1979, 49). Beim Gebrauch der Sinne aber ist mit der Wahrnehmung
des Gegenstands normalerweise nicht auch noch eine Wahrnehmung unserer selbst verbunden. Wenn ich z. B. etwas sehe, so bin ich nicht in eins
damit auch selber der Gesehene. Ebenso steht es mit dem Gehör. Ein dritter Sinn, der Geruchssinn, unterscheidet sich vom Gehör und vom Gesicht
zwar dadurch, daß sich mit der Wahrnehmung keine räumliche Bestimmung verbindet. Auch hier aber ist die Wahrnehmung des Geruchs nicht
mit einer Selbstwahrnehmung verbunden.

Wie steht es mit dem Geschmack? Geschmeckt wird, was auf der Zunge
ist, und hiermit kann sich auch eine Mitwahrnehmung des Wahrnehmenden verbinden. Dies ist insoweit dem Geschmack zu verdanken, wie man
sich selbst schmeckt, darüber hinaus aber dem der Zunge ebenfalls mitge-
gebenen Tastsinn. Die Gruppe der Sinnesempfindungen, die sich mit dem
Tastsinn verbindet (Hautsinne, Lage- und Bewegungssinne, Gleichge-
wichtssinn), ist niemals ohne Selbstwahrnehmung. Hier erleben wir ganz
unmittelbar, daß wir selbst zu der Natur gehören, die wir erfahren.

Im Tasten fühle ich mich selber jederzeit als das Gegenbild des gefühlten
Gegenstands. *Wie ich berühre, so bin ich berührt.* In der Berührung
kommt der Topos, die äußere Oberfläche des Wahrgenommenen zur
Deckung mit der des Wahrnehmenden, so daß das Erfahrene als das Gegenbild unserer selbst und im Erfahren auch man selbst erfahren *wird*. In
ähnlicher Weise wird ein Sichbewegen immer zugleich als Selbstbewe-

gung erfahren, und auch im Gleichgewicht hält man sich selbst in eins als der Gehaltene.

Die Intimität der tast- und bewegungssinnlichen Wahrnehmungen, im Erfahren des Wahrgenommenen auch Selbsterfahrung zu sein, kann sich auf die anderen Sinne übertragen, soweit sie sich mit diesen verbinden. Solche Verbindungen ergeben sich einerseits z. B. dadurch, daß Bewegungen unmittelbar der Gesichtswahrnehmung folgen können, andererseits aber auch so, und in diesem Fall teilt sich dem Gesicht etwas von der Intimität der Tastsinne durch Selbstwahrnehmung mit, daß wir durch die Mitwirkung der letzteren anders sehen als mit dem bloßen Gesichtssinn.

»Bei seiner Bewegung im Raum hängt der Mensch von den seitens seines Körpers empfangenen Botschaften ab, um seine visuelle Welt zu stabilisieren. Ohne ein solches Feedback seitens des Körpers verlieren viele Menschen den Kontakt zur Realität und unterliegen Sinnestäuschungen. Wie wichtig es ist, visuelle und kinästhetische Erfahrung zu integrieren, zeigten die Psychologen Held und Heim, indem sie kleine Katzen auf demselben Weg durch ein Labyrinth trugen, auf dem andere Kätzchen laufen durften. Die getragenen Kätzchen entwickelten keine ›normale visuelle Raumtüchtigkeit‹. Sie lernten die Irrwege nicht annähernd so gut kennen wie die anderen« (Hall 1976, 75).

Selbstbewegung ist generell eine notwendige Voraussetzung dafür, daß der Gesichtssinn dazu ausgebildet wird, Bewegungen kontrollieren und steuern zu können. Ein anderes Beispiel dafür, wie die Verwobenheit von Tastsinn und visueller Raumerfahrung die ästhetische Erfahrung bereichern kann, ist die Wahrnehmung eines Bauwerks, indem man sich darin bewegt. Die Wahrnehmung also wird aktiviert, sobald der Mensch sich aus eigener Kraft bewegt. Dies ist auch die einfache Erfahrung, durch die sich eine Fuß- oder Radwanderung von einer Auto- oder Eisenbahnfahrt unterscheidet. Lebhaft bezeugt ist dieser Unterschied durch die Landschaftsberichte von Wilhelm Landzettel (1977/1979/1981).

Die Besonderheit der Tast- und Bewegungssinne mag damit zusammenhängen, daß sie naturgeschichtlich die ältesten sind, so daß die späteren Sinne – von denen der Gesichtssinn der jüngste ist – sie immer schon voraussetzen. In diesem Verständnis wäre z. B. das Sehen naturgeschichtlich eine Bereicherung und Sicherung der Gegenstände von Bewegungs- und Tasterfahrungen. Danach sollte die visuelle Kinästhesie (das Bewegungssehen) gegenüber dem bloß betrachtenden Sehen als das eigentlichere Sehen gelten.

Die Wahrnehmungen der Bewegung und Berührung werden dadurch persönlicher und intimer als alle anderen Wahrnehmungen bzw. bewegen und berühren auch uns selbst besonders, daß sich in ihnen mit dem *Erfah-*

ren des Erfahrenen eine *Erfahrung* unserer selbst verbindet. Hier erfahren wir die Natur wie uns selber. Es bedarf zur eigentlichen Wahrnehmung der Natur also nur noch des Umschlags, daß dies auch die Erfahrung unserer selbst als Natur ist. Dann erfahren wir die Natur als unsere eigene Natur.

Das Persönlichsein der Tast- und Bewegungssinne liegt nicht bereits darin, daß in der Berührung des Gegenstands ein Bild unserer selbst erscheint. Entscheidend ist vielmehr das Betroffensein, nicht nur zu erfahren, sondern gleichermaßen erfahren zu werden, so wie ja das Wahr*nehmen* den Doppelsinn sowohl des Ergreifens als auch des Empfangens hat. Denn wir haben, wenn die ganze Welt immer mehr nach Mensch aussieht, zwar mannigfach Gelegenheit zur Begegnung mit uns selber als den Verursachern, dies jedoch nicht so, daß wir uns in der Wahrnehmung zugleich als Gesehene selbst sehen und dementsprechend betroffen sind.

Das Moment des Betroffenseins ist in der komplementären Erfahrung unserer selbst in eins mit der Erfahrung des Gegenstands der wesentliche Unterschied gegenüber allen anderen Formen der Erfahrung. Das bloße Wiedererkennen unseres Handelns in der Sinnenwelt spiegelt uns zwar ein Bild unserer selbst zurück, beläßt die natürliche Mitwelt jedoch im Status des Äußerlichen, das uns anverwandelt worden ist. Zur Erfahrung der Natur als derjenigen, zu der wir selbst wirklich gehören, bedarf es demgegenüber nicht nur des Erfahrens unserer selbst, sondern – wie bei Aktaion – auch des Erfahrenwerdens im Empfangen des Eindrucks. Entscheidend ist nicht allein, daß wir erkennen, sondern daß wir auch erkannt werden. Zum Erkennen gehört, daß man sich selber zu erkennen *gibt*.

Die Selbsterfahrung im Betroffensein ist das wesentliche Merkmal allen Erlebens. Sich nicht zu fühlen ist der Tod. Wir erleben etwas erst dann, wenn wir dabei auch selbst betroffen sind, so daß das Ich-erlebe alles Erleben begleitet. Zu dieser Selbsterfahrung aber kommt es nicht schon dadurch, daß jemand etwas macht, sondern erst dadurch, daß ihm etwas widerfährt und ihn berührt. Nicht die gewollten, sondern die empfangenen Erfahrungen sind es, die einen Menschen zu dem bilden, der er ist. Hans Christian Andersen hat dies in seinem Märchen vom Flachs als einen Freuden-, Leidens- und Erlösungsweg beschrieben, an dessen Ende das reine Licht des Feuers steht, in dem keine Schwere mehr ist.

Die Tast- und Bewegungssinne haben also eine besondere Bedeutung für unser Erleben der Natur als des Ganzen, zu dem wir selber gehören. In der Sinneserfahrung der industriellen Welt aber droht uns das Berührtsein verlorenzugehen. Das sinnliche Korrelat zu derjenigen Einsicht, die vielleicht die wichtigste ist, um den Gefährdungen der Industriegesellschaft zu begegnen, der Einsicht in unser Natursein, wird gerade durch die Lebensformen der Industriegesellschaft verstellt. Eine Schlüsselstellung dabei hat das industriewirtschaftliche Energiesystem. Die moderne Technik wird meines Erachtens mit Recht prometheisch, also nach der Entdeckung der Energie benannt.

11.4 Abschirmung von der natürlichen Mitwelt durch Energiesysteme – Hat Prometheus seine Strafe verdient?

Unter den industriegesellschaftlichen Lebensbedingungen werden die verschiedenen Sinne sehr ungleich herausgefordert und gebildet. Unsere Augen und Ohren sind von Reizen überflutet. Wesentlich schwerer tun wir uns schon mit dem Geschmack. Z. B. schmecken Tomaten heute in der Regel kaum noch anders als Gurken. In einer ausgesprochenen Wüste leben wir, was den Atlas der Gerüche angeht. Eine ebensogroße Erlebnisarmut aber trifft unsere Tast- und Bewegungssinne, und hier liegt – wegen ihrer im vorangegangenen Abschnitt geschilderten besonderen Bedeutung – heute ein Hauptproblem.

Ein Weg z. B., der unberührt bleibt, berührt uns nicht. Wie ein Apfel gewachsen ist, erfahren wir nur, wenn wir ihn pflücken. Und wo wir kein Hand-Werk mehr kennen, fehlt etwas im Handeln. Weil den Tast- und Bewegungssinnen heute nur noch so wenige Eindrücke zuteil werden, bilden sie sich weder hinreichend aus, noch nehmen wir wahr, was wir ›begreifen‹ und ›erfassen‹ sollten – nämlich die Natur als diejenige, zu der wir selbst gehören, oder uns als Natur.

Die Verkümmerung der Tast- und Bewegungssinne ergibt sich weitgehend daraus, daß dem industriewirtschaftlich lebenden Teil der Menschheit heute pro Kopf fast das Einhundertfache der physischen Energie des menschlichen Körpers zur Verfügung steht (in USA etwas mehr, im Osten etwas weniger) und so genutzt wird, daß jene Sinne dabei verkommen. Das Gleichgewicht von Energie und Gestaltung oder von physischer Leistung und Verwendungsintelligenz, welches das menschliche Handeln unserer Körperbeschaffenheit nach ursprünglich charakterisiert, ist in Produktion und Konsum heute weit nach der Seite der Intelligenz hin verschoben und dadurch sozusagen kopflastig geworden. M. Levy nimmt das Mengenverhältnis von unbelebten zu lebendigen (inanimate/animate) Energiequellen geradezu als ein Maß der Modernität (1972, 3).

Die industriegesellschaftliche Arbeit ist kaum noch ein sinnlicher Vollzug, also sozusagen gar kein Handeln mehr. Wenn die Bewegungsarmut sportlich kompensiert wird, ersetzt dies außer der physischen Leistung nicht unbedingt auch die Erlebnisse. Noch nie war die Wirtschaftstätigkeit einer Gesellschaft so unsinnlich wie die der unseren. Die überreichliche Energieversorgung also dient, wie es scheint, einer Entwicklung, in der sich die produktive menschliche Tätigkeit zunehmend an Schaltknöpfe oder Schreibtische verlagert. Wir berühren die Dinge nicht mehr selbst, sondern wir lassen sie berühren.

Nun kann unser Sensorium zwar viele Werkzeuge und sogar Maschinen in der Weise durchdringen, daß das Erleben über den Apparat hinaus an die Stelle verlagert wird, an der man es jenseits des technischen Organs (d. h. Werkzeugs) mit dem Gegenstand zu tun hat. Dies gilt sowohl für ein Auto, durch das hindurch am Lenkrad die Straße zu fühlen ist, als auch für den Stock, mit dessen Hilfe der Blinde seine Umwelt ertasten kann, indem er ihn ganz fest anfaßt und dadurch sozusagen das Sensorium der Hand bis an die Spitze des Stocks erweitert (Sondenphänomen in der Wahrnehmungspsychologie). Man kann heute aber in der Regel durch eine technische Anlage – und dies ist nicht nur eine Frage der Größe – nicht mehr hindurchfühlen. Wegen der Schlüsselstellung des Tastsinns verbindet sich mit dieser Abschirmung eine Beeinträchtigung unseres Erlebens, insbesondere des Erlebens der natürlichen Mitwelt.

Selbst der Ingenieur, der eine Anlage durch und durch kennt, kann sich allenfalls so in sie hineindenken, daß er mit Zeigerausschlägen und sonstigen Signalen eine unmittelbare Vorstellung verbindet, wie es in diesem oder jenem Teil jeweils aussieht. Fühlen aber wird er bei der Betätigung eines Schalters nichts als eben dies: die Betätigung des Schalters, nicht jedoch jenseits der Anlage das Sterben der Fische im Fluß. Konrad Lorenz hat gezeigt, wie konstitutiv diese Abschirmung für die moderne Waffentechnik ist, die ja im wesentlichen auch eine Energietechnik – zur zerstörerischen Freisetzung von Energie – ist.

Der Pilot des Bombenflugzeugs erlebt, wenn er seine Schalter betätigt, ebensowenig an sich selber wie der Ingenieur in einer Produktionsanlage. Beide leben in einer Umwelt, in der das, was sie anrichten, gar nicht oder nur von fern her wahrgenommen werden kann. Dies ist in der Geschichte der Menschheit vor allem deshalb eine völlig neuartige Situation, weil durch die Schalter, Telephone etc. noch nie so große und ferne Energieumsätze entfesselt worden sind wie in der industriellen Wirtschaft und Waffentechnik. Es ist so, als drohe die furchtbare Fensterlosigkeit so vieler heutiger Gebäude auf die menschliche Seele überzugreifen.

Das heutige Energiesystem schirmt uns nicht nur in der Waffentechnik und im Bereich der industriellen Produktion gegen das Erleben und die Wahrnehmung unseres Umgangs mit der natürlichen Mitwelt ab, sondern auch im bloßen Leben. So angenehm es z. B. ist, in Häusern gegen Unwetter und große Temperaturschwankungen geschützt zu sein, gerät dieser Schutz allmählich doch zur Isolierung vom Naturzusammenhang des menschlichen Lebens, wenn Wohnungen und Arbeitsplätze so weitgehend klimatisiert werden, daß man sich im Winter nicht anders kleidet als im Sommer, oder wenn bei künstlicher Beleuchtung der Tag-Nacht-Unterschied nicht mehr erlebt wird.

Für die sinnliche Wiederentdeckung des Naturzusammenhangs unseres Lebens, von der heute so viel abhängt, liegt das besondere Problem darin, daß hier eine sinnliche Verdunkelung gerade an der Stelle erfolgt, welche die Brücke zwischen den naturgeschichtlich späteren Sinnen zur eigenen Betroffenheit bildet. Diese Verdunkelung ist die Deformation der menschlichen Wahrnehmung durch die Abschirmung der Tast- und Bewegungssinne des Teils in bezug auf das Ganze.

Wir bringen zu viel selbst hervor und empfangen zu wenig, was ›es‹ gibt – was uns als Gegebenes und Empfangenes von sich aus zuteil wird. In der Sinneserfahrung droht uns das Erfahrenwerden, die passive Erfahr*ung* verlorenzugehen und damit das eigentliche Erleben. Es ist wieder so, als ob wir dem Irrtum der Kantschen Taube erlegen seien.

In der cartesischen Wirtschaft hält die Energie die Entwicklung aufrecht, in der die Umkehr zum Leben nicht stattfindet. Energie nämlich ist als ein Teil der Trias Gestalt/Energie/Material eine notwendige Bedingung dafür, die lebende Welt zunächst in Ressourcen oder Materialien zu verwandeln, die dann nach unserem Bild gestaltet werden. Energie ist die Bedingung, ohne die die Ressourcen keine Ressourcen wären, und das tertium comparationis für die in der cartesischen Wirtschaft erfolgende gewaltsame Verkörperung (In-Formation) des menschlichen Vorstellens in die nur noch ausgedehnte Welt.

Wo Descartes einen Gottesbeweis ersann (3. Meditation), um den entleibten Geist (res cogitans) wieder in den entseelten Körper (res extensa) zurückfinden zu lassen, und wo der Künstler seine Seele einsetzt, um die Natur zu sich kommen zu lassen und sie von dem auf ihr lastenden Fluch (Gen. 3,17) zu erlösen, steht in der industriellen Wirtschaft das Energiebudget. Die Kernenergie ist das letzte Aufgebot, um die hier noch verbliebenen Lücken endgültig zu schließen.

Kann aber Energie nur so und nicht auch ganz anders genutzt werden? Auf die Frage, ob der kleine Hund großgezogen werden sollte, antwortete das Kind: Nein, wir lassen ihn wachsen. Die Energie, mit der die natürliche Mitwelt als Ressource gewaltsam bearbeitet wird, ist die des Großziehens im Gegensatz zum Wachsenlassen. Demgegenüber gehört bekanntlich auch zum Wachsenlassen Energie, jedoch damit etwas von sich aus zu sich kommt. Der Unterschied ist: Was von sich aus wächst oder sich von sich aus bewegt, wird von der Energie, die es braucht, nicht äußerlich bewegt, sondern es bewegt oder entwickelt sich selbst, bewegt wie bewegend, und nutzt dabei die vorhandene Energie.

Nun wächst vieles nicht von alleine, sondern nur durch die Hand des Menschen. Auch Kunstprodukte aber können natürlich sein (Abschnitt 6.6). Ihr ›Wachstum‹ zu organisieren, ist die Aufgabe der Technik und der industriellen Gestaltung. Dabei ist das Design, wie Stefan Lengyel (1979) sagt, sozusagen das Gewissen eines Produkts. Ein gutes Gewissen hat ein Produkt heute nur noch dann, wenn es so offen wie der oben erwähnte Stock für die Erweiterung des menschlichen Sensoriums ist. Niels Bohr hat durch dieses Bild gern die Komplementarität von Erfahrungen veranschaulicht. Die leiblichen Organe sollten also durch die technischen Organe leiblich erweitert und umgekehrt die letzteren in den Lebenszusammenhang des Menschen integriert werden.

Beispiele derart ›organischer‹ Erweiterungen oder einer organischen Technik sind nicht nur der Taststock, ein Flaschenzug oder ein Storchschnabel, sondern auch größere Systeme wie z. B. Autos können in dieser Hinsicht mit großen Unterschieden besser oder schlechter konstruiert werden. Einige sind so gebaut, daß sie so wenig Umweltgefühl wie möglich vermitteln, und dann wird »jede Fahrt zu einem Akt sensorischer Beraubung« (Hall aaO 71). Wäre es denkbar, alle industriellen Geräte nur noch als Verstärker zu bauen, durch die der Mensch so hindurchfühlen kann, daß er jenseits des Apparats das Gegenbild seines eigenen Handelns empfindet? Umgekehrt zum Traum der Kantschen Taube sollte sich mit unserem Ausdruck in der natürlichen Mitwelt stets ein Gegendruck verbinden, in dem wir uns selbst als zur Natur gehörig erfahren.

Wie drastisch sollte der Energieumsatz vermindert werden? Ein Maß sehe ich darin, daß ein so wunderbar vielseitiges Geschöpf wie der Mensch im Tag/Nacht-Durchschnitt mit etwa 100 Watt Energiezufuhr auskommt (ca. 2000 kcal/24h). Eine Maus braucht einige Zehntel Watt, ein mittelgroßer Hund einige 'zig Watt, ein Stier einige hundert Watt und ein Elefant einige Kilowatt. Mit unseren hundert Watt können wir bemerkenswert viel anfangen: laufen, schwimmen, klettern, Häuser bauen, Recht setzen, Menschen und Tiere heilen, Gärten schaffen, lesen und schreiben. Was fängt demgegenüber die heutige Technik mit hundert Watt an? Soviel braucht schon eine ordentliche Leselampe. Die Heizung eines Einfamilienhauses hat bereits etwa den hundertfachen Energieumsatz, und ein schnelles Auto braucht pro Zeiteinheit sogar tausendmal soviel Energie wie der Mensch, der es steuert.

Dies ist gewalttätige Technik, absolutistische Technik, einäugige oder Zyklopentechnik. Die Ingenieure sollten sich statt dessen die Natur zum Vorbild nehmen, wie sie gerade *mit wenig Energie viel Leben schafft.*

Entwicklungen in Richtung einer solchen ›100-Watt-Technik‹ zeichnen sich bereits ab, denn nicht alle Technik ist gleichermaßen zyklopisch. Das Telephon, eine Stereoanlage und andere elektronische Geräte leisten pro Energieeinheit zwar noch lange nicht so viel wie der Mensch allein, kommen dem Ziel einer gewaltloseren Technik aber doch schon wesentlich näher.

Ich halte die Mikroelektronik unter dem Gesichtspunkt eines gewaltloseren Verhältnisses zur natürlichen Mitwelt nicht nur für einen technischen Fortschritt, sondern für einen wirklichen Fortschritt. Dasselbe könnte für die Biotechnologie gelten, wenn hier nicht die Anpassung an Fehlentwicklungen fortgesetzt würde. Dann müßte allerdings die Technik dem Naturzusammenhang des menschlichen Lebens angepaßt werden, während sich in dem oben besprochenen Beispiel die Menschheit wie die natürliche Mitwelt einer bestimmten Art von Industrie anpassen sollte. Woran werden die Ingenieure arbeiten?

Daß die Mikroelektronik eine Verkürzung der Erwerbsarbeitszeit erlaubt, ist ja eigentlich auch kein Übel. Die Arbeit muß nur gerecht verteilt werden, und das sollte doch wohl möglich sein. Ein sehr heikles Problem ist freilich die Abschirmung, die sich dadurch ergibt, daß wir elektrisch vermittelten Steuerungsprozessen sinnlich nicht folgen können. Daß die Elektronik nicht notwendigerweise abschirmen muß, zeigt jedoch das Telephon. Vielleicht können entsprechende Lösungen auch anderweitig gefunden werden.

Ein sehr heikles Problem ist freilich die Abschirmung, die sich dadurch ergibt, daß wir elektrisch vermittelten Steuerungsprozessen sinnlich nicht folgen können. Daß die Elektronik nicht notwendigerweise abschirmen muß, zeigt jedoch das Telephon. Vielleicht können entsprechende Lösungen auch anderweitig gefunden werden.

11.5 Deformation der Erfahrung von Landschaft

Die für unsere Tast- und Bewegungssinne eingetretene Verdunkelung eines Teils der Welt hat weitreichende Folgen für die Wahrnehmung des Raums. Es ist so, als wenn wir unsere Raumerfahrung mit Hilfe der verfügbaren Energie allmählich dem cartesischen Weltbild anpaßten.

»Der Weg hinauf und hinab – ein und derselbe« war für Heraklit (Diels-Kranz B60) noch eine Paradoxie – eine jener gegenstrebigen Verbindungen, mit denen er zeigt, daß auch die größten Gegensätze immer noch durch ein Gemeinsames zusammengehalten werden. Welche Spannung darin liegt, daß der Weg hinauf ungeachtet aller Mühe derselbe ist wie der Weg hinab, kann auch heute noch dem Wanderer verständlich sein, schwerlich aber dem Auto- oder Eisenbahnfahrer.

Was Heraklit so, wie es ist, als paradox erfahren konnte, wird heute kaum noch wahrgenommen. Denn die modernen Verkehrsmittel homogenisieren den Raum derart, daß seine phänomenalen Eigenschaften (E. Ströker 1965) geradezu verschwinden. In der Spannung des Gashebels z. B. kann die Steigung eines Wegs nicht erfahren werden.

In einem charakteristischen Gegensatz zu den modernen Verkehrssystemen stehen Wandern, Segeln und Skifahren, was ein Grund dafür sein mag, daß diese Bewegungsarten – kompensatorisch – so gern gesucht werden. Hier wird über die mechanische Energie des menschlichen Körpers und die der Umgebung (Wind, potentielle Energie) hinaus keinerlei Zusatzenergie benötigt. Zugleich wird mit der eigenen Bewegung immer auch der Gegendruck gespürt, der – wie im Flug der Taube – ein Gefühl der Einbettung in die Umwelt ergibt.

Demgegenüber lassen wir uns durch die modernen Verkehrsmittel wie durch die ungeschlachte Kraft von Riesen bewegen, wobei Siebenmeilenstiefel zwar die Maßlosigkeit zum Ausdruck bringen, sich als Mensch derart in ein Verhältnis zur natürlichen Mitwelt zu setzen, sonst aber – solange durch die Stiefel nichts zertrampelt wird – ein durch die Eleganz dieser Idee eher schmeichelnder Vergleich sind. Die Bewegung geschieht so, daß wir nicht einmal aus eigener Kraft gewaltsam alle Widerstände überwinden (dann wäre immerhin noch ein Gegendruck zu spüren), sondern eben dafür unsere Energieriesen haben, die uns ihre Gewalt nicht spüren lassen.

Uns zugewandt, sind diese Riesen zart wie die fliegenden Teppiche, der Mitwelt zugewandt aber sind sie Zyklopen. In der Kernenergieentwicklung birgt vor allem die Allmachtsphantasie der Brütertechnik die Gefahr einer ›Endlösung‹ für den Naturzusammenhang des menschlichen Lebens. Das Energiesystem droht für die Industriegesellschaft zu einem Babylonischen Turm zu werden.

Der gewaltsamen Homogenisierung des natürlicherweise von Ort zu Ort verschieden und immer wieder neu erfüllten Raums dient das heutige Energiesystem neben dem Verkehrswesen vor allem in der Bautechnik. Wie die jeweiligen landschaftlichen Gegebenheiten zunächst gewaltsam auf eine tabula rasa reduziert werden, um den Ingenieuren einen dem heutigen Stand ihrer Kunst gemäßen Zugang zur Landschaft zu bieten, ist heute jedermann vor Augen. Sogar Gartenanlagen werden oft erst in Angriff genommen, nachdem alles, was vorher schon gewachsen war, so weit niedergewalzt ist, daß der Planer darin seinen eigenen Ausgangspunkt wiedererkennt – ein leeres Blatt Zeichenpapier (Burckhardt 1981).

Die Widerstände, welche eine Landschaft der menschlichen Besiedlung ursprünglich bietet, werden nicht überwunden, sondern vernichtet, wenn man sich eine Landschaft so aneignet, daß zunächst alles, was da ist, zugrunde gerichtet wird, um hernach eine Welt nach unserem Bild neu erstehen zu lassen. Auch hier aber sind wir, wie mir scheint, dem Traum der Kantschen Taube verfallen. Damit der Gegendruck des Naturzusammenhangs unseres Lebens in der Wahrnehmung wieder spürbar wird, sollten wir das, was eine Landschaft bietet, nicht nur ergreifen, sondern auch zu empfangen suchen. Dann zeigt sich nämlich, daß eine Landschaft Häusern, Wegen, Feldern und Gärten in verschiedenen Lagen mehr oder weniger *Raum gibt.*

Als Erdbewegungen noch nicht so leicht möglich waren, wie durch die heutige Zyklopentechnik, galt es für Besiedlungszwecke jeweils einen Ort zu *suchen.* Wenn dann einer gefunden war, an dem die Landschaft den jeweiligen Bedürfnissen Raum gab, verband sich der von der Landschaft *gegebene* und von uns *empfangene* Raum mit dem, was dann menschlicherseits dort errichtet wurde. Heute braucht man kaum noch zu suchen, wo einem Bauwerk Raum gegeben wird. So aber geht uns mit dem Suchen und Finden auch das Gefundene ab.

Mit einer genügend großen Heizung oder Klimaanlage kann dasselbe Haus heute an jedem beliebigen Ort der Erde errichtet werden, der überhaupt ein Haus tragen kann, und im Innern – unabhängig von seiner Umwelt – überall dieselben Temperatur- und sonstigen Wohnverhältnisse bieten. Man braucht dafür nur genügend Energie. Und so wird heute überall in der Welt dieselbe Art von Gebäuden errichtet – von Architekten, die in ihrer überwiegenden Mehrheit mittlerweile keinerlei Landschaftsgefühl mehr haben.

Ein Haus, welches wie eine vergessene Schachtel nach Belieben irgendwohin gestellt werden kann, gehört jedoch überall gleich wenig hin. Es hat eigentlich keinen Ort, sondern nur eine Adresse, so daß die Bewohner dort, wo sie wohnen, gar nicht *ansässig* und beheimatet werden, sondern sozusagen schwerelos leben. Wenn hingegen für ein Haus ein Ort *gefunden* wird, dann *hat* es ihn auch, und seine Bewohner sind dort, wo es steht, wirklich ansässig geworden.

Sowohl auf dem Lande als auch in der Stadt ist es grundsätzlich möglich, ein Haus nach der Himmelsrichtung, den Windverhältnissen, den Gegebenheiten des Geländes, dem Kleinklima und der umgebenden Bepflanzung so an seinen Ort zu bauen, daß ihm dort Raum gegeben wird. Gute Architekten wissen das. Ein solches Haus braucht hierzulande auch nur etwa ein Siebtel oder Zehntel der bisher durchschnittlich aufgewandten Heizenergie, in Zukunft vielleicht sogar noch weniger. Es klimatisiert sich durch die richtige Einpassung in die natürlichen Energieströme fast von alleine und ist in diesem Sinn natürliche Technik. Die vergessenen Schachteln hingegen werden gewaltsam und gegen ihre Umgebung klimatisiert. Die Kernenergie würde dies auch in Zukunft ermöglichen.

Wer sich auf die Frage einläßt, wofür eine Landschaft hier oder dort Raum gibt, hat freilich manches zu berücksichtigen, wovon ein moderner Architekt oder Ingenieur nichts weiß. Dazu gehört sogar eine dem Zunftbewußtsein eher zuwiderlaufende Aufgeschlossenheit für gewachsene Verhältnisse. An die Stelle der geraden, alles zerschneidenden Linien des homogenen Raums müßten z. B. Wachstumslinien (wie in einem Gewächs) oder Gefällelinien (wie wenn ein Ball bergab rollt) treten. Wichtig sind auch:

»Magische Orte: Stellen in der Landschaft, die eine geheimnisvolle Wirkung ausstrahlen und von vielen Menschen über lange Zeiträume bewußt oder unbewußt aufgesucht oder gemieden werden. Solche Orte sind für das Selbstverständnis des Menschen in seinem Landschaftsraum wichtig. Man darf sie in ihrer Wirksamkeit durch bauliche Maßnahmen möglichst nicht beeinträchtigen!« (Landzettel 1977, 10).

Nachdem die Industriegesellschaft in einer für mein Gefühl geradezu magischen Weise dem emotionalen Bedürfnis nach Rationalität verfallen ist, kann uns ein wenig Magie älterer Art vielleicht einmal ganz guttun. Es würde mich nicht wundern, wenn vieles bisher nicht Berücksichtigte demnächst auch wissenschaftlich auf den Begriff gebracht und zu respektieren gelernt wird. Vermutlich bleiben aber gewisse Erfahrungen von Heiligkeit – eingegrenzter Bezirke – auch dann noch jenseits der wissenschaftlichen Legitimation, so daß es umgekehrt wohl nicht ohne eine entsprechende Besinnung auf die Legitimation der Wissenschaft abgehen kann. Dies war das Thema des vorangegangenen Kapitels.

11.6 Konsequenz: Natürliche Technik und ästhetische Erziehung

Daß die Technik möglichst natürlich sein sollte, klingt in manchen Ohren so, wie wenn jemand sagt, daß Schläge möglichst wenig wehtun sollten. Wir empfinden Technik heutzutage in der Regel jedenfalls als einen Gegensatz zur Natur, und tatsächlich ist sie in einen solchen Gegensatz geraten, was ja gerade die Umweltzerstörung beweist.

Natürliche Technik wie einen Widerspruch in sich zu empfinden, kann aber auch daran liegen, daß man sich von der Natur und vom Menschen nicht den richtigen Begriff macht, nämlich den Menschen nicht als einen Teil der Natur und dann die Natur nur als die unberührte Natur denkt. Dies ist jedoch nicht richtig, wie ich in den Kapiteln 5 und 6 begründet habe. Denn wir sind ein Teil der Natur, sind wie Tier und Blume, Baum und Stein aus der Naturgeschichte hervorgegangen. Nur deshalb sind wir auch selbst von der industriewirtschaftlichen Umweltzerstörung mitbetroffen.

Es geht eben in der Regel darum, daß wir uns im Umgang mit der natürlichen Mitwelt zu ihr befreiend und Frieden stiftend verhalten, und nicht darum, daß wir uns dieses Umgangs enthalten. Dabei halte ich es nun zwar für plausibel, daß der Frieden mit der Natur in der Vergangenheit meistens besser gehalten worden ist als durch die Industriegesellschaft. Daraus folgt aber keineswegs, daß dieser Frieden auch heute am besten so gefunden werden könnte, wie es ihn früher schon gegeben hat.

Vielmehr gibt es z.B. im Energiebereich auf dem mittlerweile gerade durch die Industrialisierung – um einen hohen Preis – erreichten technologischen Niveau ganz neue und bessere Möglichkeiten, zur Nutzung der Sonnenenergie zurückzukehren, als sie früher verfügbar waren (Sieferle 1982, 62; Bauerschmidt 1984/85). Ich nehme an, daß eine natürlichere Technik als die heutige auch durch Fortschritte der Biotechnologie *möglich* ist, und daß die Mikroelektronik für diese Entwicklung insgesamt von großer Bedeutung sein wird.

Es geht also nicht darum, die Technik abzuschaffen, sondern sie aus dem Gegensatz zur Natur wieder herauszuführen, in den sie geraten ist. Hier muß ich nun freilich – wie in der Abwägungsfrage (Abschnitt 7.3) – wieder den Beifall von der falschen Seite fürchten, derer nämlich, die nun resümieren: Solange es nicht gegen die Technik als solche geht, werden wir schon dafür sorgen können, daß alles so weiter geht wie bisher. Um so wichtiger ist es, die Unterschiede deutlich zu machen.

Die entscheidende Bedingung, welche eine natürlichere Technik erfüllen muß, ist die möglichst große Durchlässigkeit für die Wahrnehmung der natürlichen Mitwelt. Es geht darum, die in den beiden vorangegangenen Abschnitten geschilderte Abschirmung unserer Umwelt – des derzeitigen Wahrnehmungszusammenhangs, in dem wir leben – zu durchdringen. Eine Voraussetzung dafür ist, daß die Technik gewaltloser wird als bisher. Wie die Natur mit wenig Energie viel Leben schafft, sollte zu einem Vorbild für die weitere technische Entwicklung werden. Biotechnik und Mikroelektronik bieten durchaus Möglichkeiten in dieser Richtung. Das Beispiel der herbizidresistenten Kulturpflanzen zeigt jedoch, daß diese Möglichkeiten auch zur weiteren Abschirmung genutzt werden können, so daß Gewaltlosigkeit und Durchlässigkeit nicht nur eine Frage des Energiesystems sind.

Ivan Illich (1975) hat unter dem Kriterium der Konvivialität ebenfalls verschiedene Techniken als mehr oder weniger in einen Lebenszusammenhang integrierbar beurteilt. Fahrrad, Telephon und Buchdruck gelten ihm als besonders konvivial. Es geht ihm dabei nicht um die natürliche, sondern um die soziale Mitwelt, also um die Tragweite technischer Systeme für das menschliche Zusammenleben. Die Sozialverträglichkeit verschiedener Technologien ist nicht das Thema dieses Buchs. Der Frieden mit der Natur ist letztlich jedoch eine der Sozialverträglichkeit korrespondierende Bedingung. Denn es ist *dieselbe Fehlhaltung* des Menschen im Verhältnis zum Ganzen, die einerseits die natürliche Mitwelt ausbeutet und zerstört, andererseits die gesellschaftliche Ordnung und Entwicklung beeinträchtigt. Einander korrespondierende Ergebnisse sind deshalb nicht überraschend.

Unter den Kriterien des Kapitels 7 ist das der Schönheit umfassender als das der Gewaltlosigkeit, jedoch schwerer zu konkretisieren. Die erforderliche ästhetische Urteilskraft kann sich allerdings wiederum an der Natur orientieren, wenn wir verlangen, die Technik solle der Kunst wie diese der Natur möglichst nahekommen. Für die Kunst lautet diese Bedingung: »Die Kunst kann nur schön genannt werden, wenn wir uns bewußt sind, sie sei Kunst, und sie uns doch als Natur aussieht« (Kant, Kritik der Urteilskraft A177 = V. 405).

Damit ist gemeint, daß ein Kunstwerk zwar bestimmten Regeln zu genügen hat, jedoch »ohne Peinlichkeit« (aaO A178), d. h. es darf nicht so aussehen, als habe der Künstler vor allem bestimmten Anforderungen genügen wollen. Das Kunstwerk soll die Regeln ungezwungen, von sich oder von innen heraus und in eben diesem Sinn natürlicherweise berücksichtigen, ihnen also nicht nur äußerlich angepaßt sein. Seine Natürlichkeit wie die der natürlichen Technik besteht dann darin, daß die Natur in ihm »als ein Ganzes wirkt« (Goethe HA XII. 98). So zu wirken, ist die Aufgabe des Künstlers, dessen Talent ja, wie Kant mit Recht hervorhebt, »selbst zur Natur gehört« (aaO A178).

»Was die Natur vergebens möchte, vollbringen die Kunstwerke«, heißt es bei Adorno: »sie schlagen die Augen auf« (1970, 104). Ein schöneres und richtigeres Bild wäre, daß *die Natur selbst in der Kunst die Augen aufschlägt*. Denn sie ist es, die im Menschen zur Sprache kommt und in der Kunst Erlösung findet. *Kunst ist Erlösung der Natur.* »Damit aber dient die Kunst selber der Versöhnung, die in dieser Welt noch aussteht« (Röhring 1979, 15).

Wo die ästhetische Urteilskraft hinreichend ausgebildet ist, ergibt sich ein sehr differenziertes Unterscheidungsvermögen dafür, ob ein Produkt im Sinn von Lengyel ein gutes oder ein schlechtes Gewissen hat. Leider ist diese Urteilskraft von den Designern bisher viel zu oft nur formalästhetisch geübt und auf das Äußerliche beschränkt worden. In Zukunft müßte die ästhetische Urteilskraft zur Unterscheidung guter und schlechter Technik in einem wesentlich erweiterten Sinn ausgebildet und geübt werden. Auch wenn es formal noch so gut aussieht, darf ein Produkt *ästhetisch* nicht mehr akzeptabel sein, wenn es z. B. auf Kosten der Gesundheit der Beschäftigten hergestellt und auf Kosten des lebendigen Naturzusammenhangs konsumiert wird (Sturm 1979).

Ein Auto z. B. kann nicht wirklich schön sein, wenn es der Umwelt 4000mal pro Minute oder 240000mal pro Stunde, einmal mit jeder Umdrehung des Motors, einen Giftstoß versetzt. Glücklicherweise verbreitet sich allmählich die Einsicht, daß derlei Primitivitäten in Wirklichkeit auch *schlechte Technik* sind. Z. B. würde heute wohl bereits kein guter Verfahrenstechniker einen Produktionsprozeß noch so führen, daß Gifte letztlich in Deponien gelagert werden müssen. Kunst und Technik, die ja einmal eng verbunden waren, kommen sich bereits wieder etwas näher.

»Weil das Wesen der Technik nichts Technisches ist, darum muß die wesentliche Besinnung auf die Technik und die entscheidende Auseinandersetzung mit ihr in einem Bereich geschehen, der einerseits mit dem Wesen der Technik verwandt, und andererseits von ihm doch grundverschieden ist. Ein solcher Bereich ist die Kunst.« (Heidegger 1954, I. 35.) Die weitere technische Entwicklung sollte sich dann nach der Regel vollziehen: *Technisch gut ist, was auch schön ist. Schön sind die Dinge, mit denen wir besser leben als ohne sie.* Was schön und technisch gut ist, hängt also davon ab, was gut und was das Leben ist.

Die Unterscheidung von gutem und schlechtem Design wird dadurch nicht leichter, daß sie nur im Lebenszusammenhang insgesamt möglich sein soll. Man kann daraus aber doch auch unmittelbar praktische Konsequenzen ziehen. Um ein einfaches Beispiel zu geben: Die Schönheit eines Produkts bewährt sich erst, wenn es im Gebrauch ist. Was nicht sozusagen mit Würde altern kann, ist nicht wirklich schön. Wie wichtig dieser Gesichtspunkt ist, zeigt sich daran, daß die heutige Technik, wenn sie altert, zum großen Teil immer häßlicher wird.

Bedauerlicherweise ist die ästhetische Urteilskraft heute generell unterentwickelt, und wo sie es nicht ist, kann das Naturgefühl noch, genauso wie das landschaftliche bei den meisten Architekten, fehlen. Es kommt nicht nur darauf an, in der Allgemeinheit mehr für die ästhetische Bildung zu tun, sondern diese selbst muß bei denen, die sie weitergeben können, bisweilen erst aus der Verengung befreit werden, in die sie durch die Abschirmung von der natürlichen Mitwelt geraten ist.

Es ist also zunächst einmal eine allgemeine Aufgabe, die Abschirmung zu durchdringen, und danach eine besondere Aufgabe der Künstler, Designer, Architekten, Landschaftsarchitekten, Stadtplaner, Kunsterzieher und sonst ästhetisch gebildeten Gestalter und Vermittler, den industriegesellschaftlichen Umgang mit der natürlichen Mitwelt an den Kriterien der Schönheit und Natürlichkeit zu messen. Die größte Sensibilität für die Natur haben vermutlich noch die Künstler – selbstverständlich auch dann, wenn sie ›ungegenständlich‹ arbeiten, denn mit den Elementen haben sie es allemal zu tun. Die maßgeblichste Schulung der Sinne ist also wohl die durch das Kunsterleben. Ein gutes Beispiel gibt Margreth Erdmann (1979).

Für die Wiedererschließung der Sinnenwelt fällt auch den Biologielehrern eine besondere Verantwortung zu. Manche von ihnen müßten mit der Naturerziehung allerdings erst einmal bei sich selbst beginnen. Danach sollten sie ihren Schülern lieber etwas weniger Biochemie und statt dessen z. B. beibringen, wie groß die Wurzelbereiche verschiedener Bäume sind und daß man ein Auto nicht dort abstellen darf, weil dadurch der Boden verfestigt, die Nahrungsaufnahme behindert und das übrige Bodenleben beeinträchtigt oder zerstört wird.

Nach Uexkülls Umweltlehre bedarf es, um die industriegesellschaftliche Umwelt wieder um die natürliche Mitwelt zu erweitern, nicht nur der kon-

266

templativen oder kognitiven Wahrnehmung ihres Daseins. Solange wir es mit der natürlichen Mitwelt nicht auch wieder *zu tun* haben, ist sie für unsere Umwelt nicht zurückgewonnen. Überwunden wird die Abschirmung durch das Industriesystem jedoch in jeglicher ästhetischen *Aktivität*. Dazu gehört die Vertiefung des sinnlichen Erlebens im Umgang mit Pflanzen, Tieren und den Elementen, außer in der Kunst also z. B. auch beim Wandern und Segeln, beim Bergsteigen und Skifahren ohne Lift, oder in der Gartenkultur.

Ich halte den Garten für die Keimzelle einer Erneuerung unserer Kultur. In einem Garten hat ja auch einmal alles angefangen. Hier gilt es heute (wie in Kleists ›Marionettentheater‹) erneut vom Baum der Erkenntnis zu essen, der dann zum Baum des Lebens wird. Die im Garten erneuerte Naturwahrnehmung kann in einer neuen Ästhetik des Alltags Gestalt gewinnen und für das Industriesystem den Weg der Umkehr zum Leben weisen.

In der öffentlichen Aufmerksamkeit haben umweltorientierte Bedürfnisse im Rahmen des Wertwandels zu postmaterialistischen oder Lebensqualitäts-Zielen (Inglehart 1977, Held 1984/85) eine zunehmende Bedeutung. Leider wird die Bedürfnis-Bildung in den Industriegesellschaften nicht als eine eigenständige Aufgabe wahrgenommen. Dabei führt letztlich eine bestimmte Art der Befriedigung von Bedürfnissen – oder dessen, was wir dafür halten – in der Vermittlung über den Markt zur Zerstörung der Lebensgrundlagen.

Man geht heute im allgemeinen erstaunlicherweise davon aus, daß die Konsumentensouveränität, auf der die Marktwirtschaft beruht, den Marktteilnehmern oder Konsumenten sozusagen von selber zufällt. Jeder soll von ganz alleine wissen, was ihm nützlich ist oder guttut und was nicht. Demgegenüber beruht die Industriegesellschaft

– im kognitiven Bereich auf dem monumentalsten Schulwesen in der Geschichte der Menschheit, verlangt von all ihren Angehörigen ein Höchstmaß an Informiertheit über das richtige Verhalten unter bestimmten Bedingungen und hat für besondere Informationsprobleme die spezialisiertesten Fachleute hervorgebracht (nicht nur Ärzte, Juristen und Ingenieure, sondern jeweils Spezialärzte, Spezialjuristen und Spezialingenieure);

– für das marktwirtschaftliche Optimum auf vollständiger Information der Konsumenten, aber auch hierzu wird die Bildung der Bedürfnisse nicht gerechnet, obwohl (damit?) der Käufer eines Produkts immer wieder feststellt, eigentlich nicht das gekauft zu haben, was seinen Bedürfnissen entspricht.

Vielmehr überlassen wir die Bedürfnis-Bildung in den Industriegesellschaften – wie vor der Einführung der allgemeinen Schulpflicht – im wesentlichen dem ›heimlichen Lehrplan‹, wie er sich einmal durch die häus-
liche Erziehung, zum andern durch Werbung, modisches Mittelmaß,
Massenmedien etc. ergibt.

Das Ergebnis ist, daß z. B. das heutige Sortiment an vorfabrizierten Haus-
türen sowohl angeboten als auch verkauft wird. Soweit mit dieser und
ähnlichen Feststellungen ein Vorwurf verbunden ist, soll er nicht gegen
diejenigen gerichtet sein, die relativ zum Konsumangebot kein hinreichend differenziertes Urteil haben, sondern gegen die, welche diesen Zustand unter mißbräuchlicher Berufung auf die Konsumentensouveränität
– die doch erst zu bilden wäre – zu erhalten suchen.

Es liegt ein Widerspruch darin, für die kognitive Bildung das totale
Schulwesen zu betreiben, auch die Gesundheitserziehung und Präventiv-
medizin noch leidlich gelten zu lassen, eine ästhetisch-emotionale Erziehung der Erlebnisfähigkeit und eine präventive Bedürfnisbildung für den
Wirtschaftsprozeß hingegen als Eingriff in das freie Spiel der Kräfte mit
Mißtrauen zu bedenken. Der Verdacht liegt nahe, daß die Konsumentensouveränität hier gerade nicht gewünscht wird, weil das heutige Waren-
angebot an einen souveränen Konsumenten weitgehend unverkäuflich
wäre.

Aus der Geschichte wissen wir (Sieferle 1984), daß das ästhetische Empfinden sogar eine Art Frühwarnsystem für Fehlentwicklungen sein kann.
Z. B. wurde der unorganische Charakter bestimmter Bauweisen kritisiert,
bevor sich zeigte, daß mit der ästhetischen Einbettung der Gebäude ihre
energietechnische Optimierung gleichermaßen verlorenging. Auch in bezug auf Monokulturen scheint die ästhetische Kritik älter zu sein als die
ökologische. Ich halte es für möglich, durch eine künstlerische und politisch kommunikative Bedürfnisbildung eine ästhetische Urteilskraft des
Alltags zu entwickeln, mit der Fehlentwicklungen schneller und sicherer
erkannt werden können als durch manche Technologiefolgenabschät-
zung.

Im übrigen liegt die Verantwortung dafür, was gekauft und konsumiert
wird, nicht nur bei den Konsumenten. Denn von den Produzenten ist gleichermaßen die Souveränität zu verlangen, daß sie nicht alles produzieren,
was unter Ausnutzung menschlicher Schwächen verkäuflich wäre.

Wir dürfen in unserem Bildungssystem und in unserer sonstigen Sozialisation nicht mehr diejenige Sinnenbildung vernachlässigen, ohne die auch
eine akademische Ausbildung nicht dazu beiträgt, daß wir mit Wissenschaft und Technik besser leben als ohne sie. Ästhetische Erziehung – als

Bildung der Wahrnehmungs- und Erlebnisfähigkeit verstanden – ist die entscheidende Voraussetzung einer wahrnehmenden Verantwortung und verantwortlichen Wahrnehmung der natürlichen Mitwelt in unserer Umwelt (Meyer-Abich 1979b). Wäre unsere ästhetische Urteilskraft nicht durch die Degeneration der Wahrnehmungs- und Erlebnisfähigkeit verkümmert, hätte es nicht im heutigen Umfang zu den gewalttätigen Zerstörungen des Industriesystems kommen können.

12. Politische Chancen des Friedens mit der Natur

Politischer Aktivitäten bedarf es, wo im Staat etwas Vernünftiges nicht von alleine geschieht. Den Frieden mit der Natur so zu suchen, wie ich es empfehle, wäre nach den in diesem Buch entwickelten Überlegungen vernünftig. Wie stehen die Chancen, daß dieser Frieden wenigstens im westlichen der beiden Deutschlande zu einem Ziel der Politik wird? Ich beschränke diese Frage auf die Bundesrepublik, hole dabei nun aber etwas weiter aus als in der Kritik der bisherigen Umweltpolitik des Kapitels 2 und verzichte auf die kürzerfristige Analyse.

Die nächstliegende Antwort auf meine Frage ist wohl, daß der Frieden mit der Natur zwar ein vernünftiges Ziel der Politik wäre, in der Bundesrepublik aber zumindest so, wie er in diesem Buch konzipiert ist, politisch einstweilen keine sonderlichen Chancen hat. Soweit dies zutrifft, sind drei – einander nur teilweise ausschließende – Bewertungen denkbar:

1. Es gibt andere Wege zum Frieden mit der Natur, und diese wären politisch gangbar.
2. Es gibt keine Politik des Friedens mit der Natur.
3. Die Politik ist zu schwer für die Politiker.

Das öffentliche Bewußtsein tendiert insbesondere zur letzteren dieser drei Möglichkeiten. Ich halte das für beunruhigend, weil die politische Unfähigkeit zur Erhaltung der Lebensbedingungen das Vertrauen in die Kompetenz unseres Staats untergräbt, den wesentlichen Zukunftsfragen überhaupt angemessen begegnen zu können.

Im November/Dezember 1983 ist durch eine Infratest-Umfrage ermittelt worden, welche politischen Aufgaben nach dem Gefühl der persönlichen Betroffenheit als vordringlich empfunden werden und welchen Parteien man am ehesten zutraut, sich dafür einzusetzen. Das Ergebnis war vernichtend für die drei Parteien des früheren Bundestags. Bezogen auf die Europäische Gemeinschaft, rangierten nämlich Maßnahmen zur Entgiftung der Lebensmittel (81 %) und zur Entgiftung der Flüsse (76 %) sowie einheitliche Luftbelastungswerte (75 %) für die Befragten an der Spitze der Wichtigkeitsskala, aber nur jeder Vierte (!) von ihnen erwartete, daß auch nur eine der drei Parteien sich dafür einsetzen würde. Genauer gesagt, beschränkte sich diese Erwartung auf die beiden großen Parteien, die FDP war hier schon ganz verschwunden.

Der Zielkatalog, auf dem die Befragung beruhte, umfaßte siebzehn Aufgaben, darunter die europäische Abstimmung in Sicherheitsfragen, die

Sicherung von Arbeitsplätzen bei Großinvestitionen und den Abbau von Wohlstandsunterschieden zwischen den armen und den reichen Ländern der EG. An den Schluß der Prioritätenskala der Wahlberechtigten gerieten die Investitionen für die Weltraumforschung (17 %) und das Eintreten für die 35-Stunden-Woche (19 %).

Es ist nur ein schwacher Trost, daß immerhin ein weiteres Viertel der Befragten der Partei der Grünen zutraute, daß sie sich für die Probleme an der Spitze der Prioritätenskala gebührend einsetzen würde. Denn auch jetzt noch erwartete etwa die Hälfte der Bevölkerung von den vier Bundestags-Parteien nicht einmal das nötige Engagement, geschweige denn die Lösung der Probleme. In den Augen der Öffentlichkeit also haben die Parteien umweltpolitisch versagt.

Während der relative Einsatz der drei Parteien (SPD, CDU/CSU, Grüne) in verschiedenen Fragen je nach ihrem politischen Profil unterschiedlich beurteilt wurde, blieb es für den gesamten Aufgabenkatalog dabei, daß zwischen einem Drittel und mehr als der Hälfte der Wahlberechtigten zu keiner dieser Parteien das nötige Vertrauen hatte. Durchschnittlich waren es 45 %, die von seiten der Parteien – einschließlich der Grünen – nicht mit dem erforderlichen Einsatz rechneten.

Seit der Erhebung vom Herbst 1983 hat sich die Gefährdung der Lebensgrundlagen noch einmal dramatisch verschärft. Mit dem Zusammenbruch des Ökosystems Wald verbindet sich die akute Gefährdung der gesamten Pflanzenwelt und damit der Lebensgrundlagen überhaupt. Die Öffentlichkeit wird nicht leicht davon zu überzeugen sein, daß unser politisches System die Katastrophe zwar nicht verhindert hat, dennoch aber das Vertrauen verdient, uns so gut es geht wieder aus ihr herauszuführen.

Die Zukunft unseres Staats hängt entscheidend nicht nur davon ab, ob die Parteien der Umwelterhaltung in Zukunft die gebührende Aufmerksamkeit widmen, sondern auch davon, ob die Öffentlichkeit daran glauben wird, daß sie es tun. Der Politik zugutezuhalten ist dabei allemal:

1. Politik vollzieht sich immer in kleinen Schritten. Es müssen nur die richtigen Schritte sein und sie dürfen nicht zu klein sein.
2. Daß es zur Erhaltung der Lebensbedingungen gegenläufige ökonomische Interessen gibt, widerlegt nicht die Chance einer dieser Erhaltung dienenden Politik, sondern bestätigt nur ihre Dringlichkeit und Notwendigkeit.
3. Während in der Philosophie alles auf die Begründungen ankommt, ist die richtige Politik auch dadurch möglich, daß verschiedene Leute aus verschiedenen Gründen dasselbe tun.

Schließlich wird das Umfrageurteil in der Öffentlichkeit über das Engagement – und wohl auch die Kompetenz – der Parteien, bzw. ihrer Repräsentanten zwar dadurch gestützt, daß sogar die Kleine Umweltpolitik der 70er Jahre im wesentlichen nicht den Parteien sondern der Verwaltung zu verdanken ist. Inzwischen aber hat das Umdenken in den Parteien ebenfalls – mehr oder weniger – eingesetzt.

Die Chancen dafür, daß der Frieden mit der Natur zu einem neuen Angelpunkt der Politik wird, hängen zunächst entscheidend davon ab, welche Rolle das ökonomische Denken in Kultur und Politik künftig spielen wird. Ich wende mich dieser Frage und dem Gedanken eines neuen Wirtschaftsstils im ersten und zweiten Abschnitt dieses abschließenden Kapitels zu. Wieweit die kulturelle Rückbindung der Ökonomie, für die ich plädiere, zu einem Ziel der Politik werden kann, ergibt sich weitgehend aus der Wahrnehmung der Zukunft in der Tradition einerseits eines konservativen, andererseits eines sozialdemokratischen Denkens (Abschnitt 12.3). Entscheidend für die Orientierung der politischen Parteien aber wird wiederum die regionale Willensbildung der Bürger, ihr Heimatgefühl und seine politische Kraft sein (Abschnitt 12.4). Die natürliche Mitwelt ist letztlich nur dort, wo sie ist, zu retten: an jedem Ort und am wenigsten in Bonn.

12.1 Die Ökonomisierung der Kultur – Von der Freiheit zur Autonomie der Wirtschaft

Die politischen Probleme der industriellen Wirtschaft sind seit zweihundert Jahren letztlich immer wieder auf Kosten der Natur gelöst worden. Der soziale Frieden insbesondere ging auf Kosten des Friedens mit der Natur. Dementsprechend wird der nächstliegende Einwand gegen die von mir empfohlene Politik verständlicherweise in die Gegenfrage gekleidet: Wird uns der Frieden mit der Natur nicht Arbeitsplätze kosten und dadurch die Beschäftigungskrise der 80er Jahre – zumal im internationalen Konkurrenzkampf – noch weiter verschärfen? Und werden sich die Entwicklungsländer diesen Frieden ebenfalls leisten können?
Ich kann diese Fragen beantworten, indem ich darauf hinweise, daß
– umweltverträgliche Produkte und Produktionsverfahren eine Modernisierung unserer Volkswirtschaft ergeben würden, durch die wir eine international wettbewerbsfähige Wirtschaftsposition wahrscheinlich am ehesten behaupten könnten. Umweltzerstörerische Technik ist

schlechte Technik. Die Japaner scheinen uns auch hier schon wieder voraus zu sein;

– die industrielle Wirtschaft und Landwirtschaft heutiger Art den Bedürfnissen der Dritten Welt weitgehend nicht entspricht, so daß durch die Wiederholung der von den Industrieländern gemachten Fehler sogar noch die Chance des Neuanfangs verpaßt würde.

So gut diese Antworten sich begründen lassen, wäre es nicht aufrichtig, wenn ich es dabei bewenden ließe. Eigentlich meine ich nämlich, daß sie zwar richtig, jedoch zweitrangig sind, und daß es an erster Stelle einer Kritik der damit beantworteten *Fragen* bedarf. Diese Kritik lautet:

1. Es ist unsittlich und dem Stand unserer Kultur nicht würdig, daß es Arbeitsplätze gibt, an denen Mitbürger ihren Lebensunterhalt nur auf Kosten der Lebensgrundlagen verdienen können. Eine Wirtschaft, die darauf angewiesen ist, daß dies geschieht, ist insoweit unzulänglich und ist es nicht wert, daß wir uns um ihrer Erhaltungsimperative willen noch weiter verschulden. Wenn es anders nicht geht, ist dies um so schlimmer für die Wirtschaft, nicht für die Natur.

Daß es nicht auch anders gehen können sollte, leuchtet mir allerdings keineswegs ein. Denn das Beschäftigungsproblem ist doch wohl primär eine Frage der Solidarität derer, die einen Arbeitsplatz haben, mit denen, die keinen haben oder die nur einen Arbeitsplatz auf Kosten der Lebensbedingungen haben. Die Arbeit muß gerecht verteilt werden, zumal dann, wenn – wie in unserer Wirtschaftsordnung – das Einkommen davon abhängt. Das Verteilungsproblem zwischen Beschäftigten und Arbeitslosen bzw. denen, deren Arbeitsplätze nicht aufrechterhalten werden dürfen, tritt also zu dem zwischen Arbeitgebern und Arbeitnehmern hinzu, und *beide* müssen wahrgenommen werden. Für die Gewerkschaften bedeutet dies eine Erweiterung ihres Verantwortungsbereichs.

In Schulen und Hochschulen halte ich z. B. den Vorschlag von Hans Schwier und der nordrheinwestfälischen Landesregierung, einige Gehaltsprozente bzw. -zuwächse aller heutigen Stelleninhaber zur Einrichtung neuer Stellen für arbeitslose Lehrer und für den wissenschaftlichen Nachwuchs zu verwenden, für eine naheliegende, gute und solidarische Lösung. Derartige Wege zu gehen ist in der jetzigen Beschäftigungskrise eine Bewährungsprobe unserer demokratischen Gesellschaft. Im übrigen spricht nichts dagegen, Berufsanfänger zunächst auf Teilzeitstellen zu beschäftigen.

2. Wenn die Menschheit politische Probleme hat, ihre Vermehrung und

die Verteilung dessen, was die Erde zu bieten hat, wirtschaftlich so zu organisieren, daß die Güter gerecht verteilt werden, ist dies keine Entschuldigung dafür, noch weitergehend auf Kosten der Natur zu wirtschaften. Die internationale Wirtschaft verdient es ebensowenig wie die industriegesellschaftlichen Nationalökonomien, um ihrer gegenwärtigen Ordnung willen eine unsittliche Politik durch die Zerstörung der Lebensgrundlagen zu kompensieren und zu verlängern.

Meines Erachtens haben wir uns auf einen ganz und gar ungerechtfertigten Primat der Wirtschaft gegenüber der Politik und der Kultur eingelassen. Dieser Primat ist nicht nur der abendländisch-kulturellen Tradition unwürdig, sondern spätestens angesichts des heutigen Wohlstands mittlerweile durch nichts mehr zu entschuldigen. Wenn gegen ein politisch kulturelles Ziel wie den Frieden mit der Natur Argumente der ökonomischen Rationalität nicht nur geltend gemacht, sondern in der Öffentlichkeit wie selbstverständlich als entscheidend anerkannt werden, ist dies ein schlechtes Zeichen für den Stand unserer kulturellen Entwicklung.

Die ökonomische Rechenhaftigkeit hat allerdings erst in neuester Zeit ihre heutige Bedeutung gewonnen und könnte jetzt vielleicht noch ebenso schnell wieder in ihre Schranken verwiesen werden. Daß die einmal weitgehend autonom gewordenen Mächte der Wirtschaft schon jetzt nur durch einen politischen Kraftakt wieder so eingebunden werden könnten, wie es heute im Interesse des Gemeinwohls erforderlich wäre, liegt auf der Hand. Unsere politische Verfassung bietet dazu jedoch durchaus systemimmanente Möglichkeiten. Wenn die Öffentlichkeit es will und dafür sorgt, daß ihrem Willen gemäß regiert wird, sind alle in diesem Buch gemachten Vorschläge auch politisch zu verwirklichen.

Es ist »eine legitime Funktion moralischer Denker . . ., die Notwendigkeit (ja Unentbehrlichkeit) moralischer Regeln, Haltungen und Gewohnheiten immer wieder ins Bewußtsein zu rufen und der eindimensionalen Auffassung, es gäbe nichts als Interessen (die nur mehr oder minder bewußt seien), praktisch zu widersprechen« (Fetscher 1973/83, 14).

Als wie anstößig die industriegesellschaftliche Dominanz der Wirtschaft noch bis weit ins vergangene Jahrhundert hinein empfunden wurde, ist dem vorzüglichen Buch von Rolf Peter Sieferle über die Geistes- und Kulturgeschichte der Industrialisierung von der Romantik bis zur Gegenwart (1984) zu entnehmen.

Ein Beispiel ist die Auseinandersetzung über die sogenannten Maschinenstürmer, die von den Industrialisten immer wieder als rückständige Dummköpfe denunziert worden sind, die in Wirklichkeit aber nicht gegen die technische, sondern gegen die gesellschaftliche Wirklichkeit des Industriesystems gekämpft haben.

»Man wandte sich dagegen, daß Meister, Fabrikanten und Verleger die ›Freiheit‹ besaßen, die alten Bräuche und Gewohnheiten der Gewerbe zu zerstören, indem sie Maschinen einführten, zum Fabriksystem übergingen, herkömmliche Qualitätsstandards mißachteten, Löhne drückten, vertraute Statusgrenzen aufhoben und durch die Praxis der freien Konkurrenz kleinere Betriebe zugrunde richteten« (Sieferle 1984, 78).

Die Luddistischen Aufstände in England (1811–16) oder der Schlesische Weberaufstand (1844) richteten sich also eigentlich nicht gegen die Maschinen, sondern gegen den nach der geltenden Ordnung ungerechtfertigten und einseitigen Vorteil, den die Arbeitgeber sich durch die Maschinen verschafften und verschaffen wollten. Es handelt sich um ein typisches Beispiel dafür, wie die Möglichkeiten des Austrags eines bestehenden Konflikts (hier zwischen den Interessen von Unternehmern und Arbeitern) durch technische Innovationen verändert werden (Abschnitt 9.3). Die Maschinen wurden jedoch akzeptabel, als die Interessen der Beschäftigten gegenüber den Unternehmern durch Gewerkschaften wahrgenommen wurden.

Mit welchem Recht also durften sich die Unternehmer aus eigennützig wirtschaftlichen Interessen durch die Maschinen über die gesellschaftliche Ordnung hinwegsetzen? Hätte nicht der Staat gegen diese Verselbständigung der wirtschaftlichen Rationalität einschreiten und die gerechte Ordnung verteidigen müssen? Er hätte es tun sollen, erwartete aber in England wie in Deutschland von der aufkommenden Industrialisierung selbst einen außenpolitischen Machtzuwachs, der dann auch tatsächlich eingetreten ist.

Bedenken gegen die hemmungslose, angeblich »freie« Entfaltung der industriellen Wirtschaft gab es freilich unter Gesichtspunkten der Regierbarkeit, z. B. in Württemberg durch Robert von Mohl (1835). Innenpolitisch wirkte die Industrialisierung ja dadurch destabilisierend, daß sie zu Lasten eines rasch zunehmenden Teils der Bevölkerung erfolgte. Mohl sah deutlich, daß einerseits die Armen und andererseits der Staat die sozialen und politischen Kosten der Gewerbefreiheit, in der die Unternehmer sich bereicherten, zu tragen hatten.

Die ›soziale Frage‹: die Entstehung eines entwurzelten außerständischen und allen Wechselfällen von Konjunktur und Beschäftigung ausgelieferten Proletariats und die Verarmung der kleinbürgerlichen Gewerbetreibenden, entwickelte sich im 19. Jahrhundert zum großen Skandal des Industriesystems und des Liberalismus. Anstelle des versprochenen

Wohlstands brachte die Freiheit bzw. das, was die Unternehmer darunter verstanden, nun das Massenelend.

»Ein System, das die Befriedigung der materiellen Bedürfnisse und darüber hinaus eine schöne, ansprechende Harmonie aller Interessen und Handlungsebenen versprach, in der Realität aber zu den Greueln des Pauperismus führte, konnte nicht die Verwirklichung einer natürlichen Ordnung sein« (Sieferle aaO 131 f).

Adam Smith hatte das Problem vorausgesehen, es aber für innenpolitisch – und sicherlich nicht nur auf Kosten der Natur – lösbar gehalten. Auch sonst sind ihm die Schönheitsfehler seiner natürlichen, harmonischen Wirtschaftsordnung – bis hin zur Angewiesenheit auf Wachstum und zu dessen Begrenztheit – selber so klar gewesen, daß er die Flachheit der meisten Argumente, mit denen man sich heute auf ihn beruft, wirklich nicht verdient hat.

»Holt, wie er vertraut, hier der Mensch die Freiheit sich, die ersehnte Braut?«, fragte Nikolaus Lenau angesichts der industriellen Gewaltsamkeit in der Natur (1938/1971, I.314). Im Rückblick auf die gesellschaftliche Wirklichkeit der Industrialisierung im 19. Jahrhundert bedarf es wohl nicht mehr der Sensibilität des Dichters, um zu sehen, daß hier die unternehmerische Freiheit zur Autonomie heruntergekommen ist: dazu, daß einige auf Kosten anderer und ohne Rücksicht auf das Ganze taten, was ihnen gerade so paßte und wovon sie sich einen privaten Vorteil versprachen.

Heute wird die Wirtschaftsfreiheit innerhalb der Industriegesellschaften nur noch in viel geringerem Maß von Menschen gegenüber Menschen als Autonomie mißbraucht als von den Industriegesellschaften insgesamt gegenüber der Dritten Welt und gegenüber der natürlichen Mitwelt. Letzteres war sogar der Preis für die im 19. Jahrhundert gefundenen Lösungen der sozialen Frage, und deshalb ist das Industriesystem heute weniger nach seiner gesellschaftlichen Wirklichkeit (wie im 19. Jahrhundert) als nach seinem Verhältnis zur natürlichen Mitwelt zu beurteilen.

Den sozialen Frieden auf Kosten des Friedens mit der Natur zu finden und dadurch die soziale Frage des 19. in die Umweltprobleme des 20. Jahrhunderts zu überführen, ist in Deutschland auch durch den Marxismus ermöglicht worden. Durch ihn nämlich wurden viele soziale Kritiker des Industriekapitalismus mit dem Industriesystem versöhnt und dazu bewogen, um des mit diesem System verbundenen Wohlstandsversprechens willen sogar den Kapitalismus – vorübergehend, wie es damals hieß – in Kauf zu nehmen (Sieferle aaO 147 ff). Tatsächlich konnte man sich, nachdem das Elend einmal ein gewisses Maß überschritten hatte, sein

Ende kaum noch anders vorstellen als durch die Vollendung des Systems, das es verursacht hatte. Dadurch wurde das industriewirtschaftliche Elend bis zur Mitte des 19. Jahrhunderts »vom Skandal des Industriesystems ... zu seiner Legitimationsinstanz« (Sieferle aaO 143).

So also kam es zu der unheiligen Allianz zwischen Arbeit und Kapital auf Kosten der Natur, in der die Unternehmer und die Gewerkschaften besonders nach dem II. Weltkrieg zusammengehalten haben und die es nun zu überwinden gilt. Den Industriekapitalisten hätte angesichts der sozialen Frage nichts Besseres einfallen können als der Marxismus, um ihre eigentlich vernichtende Niederlage doch noch in einen Sieg zu verwandeln. Der ideologische Überbau des industriewirtschaftlichen Arrangements von Arbeit und Kapital ist das anthropozentrische Weltbild.

Daß dieses Arrangement zu Lasten der Natur getroffen wurde, zeigte sich zuerst in der Landwirtschaft. In allen traditionellen Berufen verbanden sich wirtschaftliche, rechtliche, kulturelle und religiöse Traditionen im Bewußtsein des eigenen *Standes* und in einer zum jeweiligen Beruf gehörigen *Ehre*. Diese Ehre setzte man auch um wirtschaftlicher Vorteile willen nicht aufs Spiel – um derartiger Vorteile willen schon gar nicht (Grießinger 1981). Die handwerklichen Zünfte hatten ihre Ehre in Deutschland in der ersten Hälfte des 19. Jahrhunderts dem Industriesystem preisgeben müssen. Unter den Bedingungen der allgemeinen Verwirtschaftlichung verwandelten sich schließlich nun auch die Bauern in Landwirte.

»Was hatte die Bauern veranlaßt, auf einmal aus Erzeugern einer harmonischen Landschaft zu deren Vernichtern zu werden? ... Das ökonomisch-zweckrationale Handeln war« früher »in ein kulturelles Netzwerk eingebunden, das den Rahmen definierte, innerhalb dessen Zwecke als Zwecke gelten konnten. Im 19. Jahrhundert emanzipierte sich auch bei den Bauern das ökonomische Motiv, trat ... selbst in das kulturelle Zentrum« (Sieferle aaO 196).

Mit der Flurbereinigung begann in der zweiten Hälfte des 19. Jahrhunderts eine gigantische Landschaftszerstörung, die heute noch andauert und zur Vernichtung aller Wildpflanzen führen kann (Abschnitt 11.2), wenn nicht aller Vegetation überhaupt. »Die Götter ließen sich aus den niedergehauenen Hainen vertreiben, die Nymphen starben in den verrohrten, begradigten und vergifteten Bächen (Sieferle aaO 197). »*Der Vorteil kennet keine Poesie*«, schrieb Hoffmann von Fallersleben in seinem Gedicht »Die Verkoppelung« (Flurbereinigung) im Januar 1871. Im 20. Jahrhundert ist die Umweltzerstörung neben den modernen Vernichtungswaffen eigentlich Der Große Skandal des Industriesystems, aber auch dieser Skandal verwandelt sich in eine erneute Legitimation eben dieses Systems. Denn wir brauchen die industrielle Wirtschaft, um den durch sie entstandenen Problemen zu begegnen. An der Bereitschaft der Industrie dürfte es nicht fehlen (Jaenicke 1979). Die einzige Chance dafür, daß dieser paradoxe Ausweg gelingen kann, sehe ich in einer Veränderung des Wirtschaftsstils.

12.2 Kulturelle Rückbindung der Wirtschaft in einem neuen Wirtschaftsstil

Das Konzept des Wirtschaftsstils ist 1932 von Arthur Spiethoff eingeführt und 1981 von Bertram Schefold wieder aufgenommen worden, um den gegenwärtigen Problemen der Industriegesellschaft zu begegnen. Es geht dabei um eine künftige Wirtschaft, die sich »von der Gegenwart durch mehr als eine Reform, aber durch weniger als eine Revolution (nämlich des Systems) unterscheidet« (Schefold 1981, 118). Unter dem Stil sei wieder die Einheit des Ausdrucks und der Haltung einer Epoche verstanden.

Nach Systemgesichtspunkten werden Wirtschaften als mehr oder weniger markt- oder planwirtschaftlich charakterisiert. Schefolds Grundgedanke ist, daß dieser Gegensatz unter den gegenwärtigen Bedingungen nur noch eine nachgeordnete Bedeutung hat, daß es quer dazu liegende Spielräume gibt und daß diese genutzt werden sollten, um die industriewirtschaftliche Ordnung wieder in ein besseres Einvernehmen mit der Naturordnung zu bringen. Ein Beispiel für die Existenz derartiger Spielräume ist der Wirtschaftsstil der Sozialen Marktwirtschaft, der nach Müller-Armack (1966) durch einen Kompromiß zwischen Liberalismus und Sozialstaatlichkeit gekennzeichnet ist.

Schefold veranschaulicht die Möglichkeit verschiedener Wirtschaftsstile im Rahmen des gleichen Systems wirtschaftsgeschichtlich am Gegensatz zwischen Athen und Rom, deren Wirtschaften ja gleichermaßen auf Sklaverei und insoweit auf demselben System beruhten. In der Gegenwart sind die charakteristischen Unterschiede etwa der deutschen, der italienischen, der englischen und der japanischen Wirtschaft wiederum stilistische Varianten desselben industriekapitalistischen Systems.

England z. B. »ist ein Finanzzentrum, in dem die Interessen der City denen der Exportindustrie zuwiderlaufen und sie behindern, während die Bundesrepublik, unterstützt durch ihr Bankensystem (Shonfield 1965), eine ausgeprägt merkantilistische Politik des Warenexports verfolgt . . ./ . . . Darüber hinaus existieren . . . unverkennbare, historisch gewachsene Differenzen in bezug auf Arbeitsmoral, Disziplin, Freiheitsbegriff, Zahlungssitten u. s. f., die den Wirtschaften ihr ›stilistisches‹ Gepräge geben« (Schefold aaO 112 f).

Nach dem Vorbild der Sozialen Marktwirtschaft könnte ein neuer Wirtschaftsstil die industrielle Wirtschaftstätigkeit vielleicht (wieder) in eine natürliche Ordnung bringen (Abschnitt 6.4), die im Ganzen der Natur nicht mehr unverantwortlich wäre.

Eine Bedingung dafür ist die Wiedereinbindung der Wirtschaft in den kulturellen Zusammenhang, d. h. eine *Unterordnung der ökonomischen Rationalität unter die Kulturfrage, wie wir in Zukunft leben möchten.* Wirtschaftsgeschichtlich nehme ich damit die Kontroverse zwischen der Berliner Historischen Schule (Gustav Schmoller) und der Wiener Schule (Carl Menger) aus den 1880er Jahren wieder auf und plädiere für eine Erneuerung des Schmollerschen Ansatzes.

Bei Schmollers »Schüler und Erben« (Salin 1967, 147) Arthur Spiethoff wird die kulturelle Einbindung der Wirtschaft nach fünf Gesichtspunkten erstens generell unter dem Stilmerkmal *Wirtschaftsgeist* angesprochen. Hier geht es darum, was eigentlich die Antriebe wirtschaftlichen Handelns sind und worin der Lebenssinn der Wirtschaftstätigkeit gesehen wird. Wollen wir z.B., sagt Schmoller mit Recht, »die Bedürfnisse und ihre Steigerung erklären, so kommen wir nicht voran, wenn wir uns vorstellen, der Mensch habe sukzessiv mehr Essen, mehr Wohnräume haben wollen; das wollte er nie, sondern er wollte in der Gesellschaft glänzen; sein ästhetisches Gefühl entwickelte sich; er bekam durch die Gesellschaft die höheren Gefühle und die höheren Bedürfnisse« (1900/1920, II. 748). Welche und wieviel Lebensart man hat, ist eine Kulturfrage, abhängig insbesondere von der ästhetischen Erziehung (Abschnitt 11.6). Die Bedürfnisse richten sich danach, was und was nicht man mit dem Leben anzufangen weiß.

Im Wirtschaftsgeist der Bundesrepublik zeichnet sich derzeit ein weitreichender Umbruch ab. Bemerkenswert ist zunächst ein Wertwandel in der Öffentlichkeit (Inglehart 1977 und Folgestudien), in dem der Primat der Ökonomie (Stabilität der Wirtschaft, wirtschaftliches Wachstum, Bekämpfung der Inflation) und die Sicherheitsziele (Landesverteidigung, Verbrechensbekämpfung, Aufrechterhaltung von Ruhe und Ordnung) hinter dem Wunsch nach mehr Lebensqualität zurücktreten. Dazu gerechnet werden die Beteiligung an den Entscheidungen in Politik und Wirtschaft, die Schönheit von Stadt und Landschaft, die Überwindung der Anonymität der Industriegesellschaft und eine größere geistige Aufgeschlossenheit in allen Bereichen. Wenn dieser Bewußtseinswandel so weitergeht, dürfte der heutige Konsum den Bürgern die damit verbundene Zerstörung der Lebensbedingungen alsbald nicht mehr wert sein.

Zu einem noch wesentlich pointierteren Ergebnis, das aber in dieselbe Richtung deutet, ist der Münchner Psychologe Lutz von Rosenstiel durch eine Untersuchung an Führungskräften der Wirtschaft (von Abteilungsleitern bis zu Vorstandsmitgliedern, insgesamt 138 Befragte) gekommen. Es ging darum, welche Ziele von den großen Organisationen der Wirtschaft faktisch verfolgt werden und welche Ziele nach Meinung der Befragten von ihnen verfolgt werden *sollten*. Zur Wahl standen: Wirtschaftliches Wachstum, Erhaltung der Umwelt, Förderung der Persönlichkeitsentfaltung der Mitarbeiter, Entwicklung der Dritten Welt, Sicherung von Arbeitsplätzen, Steigerung des Gewinns, Förderung des technischen Fortschritts und Stabilisierung unserer Gesellschaftsstruktur. Zum Vergleich wurden auch Studenten der wirtschafts- und technikorientierten Fächer in die Untersuchung einbezogen.

Zu nennen waren jeweils drei Ziele, denen einerseits die Priorität gegeben wird, andererseits gegeben werden sollte. Erstaunlicherweise erhielten das Wachstum und die Umwelterhaltung auf der *Soll*seite je etwa 50 % der Stimmen, wobei die Umwelterhaltung sogar einen kleinen Vorsprung hatte. Nach Meinung der Führungskräfte also sollten das Wachstum und die Umwelterhaltung gleichrangige Unternehmensziele sein. Auf der *Ist*seite meinten demgegenüber fast 90 % der Befragten, daß das Wachstum angestrebt werde, und weniger als 10 %, daß daneben auch die Umwelterhaltung faktisch ein Wirtschaftsziel sei. D. h. nach Meinung von Führungskräften der Wirtschaft, denen man doch normalerweise nicht gerade èin besonders geschärftes Umweltbewußtsein nachsagt, tut die Wirtschaft relativ zuviel für das Wachstum und viel zuwenig für die Erhaltung der Umwelt.

Ähnlich unausgeglichene Verhältnisse ergaben sich hinsichtlich der Persönlichkeitsbildung (ca. 30 % Soll, ca. 10 % Ist) und der Gewinnsteigerung (ca. 20 % Soll, ca. 80 % Ist). Wenn dieses Ergebnis verallgemeinert werden darf, ist die Wirtschaft unseres Landes nach dem Urteil ihrer Führungskräfte also auf dem falschen Weg. Der Umwelterhaltung und der Persönlichkeitsentfaltung der Mitarbeiter sollte ihrer Meinung nach etwa derselbe Rang wie dem Wachstum und der Gewinnsteigerung eingeräumt werden. Soweit Führungskräfte führen, wäre dies eine sehr verheißungsvolle Pespektive für den Wirtschaftsgeist der Zukunft. Für die befragten Studenten ergab sich tendenziell dasselbe Ergebnis, nur in einer noch stärkeren Unausgewogenheit zwischen den Ist- und den Sollzielen.

Nächst dem Wirtschaftsgeist sind nach Spiethoff zweitens die *natürlichen und technischen Grundlagen* sowie drittens die allgemeine *Gesellschaftsverfassung* einer Volkswirtschaft zwei wesentliche Stilmerkmale. Ich fasse sie hier zusammen, weil in der Industriegesellschaft die Spielräume der Gesellschaftsverfassung eng mit den technologiepolitischen Spielräumen gekoppelt sind. Die gesellschaftspolitische Tragweite technischer Innovationen ist zu groß, um hier noch unabhängige Freiheitsgrade annehmen zu können.

Zum Beispiel können die energiebezogenen Bedürfnisse in der Bundesrepublik statt durch fossile Brennstoffe auf längere Sicht sowohl durch Kernenergie als auch durch Sonnenenergie in Verbindung mit der Energiequelle Energieeinsparung gedeckt werden (Bauerschmidt 1984/1985). Die gesellschaftspolitische Tragweite dieser Alternative ist von Alexander Roßnagel und von Martin Held im Rahmen eines von Bertram Schefold und mir geleiteten Forschungsprojekts zur Sozialverträglichkeit verschiedener Energiesysteme untersucht worden. In diesem Rahmen ist auch das Buch von Sieferle entstanden.

Roßnagel hat gezeigt, daß ein ausgebautes Kernenergiesystem unter dem Gesichtspunkt der Sicherheit nur dann akzeptabel sein kann, wenn weitreichende Sicherungen gegen nichttechnische Gefahren erfolgen, d. h. gegen die Verursachung von Unfällen durch menschliches Fehlverhalten und menschliche Unzulänglichkeit oder durch Sabotage und Krieg. Durch die dazu erforderlichen Freiheitsbegrenzungen wird die längerfristige Verträglichkeit der Kernenergienutzung mit der gesellschaftlichen Ordnung und Entwicklung (Sozialverträglichkeit) höchst zweifelhaft (Roßnagel 1983). Fraglich ist vor allem, ob wir nach den heute geltenden Rechtsvorstellungen legitimerweise einen Weg einschlagen dürfen, der die Nachwelt in die atomstaatliche Ordnung hineinführt (Roßnagel 1984b).

Mit dem derzeitigen Wertwandel sind die Nutzung der Sonnenenergie und der Energiequelle Energieeinsparung bedeutend besser verträglich als die der Kernenergie (Held 1984/1985). Für das Verhältnis zur natürlichen Mitwelt ist dies von großer Bedeutung, weil der Traum der Kernenergiefreunde darauf hinausläuft, die Menschheit vollends unabhängig von den Naturgegebenheiten (außer der Kernenergie) zu machen, so daß wir uns als die oben schon erwähnten Caballeros del Espíritu aus dem Staube machen könnten. Die Kernenergie dient der Errichtung einer illegitimen, anthropozentrischen Weltordnung. Diesen Weg nicht zu gehen, ist eine Chance der Veränderung des Wirtschaftsstils.

Das vierte und fünfte Stilmerkmal in Spiethoffs Charakteristik sind die

Wirtschaftsverfassung und der *Wirtschaftslauf.* Zum Wirtschaftslauf gehören Wachstum und Konjunkturzyklen, zur Wirtschaftsverfassung die im engeren Sinn ökonomischen Charaktere, wie z. B. der Konzentrationsgrad und die Wettbewerbsverhältnisse, die Art der Arbeitsteilung und die Organisation der Umverteilung sowie die sonstigen Aufgaben des Staats in bezug auf die Wirtschaft. Die Kleine Umweltpolitik der 70er Jahre hat innerhalb dieses Rahmens stattgefunden, allerdings nur mit einer minimalen Variationsbreite.

Auch die neuere Umweltökonomie (H. Siebert, B. Frey, H. Bonus u. a., vgl. K. Wicke 1982) variiert Momente der Wirtschaftsverfassung, allerdings in breiteren Spielräumen als die bisherige Umweltpolitik. Die Tragweite der heute bestehenden Energie-Alternative in bezug auf die Wirtschaftsverfassung und den Wirtschaftslauf ist von Horst Meixner (1984) und Robert Dickler (1984) untersucht worden.

Daß es innerhalb der heutigen Wirtschaftsordnung einen Spielraum von Stilvariationen gibt, werden diejenigen nicht gern hören, die durch den herrschenden Wirtschaftsstil einen Vorteil haben und diesen Vorteil meinen, wenn sie das System verteidigen. Der Angelpunkt meines Plädoyers für den Frieden mit der Natur aber ist, daß die heutige industriegesellschaftliche Wirtschaft einem bestimmten Menschenbild entspricht und ein Ende finden muß, weil dieses Menschenbild falsch ist. Ich sehe keinen Grund dafür, daß die erforderliche Reorientierung der wirtschaftlichen Entwicklung nicht innerhalb unseres politischen und gesellschaftlichen Systems stattfinden könnte, sofern der Wettbewerb in einen kulturellen Rahmen eingefügt ist, zu dem der Frieden mit der Natur gehört.

Um die Soziale Marktwirtschaft in eine Naturgemeinschaftliche Marktwirtschaft und diese in die Kultur einzubinden, bedürfte es auch dann, wenn der in diesem Buch vorgeschlagene Rahmen akzeptiert würde, noch viel politisch-ökonomischer Phantasie. Z. B. sollte die Sozialpflichtigkeit des Eigentums zur Verantwortlichkeit gegenüber dem Ganzen erweitert werden. Marx hatte hier bereits die Vision, daß nach der Abschaffung der Sklaverei auch das Privateigentum an der natürlichen Umwelt nicht mehr zu vertreten sei:

»Vom Standpunkt einer höheren ökonomischen Gesellschaftsformation wird das Privateigentum einzelner Individuen am Erdball ganz so abgeschmackt erscheinen wie das Privateigentum eines Menschen an einem anderen Menschen. Selbst eine ganze Gesellschaft, eine Nation, ja alle gleichzeitigen Gesellschaften zusammengenommen, sind nicht Eigentümer der Erde. Sie sind nur ihre Besitzer, ihre Nutznießer, und haben sie als boni patres familias den nachfolgenden Generationen verbessert zu hinterlassen« (MEW XXV. 784).

Zur Naturalisierung der industriellen Wirtschaft möchte ich innerhalb der Ökonomie im übrigen den Schmollerschen Satz als Ausgangspunkt empfehlen, »daß der volkswirtschaftliche Entwicklungsprozeß mit den Kategorien ›steigende Bedürfnisse, technischer Fortschritt, dichtere Bevölkerung, Mehrproduktion‹ nur von außen gefaßt sei; daß wir das Wesen desselben besser treffen, wenn wir sagen: er beruhe auf der Entwicklung des Menschen überhaupt« (1900/1920, II. 748).

»Aller Fortschritt in der Naturbeherrschung ist nur dauernd von Segen, wenn der Mensch sich selbst beherrscht, wenn die Gesellschaft die neue revolutionierte Gestaltung des Wirtschaftslebens nach . . . sittlichen Idealen zu ordnen weiß. Daran fehlt es noch. Unvermittelt steht das Alte und das Neue nebeneinander; alles gärt und brodelt; die alten Ordnungen lösen sich auf, die neuen sind noch nicht gefunden« (aaO I. 229).

Sie sind bis heute nicht gefunden. Noch schlimmer aber ist: Wir haben begonnen, uns mit der ökonomischen Rationalität zu begnügen – so als gäbe es eine autonome Gesetzlichkeit der Wirtschaft. Der Wirtschaft müssen statt dessen Ziele gesetzt werden, die ihrerseits nicht wirtschaftlich begründbar sind. Ein solches Ziel ist der Frieden mit der Natur. Wenn sich dafür in der Öffentlichkeit die erforderlichen Mehrheiten finden, ist dies im Rahmen unseres politischen Systems durchaus möglich.

12.3 Die Wahrnehmung der natürlichen Mitwelt im konservativen und im sozialdemokratischen Denken

Wieweit der industriellen Wirtschaft neue Ziele gesetzt werden, ist vor aller Problematik der praktischen Verwirklichung eine Frage der politischen Einsicht. Ich habe den Eindruck, daß die Öffentlichkeit in dieser Hinsicht – nach der eingangs berichteten Umfrage – wenn nicht die Realität, so doch die Entwicklungsfähigkeit der Parteien unterschätzt. Ich beurteile diese nach den jeweiligen Traditionen und unterscheide dabei das konservative vom sozialdemokratischen Denken. Ich kenne weder eine liberale noch eine ökopolitische Position, die nicht in einer der beiden Seiten oder in beiden zu deren Vorteil aufzugehen verdiente, hier also eigenständig berücksichtigt werden müßte.
Die beiden Traditionen ergeben sich aus unterschiedlichen Reaktionen auf die grundlegende Veränderung der Lebensbedingungen durch die In-

dustrialisierung, die in Deutschland in der ersten Hälfte des 19. Jahrhunderts eingesetzt hat. Von dieser Veränderung betroffen wurden einerseits die verschiedenen gesellschaftlichen Gruppen in je besonderer Weise, andererseits das Ganze der Kultur und die als Heimat wahrgenommene natürliche Mitwelt.

Nutznießer der Industrialisierung waren das Großbürgertum und der sich mit ihm arrangierende Adel, das mittlere Bürgertum und der Staat. Darunter zu leiden hatten die Kleinbürger, die Bauern und die sich bildende Industriearbeiterschaft durch die Veränderung der Gewerbestruktur aufgrund neuer Technologien, Produktionsbedingungen und Konkurrenzverhältnisse.

Mit Recht wurde die soziale Frage durch das Massenelend der industriell Beschäftigten zunächst zum Angelpunkt der politischen Bewertung des Industriesystems. Ohne dieses Elend überwunden zu haben, hätte der Industriekapitalismus das 19. Jahrhundert wohl schwerlich überlebt. Mit Hilfe der marxistischen Volte, gegenwärtiges Elend als Vorstufe eines dermaleinst kommenden Wohlstands zu deklarieren, erwies sich diese Frage jedoch als lösbar, ohne das Industriesystem aufzugeben. Das neue Konfliktmuster zwischen Arbeit und Kapital hatte es sogar »zur unbefragten, selbstverständlich vorausgesetzten Rahmenbedingung« (Sieferle 1984, 155).

Die Geschichte der politischen Bewertung des Industrialismus im 19. Jahrhundert in Deutschland bestätigt nun aber leider die Regel, daß Einzelinteressen leichter durchsetzbar sind als das Allgemeininteresse. Das Arrangement der entgegengesetzten Einzelinteressen von Kapital und Arbeit innerhalb des Industriesystems führte sogar dazu, daß diejenigen, welche den Industrialismus auch noch unter anderen als sozialen Gesichtspunkten politisch bewertet wissen wollten, fortan die Marxisten und Sozialdemokraten gemeinsam mit den Kapitalisten gegen sich hatten.

Sieferle unterscheidet hier idealtypisch die Progressiven Gesellschaftskritiker von den Neoromantischen Zivilisationskritikern. Um die Wende des 19. Jahrhunderts reagierten die Progressiven sensibel auf Unterprivilegiertheit, soziale Ungleichheit und politische Repression, hatten aber kaum Gefühl für die Zerstörungskraft des Industriesystems hinsichtlich der traditionellen Kultur und der als Heimat erfahrenen Natur. Die Neoromantiker wiederum reagierten sensibel auf die Zerstörung der Landschaft und der Regionalkultur sowie auf die Geschmacklosigkeiten der aufkommenden Massenproduktion, überließen aber das soziale Gewissen weitgehend den Progressiven und sahen nicht, daß die Industrialisierung den Beschäftigten auch Vorteile gegenüber dem Landleben brachte.

Die Trennung der beiden Lager hat dazu geführt, daß

- die Sozialdemokraten zwar das Industriesystem wesentlich mitgeprägt, die Umweltprobleme aber erst in den 70er Jahren des 20. Jahrhunderts entdeckt haben;
- die Natur- und Heimatschützer im konservativen Lager ohne politischen Einfluß blieben.

Das Industriesystem hat also davon profitiert, daß zwei komplementäre, eigentlich zusammengehörige und einander keineswegs ausschließende Kritiken der Industrialisierung politisch in entgegengesetzten Lagern standen. Dadurch, daß sie einander gegenseitig blockiert haben, war es leider möglich, länger als ein Jahrhundert auf Kosten des Ganzen zu wirtschaften.

Tatsächlich gab es auch in Deutschland – mit einer deutlichen Zeitverschiebung gegenüber England – bereits seit der Mitte des 19. Jahrhunderts beträchtliche Umweltzerstörungen. Vor allem die Verschmutzung der Flüsse durch Abwässer erreichte bald so beunruhigende Ausmaße, daß z. B. – wie Wilhelm Raabe in »Pfisters Mühle« berichtet – »jeder, der im neunzehnten Jahrhundert einen Garten und eine Mühle an dem lieblichen Wasser liegen hat(te), auf mancherlei Überraschungen gefaßt sein muß(te)« (XVI.64). Auch in der Luft kannte man alsbald den »gelehrten, scheußlichen und wissenschaftlichen Geruch zum Besten der Welt und der Industrie« (aaO 74). Und die Eisenbahn – Vehikel der industriellen Wirtschaft im 19. wie das Auto im 20. Jahrhundert – gab das erste Beispiel für die gewaltsame Anpassung der Landschaft an einen bestimmten Stand der Technik.

Soweit diese Veränderungen wahrgenommen wurden, also auf der konservativen Seite, geschah es unter dem Gesichtspunkt der Veränderung und Zerstörung der Heimat. Die Idee der Heimat umfaßte eine Landschaft und ihre Bewohner und ist dem heutigen Bewußtsein durch den Gegensatz von Natur und Gesellschaft fremd geworden. Da aber gerade dieser Gegensatz den blinden Fleck ergibt, in den die Umweltprobleme viel zu lange gefallen sind, birgt der Heimatgedanke eine Chance, Natur und Gesellschaft wieder ganzheitlich wahrzunehmen.

Während die Umweltverschmutzungen zunächst lokal begrenzt blieben, wurde die Landschaft bereits in den 1870er Jahren durch Zersiedelung, Rationalisierung in der Landwirtschaft (z. B. Flurbereinigung), Bachbegradigungen etc. in großem Umfang zerstört. »Die Welt wird nicht nur häßlicher, künstlicher, amerikanisierter mit jedem Tag, sondern mit unserm Drängen und Jagen nach den Trugbildern vermeintlichen Glücks/ unterwühlen wir zugleich unablässig, immer weiter und weiter den Boden, der uns trägt«, erklärte Ernst Rudorff (1901, 80 f.). 1904 gründeten Rudorff, Paul Schultze-Naumburg und andere den Bund Heimatschutz, in dessen Aufgabenspektrum die Pflege der natürlichen Lebensgrundlagen und die der gesellschaftlichen Traditionen, Sitten und Bräuche sich im Sinn des Heimatgedankens verbanden. Zum radikaleren Flügel des Bundes gehörte auch der Heimatdichter Hermann Löns.

»Zähneknirschende Wut faßt einen, sieht man die grauenhafte Verschandelung der deutschen Landschaft«, rief er 1911 in einem Vortrag aus. »Haben Sie noch die wunderbare krause Landschaft gefunden, die Dürer mit so viel Lust und Liebe malte? Eine langweilige, baum- und buschlose Getreidesteppe haben Sie gefunden, vollgeklext mit üblen Fabriken, scheußlichen Ziegelrohbauten, protzigen Landhäusern und unmöglichen Kirchtürmen« (zit. Schoenichen 1954, 279).

Wodurch es zu diesen Zerstörungen kam, lag auf der Hand. »Es ist der Kampf gegen den rücksichtslos das Gewordene und seine Schönheiten zerstörenden Kapitalismus, der in letzter Linie bei allen Fragen des Heimatschutzes zugrunde liegt«, erklärte Karl Johann Fuchs in seinem Grundsatzreferat auf dem internationalen Heimatschutzkongreß 1912 (zit. Sieferle aaO 181).

Die Natur- und Heimatschützer, deren gemäßigterer Flügel unter der Führung von Hugo Conwentz sich von vornherein auf den Schutz einzelner Naturdenkmäler beschränkte, blieben gegen die Macht des Industrialismus jedoch im wesentlichen erfolglos. Schon im Kaiserreich lieferten die neoromantischen Industriekritiker nur den

»germanischen und nationalstolzen Kulissenzauber, hinter dem die Industrialisierung betrieben wurde, deren Auswirkungen sie ablehnten. Die eigentlichen Herrschaftsträger in Industrie, industrieller Landwirtschaft, im Militär und in der staatlichen Bürokratie waren effizient, modern, rational, wenn auch monarchischfeudal aufgeputzt« (Sieferle aaO 219).

Hatte der Sozialismus es den linken Industriekritikern ermöglicht, sich mit dem Industriesystem in der Hoffnung auf eine bessere Zukunft zu arrangieren, fanden die Neoromantiker keine vergleichbare Lösung und sind in ihrer Hilflosigkeit später vielfach auf den Nationalsozialismus hereingefallen. Oswald Spengler wertete den »Pazifismus im Kampfe gegen die Natur« (1931, 81) gleichzeitig als ein Zeichen des kulturellen Verfalls.

Der Nationalsozialismus war eine sehr heterogene Bewegung, deren innere Gegensätze von Hitler immer wieder so ausbalanciert wurden, daß er seine Kernziele – die Vernichtung der Juden und die Erweiterung Deutschlands nach Osten – ungehindert verfolgen konnte (Jäckel 1981). Den Natur- und Heimatschützern entgegenzukommen, war dabei nur in sehr engen Grenzen möglich. Das einzige wirklich überzeugende Beispiel gab es ausgerechnet im Straßenbau, nämlich die landschaftliche Einbettung der Autobahnen durch Alwin Seifert im Rahmen der Organisation Todt (vgl. Seifert 1941). Die landschaftliche Einpassung der damaligen Autobahnen ist für den bundesrepublikanischen Straßenbau leider nicht zum Vorbild geworden.

Im wesentlichen aber und »von seinem Ergebnis her war der Nationalsozialismus eine technokratische Bewegung in romantischem Gewand« (Sieferle aaO 235).

»Rang . . . der gewissenhafte Naturschützer vorher« (vor 1933) »schon die Hände, so konnte er jetzt zusätzlich noch ›blutige Tränen‹ weinen. Denn von nun an begannen sich die naturzerstörenden Kräfte ins Unermeßliche zu steigern. Für Millionen Arbeitsloser sollte Beschäftigung gefunden werden; der Arbeitsdienst wurde auf die Landschaft losgelassen; die Ideen der autarken Wirtschaft forderten das Verschwinden noch verbliebener Naturreserven in Heide, Wald, Moor und Gewässer; sie beanspruchten alles ›Ödland‹ für Aufforstung, landwirtschaftliche Kultur usw. . . . So war die Lage schlechterdings verzweifelt, der Naturschutz 1933 vom Regen in die Traufe gekommen« (Klose 1957, 32).

In der rückblickenden Bewertung steht die Härte der Industrialisierung im Dritten Reich derjenigen in der Bundesrepublik nichts nach. Tatsächlich ist damals sogar noch härter industrialisiert worden, als es in der Nachkriegszeit der Fall war.

Der Nationalsozialismus war für viele Natur- und Heimatschützer, die auf ihn hereinfielen, wohl nur eine letzte, manchmal vielleicht sogar verzweifelte Hoffnung und hat sie in Wirklichkeit bitter betrogen. Trotzdem bestand auch nach dem Zusammenbruch des ›Dritten Reichs‹ noch »eine so große symbolische Affinität zwischen konservativer Zivilisationskritik und Nationalsozialismus, daß jede Kritik an Industrie und Technik, die den älteren Topoi der Heimat-Utopie folgte, automatisch unter den Verdacht einer mangelhaften Bewältigung der Vergangenheit geriet« (Sieferle aaO 242).

Dies ist bis heute so geblieben. Die Vorgeschichte macht auch verständlich, daß die CDU/CSU, soweit sie eine konservative Partei ist, mit dem Konservativismus nicht bei der Technokratie der 50er Jahre stehenbleibt. Damit ist auf die Dauer allerdings kein Staat zu machen.

Unabhängig vom Nationalsozialismus wird die Wahrnehmung der Naturzugehörigkeit des Menschen und der menschlichen Gesellschaften durch die rassistischen Ideologien bis heute in einer unglückseligen Weise beschworen und dadurch im aufgeklärten Bewußtsein diskreditiert. Es geht also nicht nur um die nationalsozialistische Verbindung von Rassentheorie und Antisemitismus, sondern auch die heutigen rassistischen Diskriminierungen tragen weiterhin dazu bei, daß die Leiblichkeit der menschlichen Existenz politisch wie in unserem Selbstbewußtsein verdrängt wird. Um so ungeschützter werden wir den Möglichkeiten der Genmanipulation ausgesetzt sein.

Auch daß wir einmal das ›Dritte Reich‹ waren, wollen wir in Deutschland noch immer nicht wahrhaben. Seit Jahren z. B. sind alle Bemühungen um die deutsche Veröffentlichung des oben erwähnten – wie es dann heißt – ›KZ-Romans‹ von Ilona Karmel vergeblich, und wer die auf die braunen Technokraten hereingefallenen Natur- und Heimatschützer ihrerseits in Schutz nimmt, sollte sich tunlichst überdurchschnittlicher Geschichtskenntnisse versichern.

Unter den gegebenen Umständen kann die Initiative zum Frieden mit der Natur in der Politik schon wegen der Schwäche des Konservativismus also am ehesten von der sozialdemokratischen bzw. linken Seite kommen. Die Sozialdemokratie trägt dafür vor allem aber auch eine historische *Verantwortung,* weil unser Verhältnis gegenüber der natürlichen Mitwelt inzwischen ein dringlicheres Problem geworden ist als die sozialen Fragen, und weil es im vergangenen Jahrhundert wegen der damals größeren Dringlichkeit hinter diesen zurückgestellt worden ist. Der sozialdemokratischen Politik ist die soziale Gerechtigkeit der Industriegesellschaft weitgehend zu verdanken, aber sie ist auch mitverantwortlich für die Fehler dieser Gesellschaft und mitschuldig an ihrem Absolutismus gegenüber der natürlichen Mitwelt.

Das erste Jahrhundert sozialdemokratischer Politik stand, von heute aus gesehen, ganz im Zeichen der unheiligen Allianz von Kapital und Arbeit zur Lösung der sozialen Frage auf Kosten der Natur. Es ging um »Wohlstand für alle« durch »Macht über die Naturkräfte«, wie es noch in der Präambel zum Godesberger Programm (1959) der SPD hieß. Nicht nur eine kleine Schicht von Privilegierten, sondern alle sollten teilhaben an dem Ertrag der industriellen Wirtschaft. Es wurde aber nur das Verteilungsproblem gesehen, nicht der Preis der Industrialisierung. »Im ganzen ... wurde doch stets der industrielle Fortschritt in seiner existierenden Gestalt bejaht und jede Kritik an ihm als reaktionäre Maschinenstürmerei zurückgewiesen« (Eppler 1984, 128).

Wäre die Menschlichkeit von den Sozialisten nicht nur unter Menschen, sondern auch gegenüber der natürlichen Mitwelt gesucht worden, hätten die Natur- und Heimatschützer nicht auf den Nationalsozialismus zu setzen und an ihm zu scheitern brauchen. So aber stand in den sozialdemokratischen Zeitschriften »Neue Zeit« und »Sozialistische Monatshefte«

um die Jahrhundertwende schlechterdings »kein Wort über Umweltzerstörung, Landschaftsverschandelung, über die Vernichtung der Natur, die Verunstaltung der Städte und die Ausrottung von Pflanzen und Tieren« (Sieferle aaO 173). Zwar gab es in der Arbeiterbewegung auch die Jugendorganisation der »Naturfreunde«, aber sie war für die sozialdemokratische Politik ohne jede Bedeutung.

Nun ist es vielleicht eine Überforderung, auch noch an das Interesse des Ganzen denken zu sollen, wenn die eigenen Interessen so bedroht sind, wie die der Arbeiter es im letzten Drittel des 19. Jahrhunderts waren. Selbst ein bürgerlich Gebildeter wie der bedeutende Prediger Christoph Blumhardt – religiöser Sozialist und 1900–1906 einer von sechs sozialdemokratischen Abgeordneten im Württembergischen Landtag – aber nahm die Probleme nicht wahr, deretwegen die radikaleren Heimatschützer damals ebenfalls gegen den Kapitalismus kämpften.

In einer Predigt über Kolosser 1, 12–20 – alles ist durch Christus und zu ihm geschaffen – z. B. kam Blumhardt 1899 zwar beiläufig auf die Eisenbahn zu sprechen, fragte aber nicht, ob auch sie auf Christus hin geschaffen sei. Und 1911 sprach er in einer Predigt über das Leiden der natürlichen Mitwelt – Römer 8, 18 ff – wohl von den Leiden der sterbenden Gräslein unter der besonders heißen Sonne des damaligen Sommers, aber nicht von der Zerstörung der ganzen Landschaft durch die Industrialisierung. Dabei war Blumhardt in Heilungen erfahren und überzeugt davon, daß Gott auch »im Fleisch geoffenbaret ist« (1. Timotheus 3, 16), also ganz gewiß kein Geisteswissenschaftler.

Die Sozialdemokraten glaubten eben an den technischen Fortschritt oder an Francis Bacons Traum vom technologischen Rückweg ins Paradies. Bis zum Ende der 60er Jahre ist kaum erkennbar, wodurch sich die Ziele ihrer Politik, *was den Naturzusammenhang des menschlichen Lebens angeht,* von Huxleys »Schöner neuer Welt« oder von Arthur C. Clarkes Glasglockenstadt Diaspar, in der sich die Menschheit wirklich aus der übrigen Natur davongemacht hat, unterscheiden.

Ein neuer Ton im sozialdemokratischen Verhältnis zur Natur wurde erstmals knapp einhundert Jahre nach der Gründung des Allgemeinen Deutschen Arbeitervereins (Ferdinand Lassalle 1863) angeschlagen, als Willy Brandt im Bundestagswahlkampf 1961 den »Blauen Himmel über der Ruhr« als ein Ziel der Politik proklamierte. Hier wie auch in der Kleinen Umweltpolitik der sozialliberalen Koalition in den 70er Jahren sollte zwar die natürliche Mitwelt nur um des Menschen und seiner Gesundheit willen politisch berücksichtigt werden, aber die Natur war damit jedenfalls erst einmal überhaupt zu einem Thema der Politik geworden.

Große Verdienste für die sozialdemokratische Umweltwahrnehmung hat vor allem Erhard Eppler. Wegweisend war bereits sein Vortrag auf dem Kongreß der IG Metall über Lebensqualität (1972). Schon 1971 forderte auch der Arbeitskreis Sozialdemokratischer Juristen die Aufnahme des Umweltschutzes als einer Staatszielbestimmung in das Grundgesetz (Denninger 1983, Rz 140). Ein zusammenhängendes Umweltprogramm der SPD wurde erstmalig im Anschluß an den Berliner Parteitag (1979) entwickelt.

Inzwischen verbreitet sich die Einsicht, daß die Kleine Umweltpolitik der 70er Jahre gescheitert ist (vgl. Kapitel 2) und daß es einer grundsätzlichen Erneuerung des industriegesellschaftlichen Naturverhältnisses bedarf. Ein Schritt in dieser Richtung war die Aufnahme des Friedens mit der Natur in den politischen Zielkatalog der SPD durch das Dortmunder Wahlprogramm von 1983:

»Die technische Macht des Menschen über die Natur«, so hieß es dort, »ist in einem Maße gewachsen, daß nicht allein mehr der Schutz des Menschen vor der Naturgewalt, sondern stärker noch der Schutz der Natur . . . vor der technischen Gewalt des Menschen notwendig geworden ist. Wir Sozialdemokraten . . . wollen den Frieden mit der Natur suchen und die Umwelt erhalten.«

Hier zeichnet sich programmatisch erstmalig die Einsicht ab, daß es im Umweltschutz nicht nur um die Interessen des Menschen geht, denn sonst bedürfte es nicht des Schutzes der *Natur* vor der Gewalt des Menschen. Eine nicht anthropozentrische Umweltpolitik entspricht freilich auch in der Sozialdemokratie noch lange nicht dem Stand des politischen Bewußtseins, nicht einmal in der ›Grundwerte-Kommission‹ der Partei (Eppler 1984, 129). Und doch kann sich erst in einer solchen Politik der Weg vollenden, dem die Sozialdemokraten von Anfang an gefolgt sind. Das ursprüngliche Leitmotiv ihrer Politik war und ist nämlich die *Verallgemeinerung* der liberalen Forderungen Freiheit, Gleichheit und Brüderlichkeit bzw. Solidarität. In den politischen Zielvorstellungen der SPD ist mit dieser Verallgemeinerung bisher vor der natürlichen Mitwelt haltgemacht worden. Dafür aber gibt es nach den Überlegungen dieses Buchs keine vertretbaren Gründe mehr.

Der Schritt, auf den es heute ankommt, ist in den sozialdemokratischen Parteiprogrammen seit mehr als hundert Jahren vorgezeichnet. Bereits im Gothaer Programm hieß es, Ziel sei »die Aufhebung der Ausbeutung in jeder Gestalt« (1875), und im Erfurter Programm von 1891 – dem grundlegenden Dokument der SPD-Geschichte vor dem 1. Weltkrieg – wurde diese Forderung noch etwas ausführlicher wiederholt:

»Die Sozialdemokratische Partei Deutschlands … bekämpft … in der heutigen Gesellschaft nicht bloß die Ausbeutung und Unterdrückung der Lohnarbeiter, sondern jede Art der Ausbeutung und Unterdrückung, richte sie sich gegen eine Klasse, eine Partei, ein Geschlecht oder eine Rasse.«

Genauso stand es später im Heidelberger Programm von 1925. Dabei war nun zwar noch nicht daran gedacht worden, daß außer der Ausbeutung von Menschen durch Menschen auch die der Natur mit Hilfe der sozialdemokratischen Politik ein Ende finden solle; dies beweist schon der erste Satz des Gothaer Programms: »Die Arbeit ist die Quelle allen Reichtums«, in dem also – worauf Marx polemisch hinwies – die Natur vergessen worden ist. Dennoch ist die Sozialdemokratie die einzige politische Kraft, deren elementare politische Aktionsrichtung der *allgemeine Kampf gegen jede Art der Ausbeutung* ist. *Dieser Impuls sollte sich jetzt auch gegen die Ausbeutung der natürlichen Mitwelt richten.*

Die Sozialdemokratie ist es nach alledem in doppelter Hinsicht ihrer eigenen Geschichte schuldig, heute für eine nicht anthropozentrische Umweltpolitik einzutreten. *Erstens* hat die unheilige Allianz zwischen Arbeit und Kapital zugunsten einer Industrialisierung auf Kosten der Natur dazu beigetragen, daß die Natur- und Heimatschutzkritiker des Industriekapitalimus gescheitert sind. *Zweitens* sollte diejenige politische Kraft, deren oberstes Ziel die Gerechtigkeit und der Kampf gegen die Ausbeutung jeder Art ist, dieses Ziel heute wiederum dort zu verwirklichen suchen, wo es am dringendsten angebracht ist, außer in der Entwicklungspolitik also vor allem in der Umweltpolitik.

Wenn die Sozialdemokratie den Frieden mit der Natur in der hier vorgeschlagenen Form zum Ziel ihrer Politik machte, würde es auch der CDU/CSU leichter fallen, der konservativen Industriekritik gerecht zu werden und sich damit über die Technokratie der 50er Jahre hinauszutrauen. Die Chancen dafür könnten seit dem Regierungswechsel 1982 gestiegen sein. Die Grünen wiederum versuchen mit Recht, hinter die historische Sezession der Sozialdemokraten aus der Kritik der Industrialisierung zurückzugehen. Je besser ihnen dies gelingt, um so eher können sie den großen Parteien zu einem intellektuellen und emotionalen Vorbild werden.

12.4 Ein Grundrecht auf Heimat

Daß eine Politik des Friedens mit der Natur im politischen Spektrum der Gegenwart nicht ohne Chancen ist, habe ich im vorangegangenen Abschnitt gezeigt. Was aber sein kann, das kann auch nicht sein. Die einer solchen Politik entgegengerichteten Kräfte sind einstweilen sogar stärker als die, welche sie unterstützen. Wie stark sie sind, hängt jedoch davon ab, unter welchen Bedingungen sie wirken.

Die heutigen Bedingungen sind günstig für die umweltzerstörerischen Kräfte. Deshalb sollten andere Bedingungen geschaffen werden. Dies kann allerdings nicht allein der Bonner Zentralpolitik und den Länder-Umweltpolitiken überlassen bleiben, sondern dazu bedarf es einer neuen Art von Zivilcourage aus staatsbürgerlicher, moralischer und religiöser Verantwortung für die natürliche Mitwelt. Zahlreiche Bürgerinitiativen haben sie bereits bewiesen.

Der Hauptgrund dafür, daß es hinsichtlich der Natur eines bürgerlichen Engagements bedarf, ist die Abschirmung der hauptstädtischen Politakteure gegenüber der tatsächlichen Umweltsituation. Den meisten Politikern fehlt die lebendige Erfahrung der Umweltzerstörung. Deshalb wissen sie eigentlich gar nicht, warum Umweltpolitik nötig ist. In den Sitzungsräumen des Bundestags z.B. wird charakteristischerweise auch am hellichten Tag bei geschlossenen Vorhängen und elektrischem Licht verhandelt (was mich besonders in den Sitzungen der Energie-Enquête immer sehr irritiert hat, aber meine Gegenvorschläge fanden keinen Beifall). Diese symbolische Umnachtung charakterisiert den politischen Prozeß insgesamt, was die Wahrnehmung der Natur angeht.

Es ist so, als ob die im vorangegangenen Kapitel geschilderte Abschirmung der Industriegesellschaft gegenüber der Natur – die Verdrängung der natürlichen Mitwelt aus unserer Umwelt – die Politiker sozusagen doppelt betrifft. Noch weniger als der Techniker nach der Betätigung des Schalters das Sterben der Fische im Fluß spürt, fühlt der Politiker in der Ferne, wie die zentrale Entscheidung sich dezentral auf die Lebensbedingungen auswirkt, weil diese wegen der Degeneration unserer Wahrnehmungsfähigkeit schon lokal immer schwerer wahrzunehmen sind.

Kants Kategorischer Imperativ fordert mit Recht, daß die Maximen menschlicher Handlungen verallgemeinerbar sein sollen. Wenn ich nichts dagegen haben kann, daß andere Menschen sich nach denselben Gesichtspunkten wie ich verhalten, darf auch ich ihnen folgen. Die Forderung der Verallgemeinerungsfähigkeit muß heute in der Politik aber um die der *Besonderungsfähigkeit* ergänzt werden. Denn es kommt immer mehr dazu, daß allgemeine, in der Regel zentralistische politische Entscheidungen Lebensbedingungen zerstören, wenn sie lokal verwirklicht werden. Eine allgemeine Entscheidung aber, die an keinem Ort im Land auf eine vertretbare Weise zu verwirklichen ist, kann nicht im Interesse des Ganzen sein. Dies gilt sogar für die Betroffenheit einzelner Stadtteile durch Rathausentscheidungen.

Wenn ich mir vergegenwärtige, in welchem Umfang Städte und Landschaften z. B. durch den Bau von Industrieanlagen, Wohnblöcken, Straßen, Freileitungen etc. verschandelt und zerstört worden sind, so wünschte ich, die von diesen Maßnahmen Betroffenen hätten sich dagegen wirksamer zur Wehr setzen können. Der lokale Widerstand gegen die zerstörerische Besonderung allgemeiner Entscheidungen setzt allerdings ein hinreichend ausgeprägtes Heimatgefühl und außerdem die entsprechenden Rechte voraus. Seit Anfang der 70er Jahre haben besonders die Bürgerinitiativen gezeigt, daß es am Heimatgefühl nicht zu mangeln braucht. Wie aber steht es mit den Rechten?

Zur Verteidigung von Lebensbedingungen gegen die Besonderheit allgemeiner und auf zentraler Ebene zunächst abstrakter Entscheidungen sind Grundrechte eine hohe Errungenschaft der politischen Kultur. Diese Rechte werden aber nur dann ausreichend berücksichtigt, wenn sie bei Projekten jeder Art bereits im Entscheidungs*verfahren* und dort so zur Geltung gebracht werden können, daß nicht bereits vorentschieden ist, ob das Projekt überhaupt an dem betreffenden Ort verwirklicht wird. »Erst über den status activus processualis erlangen die Grundrechte ihre konstitutive Bedeutung« (Häberle 1972, 88). Auch nach der Rechtsprechung des Bundesverfassungsgerichts ist die Beteiligung der Betroffenen eine notwendige Bedingung zum Schutz ihrer Grundrechte und dient nicht nur der Unterrichtung der Behörde (BVerfGE 53, 30/64 f). Ein hinreichender Grundrechtsschutz durch die Beteiligung am Entscheidungsverfahren ist aber für die Industrieentwicklung bisher nicht gewährleistet.

Betrachtet man z. B. die Bürgerbeteiligung im Rahmen der Atomrechtlichen Verfahrensverordnung, so kann man sich »des Eindrucks nicht erwehren, daß es dem Verordnungsgeber nicht um ein Modell der Partizipation und Kommunikation zur Klärung ergebnisoffener Sachprobleme ging, sondern um eine eindimensionale Bewältigung von Massenverfahren« (Ueberhorst 1983, 62). Die umfassende Untersuchung von Ueberhorst und seinen Mitarbeitern hat die Mängel der derzeitigen Praxis deutlich gemacht und einer politischen Bewertung zugeführt.

– Erstens besteht aufgrund der Vorverhandlungen bereits zu Beginn des

Beteiligungsverfahrens eine Solidargemeinschaft zwischen dem Antragsteller und der Behörde, die ja nun ihr in diesen Verhandlungen bereits erzieltes Ergebnis gegen alle Einwendungen gemeinsam verteidigen, so daß aus der Sicht des betroffenen Bürgers Staat und Wirtschaft – die Kontrolleure und die Kontrollierten – unter einer Decke stecken.

– Zweitens hat der Bürger es in der Regel nur mit Gutachtern zu tun, welche das zur Genehmigung anstehende Projekt ebenfalls befürworten, sei es aufgrund fachlich einseitiger Auswahl oder weil ihre Einwände ebenfalls bereits berücksichtigt worden sind.

– Drittens ist es innerhalb einer im wesentlichen so vorbildlichen Rechtsordnung wie der der Bundesrepublik eine blamable Farce, von den betroffenen Laien innerhalb von zwei Monaten (der Auslegungsfrist für die Projektunterlagen) eine qualifizierte Urteilsbildung über ein höchst kompliziertes Projekt zu erwarten, das zuvor in einem jahrelangen Abstimmungsprozeß wirtschaftlicher, staatlicher und wissenschaftlicher Fachleute durchgeplant worden ist.

Solange nicht in einer einsichtigen Weise festgestellt worden ist, ob durch ein Projekt Grundrechte verletzt werden, muß es eine offene Frage bleiben, ob die Besonderung des allgemeinpolitisch für erwünscht Gehaltenen an dem betreffenden Ort vertretbar ist.

Das Beteiligungsproblem ist durch die neuere technologische Entwicklung (z. B. in der Kernenergietechnik) auch in der Öffentlichkeit so virulent geworden, daß die bisherigen Akteure in die Enge getrieben werden. Es heißt dann manchmal, die Bürger sollten zu den Experten wieder mehr Vertrauen haben, und obendrein vielleicht noch: die Politiker sollten dafür sorgen, daß die ›irrationalen Ängste‹, welche dem entgegenstehen, abgebaut werden. Mit anderen Worten: die herkömmliche Entwicklung von Wissenschaft und Technik solle wie bisher im Schutz der Politik – und auf ihre Kosten – vorangetrieben werden.

Es gehört schon einige Chuzpe dazu, von *irrationalen* Ängsten gegenüber einer Entwicklung zu sprechen, welche die Atomwaffen und die übrige Waffentechnik hervorgebracht hat, jahrzehntelang Berge von Giftmüll aufhäuft, die Wälder sterben läßt, auch sonst überall die Umwelt zerstört und alles Leben in der Natur bedroht. Die Ängste in bezug auf den Fortgang dieser Entwicklung sind *überhaupt nicht irrational* und das Mißtrauen gegenüber den Experten ist *voll berechtigt.* Ehe sich hier wieder ein Vertrauen bildet, müssen die künftigen Akteure erst einmal beweisen, daß sie es verdienen. Eine möglichst gründliche Bürgerbeteiligung gibt ihnen dazu die allerbeste Gelegenheit.

Unvernünftig also ist es, *die Kritik nicht gelten zu lassen.* Auch hier sind freilich Ängste im Spiel. Zur Abschirmung von kritischen Minderheiten – wo es noch Minderheiten sind – kommt es z. B. vor, daß die Vertreter von Mehrheiten verlangen, die jeweiligen Minderheiten hätten jederlei Mehrheitsentscheidungen zu akzeptieren. Dem ist entgegenzuhalten, daß Mehrheitsentscheidungen nur auf der Basis eines kulturellen und verfahrensmäßigen Grundkonsenses sowie unter Wahrung der Grundrechte der Minderheit legitim sein können (Guggenberger 1980, 59 ff.). Sehr problematisch ist auch die Umkehr des St.-Florians-Prinzips durch Mehrheiten von vornherein nicht Betroffener gegenüber Minderheiten von vornherein Betroffener (Fetscher 1982 a). Die liberale Demokratie ist keine Diktatur der Mehrheit.

»Wenn ein Vorhaben die Existenzgrundlagen eines bestimmten Kreises von Stimmbürgern – etwa eines regional bestimmten Kreises – entscheidend zu fördern verspricht oder ernsthaft bedroht, oder wenn es die ›Identität‹ einer Region sehr nachdrücklich tangiert, so rechtfertigt dies die Gewährung politischer Sonder-Rechte. ... Rücksichtnahme auf besonders belastete Regionen ist ein Stück *Minderheitenschutz*« (Saladin 1983, 281/283; vgl. 1984). Peter Saladin denkt dabei an »partikulare Mitwirkungsrechte . . ., welche irgendwo zwischen Sonder-Entscheidungs- und bloßen Anhörungsrechten liegen« (aaO 285). Seine Vorschläge hierzu sind zunächst auf die Schweiz bezogen, dürften auf die Bundesrepublik jedoch leicht übertragbar sein. Dadurch könnte es zu einer staatsrechtlichen Kodifizierung des von Ueberhorst politisch gewiesenen Wegs kommen.

Ein nicht gewaltförmiger, die Integrität der Gesellschaft nicht gefährdender Austrag der aufgebrochenen Auseinandersetzung ist meines Erachtens nicht ohne eine Revision der Rolle des Staats und der der Wissenschaft gegenüber der heutigen Praxis möglich. Die Erneuerung der Wissenschaft war das Thema des Kapitels 10. Hinsichtlich des Staats stehen wir vor der Frage, ob die aufgekommenen Probleme letztlich die Unvereinbarkeit der Technik mit der liberalen Demokratie bzw. mit unserer politischen Verfassung beweisen, oder ob an diesem Staat noch etwas zu retten ist, was ich annehme.

Ernst Forsthoff hielt es für »gewiß, daß der Staat« (der Industriegesellschaft) »außerstande wäre, den technischen Prozeß in die Schranken zu verweisen, welche die Humanität ... gebietet« (1971, 168). Ich möchte diese Konsequenz noch nicht ziehen, sondern sehe einen Ausweg darin, daß 1. der Staat aus seiner derzeitigen Parteilichkeit wieder herausfindet und 2. die bürgerlichen Grundrechtspositionen im Interesse des Friedens mit der Natur durch ein Recht auf Heimat verstärkt werden.

1. Die Parteilichkeit des Staats ergibt sich immer wieder dadurch, daß *allgemeine* Entscheidungen mit den jeweiligen Befürwortern und Interessenten einer industriellen Entwicklung ausgehandelt und dann in ihrer lokalen *Besonderung* gegen die nachteilig Betroffenen durchgesetzt werden. Vor allem die Kernenergiepolitik bietet dafür viele traurige Beispiele. Die hier seit dem Anfang der 70er Jahre durch Bürgerinitiativen geltend gemachten Bedenken betreffen aber zum überwiegenden Teil keine Einzelinteressen benachteiligter Minderheiten, sondern die Vernachlässigung von Gesichtspunkten des öffentlichen Interesses durch den Staat. Dieser aber, der doch unser aller Staat ist, sollte sich nicht durch die Vertretung einseitiger Interessen kompromittieren.

Um aus seiner Parteilichkeit wieder herauszufinden, dürfte der Staat in dem Dreieck zwischen dem Allgemeininteresse, dem ein Projekt befürwortenden Einzelinteresse und dem entgegenstehenden Einzelinteresse der nachteilig Betroffenen grundsätzlich nur das Allgemeininteresse vertreten. Dazu ist es prozedural erforderlich, die einander entgegengesetzten Einzelinteressen während des gesamten Entscheidungsverfahrens gleichlaufend und gleichgewichtig zu beteiligen.

Praktische Vorschläge hierzu sind von Reinhard Ueberhorst (1983) gemacht und von mir (1984) ergänzt worden. Die von Hartkopf und Bohne ausführlich geschilderte Praxis der Absprachen zwischen staatlichen Behörden und umweltgefährdenden Industriebetrieben ist mit dem Prinzip der Ausgewogenheit im wesentlichen unvereinbar. Materiell kommt es darauf an, industriewirtschaftliche Entwicklungen auch unter Gesichtspunkten der Umwelt- und Sozialverträglichkeit zu bewerten.

2. Der Stand unserer politischen Kultur bemißt sich zunächst daran, wieweit auf Mitbürger auch dann Rücksicht genommen wird, wenn sie nicht nur national, sondern außerdem regional und lokal in der Minderheit sind. Bereits nach diesem traditionellen Kriterium des modernen Rechtsstaats ist es keineswegs in Ordnung, wenn einzelnen oder Gruppen heute oft das Recht des Stärkeren (die Gewalt der Mehrheit) entgegengehalten wird, ohne sich des Grundkonsenses mit ihnen und der Wahrung ihrer Grundrechte sicher sein zu können.

Nach den Überlegungen dieses Buchs wäre es jedoch auch mit einer optimalen Rücksichtnahme auf alle heute lebenden Menschen in ihren Mehr- und Minderheiten noch keineswegs getan. Vielmehr bedarf es darüber hinaus der Rücksicht auf

– das Erbe der Vergangenheit und die Interessen künftiger Generationen;

- Tiere und Pflanzen, Landschaften und die Elemente, also auf die natürliche Mitwelt insgesamt.

Diese erweiterte Ethik ist bisher nicht durch Grundrechtspositionen ab-
gesichert. Um dies in Zukunft nachzuholen, empfehle ich, einerseits die
menschlichen Grundrechte durch das im Abschnitt 7.3 vorgeschlagene
Recht auf Heimat zu erweitern, andererseits auch unserer Verantwortung für die natürliche Mitwelt im Grundgesetz eine rechtliche Form zu
geben.

Ein von den Besitzverhältnissen unabhängiges Recht auf Heimat ist in das
Grundgesetz nicht aufgenommen worden, um uns nicht dem Vorwurf des
Revanchismus in bezug auf die Ostgebiete auszusetzen. Tatsächlich war
ein entsprechender Antrag der Deutschen Partei im Parlamentarischen
Rat als ein »ausdrückliches Bekenntnis des deutschen Volkes zu einer
Ächtung der zwangsweisen Vertreibung der Menschen aus ihrer Heimat«
in den ehemals deutschen Ostgebieten gemeint (Mangoldt 1953, 41). Innerhalb der Grenzen der Bundesrepublik wiederum hielt man ein Recht
auf Heimat für überflüssig, denn das Grundrecht der Freizügigkeit
(Art. 11 GG) umfaßt ja bereits »die Freiheit, in einer größeren Region,
der ›Heimat‹ zu bleiben« (Merten 1970, 40).

Im Parlamentarischen Rat ist also noch nicht daran gedacht worden, daß
die Heimat auch dann verlorengehen kann, wenn man den Wohnort nicht
wechselt, nämlich durch lokale Veränderungen. Ein Recht auf Bewahrung der Heimat hätte der Zerstörung gewachsener Verhältnisse durch
die industrielle Wirtschaftsdynamik eine kulturelle Grenze setzen können. Würde es jetzt nachgeholt, so wäre diese Grenze nicht nur in Zukunft
leichter zu verteidigen, sondern manches Verlorene aus dem Erbe der
Vergangenheit ist heute noch nicht unwiederbringlich verloren, könnte
also erneuert werden (z. B. in der Stadt- und Verkehrsplanung, durch die
Verlegung von Freileitungen unter die Erdoberfläche etc.).

Verglichen mit dem sonst vorgeschlagenen Grundrecht auf eine menschenwürdige oder gesunde Umwelt (Abschnitt 3.4), hätte das Grundrecht auf Heimat einen eingeschränkteren Schutzbereich, nämlich das jeweils begrenzte Gebiet der Heimat. Im Nahbereich der Heimat würde es
die Sozialpflichtigkeit des Eigentums im Interesse der Bewahrung des Er-
haltenswerten ökologisch und ästhetisch verstärken, also auch das Kriterium: »Wie schön der Krug, gehört zur Sache!« aus dem Prozeß um den
Zerbrochenen Krug umfassen.

Was erhaltenswert ist, dürfte in der Regel nicht mit Gewißheit festzustellen sein. Auch hier aber würden bereits erweiterte Rechtfertigungs- bzw.
Begründungspflichten den politischen Prozeß entscheidend verändern.

Ich stelle mir vor, daß das Recht auf Heimat mit der Entfernung von einer Kernzone immer weniger Details betrifft und daß auch seine Schranken in Abhängigkeit von der Entfernung stärker werden sollten.

Der Heimatgedanke hat auf dem Weg zum Frieden mit der Natur politisch die besondere Qualität, daß als Heimat nicht entweder die sozialen oder die natürlichen Gegebenheiten einer Gegend bestimmt werden können. Zur Heimat gehört beides untrennbar. Das Recht auf Heimat verbindet sich deshalb auch mit dem konservativen »Recht man selbst zu bleiben«, für das Iring Fetscher (1973/83, 17) plädiert hat. Wo man beheimatet ist, gehört zur eigenen Identität, betrifft aber nicht nur die soziale Identität.

Soweit sie zur Heimat gehört, kann die natürliche Mitwelt nicht mehr als Material und Ressource angesehen werden. Ein Bauer z. B., der für seine Felder um ihres Marktwerts willen sorgt und nicht um des Besten der Pflanzen willen, hat seine Heimat verloren. Wenn die natürliche Mitwelt überall, wo Menschen von ihr leben, als Heimat behandelt wird und so gegen die zunächst heimatlosen Allgemeininteressen verteidigt werden kann, ist das Erbe der Vergangenheit auch für die Nachwelt nicht gefährdet.

Ein Grundrecht auf Heimat ändert politisch freilich nur soviel, wie es wahrgenommen wird. Hierzu bedarf es der neuen Art von Zivilcourage aus staatsbürgerlicher und menschlicher Verantwortung, so wie umgekehrt das Grundrecht diese Courage, die heute überall zunimmt, bestärkt. Die Bürgerinitiativen sind hier bereits den rechten Weg gegangen.

Der Schutz der Heimat sollte dem Staat der Industriegesellschaft aber nicht nur Grenzen setzen, sondern selbst ein Ziel staatlichen Handelns werden. So werden auch die anderen Grundrechte zunehmend verstanden. Es genügt nicht, daß unser Staat ein Sozialstaat ist, denn die Menschheit ist keine geschlossene Gesellschaft. Menschen sind wir nur in der natürlichen Lebensgemeinschaft mit Tieren und Pflanzen, Wind und Wasser, Himmel und Erde. Ich schlage deshalb vor, die Wahrnehmung der menschlichen Verantwortung für die natürliche Mitwelt als ein Staatsziel in das Grundgesetz aufzunehmen.

Im Gegensatz zu den bisherigen Vorschlägen für eine Staatszielbestimmung Umweltschutz sollte die natürliche Mitwelt im Frieden mit der Natur also *nicht nur als Lebensgrundlage des Menschen* geschützt werden. Denn der Mensch ist mit den Tieren und Pflanzen, mit Erde, Wasser, Luft und Feuer aus der Naturgeschichte hervorgegangen. Er vermag die Welt, von der er selbst ein Teil ist, in besonderem Maß zu erkennen und zu verändern. Dabei fällt ihm eine besondere Verantwortung zu, das Interesse des Ganzen der Natur stellvertretend zu wahren. Im Naturzusammenhang des menschlichen Lebens ist auf unsere natürliche Mitwelt nicht nur aus menschlichem Interesse, sondern auch um ihrer selbst willen Rücksicht zu nehmen.

Der Frieden mit dem Ganzen der Natur ist die Probe darauf, ob die Industriegesellschaften der Macht, die sie in der Natur gewonnen haben, sittlich, geistig und politisch gewachsen sind. Wenn nicht, so könnte sich das Grimmsche Märchen von dem Fischer und seiner Frau als das Drama der Industriegesellschaft wiederholen: Aus der Hütte in das Häuschen, vom Häuschen in den Palast, aus dem Palast auf den Königsthron, von dort auf den des Kaisers und zuletzt auf den des Papstes. Wer diesen Weg hinter sich hat und nicht weiß, was er dafür schuldig ist, wird schließlich auch noch die Macht des Schöpfers selber haben wollen. Dann aber führt dieses Wachstum an den Ausgangspunkt zurück, soweit es ihn dann noch gibt.

Anhang

Literaturverzeichnis

Adorno, Theodor W.: Ästhetische Theorie. Frankfurt a. M. 1970, 574 S. (Gesammelte Schriften VII)
- s. Horkheimer, Max 1971

Aktionsprogramm Ökologie – Argumente und Forderungen für eine ökologisch ausgerichtete Umweltvorsorgepolitik (Vorsitz: H. Bick). Bonn 1983, 180 S. 505 Rdnn.

Altner, Günter: Schöpfung am Abgrund. Neukirchen-Vluyn 1974, 221 S.
- Leidenschaft für das Ganze – Zwischen Weltflucht und Machbarkeitswahn. Stuttgart/Berlin 1980, 246 S.
- Alternative Wissenschaft und Mystik. In: Klaus M. Meyer-Abich (Hg.): Physik, Philosophie und Politik – Festschrift für C. F. von Weizsäcker. München 1982, S. 430–439
- Für ein neues christliches Verhältnis zur Gesamtheit der Schöpfungswelt – Gegen eine zerstörerische Ausbeutung der Natur. In: Das Seufzen der Schöpfung – Christen Europas auf der Suche nach ihrer Verantwortung heute. Bericht der Studienkonsultation der Konferenz Europäischer Kirchen, Bukarest 1982. Genf 1982, Studienheft 14, S. 60–71
- Ökologisch orientierte Forschung. Öko-Mitteilungen 1/1983, 7–9
- Operation Erbsünde. Ev. Kommentare 17/3 (1984) 120

Alumets, J. et al.: Neuronal localisation of immunoreactive enkephalin and β-Endorphin in the earthworm. Nature 279 (1979) 805f

Amery, Carl: Das Ende der Vorsehung – Die gnadenlosen Folgen des Christentums. Reinbek 1972, 255 S.

Anaximander: s. Diels-Kranz

Augustin, Aurelius: Bekenntnisse (Übers. W. Thimme). Zürich 1950, 467 S.

Backster, Cleve: Evidence of a primary perception in plant life. Intern. Journal of Parapsychology 10 (1968) 329–350

Bacon, Francis: Neues Organon der Wissenschaften (1620) (Übers. A. T. Brück). Darmstadt 1974, 242 S.
- Works (ed. J. Spedding/R. R. Ellis/D. D. Heath). London 1859

Bauerschmidt, Rolf: Kernenergie oder Sonnenenergie – Eine energiepolitische Weichenstellung. Vorbericht E 60 zum Forschungsprojekt »Die Sozialverträglichkeit verschiedener Energiesysteme«. Essen 1984, 279 S. (vervielfältigtes Manuskript. Buchveröffentlichung München 1985)

Bäumlin, Richard: Rechtsstaat. In: H. Kunst/S. Grundmann (Hg.): Ev. Staatslexikon. Stuttgart 1966, Sp. 1733–1743

Benjamin, Walter: Schriften in 2 Bdn. Frankfurt a. M. 1955

Benn, Gottfried: Briefe an F. W. Oelze. 3 Bde., Frankfurt 1979–1982, 479/361/398 S.

Bentham, Jeremy: Principles of penal law (1780). In: Works (ed. J. Bowring). New York 1962, Bd. I. 365 ff

– An introduction to the principles of morals and legislation (1789). In: Works aaO. Bd. I. 1–154

Bick, Hartmut: s. Aktionsprogramm Ökologie

Bindemann, Walther: Die Hoffnung der Schöpfung – Römer f 8, 18–27 und die Frage einer Theologie der Befreiung von Mensch und Natur. Neukirchen-Vluyn 1983, 196 S.

Binswanger, Hans Christoph: Natur und Wirtschaft – Die Blindheit der ökonomischen Theorie gegenüber der Natur und ihrer Bedeutung im Wirtschaftsprozeß. In: Klaus M. Meyer-Abich (Hg.): Frieden mit der Natur. Freiburg 1979, S. 149–173

Birnbacher, Dieter (Hg.): Ökologie und Ethik. Stuttgart 1980, 252 S.

Bloch, Ernst: Das Prinzip Hoffnung. Frankfurt a. M. 1956, 1658 S.

Blumhardt, Christoph: Eine Auswahl aus seinen Predigten, Andachten und Schriften (Hg. R. Lejeune). 4 Bde., Zürich/Leipzig seit 1925

Bölsche, Jochen: Die deutsche Landschaft stirbt. Reinbek 1983, 333 S.

Bohne, Eberhard: s. Hartkopf, Günter/Bohne, Eberhard

Bohr, Niels: Das Quantenpostulat und die neuere Entwicklung der Atomistik (1927). In: Niels Bohr: Atomtheorie und Naturbeschreibung. Berlin 1931, S. 34–59

Bonner Arbeitskreis für Tierschutzrecht (U. M. Händel, J. Kölble, E. von Loeper, A. Lorz, H. Schultze-Petzold): Gesetzesentwurf zur Novellierung des Tierschutzgesetzes. Baden-Baden 1983, 57 S.

Bossel, Hartmut: Bürgerinitiativen entwerfen die Zukunft. Frankfurt a. M. 1978, 187 S.

Bruno, Giordano: Gedichte. In: Bruno Goetz: Italienische Gedichte. Zürich 1953

Buber, Martin: Die Erzählungen der Chassidim. Zürich 1949, 564 S.

Bundesregierung: Pflanzenschutzgesetz – Gesetzentwurf der Bundesregierung. Bundesratsdrucksache 355/83 vom 26. August 1983, 33 S.

Bundesverfassungsgericht: Urteil vom 29. Mai 1973 zum Vorschaltgesetz für ein Niedersächsisches Gesamthochschulgesetz. Entscheidungen des Bundesverfassungsgerichts 35 (1973) 79 ff

– Urteil vom 1. März 1978 zum Hessischen Universitätsgesetz von 1974. Entscheidungen des Bundesverfassungsgerichts 47 (1978) 327 ff

– Urteil vom 20. Juni 1978. Entscheidungen des Bundesverfassungsgerichts 48 (1979) 376–393

Burckhardt, Lucius: Bundesgartenschau, ein Stück Showbusiness – Gartenkunst wohin? In: M. Andritzky/K. Spitzer (Hg.): Grün in der Stadt. Reinbek 1981, S. 97–103, 256–264

Capek, Karel: Der Krieg mit den Molchen (1964). Frankfurt/Berlin/Wien 1970, 187 S.

Clarke, Arthur C.: The city and the stars. London 1956, 255 S.

Commoner, Barry: The closing circle – Confronting the environmental crisis. London 1971, 336 S.

Corbett, P.: Postscript to S. R. Godlovitch/J. Harris (Hg.): Animals, men and morals. London 1971, S. 232–238

Dahl, Jürgen: Der unbegreifliche Garten und seine Verwüstung – Über Ökologie und über Ökologie hinaus. Stuttgart 1984, 226 S.

Denninger, Erhard: s. Sachverständigenkommission »Staatszielbestimmungen/ Gesetzgebungsaufträge«

Descartes, René: Meditationen über die erste Philosophie (1641). Hamburg 1956, 166 S.

Deutscher Bundestag: Bericht der Enquête-Kommission »Zukünftige Kernenergie-Politik«. BT-Drucksache 8/4341. Bonn 27. Juni 1980, 200 S.

– Zwischenbericht und Empfehlungen der Enquête-Kommission »Zukünftige Kernenergie-Politik«. BT-Drucksache 9/2001. Bonn 27. September 1982, 62 S.

Dickler, Robert: Kapitalkostenentwicklung und die Sozialverträglichkeit von Energiesystemen. Vorbericht F 28 zum Forschungsprojekt »Die Sozialverträglichkeit verschiedener Energiesysteme«. Frankfurt a. M. 1984, 170 S.

Diels, Hermann/Kranz, Walther: Die Fragmente der Vorsokratiker. 3 Bde., Berlin 1951

Dilthey, Wilhelm: Gesammelte Schriften. Leipzig/Stuttgart seit 1923

Dowe, Dieter/Klotzbach, Kurt (Hg.): Programmatische Dokumente der deutschen Sozialdemokratie. Berlin/Bonn 1984, 511 S.

Drewermann, Eugen: Der tödliche Forschritt – Von der Zerstörung der Erde und des Menschen im Erbe des Christentums. Regensburg 1981, ³1983, 220 S.

Engels, Friedrich: s. Marx, Karl/Engels, Friedrich

Eppler, Erhard: Die Qualität des Lebens. In: Qualität des Lebens. Beiträge zur 4. Intern. Arbeitstagung der IG Metall für die BRD, 11.– 14. April 1972 in Oberhausen. Frankfurt a. M. 1973, S. 86–101

– Ende oder Wende. Reinbek 1975, 128 S.

– Wege aus der Gefahr. Reinbek 1981, 240 S.

– (Hg.): Grundwerte für ein neues Godesberger Programm – Die Texte der Grundwerte-Kommission der SPD. Reinbek 1984, 201 S.

Erdmann, Zeyde-Margreth: Psychodrama. Düsseldorf/Köln 1975, 196 S.

– Unmittelbar im leeren Raum – Ein Beitrag zur Bedürfnis-Bildung. In: K. M. Meyer-Abich/D. Birnbacher (Hg.): Was braucht der Mensch, um glücklich zu sein. München 1979, S. 111–122

Eser, Albin: Ökologisches Recht. In: H. Markl (Hg.): Natur und Geschichte. München 1983, S. 349–396

Europäische Gemeinschaft: Einstellungen der Europäischen Bevölkerung zu wissenschaftlichen und technischen Entwicklungen. Brüssel Februar 1979 (XII/201/79-DE)

Fechner, Gustav Theodor: Nanna oder Über das Seelenleben der Pflanzen (1848). Hamburg/Leipzig ²1899, 300 S.

Feinberg, Joel: The rights of animals and unborn generations. In: W. T. Blackstone

(Hg.): Philosophy and environmental crisis. Athens Ga. 1974. Deutsche Übersetzung bei Birnbacher aaO S. 140–179

Fetscher, Iring: Konservative Reflexionen eines Nicht-Konservativen. Merkur 27 (1973) 911–919. Nachdruck in I. Fetscher (Hg.): Neokonservative und ›Neue Rechte‹. München 1983, S. 11–20

– Überlebensbedingungen der Menschheit – Zur Dialektik des Fortschritts. München 1980, 215 S.

– Ökologie und Demokratie – Ein Problem der »politischen Kultur«. In: Klaus M. Meyer-Abich (Hg.): Physik, Philosophie und Politik – Festschrift für C. F. von Weizsäcker, München 1982 (a), S. 89–105

– Ethik und Naturbeherrschung. In: Wolfgang Kuhlmann/Dietrich Böhler (Hg.): Kommunikation und Reflexion – Zur Diskussion der Transzendentalpragmatik. Antworten auf Karl Otto Apel. Frankfurt a. M. 1982 (b), S. 764–776

Fischerhof, H.: Deutsches Atomgesetz und Strahlenschutzrecht. Baden-Baden ²1978, 1069 S.

Forschungsgruppe Schneller Brüter (FGSB): Risikoorientierte Analyse zum SNR 300. 2 Bde. München/Heidelberg 1982 (vervielfältigtes Manuskript). Kurzfassung: R. Kollert/R. Donderer/B. Franke (Hg.): Kalkar-Report – Der Schnelle Brüter: Unwägbares Risiko mit militärischen Gefahren? Frankfurt a. M. 1983, 154 S.

Forrester, Jay F.: World Dynamics. Cambridge Ma. 1971, 142 S.

Forsthoff, Ernst: Der Staat der Industriegesellschaft. München ²1971, 169 S.

– Absolutismus. In: H. Kunst/S. Grundmann (Hg.): Ev. Staatslexikon. Stuttgart 1966, Sp. 14–17

Fourier, Charles: Theorie der vier Bewegungen und der allgemeinen Bestimmungen. Frankfurt 1966, 387 S.

Frankena, W. K.: Ethics and the environment. In: K. E. Goodpaster/K. M. Sayre (Hg.): Ethics and problems of the 21st century. Notre Dame/London 1979, S. 3–20

Franklin, Benjamin: Autobiographie. München 1983, 271 S.

Frey, Bruno S.: Umweltökonomie. Göttingen 1972, 142 S.

Friedmann, Georges: Der Mensch in der mechanisierten Produktion. Köln 1952, 411 S.

Gaiser, Konrad: Platons ungeschriebene Lehre. Stuttgart 1963, 574 S.

Gesellschaft für Reaktorsicherheit (GRS): Risikoorientierte Analyse zum SNR 300. 2 Bde. München 1982 (vervielfältigtes Manuskript)

Goethe, Johann Wolfgang von: Werke. Hamburger Ausgabe in 14 Bänden (Hg. Erich Trunz). München ¹⁰1981

Gorz, André: Wege ins Paradies – Thesen zur Krise, Automation und Zukunft der Arbeit. Berlin 1983, 157 S.

Gruhl, Herbert: Ein Planet wird geplündert – Die Schreckensbilanz unserer Politik. Frankfurt a. M. 1975, 376 S.

Guggenberger, Bernd: Bürgerinitiativen in der Parteiendemokratie Stuttgart u. a. O. 1980, 206 S.

Grießinger, A.: Das symbolische Kapital der Ehre – Streikbewegungen und kollektives Bewußtsein deutscher Handwerksgesellen im 18. Jahrhundert. Berlin 1981, 553 S.

Häberle, Peter: Grundrechte im Leistungsstaat. Veröffentlichungen der Vereinigung der deutschen Staatsrechtslehrer (VVDStRL) 30 (1972) 43–141

Habermas, Jürgen: Erkenntnis und Interesse. Frankfurt a. M. 1973, 420 S.

Hahn, Otto/Straßmann, Fritz: Über den Nachweis und das Verhalten der bei der Bestrahlung des Urans mittels Neutronen entstehenden Erdalkalimetalle. Naturwissenschaften 27 (1939) 11–15

Haldane, J. S.: Die philosophischen Grundlagen der Biologie. Berlin 1932, 72 S.

Hall, E. T.: Die Sprache des Raumes. Düsseldorf 1976, 190 S.

Hartkopf, Günter/Bohne, Eberhard: Umweltpolitik – Grundlagen, Analysen und Perspektiven. Bd. I Opladen 1983, 478 S.

Hartkopf, Günter: Interview im Norddeutschen Rundfunk am 5. 4. 1983

Hasenclever, Wolf-Dieter und Connie: Grüne Zeiten – Politik für eine lebenswerte Zukunft. München 1982, 236 S.

Heidegger, Martin: Vorträge und Aufsätze. 3 Bde., Pfullingen 1954

Held, Martin: Energiepolitik in Zeiten starken Wertwandels. Vorbericht E 61 zum Forschungsprojekt »Die Sozialverträglichkeit verschiedener Energiesysteme«. Essen 1984 (vervielfältigtes Manuskript. Buchveröffentlichung 1985)

Helmholtz, Hermann von: Über das Ziel und die Fortschritte der Naturwissenschaft – Eröffnungsrede für die Naturforscherversammlung zu Innsbruck (1869). In: H. von Helmholtz: Populäre wissenschaftliche Vorträge. 2. Heft. Braunschweig 1871, S. 181–211

Heraklit: s. Diels-Kranz

Herzfeld, Frank: Neue Zielsetzungen in der Landwirtschaft – Herbizidresistenz in Kulturpflanzen. Beitrag zur Arbeit der Studiengruppe »Gesellschaftliche Folgen neuer Biotechniken« der Vereinigung Deutscher Wissenschaftler (VDW) in Verbindung mit der Ev. Akademie Hofgeismar. Hofgeismar 1984, 9 S.

Hesiod: Sämtliche Werke, dt. von Thassilo von Scheffer (Hg. E. G. Schmidt). Bremen ²1965, 184 S.

Heuß, Theodor: Rede bei der Verleihung des Friedenspreises des deutschen Buchhandels an Albert Schweitzer am 16. September 1951. In: Ehrfurcht vor dem Leben – Albert Schweitzer. Eine Freundesgabe zum 80. Geburtstag. Bern 1955, S. 194–199

Höffe, Otfried: Ethik und Politik. Frankfurt a. M. 1979, 489 S.

– Sittlich-politische Diskurse. Frankfurt a. M. 1981, 289 S.

Hölderlin: Werke (Hg. Hellingrath/Seebass/Pignot). Berlin 1923

Horkheimer, Max: Notizen 1950–1969 und Dämmerung – Notizen in Deutschland. Frankfurt a. M. 1974, 360 S.

Horkheimer, Max/Adorno, Theodor W.: Dialektik der Aufklärung – Philosophische Fragmente. Frankfurt a. M. 1971, 230 S.

Huxley, Andrew: Anniversary address by the president. Supplement to Royal Society News 2/6 (1983) I–VII

Jäckel, Eberhard: Hitlers Weltanschauung. Stuttgart 1981, 175 S.

Jacobi, Friedrich Heinrich: Werke (Hg. F. Roth und F. Köppen). 5 Bde., Darmstadt 1980

Jaeger, Werner: Paideia. 3 Bde., Berlin 1954

Jänicke, Martin: Wie das Industriesystem von seinen Mißständen profitiert – Kosten und Nutzen technokratischer Symptombekämpfung: Umweltschutz, Gesundheitswesen, innere Sicherheit. Opladen 1979, 129 S.

Illich, Ivan: Selbstbegrenzung – Eine politische Kritik der Technik. Reinbek 1975, 190 S.

Imhoff, K.: Der Ruhrverband. Essen ²1928, 25 S.

Inglehart, R.: The silent revolution. Princeton 1977, 482 S.

Jonas, Hans: Das Prinzip Verantwortung. Frankfurt a. M. 1979, 426 S.

Kant, Immanuel: Werke in 6 Bänden (Hg. W. Weischedel). Darmstadt 1960. Zitate sind jeweils sowohl nach der Erstauflage (A) bzw. Zweitauflage (B) als auch nach dieser Ausgabe zitiert. KrV = Kritik der reinen Vernunft, KpV = Kritik der praktischen Vernunft

Kapp, Karl William: The social costs of private enterprise. Cambridge Ma. 1950. Übers.: Volkswirtschaftliche Kosten der Privatwirtschaft. Tübingen 1958, 228 S.

Karmel, Ilona: An estate of memory. Boston 1969, 444 S.

Kästner, Erhart: Aufstand der Dinge. Frankfurt a. M. 1982, 355 S.

Kelsen, Hans: Vergeltung und Kausalität – Eine soziologische Untersuchung. Den Haag 1941, 542 S.

Kerlen, Eberhard: Zu den Füßen Gottes – Untersuchungen zur Predigt Christoph Blumhardts. München 1981, 192 S.

Kessel, Hans: Stand und Veränderung des Umweltbewußtseins in der BRD, England und den USA. Bericht aus einem laufenden Forschungsprojekt IIUG/dp 83–9. Wissenschaftszentrum Berlin 1983, 60 S.

Kimminich, Otto: Verwaltung und Verwaltungsrecht im Dienste des Umweltschutzes. Bay. VBl 1979, S. 523 ff.

Klipstein, Michael von/Strümpel, Burkhard: Der Überdruß am Überfluß – Die Deutschen nach dem Wirtschaftswunder. München 1984, 212 S.

Kloepfer, Michael: Staatsaufgabe Umweltschutz, DVBl 1979, S. 639 ff.

Klose, H.: Fünfzig Jahre staatlicher Naturschutz. Gießen 1957, 64 S.

Koch, Egmont R./Vahrenholt, Fritz: Die Lage der Nation. Umwelt-Atlas der Bundesrepublik – Daten, Analysen, Konsequenzen. Hamburg 1983, 464 S.

Kölble, Josef: Gewässerschutz in der Gesetzgebung. Eine systematische Bestandsaufnahme. Schriftenreihe der Vereinigung Deutscher Gewässerschutz, Bd. 44. Bonn 1982

Kriele, Martin: Einführung in die Staatslehre – Die geschichtlichen Legitimitätsgrundlagen des demokratischen Verfassungsstaates. Reinbek 1975, 352 S.

Krolzik, Udo: Umweltkrise – Folge des Christentums? Stuttgart/Berlin 1979, 125 S.

Kunert, Günter: Unterwegs nach Utopia. München 1977, 99 S.

Landzettel, Wilhelm: Wege und Orte – Landschaft und Siedlung in Hessen. Wiesbaden 1977, 122 S.
– Häuser und Straßen – Dorfentwicklung in Hessen. Wiesbaden 1979, 150 S.
Laplace, Pierre-Simon de: Essai philosophique sur les probabilités (1814). 2 Bde., Paris 1921, 103/108 S.
Leibholz, G./Rinck, H. J./Hesselberger, D.: Grundgesetz für die Bundesrepublik Deutschland – Kommentar an Hand der Rechtsprechung des Bundesverfassungsgerichts. Köln ⁶1979 ff
Lenau, Nikolaus: Sämtliche Werke und Briefe in 2 Bänden. Frankfurt a. M. 1971
Lengyel, Stefan: Design dient dem Menschen. In: Rat für Formgebung (Hg.): Arbeitsplatz Haushalt. Darmstadt 1979, S. 117–120
Levy, Marion: Modernization – Latecomers and survivors. New York/London 1972, 160 S.
Liedke, Gerhard: Von der Ausbeutung zur Kooperation – Theologisch-philosophische Überlegungen zum Problem des Umweltschutzes. In: E. U. von Weizsäcker (Hg.): Humanökologie und Umweltschutz. Stuttgart 1972, S. 36–65
– Im Bauch des Fisches – Ökologische Theologie. Stuttgart 1979, 238 S.
– Glaube und Ökologie. Mitteilungen der Ev. Landeskirche in Baden 2/1984, S. 4–7
Locke, John: Two treatises of government (1690). Teil II. Übers. über die Regierung (Hg. P. C. Mayer-Tasch). Reinbek 1966, 248 S.
Loeper, Eisenhart von: Tierrechte und Menschenpflichten. In: Ursula M. Händel (Hg.): Tierschutz – Testfall unserer Menschlichkeit, Frankfurt a. M. 1984
Long, William L.: Friedliche Wildnis (1923), mit einem Geleitwort von Adolf Meyer-Abich. Berlin 1959, 375 S.
Lorenz, Konrad: Das sogenannte Böse – Zur Naturgeschichte der Aggression. Wien 1963, 392 S.
Lorz, Albert: Tierschutzgesetz – Kommentar. München ²1979, 341 S.
Malthus, Thomas Robert: Das Bevölkerungsgesetz (1798). München 1977, 218 S.
Mangoldt, Hermann von: Das Bonner Grundgesetz. Berlin/Frankfurt a. M. 1953, 702 S.
Marcuse, Herbert: Konterrevolution und Revolte. Frankfurt a. M. 1972, 154 S.
Maren-Grisebach, Manon: Philosophie der Grünen. München 1982, 134 S.
Marx, Karl/Engels, Friedrich: Marx-Engels-Werke (MEW) in 41 Bänden. Berlin 1973. EB = Ergänzungsband
Maurach, Reinhard: Deutsches Strafrecht – Besonderer Teil. Karlsruhe ⁵1969, 816 S.
Maurer, Reinhart: Ökologische Ethik? Allg. Zeitschrift für Philosophie 7 (1982) 17–39
Mayer-Tasch, Peter Cornelius: Die Bürgerinitiativbewegung – Der aktive Bürger als rechts- und politikwissenschaftliches Problem. Reinbek 1976, 184 S.
– Umweltrecht im Wandel. Opladen 1978, 161 S.
Meadows, Dennis und Donella/Randers, J./Behrens, W.: The limits to growth. New York 1972, 205 S.

Meixner, Horst: Langfristige Energiestrategien und Wirtschaftspolitik. Vorbericht F 31 zum Forschungsprojekt »Die Sozialverträglichkeit verschiedener Energiesysteme«. Frankfurt a. M. 1984 (Vervielfältigtes Manuskript)

Merten, D.: Der Inhalt des Freizügigkeitsrechts. Berlin 1970, 137 S.

Mesarovic, Mihailo/Pestel, Eduard: Menschheit am Wendepunkt – 2. Bericht an den Club of Rome zur Weltlage. Stuttgart 1974, 183 S.

Meyer-Abich, Adolf: Ideen und Ideale der biologischen Erkenntnis – Beiträge zur Theorie und Geschichte der biologischen Ideologien. Leipzig 1934, 202 S.

– Naturphilosophie auf neuen Wegen. Stuttgart 1948, 396 S.

– Zur Logik der Unbestimmtheitsbeziehungen. In W. Heinrich (Hg.): Die Ganzheit in Philosophie und Wissenschaft – Othmar Spann zum 70. Geburtstag. Wien 1950, S. 47–76

– Geistesgeschichtliche Grundlagen der Biologie. Stuttgart 1963, 322 S.

Meyer-Abich, Klaus M.: Zum Begriff einer Praktischen Philosophie der Natur. In: Meyer-Abich, Klaus M. (Hg.): Frieden mit der Natur. Freiburg 1979 (a), S. 237–261

– Kritik und Bildung der Bedürfnisse. In: Meyer-Abich, Klaus M./Birnbacher, Dieter (Hg.): Was braucht der Mensch, um glücklich zu sein – Bedürfnisforschung und Konsumkritik. München 1979 (b), S. 58–77

Meyer-Abich, Klaus M./Schefold, Bertram: Wie möchten wir in Zukunft leben – Der ›harte‹ und der ›sanfte‹ Weg. München 1981, 239 S.

Meyer-Abich, Klaus M.: Geschichte der Natur, in praktischer Absicht. In: Rudolph, Enno/Stöve, Eckehart: Geschichtsbewußtsein und Rationalität – Zum Problem der Geschichtlichkeit in der Theoriebildung. Stuttgart 1982, S. 105–175

– Grundrechtsschutz – Die rechtspolitische Tragweite der Konfliktträchtigkeit technischer Entwicklungen für Staat und Wissenschaft. Zeitschrift für Rechtspolitik 17/2 (1984) 40–45

Mittelstraß, Jürgen: Wissenschaft als Lebensform. Frankfurt a. M. 1982, 234 S.

Mohl, Robert von: Über die Nachtheile, welche sowohl den Arbeitern selbst als dem Wohlstande und der Sicherheit der gesamten bürgerlichen Gesellschaft von dem fabrikmäßigen Betriebe der Industrie zugehen, und über die Nothwendigkeit gründlicher Vorbeugungsmittel. Archiv für politische Ökonomie und Polizeiwissenschaften 2 (1835) 141–203

Montaigne, Michel de: Die Essais (Hg. A. Franz). Leipzig 1953, 404 S.

Müller, Adam: Streit zwischen Glück und Industrie. In: Adam Müller Nationalökonomische Schriften (Hg. A. J. Klein). Lörrach 1983, 490 S., S. 283 bis 286

– Die Elemente der Staatskunst (Hg. J. Baxa). 2 Bde. Wien/Leipzig 1922, 475/606 S.

Müller, Werner/Stoy, Bernd: Entkopplung – Wirtschaftswachstum ohne mehr Energie? Stuttgart 1978, 232 S.

Müller-Armack, A.: Wirtschaftslenkung und Wirtschaftspolitik. Freiburg 1966, 472 S.

Nelson, Leonard: Gesammelte Schriften in 9 Bänden. Bd. V: System der philoso-phischen Ethik und Pädagogik. Hamburg ³1970.

Neumann, Volker: Der harte Weg zum sanften Ziel – Ernst Forsthoffs Rechts- und Staatstheorie als Paradigma konservativer Technikkritik. In: Roßnagel, Alexander 1984(a)

Nietzsche, Friedrich: Sämtliche Werke (Hg. G. Colli/M. Montinari). Kritische Studienausgabe (KSA) in 15 Bdn. München 1980

Novalis: Werke, Tagebücher und Briefe Friedrich von Hardenbergs (Hg. H.-J. Mähl/R. Samuel). 2 Bde. München 1978

Olson, Mancur: Die Logik des kollektiven Handelns. Tübingen 1968, 181 S.

Ortega y Gasset, José: Obras Completas. 6 Bde. Madrid 1947

Pascal, Blaise: Pensées (Übers. E. Wasmuth). Heidelberg 1946, 538 S.

Passmore, John: Man's responsibility for nature. London 1974, 213 S. (S. 173–195 übers. in Birnbacher, D. aaO), 1980

Patzig, Günther: Ökologische Ethik – innerhalb der Grenzen bloßer Vernunft. Göttingen 1983, 23 S.

Pestel, Eduard: s. Mesarovic, M.

Peters, Hans: Geschichtliche Entwicklung und Grundfragen der Verfassung. Berlin/Heidelberg/New York 1969, 314 S.

Picht, Georg: Mut zur Utopie – Die großen Zukunftsaufgaben. München 1969, 154 S.

– Die Wertordnung einer humanen Umwelt. Merkur 28/8 (1974) 707–714

– Der Begriff der Natur und seine Geschichte. Vorlesungsmanuskript Heidelberg 1973/1974, 373/285 S.

Platon: Werke in 8 Bänden, griechisch und deutsch (Hg. G. Eigler). Darmstadt 1970–1983

Plutarch: Große Griechen und Römer. Band III: Marcellus. München 1980, S. 302–344

Raabe, Wilhelm: Sämtliche Werke (Hg K. Hoppe). 20 Bde. Göttingen 1961 ff

Rad, Gerhard von: Weisheit in Israel. Neukirchen-Vluyn 1970, 427 S.

Rauschning, Dietrich: Staatsaufgabe Umweltschutz. Veröffentlichungen der Vereinigung Deutscher Staatsrechtslehrer (VVDStRL) 38 (1980) 167 ff

Rehbinder, Eckard: Ökologisches und juristisches Denken im Umweltschutz. Hestia 1978/79, S. 83–107

Rendtorff, Rolf: Das Alte Testament – Eine Einführung. Neukirchen-Vluyn 1983, 323 S.

Riehl, Wilhelm Heinrich: Land und Leute. Stuttgart 1861, 464 S.

Ritter, Johann Wilhelm: Fragmente aus dem Nachlasse eines jungen Physikers (1810). Mit einem Nachwort von H. Schipperges. Heidelberg 1969, 228/269/50 S.

Röhring, Klaus: Der heilende Blick – Von der Befähigung, die ökologische Partitur des Planeten zu lesen. In: Klaus M. Meyer-Abich (Hg.): Frieden mit der Natur. Freiburg 1979(a), S. 39–58

– . . . siehe, es war sehr gut. Die Rekonstruktion des Paradieses in Bildern von Ph.

O. Runge und C. D. Friedrich. Freiburg/Gelnhausen 1979 (b), 71 S./14 Dia-
positive

Rolston, Holmes III: Is there an ecological ethic? Ethics 85 (1975) 93–109

Rosenstiel, Lutz von: Wandel der Karrierevorstellungen. UNI-Berufswahlmaga-
zin 3/1983 (Bericht bei Klipstein/Strümpel 1984, 29 f/204)

Roßnagel, Alexander: Energiepolitik und die Zukunft des Rechtsstaats. Scheidewege 12 (1982) 251–282

– Bedroht die Kernenergie unsere Freiheit – Das künftige Sicherungssystem kern-
technischer Anlagen. München 1983, 317 S.

– (Hg.): Recht und Technik im Spannungsfeld der Kernenergiekontroverse.
Opladen 1984 (a), 262 S.

– Radioaktiver Zerfall der Grundrechte? Zur Verfassungsverträglichkeit der
Kernenergie. München 1984 (b)

Rousseau, Jean-Jacques: Über den Ursprung und die Grundlagen der Ungleichheit unter den Menschen (1755). Berlin 1955, 177 S.

Rudorff, Ernst: Heimatschutz. Leipzig/Berlin 1901, 112 S.

Sachverständigenkommission »Staatszielbestimmungen/Gesetzgebungsaufträge«
(Vorsitz: E. Denninger): Bericht. Bonn 1983, 139 S./230 Randziffern

Saladin, Peter: Verantwortung als Staatsprinzip. Bern 1984

Salin, Edgar: Politische Ökonomie – Geschichte der wirtschaftspolitischen Ideen
von Platon bis zur Gegenwart. Tübingen/Zürich 1967, 205 S.

Salt, Henry S.: Die Rechte der Tiere (1892). Berlin 1907, 105 S.

Samuelson, Paul A.: Economics. New York [8]1970, 868 S. ([9]1973)

Sartori, Paul: Sitte und Brauch. Leipzig 1911

Schadewaldt, Wolfgang: Die Anfänge der Philosophie bei den Griechen – Die
Vorsokratiker und ihre Voraussetzungen (Tübinger Vorlesungen Bd. 1). Frankfurt a. M. 1978, 521 S.

Scheel, Walter: Verantwortung der Wissenschaft für die Zukunft der Menschheit.
Bulletin des Presse- und Informationsamtes der Bundesregierung 91 (23. September 1977) 837–840

Schefold, Bertram: s. Meyer-Abich/Schefold 1981

Schelling, Friedrich Wilhelm Joseph: Werke (Hg. Manfred Schröter, Münchener
Jubiläumsdruck). 12 Bde. München 1927–1959

Scheuner, Ulrich: Die neuere Entwicklung des Rechtsstaats in Deutschland. In:
Hundert Jahre Deutsches Rechtsleben. Festschrift zum Deutschen Juristentag.
Karlsruhe 1960, Bd. II. 229–262

Schloemann, Martin: Luthers Apfelbäumchen. Wuppertal 1976, 24 S. (Wupper-
taler Hochschulreden 7)

Schmoller, Gustav: Grundriß der Allgemeinen Volkswirtschaftslehre (1900).
2 Bde., München/Leipzig 1920, 560/833 S.

Schoenichen, Walther: Naturschutz, Heimatschutz – Ihre Begründung durch Ernst
Rudorff, Hugo Conwentz und ihre Vorläufer. Stuttgart 1954, 311 S.

Schopenhauer, Arthur: Preisschrift über die Grundlage der Moral (1840). Sämtliche Werke (Hg. Frauenstädt/Hübscher) IV. 2, 103–275

Schumpeter, Joseph A.: Capitalism, socialism and democracy. London 1976, 437 S.

Schramm, Engelbert (Hg.): Ökologie-Lesebuch – Ausgewählte Texte zur Entwicklung ökologischen Denkens. Frankfurt a. M. 1984, 284 S.

Schweitzer, Albert: Gesammelte Werke in 5 Bänden. München 1974

Seattle: Wir sind ein Teil der Erde (1855). Olten 1982, 38 S.

Seifert, Alwin: Im Zeitalter des Lebendigen – Natur, Heimat, Technik. Planegg 1941, 207 S.

Sieferle, Rolf Peter: Der unterirdische Wald – Energiekrise und industrielle Revolution. München 1982, 284 S.

– Fortschrittsfeinde? Opposition gegen Technik und Industrie von der Romantik bis zur Gegenwart. München 1984. Zitiert nach dem Vorbericht E 63 zum Forschungsprojekt »Die Sozialverträglichkeit verschiedener Energiesysteme«. Essen 1984, 327 S. (vervielfältigtes Manuskript)

Singer, Peter: Animal liberation (1975). New York 1977, 297 S.

Sitter, Beat: Plädoyer für das Naturrechtsdenken – Zur Anerkennung von Eigenrechten der Natur. Beihefte zur Zeitschrift für Schweizerisches Recht, Heft 3. Basel 1984, 57 S.

Smith, Adam: The theory of moral sentiments (1759). Übers.: Theorie der ethischen Gefühle (Hg. W. Eckstein). Leipzig 1926, 618 S.

– An inquiry into the nature and causes of the wealth of nations (1776). Übers.: Der Wohlstand der Nationen – Eine Untersuchung seiner Natur und seiner Ursachen (Hg. H. C. Recktenwald). München 1978, 855 S.

Smuts, Jan Christiaan: Holism and evolution. London 1927, 368 S.

Spaemann, Robert: Die christliche Religion und das Ende des modernen Bewußtseins. Intern. Kathol. Zeitschrift Communio 8/3 (1979) 251–270

– Technische Eingriffe in die Natur als Problem der politischen Ethik. Scheidewege 9 (1979) 476–497

Specht, Rainer: René Descartes in Selbstzeugnissen und Bildnisdokumenten. Reinbek 1966, 185 S.

– Innovation und Folgelast – Beispiele aus der neueren Philosophie- und Wissenschaftsgeschichte. Stuttgart 1972, 237 S.

Spengler, Oswald: Der Mensch und die Technik. Beiträge zu einer Philosophie des Lebens. München 1931, 89 S.

Spiethoff, Arthur: Die allgemeine Volkswirtschaftslehre als geschichtliche Theorie – Die Wirtschaftsstile. Schmollers Jahrbuch 1932, S. 891–924 (Festschrift für Werner Sombart)

Steck, Odil Hannes: Welt und Umwelt. Stuttgart u. a. O. 1978, 235 S.

Steffens, Henrich, Anthropologie. 2 Bde. Breslau 1822, 476/459 S.

Steiger, Heinhard: Mensch und Umwelt – Zur Frage der Einführung eines Umweltgrundrechts. Berlin 1975, 93 S.

Stone, Christopher D.: Should trees have standing? Toward legal rights for natural objects (1972). Los Altos 1974, 103 S.

Ströker, Elisabeth: Philosophische Untersuchungen zum Raum. Frankfurt a. M. 1965, 366 S.

Strümpel, Burkhard: s. Klipstein/Strümpel 1984

Sturm, Hermann: Ästhetik und Umwelt. In: H. Sturm (Hg.): Ästhetik und Umwelt. Tübingen 1979, S. 77–95

Szekely, Edmond Bordeaux: The teachings of the Essenes from Enoch to the Dead Sea Scrolls. London 1978

Taylor, Frederick Winslow: Die Grundsätze wissenschaftlicher Betriebsführung (1913). Weinheim/Basel 1977, 156 S.

Taylor, Thomas: A vindication of the rights of brutes (1792). Gainesville, Florida 1966, 103 S.

Teutsch, Gotthard M.: Tierversuche und Tierschutz. München 1983, 164 S.

Tompkins, Peter/Bird, Christopher: Das geheime Leben der Pflanzen – Pflanzen als Lebewesen mit Charakter und Seele und ihre Reaktionen in den physischen und emotionalen Beziehungen zum Menschen. Bern/München 1975, 240 S.

Tribe, L. H.: Ways not to think about plastic trees. In: Tribe/Schelling/Voss (Hg.): When values conflict. 1976, 61–91. Übers. in Birnbacher, D. 1980, S. 20–71

Tschuang-Tse: Reden und Gleichnisse (Hg. Martin Buber). Zürich 1951, 243 S.

Tüxen, R.: Die Lüneburger Heide – Ihr Werden und Vergehen. Ber. Intern. Symp. d. Intern. Vereins f. Vegetationskunde 1961 (1966) 379–395

Ueberhorst, Reinhard: Planungsstudie zur Gestaltung von Prüf- und Bürgerbeteiligungsprozessen im Zusammenhang mit nuklearen Großprojekten am Beispiel der Wiederaufarbeitungstechnologie (im Auftrag der Hessischen Landesregierung; unter Mitarbeit von L. Backhaus/R. Bauerschmidt/P. Jansen). Wiesbaden 1983, 288 S.

– Normativer Diskurs und technologische Entwicklung – Juristische Fiktionen und Noch-nicht-Beiträge. In: A. Roßnagel 1984 (a), S. 244–258

Uexküll, Jakob von: Die Umrisse einer kommenden Weltanschauung. Die Neue Rundschau 18 (1907) 641–661

– Umwelt und Innenwelt der Tiere. Berlin ²1921, 224 S.

Uexküll, Jakob von/Kriszat, Georg: Streifzüge durch die Umwelten von Tieren und Menschen (1934). Hamburg 1956, 101 S.

Ule, Carl Hermann/Laubinger, Hans Werner: Bundesimmissionsschutzgesetz – Kommentar/Rechtsvorschriften Teil 1. Neuwied/Darmstadt 1978, 19. Lieferung 1983

Ullrich, Otto: Technik und Herrschaft – Vom Hand-Werk zur verdinglichten Blockstruktur industrieller Produktion. Frankfurt a. M. 1979, 484 S.

Umweltschutzgesetze, hg. H. Gerold. München 1980, 401 S.

Vahrenholt, Fritz: s. Koch, Egmont R.

Weber, Max: Wissenschaft als Beruf (1919). In: Gesammelte Aufsätze zur Wissenschaftslehre. Tübingen ³1968, S. 582–613

Weizsäcker, Carl Friedrich von: Zum Weltbild der Physik. Stuttgart ⁸1960, 378 S.

– Die Tragweite der Wissenschaft. Stuttgart 1964, 243 S.

– Die Einheit der Natur. München 1971, 491 S.

– Der bedrohte Friede – politische Aufsätze 1945–1981. München 1981, 648 S.

Westermann, Claus: Bebauen und Bewahren. In: H. Aichelin/G. Liedke: Natur-
wissenschaft und Theologie. Neukirchen-Vluyn ²1974, S. 203–213
White, Lynn: The historical roots of our ecologic crisis. Science 155 (1967)
1203–1207
Wicke, Lutz: Umweltökonomie. München 1982, 422 S.
Zilsel, Edgar: Die sozialen Ursprünge der neuzeitlichen Wissenschaft (1942)
(Hg. W. Krohn). Frankfurt a. M. 1976, 279 S.
Zink, Jörg: Kostbare Erde – Biblische Reden über unseren Umgang mit der Schöp-
fung. Stuttgart/Berlin 1981, 206 S.

Quellenangaben von Zitaten erfolgen entweder nach Werkausgaben oder in der
Form: (Erscheinungsjahr, Seitennummer). Um welche Publikation es sich handelt, ist danach aus dem Literaturverzeichnis zu entnehmen. Seitenübergänge in
Zitaten sind durch Schrägstriche kenntlich gemacht. Wiederholungen von Quellenangaben erfolgen in der Form: aaO (am angegebenen Ort). MwN bedeutet:
mit weiteren (Literatur-)Nachweisen, iVm: in Verbindung mit, Rz/Rdn: Rand-
ziffer/Randnummer (statt einer Seitenzahl). Soweit bei deutschen Übersetzun-
gen anderssprachiger Zitate keine deutsche Ausgabe angegeben ist, stammt die
Übertragung von mir.

Dank

Was ich Platon, Bohr und meinem Vater, Carl Friedrich von Weizsäcker, Georg Picht, Karl William Kapp, und all den Autoren verdanke, die sonst in diesem Buch erwähnt sind, ist im vorangegangenen Text erkennbar geworden. Meiner Mutter ist dieses Buch gewidmet. Es hat aber auch Hilfen gegeben, die nicht so sichtbar sind, und für diese bleibt mir zum Schluß noch Dank zu sagen.

Da war zunächst der Ansporn, dieses Buch überhaupt zu schreiben. Ich verdanke ihn letztlich allen denen, die mir im Bundestagswahlkampf 1983 dazu verholfen haben, den Frieden mit der Natur zu konkretisieren und verständlich zu machen. Der direkte Anstoß kam dann vom Hanser Verlag. Durch die jederzeit anregende Teilnahme von Stephan Sattler hat der Verlag auch den Entstehungsprozeß des Manuskripts von Anfang an hilfreich begleitet.

Eine große Hilfe waren die Kommentare meiner Mitarbeiter Dr.-Ing. Rolf Bauerschmidt, Dr. jur. Alexander Roßnagel, Engelbert Schramm und Dr. phil. Rolf Peter Sieferle zu einer ersten Fassung des Manuskripts. Vor allem Alexander Roßnagel hat durch weiterführende Fragen und durch seinen rechtswissenschaftlichen Rat mehr an diesem Buch getan, als ich im Text deutlich machen konnte.

Auch im weiteren Umkreis hat es bereits Vorausleser gegeben, denen ich für ihre Teilnahme und für ihren guten Rat danken möchte. Meine Schwester Zeyde Margreth Erdmann, Iring Fetscher, Ursula M. Händel, Peter Saladin und Reinhard Ueberhorst haben das ganze Manuskript gelesen, Bertram Schefold und Walter Schindler sind es in einzelnen Kapiteln durchgegangen. Sie alle haben in sehr verschiedenen Bereichen Kritik und Anregungen beigetragen. Soweit es mir gelungen ist, abgewogen zu urteilen und in Einzelheiten genau zu sein, ist dies ihrer Hilfe mit zu verdanken.

Mancherlei Anregungen haben sich im Lauf der Jahre auch durch die Vergegenwärtigung der philosophischen Tradition in der Zusammenarbeit mit Studenten ergeben. Einige naturphilosophische Seminare waren den Themen dieses Buchs direkt gewidmet.

Ich schreibe meine Manuskripte gleich mit der Schreibmaschine, aber so wie sie nach etlichen Überarbeitungen schließlich aussehen, könnte danach kein Buch gedruckt werden. Margret Löbbert und Irmgard Wenzel haben bei der Reinschrift auch dann nie die Geduld verloren, wenn ich ei-

nen fertigen Text gleich wieder erweiterte oder korrigierte, und haben
während der Arbeit an diesem Buch alles von mir ferngehalten, was sie
mir abnehmen konnten. Auch ihnen danke ich von Herzen.

Nun fehlt nur noch eine: meine Frau, Ingrid Meyer-Abich. Sie, Garten-
und Landschaftsarchitektin, hat mir geholfen, in diesem Buch die Pflanzen zur Sprache zu bringen. Unser gemeinsamer Garten, den sie angelegt
hat und auf den ich von meinem Schreibtisch aus blickte, war für mich
stets das nächstliegende Beispiel für den Frieden mit der Natur.

Unterwegs nach Hamburg, im Frühjahr 1984   KMA

Personenregister

Carl Friedrich von Weizsäcker

»Der Philosoph, Physiker und Friedensforscher
Carl Friedrich von Weizsäcker hat mit seinem Lebenswerk
versucht, die verlorene Einheit der menschlichen Existenz
zurückzugewinnen und unserer Gattung dadurch überhaupt
erst eine Zukunft zu geben.« Wolfgang Schirmacher.

Der bedrohte Friede
4. Auflage 1983. 648 Seiten. Gebunden

Diagnosen
2. Auflage 1979. 100 Seiten. Broschur

Fragen zur Weltpolitik
2. Auflage 1975. 160 Seiten. Broschur

Der Garten des Menschlichen
9. Auflage 1984. 612 Seiten. Leinen
Sonderausgabe. 1982. Gebunden

**Möglichkeiten und Probleme auf dem Weg
zu einer vernünftigen Weltfriedensordnung**
5. Auflage 1984. 32 Seiten. Broschur

Wahrnehmung der Neuzeit
5. Auflage 1983. 440 Seiten. Leinen

Aufbau der Physik
2. Auflage 1986. 664 Seiten. Leinen

bei Hanser